第四辑

小三线建设研究论丛

后小三线时代与档案资料

主编 徐有威 陈东林

上海大学出版社

图书在版编目(CIP)数据

小三线建设研究论丛.第四辑,后小三线时代与档案资料/徐有威,陈东林主编.—上海:上海大学出版社,2018.12
ISBN 978-7-5671-3376-1

Ⅰ.①小… Ⅱ.①徐…②陈… Ⅲ.①国防工业—经济建设—经济史—研究—中国 Ⅳ.①F426.48

中国版本图书馆CIP数据核字(2018)第288709号

责任编辑　傅玉芳
封面设计　柯国富
技术编辑　金　鑫　钱宇坤

小三线建设研究论丛(第四辑)
后小三线时代与档案资料
徐有威　陈东林　主编
上海大学出版社出版发行
(上海市上大路99号　邮政编码200444)
(http://www.shupress.cn　发行热线021-66135112)
出版人　戴骏豪
＊
南京展望文化发展有限公司排版
上海华业装潢印刷厂印刷　各地新华书店经销
开本787mm×960mm　1/16　印张31.75　字数503千
2018年12月第1版　2018年12月第1次印刷
ISBN 978-7-5671-3376-1/F·184　定价　60.00元

本书编委会

主　编　徐有威　陈东林
副主编　崔海霞　张志军
　　　　陈德军　周升起

参观"尘封记忆:安徽小三线纪实摄影展"的部分观众和摄影家合影(2018年1月,上海)

参加"尘封记忆：安徽小三线纪实摄影展"开幕式的原上海小三线亲历者（2018年1月，上海）

原上海小三线312电厂职工嵇德珍和她的长子陈建国（左一）及次子陈建荣（右一）参观"尘封记忆：安徽小三线纪实摄影展"。背后的照片是嵇德珍当年上班的312电厂职工食堂（2018年1月，上海）

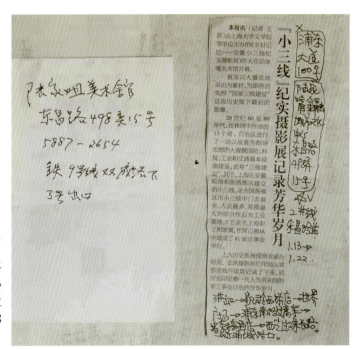

一位原上海小三线亲历者的《新民晚报》剪报以及前往参观"尘封记忆：安徽小三线纪实摄影展"的线路图（2018年1月，上海）

徐有威和原上海小三线卫东器材厂职工黄根宝（中）、郭榕瑜夫妇合影。黄根宝手中的门牌来自他们在安徽旌德卫东机械厂昔日的家（2018年1月，上海）

2018年上海书展期间,参加上海大学出版社举办的《小三线建设研究论丛》新书签售合影(从左到右:徐梦梅、徐有威、高球根、傅玉芳)(2018年8月,上海)

参观"第17届中国平遥国际摄影展"的观众。墙上的照片系参加摄影展之一的"昔日辉煌:追忆中国军工小三线",由安徽马鞍山人民摄影皖江俱乐部刘洪先生等提供(2017年9月,山西平遥)

徐有威和新华社安徽分社记者王立武（右）采访安徽黄山胶囊股份有限公司董事长余春明（中）。余春明曾经是原上海小三线东风器材厂的职工（2017年11月，安徽旌德）

徐有威（前排左一）和新华社安徽分社记者王立武（前排右一）采访安徽省黄山台钻有限公司（原上海小三线向阳轴承厂），后排左一为黄山台钻有限公司董事长肖小狮（2017年11月，安徽旌德）

徐有威的小三线研究团队参观上海新华汽车厂（原上海小三线培新汽车厂）（2018年4月，上海）

由山东东蒙企业集团、山东唐人文化传播有限公司和山东兰亭会议服务有限公司联合出品的电影《崮上情天》开机仪式合影。该电影的素材来自张志强主编的《三线军工岁月：山东民丰机械厂（9381）实录》（上海大学出版社2017年版）（2018年9月，山东蒙阴）

目 录

江苏省淮安地区小三线研究专辑
江苏省淮安市档案馆　编

江苏省淮安市档案馆馆藏小三线档案资料简介 …………… 王来东（ 3 ）
江苏淮安市小三线职工口述史选编 ………………………… 王来东（ 54 ）
江苏淮安小三线口述采访日记 ……………………………… 王来东（215）

后小三线时代研究

上海小三线企业对安徽贵池工业结构调整和工业经济发展的
　　影响 ……………………………………………………… 夏天阳（245）
安徽贵池在上海小三线企事业单位建设生产经营中的作用与
　　贡献 …………………………………………… 余顺生　武昌和（250）
改革开放以来河南前进化工科技集团股份有限公司的发展
　　纪实 ……………………………………………………… 牛建立（256）

档案资料与研究

湖北省宜都市档案馆藏三线建设档案资料概述 …… 冯　明　袁昌秀（283）

上海小三线八五钢厂《八五通讯》和《八五团讯》特辑

《八五通讯》简介 ……………………………… 徐有威　陈莹颖（297）
《八五团讯》简介 ……………………………… 徐有威　耿媛媛（313）
《八五通讯》编辑历程忆往 ………………………………… 谈雄欣（334）

难忘的《八五团讯》……………………………………………… 史志定（340）

我和小三线研究

"尘封记忆——安徽小三线纪实摄影展"值班日记选编
……………陈莹颖　宣海霞　王来东　周升起　窦育瑶　耿媛媛（347）

口述史与回忆录

安徽师范大学新闻学院皖南上海小三线口述史汇编
………………………………马星宇　王　豪　胡银银　汪梦雪（371）
上海小三线培进中学追忆……………………………… 余瑞生（390）
上海小三线计划生育工作的回忆……………………… 陈金洋（396）

译　　稿

带标签的群体：一个三线企业的社会结构……陈　超著　周明长译（405）

研 究 与 回 顾

三线建设研究成果及相关文献目录初编（2）（2014—2018 年）
………………………………………徐有威　耿媛媛　陈莹颖（437）

书　　评

一部意蕴深厚的口述史著作
　　——评《口述上海——小三线建设》……………… 李卫民（465）

索引 ………………………………………………………………（476）
《小三线建设研究论丛（第一辑）》目录 ………………………（483）
《小三线建设研究论丛（第二辑）》目录 ………………………（486）
《小三线建设研究论丛（第三辑）》目录 ………………………（488）

后记 ………………………………………………………………（490）

江苏省淮安地区
小三线研究专辑

江苏省淮安市档案馆 编

江苏省淮安市档案馆馆藏小三线档案资料简介

王来东

20世纪60年代开始兴起的小三线建设,是根据毛泽东同志关于人民战争的战略思想和积极防御的战略方针建立发展起来的。它的重要任务是解决民兵和地方部队需要的装备,也可以为正规军服务,生产的品种以轻兵器及其弹药为主。目前,上海大学历史系徐有威教授对小三线军事工业的发展进行了广泛的研究,特别是对上海小三线建设的发展状况进行了深入细致的调查研究。近年来,徐有威教授开始关注江苏小三线的发展状况,并进行了卓有成效的工作。经调查,江苏省淮安市档案馆藏有淮阴五厂(包括动员线厂)的详细资料,这对江苏小三线发展状况的研究具有重要的意义。据淮阴市国防工业办公室《淮阴市地方军工工作会议工作报告》记载,江苏省小三线兵器工业从1964年上半年开始规划、筹备,1965年上半年开工建设,经过长期的建设、发展和调整,形成了具有一定规模、布局较为合理、能军能民的小三线军工体系。江苏省先后建成军工厂9个、配套厂4个,其中淮阴市5个。淮阴市5个军工厂分别为红光化工厂(5315厂)、永丰机械厂(925厂)、滨淮机械厂(9489厂)、淮河化工厂(9395厂)、天明化工厂(9305厂),此外还有一个动员线厂——光学仪器厂。

经统计,淮安市档案馆馆藏相关文件7 974份,其中内容较丰富的文件大约3 413页、70万字。总体来说,文件分为党务、政务(厂务)、工会、共青团四种类型。从发文单位来看,可以分为淮阴市国防工办、淮阴市人民政府及其各职能部门、淮阴市小三线各厂和少量江苏省人民政府。其中党务类文件主要涉及党的建设,包括党员发展与培养、思想政治工作、纪律检查、整党、精神文明建设、工作报告(意见)、会议总结等不同方面;相对于党务类文件,政务(厂务)类文件更为丰富,大致分为工会工作、厂干部情况与调迁、工作总结(计划)、会议纪要、生产指标及其完成情况、经营管理体制改革(联营、合营、租赁、承包责任制)、市场化经营、工厂调迁、建设分厂、基础设施建设、技术改造、设备购买、节能环保、人才引进与培养、财务(审计、贷款、利税、福利津贴、工资统计与调整等)、安全生产、标准化、质量管理、企业整顿、保密制度等不同方面。此外,淮安市档案馆馆藏小三线档案还包括大量不同类型的任免通知、党员干部介绍信以及党员干部名册资料。工会和共青团资料较少,主要涉及申请报告、组织建设、会议组织与总结、工作计划与总结等方面。该档案还包括《国营9489厂厂志(1970—1988)》,较完整反映了9489厂前期的建设和发展历史,但因为记载时间有限,对该厂后期改革的研究并没有太大的借鉴意义。文件的时间从1984年开始,到1999年止,较全面地反映了20世纪八九十年代淮阴市小三线军事工业改革转型的过程。

一、政务(厂务)类文件

(一) 经营管理体制改革

20世纪60年代,中苏关系全面恶化,乃至发生多次边界冲突。再加上美国对社会主义新中国的全面封锁以及其在越南方向对中国施加压力,所以扩军备战、保家卫国就成为国家发展的主题。在此背景下,国家以备战为核心,大力兴建三线军事工业。为了保证每个省在战时能够独立开展游击战争,于是要求各省筹建各自的小三线军事工业,以满足地方部队的军事战备需要,乃至为正规部队提供装备。于是江苏省淮阴市三线军事工业轰轰烈烈地开展了起来,据淮阴市国防工办《淮阴市地方军工工作会议工作报告》记载:中央下达建设小三线厂的指示后,淮阴市地、县有关领导亲临一线勘察、选择厂址,从上到下组建强有力的指挥机构,从各个行业调集大量的资金、人力、物力,干部职工离开城市,一心为了祖国的国防建设。整个小三线建设还得到了南京军区有关领导的关怀和支持。在各级政府与社会各界的大力支持下,淮阴市的军工企业取得了长足的发展,生产品种主要有手榴弹、爆破筒、黑索金、TNT

等,为军队提供了大量高质量的军事装备。但随着国际局势的变化以及我国政治经济的发展,特别是中美建交,中国面临的国际环境逐步缓和。邓小平在观察分析国际局势后判断,在可预见的时期内不会发生大规模的世界战争,并做出了优先发展经济的决定。于是军备需求减少,给军工企业带来了巨大影响,企业面临亏损和停产的威胁。特别是 1984 年 8 月中央召开全国小三线工作会议,鉴于世界大战暂时不会发生且我国经济形势严峻,中央决定要改变国防工业体制,保军转民,主要发展民品生产,搞活小三线企业,为国家经济建设和"四化"做贡献。会议进一步明确了小三线军工厂调整的方针和方向,即小三线军工厂今后的任务主要以生产民品为主,包括保留军品能力的也要大力发展民品。不保留军品生产能力的工厂更应该全力以赴地生产民品。会议研究讨论了现有 250 家小三线军工厂的调整方案,其中拟全部转产民品或以民品为主的工厂 157 家,对拟保留军品生产能力的 93 个企业还需进一步压缩,在调整方法上可以多种多样,采取不同形式,目的是要把小三线企业搞活,把民品拉上去,把工厂的能力发挥出来。一部分就地改造,一部分易地并转,经过一段时间实在转不了的,只好关停。军工动员线形势也十分严峻,军工动员线工厂计划任务逐年减少。江苏省原有军工动员线工厂十几家,只保留两家。从以上情况可见,摆在小三线厂面前的问题是如何尽快地把民品搞上去,加快"军转民"的步伐。搞活小三线企业的具体措施就是改造传统的计划经济管理体制,运用社会主义市场经济的经营方式,强化物质激励,通过市场竞争带动企业改革创新,激发企业活力。为了达到以上目的,江苏省小三线军工系统具体采取了以下措施:

1. 改变淮阴市小三线企业的隶属问题,加速军地融合

1984 年 10 月,中共中央发布《关于经济体制改革的决定》,江苏省人民政府围绕把全党的工作重心转移到经济建设上来这个中心,对经济体制进行改革,下发了《关于改变小三线企业管理体制的通知》,决定将省属小三线企业下放到有关市管理,建制不变,仍属县团级,纳入各市的企业体制,统一规划。这样做的目的是为了适应经济体制改革的形势,实行政企分开,以利于地方军工企业贯彻"军民结合"的方针。总的来说就是把原来集中统一管理的军工企业逐步融入地方企业系统,增加企业的自主权力,自主经营,激发企业活力。因为集中统一管理的体制以及军事保密要求,小三线军工企业的生产资金、生产

原料、产品销售等都有稳定且优先解决的渠道。端有"金饭碗"的军工企业没有竞争,不愁销路,一向注重质量忽视效益,且生产能力单一。在市场经济改革的倒逼下,"金饭碗"打碎了,生产资金自筹,责任制推行,军事订单减少,政府改变统购统销战略的现实迫使企业注重效益问题,大力研发民用产品成为工厂的重中之重,这就是改变小三线企业管理体制的意义所在。但管理体制的变革,小三线企业的下放并没有将企业完全放入市场经济的洪流之中,而是军工企业驾着一艘"船",这艘"船"就是:江苏省人民政府在《关于改变小三线企业管理体制的通知》中明确规定,小三线企业下放后,省物资部门对小三线的物资供应渠道不变,纳入部和省指令性计划的军民品物资,仍由国防科工办组织供应。此外,对已实行的特殊待遇和国家规定的待遇一律不变。在这种情况下,虽然小三线军工企业不像之前那样衣食无忧,但依然在技术、政策等方面拥有超乎一般企业的特权。作为长期依赖国家宏观计划指导的国有企业,它们在面对市场时总会面临许多不适应与限制。首先,它们需要培养效益意识,适应市场竞争。其次,尚未改变的行政附属关系决定它们并不能完全自由地进入市场竞争的大环境,总要受到行政的管控与限制。这也决定在这个阶段,淮阴小三线改革并不能完全达到预期目的。但军工企业的改革是一个渐进的过程。管理体制改革只是一个开始,在这种有保护的市场化倒逼下,到底能在多大程度上实现军工企业的转型升级,还需要具体的实践,这涉及每个企业的生产经营管理变革。

2. 企业内部管理、经营体制变革

1987年,党的第十三次全国代表大会在北京召开,十三大报告指出:"政治体制改革的关键首先是党政分开。"《中华人民共和国全民所有制企业法》和中共中央《关于贯彻执行企业法的通知》指出:厂长应对企业的物质文明和精神文明建设负全面的责任,要切实转变企业党组织的职能。据淮阴市国防工办《关于深化企业领导体制改革,实行党政职能分开的意见》,企业领导体制改革将进一步深化,党政职能将予以明确并坚决分开,企业思想政治工作将出现"厂长负责,行政主管,党政工团适当分工,密切配合。形成党政群结合、专兼结合的多层次的网络体系"的新格局。1987年作为机构改革的过渡期,思想政治工作实行厂长负责、党政共管,党委作为主要角色承担一些工作,以保证厂长有充分的时间和精力制定下一年度及长期的两个文明建设规划。1989年,厂长对两个文明建设负起全责。具体到每个小三线厂,有具体的规定。淮河化工厂《关于我厂政治体制改革机构设置的报告》指出:党政分开后,企业领导体制的基本模式是:厂长全面负责,党委保证监督。厂长全面负责就是厂长对企业各项工作负起全面领导的责任,即厂长不仅要对企业的物质文明建设负责,也要对企业的精神文明建设负责。政治体制改革应建立起厂长统一协调指挥的、高效精干的、强有力的指挥管理系统,同时探求党、政、工组织的最佳组合格局。这次改革的中心就是从体制上确立厂长的中心地位和中心作用,实行"五权归政",即把生产指挥权、经营决策权、人事管理权、思想工作领导权和以经营为中心的协调权全部划归厂长,由厂长统一领导、统一指挥、统一协调,并贯彻管人、管事、管思想的"三管原则"。在此精神指导下,1988年淮阴市各小三线企业深入开展企业行政体制改革,以扩大企业的经营自主权,搞活小三线企业,为地方和国家的经济发展做出重要的贡献。但在国有企业体制改革尚未完全完成的情况下,厂长的中心地位和被赋予的权力在很大程度上难以真正实现,厂长依然受制于行政的约束。首先,厂长是由上级行政部门任命的,执行行政命令。即便被赋予看似全面的权力,工厂的各项活动还得得到上级主管部门的批准。所以所谓的"五权归政"并不能真正地激发企业活力,企业依然是计划经济下的生产单位。不过,企业在产品生产上的有限的自主权力还是刺激了工厂职工的神经,一定程度上提高了职工的生产热情。正是这一步步改革逐步打破计划经济的枷锁,逐步走向现代化企业的运营方向。

3. 强化领导责任,层层责任承包

企业经过内部管理改革,极大地增强了厂长的权力,厂长及其领导层的决策决定着工厂未来的走向以及发展状况。为了强化各企业领导层的责任意识与忧患意识,在扩大厂长职能权力的同时还需要明确领导的职责,力争做到"有权必有责,用权受监督"。淮阴市国防工办下达的《1986年工作意见》要求继续推行企业领导与主管部门淮阴市国防工办签订经济承包合同的办法,建立目标责任制,厂长代表工厂领导班子集体承包工办规定的实现利润、产值产量、产品质量、产品开发、节约原材料、降低成本、安全生产、发展规划等方面的指标,根据承包目标的完成情况,工办按合同规定对领导干部实行奖惩,对实行厂长负责制的企业,采取厂长任期目标责任制的形式进行承包。各企业把工作任务分散到各科室、车间、班组、个人,层层有人负责,做到千斤重担众人挑，责任明确，奖罚分明，以进一步调动各级劳动者的积极性。

　　车间是产品生产的第一线，班组则是关键。为了做好车间产品生产，需要坚持个人保班组，班组保车间，车间保厂部的三级承包（有的车间则实行二级承包制度，即车间向厂部承包，班组向车间承包。与三级承包性质相同，故不单独列举），把各项经济指标完成情况与工资和奖金挂起钩来，打破原有的分配制度，试行计件工资制度（或者发超额生产奖，以鼓励发展生产），进一步调动每个劳动工人的主人翁意识及命运共同体意识。在做好三级承包的基础上，还进一步做好车间的管理改革工作。车间作为独立的生产部门，应该获得更多的自主权，以便于中层机构发挥其主观能动性和积极性。例如《淮阴市光学仪器厂1986年的工作意见》围绕这个问题主要做了以下安排：① 车间在厂部的年度、季度或月计划的统一安排指导下，有权合理安排月季以内的各项计划；② 车间在确保厂部计划完成的基础上，有权承揽联外加工任务，有权开发新产品；③ 车间有权制定严于厂部的规定；④ 车间有权调整内部劳动组织；⑤ 车间按经济承包和留利提取的奖金，可自行决定分配形式和分配办法。在此基础上，还可以根据本车间的实际情况，在厂部大计划的统筹下，充分发挥车间、班组的积极性，创造更大的经济效益，促进车间乃至工厂经济效益的有效增长。车间管理方面，永丰机械厂二车间也做了一定的改革创新，如随着"保军转民"的深入开展，各种新型科研产品急需进行生产试验，他们面临生产能力不足和技术素质下降的问题，车间生产面临较大的危机。经过分析讨论，他们决定从车间改革入手，改变原来僵化的管理模式。首先，他们撤销了车间的生产工段，设立了职能工段，变原来的直线制为直线职能制。具体来说就是把三个工段长分别充实到能力较弱的班组担任班长，以保证各班骨干力量的素质平衡，使之有能力带好一班人。把车间的管理人员和技术人员按其工作性质分别划为两个班组——生产管理组和技术质量组。生产组负责生产作业，车间副主任负责全盘指挥。技术质量组负责技术管理和质量管理，车间主任负责全盘指挥。通过以上改革，明确了各工段的职责，优化了车间的生产力量，有利于调动管理人员、技术人员和班组长的主观能动性和工作积极性。此外，车间由分散办公改为集体办公，车间领导、管理人员同处一室，遇到问题通气快、协调快、处理快，提高办事效率，进一步优化了车间生产要素。

(二)建设分厂,工厂调迁

小三线建设按照中央指示应该"靠山、分散、隐蔽(进洞)",三线企业一般在山区,淮阴军工厂一般都建立在远离城镇的偏远地区,而 9489 厂却选址盱眙县城。《国营 9489 厂厂志》记载以下内容:① 早在 1965 年和 1968 年,江苏机械工业厅就已经两次投资盱眙县农机厂,其具备一定的生产能力,可以节约资金、尽快上马。② 危险性小,9489 厂主要生产木制品,对周边民居和环境没有危害。③ 有利于物资运输和方便职工生活。④ 居于其他几家军工厂之间,为其他厂协作配套方便。因此在农机厂基础上兴建 9489 厂。由于淮阴五个军工厂大都建立在偏远地区,造成交通运输不便,市场化运营受限制。为了更好地市场化运营,增强工厂的竞争力,减少运输成本,建设分厂异地调迁就成为淮阴小三线厂不得不面对的问题。而建设分厂必定涉及占地征地问题,这也是工厂面临的最大的、最难解决的问题。工厂自身实力决定了是否能成功建设分厂,实现异地重建。925 厂在有关单位的支持下,顺利开展建设淮阴分厂的工程。

1. 建设分厂问题

由于小三线企业原有厂区大都比较偏僻,在保军转民深入发展的时候,如何将民品生产带动起来成为各厂的中心议题。为了充分发挥厂内的技术力量优势,大力发展民品,异地建设分厂成为小三线厂不得不解决的一个问题。异地建厂首先涉及征地问题,征地一般涉及土地赔偿、地上财产赔偿、失地农民安置。淮安市档案馆馆藏资料淮阴市经济委员会《关于同意 925 厂军转民转产模具技改项目的批复》记载了 925 厂征地建分厂的情况。首先介绍了 925 厂转产模具以及非标量具的背景,进一步提出原有厂址偏僻,不适合作为技改项目的生产厂区,所以需要在淮阴市郊区利用现有设备技术建设分厂,生产民品,并明确了投资规模和建设进度安排。该文件还附带一份《征用土地协议书》,签订协议的单位为国营 925 厂和清河区城北乡西郊大队。协议书包含征地范围、征地面积、土地补偿、青苗补偿、排灌系统调整、征用土地带人问题、征地范围内的有主坟墓问题,事无巨细,详细地记录了本次征地的每个细节,对于了解当时征地过程有极大的借鉴意义,淮安市档案馆馆藏文献关于征地问题的文件寥寥无几,更显其珍贵性。

关于征地带来的农民失地问题，淮安市档案馆馆藏一份关于国营925厂与清河区劳动局签订的关于925厂征地带来的剩余劳动力安置协议。这份文件首先介绍了征地亩数以及需要安置劳动力的数量，明确由区劳动局统一安置剩余劳动力。在此基础上进一步明确签订协议双方的责任与义务。国营925厂须按规定支付征地带人安置费，清河区劳动局须做好征地带人的核查、资料汇总、审核等工作，并要负责落实具体人员安排和赔偿资金的分配，保证国营925厂分厂建设的顺利施工。这份资料在征地协议的基础上，进一步与劳动力安置单位做了详细的责任划分，明确双方的责任与义务，对于了解征地细节问题有重要的意义。

2. 调迁问题

关于工厂调迁的问题，淮安市档案馆馆藏资料并没有过多的涉及，只有一份关于天明化工厂在1996年为了调迁而做的《关于调迁工作阶段性小结》，介绍了搬迁背景、选址考察、投资环境、方案可行性以及调迁工作可行性结论等因素，较详细地反映了淮阴市小三线厂在迁厂改革调整过程中面临的问题。

（1）搬迁背景。关于搬迁背景，主要介绍了两个方面的问题：第一，由于1984年淮阴市小三线企业的管理权力下放到淮阴市国防工办，没能进入国家小三线企业调迁的政策范围，从而错失了利用国家政策进行工厂调迁的良机，未能及时调迁。第二，1995年体制上收，恢复省工办直属企业，获得了调迁的机会，并且有地方期望天明化工厂前往建设厂区。在此基础上围绕搬迁工作做了一定的调研。通过搬迁背景，我们可以了解到淮阴市小三线企业在调整改制过程中所面临的特殊的环境，有助于我们深入了解淮阴市小三线调整的具体细节。

（2）选址考察。在选址方面，主要考察了江阴市云亭镇、吴县藏书镇、张家港南沙镇和高峰村、常熟虞山四个地点，并介绍了四地各自的地理环境、距城区远近、安全条件、土地价格、入户费用等，在此基础上总结了苏南各地的投资环境。在投资环境方面，从占地补偿费、产品结构控制、资金情况、环境保护等进行论述。最后得出结论，苏南地区不适合炸药厂这种劳动密集型的污染企业进驻。

（3）投资环境。在分析江苏总体政策的前提下，进一步分析中央对于江苏淮阴小三线调迁的态度，从三个方面进行了总结：

一是江苏不在全国调迁的范围(国家调西南地区八省一市),因此进国家盘子,争取国家政策及资金优惠不太现实。

二是国务院有关领导特批作为特例可以考虑,显然争取到这一条希望不大。

三是部省意见一致国家也可以研究考虑。调查至目前,省部在我厂搬迁问题上没有实质性支持的表示和举措,况且江阴市政府已经否定,所以部省批准没有基础,无法实现。也就是说挤不进国家的盘子,得不到国家的支持,没有外援。

(4)可行性及结论。经过严谨细致的调查研究,该文件最后分析天明厂搬迁的可行性,以云亭镇为目标调迁地点,通过计算征地费、入户费,得出在没有国家支持的情况下,无法完成异地重新建厂的计划。无论是内部条件还是外部政策环境,都无法满足天明化工厂搬迁,最后得出应该结束调迁的调查工作、立足当前厂区、大力发展民品的结论。

这份档案介绍了天明化工厂为搬迁而做的种种调查,列举了丰富的数据资料,反映了小三线厂整体搬迁的困难与挑战,也反映了当时淮阴小三线企业所面临的共同问题,有一定的代表性。

(三)市场经济体制下的生产经营

市场经济体制下的发展需要实行多种方式经营,加快技术改造。新时期,随着局势的深刻演变,军工企业的转型升级是当务之急。根据国家的统一部署,军工技术转向民用是大的方向。这在美国已经得到了验证,通过军工技术转移,既发挥的军工企业的技术优势,又利用了民营企业充分的社会资源,两者相互补充,可以极大地发挥两个方面的积极性。有了以上经验,江苏省也开始大力推行军工技术向民用转移。江苏省计经委、科委、国防科工办下发《关于加强军工技术向民用转移工作的意见》,该意见对军工技术转民用做了以下安排:① 帮助民营企业进行技术改造;② 向民用企业进行有偿的转让技术;③ 与地方厂开展联营合营,参加地方工业重大项目的生产和技术改造;④ 与民用单位合作引进、消化国外的技术;⑤ 开展技术咨询,为地方工业培训人员等。在省多部门的综合指导下,淮阴市五个小三线厂和光学仪器厂想办法,组成专门班子,走向四面八方,加强横向联系,发挥企业各方面的积极性。认真探索和实践"军民结合"、"保军转民",在保证军品科研、生产的前提下,充分发挥自身技术设备优势,采取多种形式组织民品科研生产。

1. 转换发展方式,开展联营合营

《淮阴市地方军工工作会议工作报告》指出:1984年底,淮阴六厂有军品6个、民品17个,民品占整个品种的74%,民品产值占总产值的48.75%。1985年,各厂正在研制的民品有4个、军品2个。此外,积极与地方工业联营,1985年,红光厂与清江电石厂联营生产乙炔气并得到了淮阴市政府163万元的低息贷款。红光厂还与镇江市进行了洽谈,准备成立乙炔气充灌站。淮河化工厂与清江农药厂联营生产邻甲苯胺,既解决了淮河化工厂邻硝基甲苯的销路问题,又给清江农药厂带来了巨大的收益。清江厂还与南化公司商谈联营生产TDA,前景乐观。天明化工厂与江宁、连云港分别签订联营合同。滨淮机械厂与常州拖拉机厂联合生产铸件、永丰机械厂为无锡市生产扬声器壳体。滨淮机械厂、永丰厂分别与机械电子公司下属工厂洽谈联营项目。其中,红光化工厂与清江电石厂联营合办淮阴乙炔气厂就是个成功的典型案例:

《关于国营红光化工厂和地方国营清江电石厂申请并厂的报告》较为详细地介绍了两厂的优势与劣势以及并厂经营的必要性与重要意义。此外,还规定了并厂之后的厂名、领导班子构成、投资方向、职工福利待遇等方面的内容。红光化工厂和清江电石厂于1985年2月联营合办淮阴乙炔气厂。红光化工厂和清江电石厂的合并经历了严格的调查,基本摸清了两厂之间的优势互补之处。《关于红光化工厂和清江电石厂并厂的情况调研》更详细介绍了两厂合并的具体情况,通过职工素质、固定资产情况、地理位置等方面详细介绍了两厂的互补之处,在指出两厂合并必要性的基础上,介绍两厂合并后的产品发展方向,即乙炔气瓶装技术和利用对苯二酚含锰溶液生产电解锰技术,指出这两项产品革新的价值以及未来的发展前景。除了乙炔气瓶装技术、电解锰技术,该文件还介绍了复合软包装材料、塑料玻璃、挡风玻璃、ABS板等一系列产品,这都是市场上紧缺的商品,但红光化工厂因为地理位置偏僻而无法达到相应的销售目的。在分析两厂各自优劣势以及未来产品发展方向的基础上,再次重申两厂合并的重要性以及两者合并的重要意义。通过实践,联营乙炔气厂符合市场需要,产生了较大的收益,促进了两厂的经济发展。

国营9305厂也积极开展联营合营,《国营9305厂1985年工作总结》指出,工厂领导在进行大量调查的基础上,确认乙炔气是经济、安全、可靠的节能新产品,省内外市场紧缺。同时江宁电化厂和连云港电化厂具有生产乙炔气的良好条件和得天独厚的销售优势。利用9305厂的设备、技术优势,与两者进行联营具有花钱少、上马快、效益高的特点。淮安市档案馆馆藏资料《连云港市电化厂和盱眙天明化工厂合资经办"连云港市电化厂天明乙炔分厂"合同书》,详细介绍了两厂合营的具体细节。合同书内容包含投资规模、厂址位置、合营厂性质与法人地位、甲乙双方具体投资情况、利润分成、责任划分、折旧费提取办法、亏损责任、联营厂职工生活问题、厂务管理形式、董事会组成及权利、管理人员的任命方法、财务问题、双方管理权限、原料供应、纠纷解决、联营时间等方面,最后还列举了甲方固定资产清单和乙方投资总额测算。事无巨细,详细规定了联营厂经营的方方面面,并在江苏省连云港市公证处进行了公证,以确保该合同的合法效力,对于研究两厂合营的具体细节有重要的价值。

国营9305厂1988年工作总结记载,联营一年以来,连云港分厂1988年初实行了承包,从年终结算情况看,情况总体不错,在难度很大的情况下完成了第一目标,即利税25万元。连云港分厂准备自己上马低压发生工段自成体系,能更快地发展起来。实践证明,联营是一个合理可行的方案,但这也需要精准把握市场需要,积极妥善解决联营双方的各种经济纠纷,为联营保驾护航,否则将会功亏一篑。相对于连云港分厂的成功,江宁分厂则由于联营纠纷发展不尽如人意。

江宁电化厂与天明化工厂从1985年2月开始联营生产乙炔气。淮阴市审计事务所《关于天明化工厂的审计调查报告》指出,1988年,联营双方发生了很大的矛盾。根据协议投资六、四比例,但没有明确是计划投资还是实际投资。江宁厂已经投资392.3万元。天明厂应投资261.3万元,已经投资64.5万元,江宁厂认为对方投资不足是毁约,因而天明厂派人进不去,财务不公开,盈利不分成。经查当时的协议很不完善:① 协议规定生产规模,没有工程概算和计划投资额;② 江宁厂原有厂房等固定资产、专项资产、流动资产等均作为向联营企业入股的资金,其中没有评估有效资产和无效资产,固定资产净值未明确净值时间;③ 协议规定产品由江宁厂负责销售,还规定江宁厂先从实现利润中提取5%,这属于不平等条款,因为联营后的一切经营活动和经营成果归联营企业。④ 协议规定重大事项决策由董事会决定。实际上董事会虚设,也未制定董事会章程。目前联营方形成主(江宁电化厂)附(天明化工厂)关系。天明厂不但没有分享收益,相反按存款利息每年约损失2.5万元。这个矛盾对天明厂来说非常不利。由此可以看出,虽然联营合营是发挥小三线企业优势的有效途径,并且也是最经济的途径,但是由于双方都没有签订合作合同的经验,联营过程中还存在许多不足,这在一定程度上影响了联营双方的根本利益。所以,在小三线企业进一步向市场靠拢的过程中应加强风险意识和维权意识。企业经营管理者的素质也应进一步提高,很好地运用市场经济规则来发挥自己的优势,保障自己的利益,同时取得双赢。这是改革过程中不可或缺的一部分。

除了不同区域的优势互补企业联营发展,引进外资也是转换经营方式的重要手段。在改革开放的时代,随着国门的打开,广阔的国际市场展现在企业面前。对于面对国内市场需求不足以及自身资金技术不足以实现转型升级的企业来说,引进外资是一个难得的发展机遇。首先,外资可以提供宝贵的经营资金,这对于急缺资金的小三线企业来说是可遇不可求的。其次,和海外企业联营有助于学习其先进的管理经验和吸收其先进的生产技术,有助于小三线企业自身的发展,可以很好地促进小三线企业进一步融入市场,实现自身的转型升级。最后,小三线企业拥有厂房、劳动力以及较为完善的后勤保障体系,在引进外资的过程中,诸多要素都能使其价值得到进一步实现。此外,海外企业通常面对国际市场,与其合作可以进一步扩展企业的销售面,增强企业的竞争力。所以说引进外资是另一个不可忽视的重要发展手段。当时引进外资的方向主要集中在我国香港和台湾地区。淮阴小三线企业在引进外资方面也取得了重要成果。

江苏淮河化工厂和香港南峰贸易公司合资经营九峰针织有限公司就是引进外资的典型代表。《中外合资九峰针织有限公司年产50万打高弹锦纶丝袜项目可行性报告》内容非常丰富,就目录来看包含项目概论、合营目标、市场预测及产品规划、项目设计、原材料及能源供应与运输、生产组织安排、资金来源、项目实施计划、财务分析、风险分析、结论等十一章。概论部分介绍了合营企业的名称、合营各方的具体情况、报告编制依据以及合营的背景。

(1) 合营背景。合营背景部分详细介绍了两厂的发展历史、主要产品、固定资产总值、职工组成以及主要产品的产值以及利税等情况,最后指出,在"保军转民"的大形势下,双方各取所需,江苏淮河化工厂为了贯彻"军民结合"等十六字方针,进行产品结构调整,本着积极引进海外先进技术,立足开拓国际市场,努力增大出口创汇,发展外向型经济,兴办合资企业的原则;香港南峰贸易公司也本着加强经济合作,进一步开拓国际市场的愿望。甲、乙双方经淮阴市三益经济服务部牵线,分别在上海和深圳就友好合作举办合资企业的可能性及其事宜进行了诚挚友好的洽谈协商,并共立意向,决定在淮阴合资兴建锦纶高弹丝袜生产企业,且合资企业租用甲方的场地厂房,乙方负责返销大部分产品。在两者都有合作意愿的前提下,形式和政策给予了双方合作的基础。在国家鼓励小三线企业自谋出路、大力发展经济的情况下。双方的合营得到了有关主管部门的大力支持。首先,作为淮阴市淮河化工厂的直接管理方,淮阴市国防工办积极支持淮河化工厂引进外资的计划,在确定该项目符合产品结构调整要求,符合我国外贸政策的情况下,积极向淮阴市经委和市经贸委申报立项并得到市委相关部门的肯定和支持。

（2）合营目标。合营目标部分涉及合营企业的组织形式、合营宗旨、合营期限、生产经营范围、投资规模和生产规模等方面。该部分通过简要的介绍明确了企业的性质以及未来的发展方向,明确了合营期限,并通过详细的数据分析,明确该项目固定资产、流动资金、注册资本以及双方在投资额中所占的比例,明确江苏淮河化工厂全部以现额出资,南峰贸易公司主要以国际市场价的设备出资,部分现额出资。生产规模明确了项目的生产能力以及不同产品的生产数量。

（3）市场预测与产品规划。该部分包含了市场预测、产品规划、产品销售规划等内容。市场预测首先概述合营项目所生产产品的优良特性,然后分国际市场和国内市场两个部分进行详细分析。国际市场分析部分,分析了当时国际袜品市场的销售量以及销售总额,预测了该类产品的需求趋势,证明高弹锦纶丝袜的庞大的销售市场。通过分析现有生产供应地区以及未来潜在的生产地区,认为该合营项目具有极大的潜力。在内地市场分析部分,分析了内地服饰文化的演变以及女性对袜品需求的变化,指出高弹丝袜在内地拥有较好的市场。而内地厂商在该类产品的生产上却存在着产能不足、质量不高的问题。随后通过细致的数学分析,得出高弹丝袜内地市场趋向好的方面,预测市场潜力较大。产品规划方面,通过以上分析,确定合营厂生产产品为高弹锦纶丝袜产品,生产产品内销部分将以舞袜为主。产品销售方面,合营公司产品由合营双方共同销售,并划定各自的销售比例和销售方式、渠道及主要销往的地区,明确双方的销售责任和义务。

（4）项目设计。项目设计主要包括技术方案、设备方案、生产工艺、厂址选择、环境保护五个方面。技术方案部分分析了目前国际袜机的发展趋势及其优越的性能,并且分析了该技术在内地的可行性,明确了设备引进后的安装、人员培训及甲乙双方在此过程中的责任。设备方案部分主要介绍了引进设备的理由、引进设备的性能及特色、合营公司的购置设备清单。在确定技术方案的基础上,分析了不同类型设备的优劣,明确了引进设备的厂商及其型号和数量,并做了一个详细的表格,该表格标明了设备名称、设备型号、引进数量、单价、总价、折合人民币价值、进口地及厂商。生产工艺部分,明确了整个生产流程,简要介绍了该工艺的优势、工房环境、设备运行等情况。厂址选择部分,明确该合营项目选址在淮阴城南甲方所属的淮阴分厂,介绍了该厂区的土地面积、建筑面积、基础设施、地理位置等内容,说明该厂区作为厂址的优越条件。对于该厂区的扩建与完善,由甲方负责完成,并明确了需要增建的项目及其数量、造价、总费用等内容。环境保护方面,明确了合营厂所采用生产工艺所采用的原料及其产生的废水的数量与性质,针对该厂污水的性质采取了相应的处理手段,并且处理后废水对环境影响不大。

（5）原材料、能源供应及运输。原材料、能源供应及其运输部分包含了原辅材料供应规划、燃料动力供应规划、运输三个方面。在原辅材料供应规划方面,通过对比分析内地多个主要生产厂家的产品质量、价格以及为了保证进口设备的质量,决定主要原辅材料进口解决,并明确了进口数量以及进口地。在燃料动力供应规划方面,决定增设变压器和快装锅炉。运输方面,在预测总产量的基础上,决定购置相应的运输工具,明确所有进出口物资均从上海港或连云港进出。

（6）生产组织安排。生产组织安排方面主要包括董事会和经营管理机构、劳动定员、人员培训三个方面。董事会和经营管理机构方面,明确合营公司实行董事会领导下的总经理负责制,确定了董事会的责权、组成及其任免流程。此外,进一步明确经营管理机构以及各部门的具体事务和责任。劳动定员方面，明确了全部职工人数、不同种类工作岗位的人员分配比例以及职工的招聘、辞退、工资、劳动保险、生活福利和奖惩等事项。人员培训方面，明确由乙方负责人员技术培训和设备安装，并通过多种渠道锻炼工人的工作技能。

（7）资金来源。该部分详细介绍了该合营项目的固定资产投资、流动资金投资以及投资总额。在出资类型上，介绍了甲乙双方各自的投资总额、投入资金形式以及短缺资金的筹措渠道。

（8）项目实施计划。该部分详细介绍了该合营项目可行性报告报批、签订公司合同章程以及办理工商登记、引进设备、建设厂房、设备安装调试、试生产、正式生产的详细进程表。

（9）财务分析。财务分析部分主要包括财务分析条件的假定、成本分析、销售价格、销售收入及工商统一税、销售利润、利润率分析、企业收益分析、外汇平衡分析、投资回收期、净现值、内部收益率、投资回收期的动态分析等方面。首先，按照合营公司规划的品种以及生产数量进行生产成本测算。其次，根据当时的市场销售价格进行销售收入预算以及工商统一税预算。通过成本与销售额的预算得出销售利润的多少，通过测算，联营厂达产年销售利润为 265.09 万元，项目全周期总销售利润为 2 485.69 万元。通过收益分析可以看出，合营厂在合营过程中可以获得较为丰厚的利润。这部分从经济学的角度进行了详细的预测分析，提供了丰富的数据，非常考验研究者的数据分析能力以及对经济规律的了解程度。

（10）风险分析。该部分包括盈亏平衡分析、敏感性分析两个方面。首先，该可行性报告分析了合营厂在生产能力达到什么水平后能保证不亏损。然后分析了价格变化对产品内部收益的影响。由于合营厂产品具有质量和价格优势，所以得出该项目抗风险能力较高的结论。

以上资料可以看出，引进外资合营，在合同和章程方面还是比较严谨细致的，可行性论证也较为完善。仅就九峰针织有限公司这个企业来说，1994 年 9 月 12 日，淮阴市国防工办委托淮阴市审计师事务所对该公司 1993 年 4 月至 1994 年 8 月份的财务收支、盈亏情况和 1994 年 8 月底的全部财产进行审计查证。通过调查审计得出《关于九峰针织有限公司财务收支额资产核实的审计报告》，文件包含了九峰针织厂的基本情况、1994 年 8 月底各项资产盘点核实情况、利润调整、审计建议等方面。厂基本情况包括主要情况简介、生产设备、职工数量、企业资金、利润等情况。资产盘点方面,审查了流动资产、往来账目、财务审计等具体方面,通过具体数据揭示了合营厂的经营情况,并针对该厂的具体情况做出了利润调整和审计建议。淮阴市审计师事务所认为该厂生产资金、生产设备以及员工都已经到位。经过审计核查,截至1994年8月底,公司实际利润为468 214.87万元,实现了盈利。可见在双方的密切配合下,公司的发展还是很有前景的。

除了以上资料,1992年4月制定的《江苏九峰针织有限公司合同》从总则、合营各方、成立合资经营公司、合营公司的宗旨、合营公司经营范围和规模、投资总额与注册资本、合营各方的责任、产品的销售、董事会、经营管理机构、设备和原料购买、筹备和建设、劳务管理、财务类问题、合营期限、合营期满财产处理问题、保险、合同的修改变更和解除、违约责任、不可抗力、适用法律、争议的解决、文字、合同生效及其他等多个方面详细规定了合营公司的情况。相对于可行性报告,该文件更加具体详细,在此不做具体介绍。

类似于淮河化工厂和香港南峰贸易公司合资经营生产高弹袜,江苏天明化工厂也与台湾全行贸易有限公司在双方自愿的基础上进行了多次洽谈,并递交了《关于江苏天明化工厂与台湾全行贸易有限公司合资生产经营100万张/年宝丽板的立项报告》。报告指出,利用天明化工厂分厂的厂房和公用设施,进行技术改造,生产新型装饰材料宝丽板,根据互惠互利原则,成立天行木业有限公司。总投资100万美元,注册资金70万美元,投资比例为天明化工厂70%、台湾全行贸易公司30%,按投资比例分享利润和承担风险。其中,生产加工设备主要由海外引进,主要原辅材料由大陆供应,宝丽板产品50%外销。到1993年4月份,江苏天行木业有限公司提交关于申报《江苏天行木业有限公司增项可行性研究报告》的报告。该文件指出天行木业有限公司董事会决定扩大生产经营范围,并明确了增项的具体情况。通过增项计划,进一步加大投资,引进新的生产设备,扩展经营范围。在此基础上制定了详细的《江苏天行木业有限公司增项可行性报告》。在可行性报告中介绍了该项目的概述、市场预测、工艺设备与技术、原材料和能源供应及运输、人员安排及场地、增项实施计划、财务分析、风险分析、总结等相关内容,较全面地分析了该项目的可行性。在概述部分介绍目前天行木业有限公司的经营情况以及生产能力。市场预测部分通过介绍国际市场和大陆市场的需求和供给状况,指出该项计划的市场发展潜力。工艺设备与技术方面,介绍了增项产品的大致生产流程以及引进设备的类型。原材料、能源供应和运输方面介绍了原辅材料供应计划、燃料动力供应计划以及运输情况介绍。人员安排及场地方面,介绍了增加人员的数量及类型,明确新生产线的场地。在此基础上制定了详细的建设计划。此外还分析了增项计划的成本、销售价格、利润、利润率等内容,并做了风险预测和敏感性分析,最终得出该项目可行的结论。淮阴市国防工办等主管部门也通过了天行木业有限公司的增项计划。但经过几年的发展,出现了经营困难、亏损严重的局面,形势十分严峻。

由于经营不善,江苏天行木业有限公司不得不终止合营。从《关于申报江苏天行木业有限公司终止合营的请示》可以看出,导致天行木业有限公司最终终止经营的因素很多。首先,公司自开办以来,由于台湾全行木业有限公司一直未履行《合同》《章程》规定之"负责合营公司产品70%的外销义务",加之资金贷款、盲目投资以及乙方其他严重违约行为,导致企业连年亏损,无力经营,截至1997年6月末,账面亏损797万元;负债严重(已欠银行120余万美元),资不抵债(资产负债率达227%),导致公司停产近一年,职工全部下岗失业。

鉴于公司状况,依据《合同》第48条规定:"由于一方不履行合同、章程规定的义务或严重违反合同、章程规定,造成合营企业无法经营或无法达到合同规定的经营目的,视作违约方片面终止合同,除对方有权向违约方索赔外,并有权按照合同规定,报原审批机构终止合营。"另依据《章程》第67条规定:"合营企业发生严重亏损,合营一方不履行合同和章程规定的义务,使对方遭受严重损失,甲、乙任何一方有权依法终止合营。"据此,1997年9月8日,天行木业有限公司董事会为避免更大的损失,决定终止合营。但由于台湾全行木业有限公司无故不出席董事会有关终止合营、清算、解体等商讨会议,不履行董事会义务,致使无法达成一致协议。后来,控股70%的天明化工厂单独召开董事会,决定终止合营,并申请淮阴市外经贸委依法裁定乙方违约责任,追究违约方责任。

除了九峰针织有限公司和天行木业有限公司,作为高新技术的代表,925厂和南京电力高等专科学校共同与香港永成投资开发公司共同生产经营各种新型的组合式成套电气控制设备、微机控制设备、高效节能机电一体化产品，真正做到了产学研一体化。不仅利用了925厂的厂房等资源，还利用了南京电力高等专科学校的研究优势，在此基础上引进外资，对于发展淮阴市的电气、电子控制成套设备，加速淮阴市用微电子等高新技术改造传统产业的步伐有积极意义。

1992年6月，相关单位提交了关于《江苏永成电气控制有限公司5 000台(套)/年电气控制设备项目可行性研究报告》。在报告中详细论证了项目的可行性，报告主要包括总论、产品生产经营安排及其依据、物料供应安排及其依据、项目选址及其依据、技术设备及工艺过程的选择和依据、生产组织安排及依据、环境污染治理和劳动安全、卫生设施及其依据、资金筹措及其依据、综合分析、项目实施进度及依据。同时还附带合资意向书、项目建议书、项目建议批文、其他合资文件。

（1）总论部分。首先介绍该项目的优势、收益以及国家和地方政策对该项目的倾斜。然后介绍了合营各方的情况、合营企业名称、合营企业地址、宗旨、经营范围和规模、投资规模和投资比例、合营期限、利润分配和亏损分担比例、联营各方的责任和义务。

（2）产品生产安排及其依据。这部分包括市场预测、微电子为主的工业自动化控制市场、产品生产安排三方面。在市场预测方面，分别从市内市场、省内市场和国内市场方面分析了国内电子电气市场的情况。在微电子为主的工业自动化控制市场方面，分析了市场需要和市场供给之间的差距、925厂的技术优势、国家和省的政策照顾等因素影响，预测该项目可以获得较大的利润收益。在国际市场方面，说明国际市场对该类高新技术产品需求更大，且江苏省已有合资企业出口电子产品先例，提供了出口经验和渠道，市场潜力较大。在此基础上还制作了市场分析计划表以及合资期间的生产安排和产品销售计划表。在产品生产安排方面，说明了员工数量及其科技人员比例，并制作表格详细介绍了人员分配方案。

（3）物料供应安排及其依据。这部分包括原辅材料、能源、运输三个方面，指出，除了少数需要从国外引进的高精尖元器件由永成公司负责进口外，其他方面均由合资公司负责解决，并未做过多的介绍。

（4）项目地址选择。明确由国营925厂淮阴民品厂部分厂房及辅助设施为合资企业地址。

(5) 技术设备、工艺过程及依据。这部分主要介绍了技术设备的引进情况,做了具体需要引进设备的表格并介绍了大致的生产流程。

(6) 生产组织安排及依据。这部分确定了合资公司的董事会组成、任免、职权,明确总经理负责经营,确定合资企业管理人员、技术人员、普通员工的招聘方法及来源。

(7) 环境污染治理和劳动安全、卫生设施及其依据。明确该项目由于不涉及化工产品,所有几乎没有环境污染问题。

(8) 资金筹措及其依据。明确甲乙丙三方的出资比例及资金用途,限定资金到位日期,说明了流动资金解决方案。

(9) 综合分析。这部分包括工厂完全成本、工资计划、费用分析、利润率、项目计划等方面,通过财务计算得出该方案有较大的发展前景,且市场潜力较大,利润丰厚。在附表部分还有大量的数据列举,史料价值较大。在本可行性报告后面还附带一份关于永成电气控制有限公司《生产经营电气控制成套设备可行性研究报告论证会议纪要》,该会议纪要肯定了项目的可行性及对地方经济发展的意义,并对该可行性计划书提出了一些建议,要求合资方进行修改和完善。相对于九峰针织有限公司可行性报告,该报告在内容介绍方面不够详细,论述不够严谨细致。

由以上资料可以看出,联营合营经过实践有了较为完善的发展模式,虽然合营会出现一些问题,甚至会导致亏损,但相对于小三线建设时期那种规划散乱、没有系统设计的局面,调整后的小三线企业发展更具有科学性和规划性,更强调企业的收益问题。这与小三线企业的发展有关,首先,小三线企业作为军工单位,设计目的为了国防安全,不强调经济效益。且当时中央判断战争要"早打、大打、打核战争",小三线项目多匆忙上马,并未做详细的调查规划,特别是厂址偏僻、污染严重、交通不便等因素,制约着企业的发展。而20世纪70年代末80年代初的调整则是建立在国家战略再一次调整的基础上,经过小三线建设的发展历程,我们深刻认识到小三线企业发展中存在的问题,特别是在市场经济改革不断推进以及管理体制改革不断深入的过程中,效益日益成为企业发展的主要目的,而环境保护、交通运输等因素作为历史教训也被吸取。整体上看调整后的小三线企业更具有现代企业的特点,无论是管理方式、经营理念,还是生产过程控制,都在面向市场的过程中得到了进一步完善。

2. 加快技术改造,适应市场需要

作为保军转民的核心,生产适销对路的产品是淮阴市各小三线厂所必须重视的问题。长期以来,军工企业着重生产军工产品,设备单一,转型升级力量不足。为了深入贯彻"保军转民,军转民用"的方针,使企业的生产紧跟市场需要,这就必须及时增加或更新必要的生产设备,加强技术改造。作为淮阴市小三线厂的主管单位,淮阴市国防工办大力支持各厂的技术改造工作。首先,国防工办允许企业在固定资产折旧费以及销售利润中留取一部分作技术改造费用。其次,在军转民前几年,免去企业的各项税费,大力支持军工企业的技术改造。最后,淮阴市国防工办也做红娘,牵红线,积极组织各种技术交流会和军转民交流洽谈会,为军工技术转民用牵线搭桥。在此基础上,各企业也积极调研,逐步开展技术改造项目,例如清河化工厂的热电工程和邻甲苯胺改造项目、925厂的淮阴模具分厂项目、国营9305厂连云港乙炔气和聚乙烯热收缩膜项目、红光化工厂淮阴乙炔气和草酸生产线项目以及光学仪器厂照相机镜片单机生产线项目等。大多数企业都积极进行技术改造,也引进了许多新的技术和好的项目,但有部分项目由于调查不细致,导致效益低下,反而影响了企业的转型升级,这涉及整个工厂的整体改革,也关系到工厂的未来走向,例如滨淮机械厂由于经营不善,最终倒闭。所以在推行技术改造的过程中,细致的市场调查与技术论证显得尤为必要,这取决于工厂领导层的决策水平与判断能力。

淮安市档案馆馆藏小三线资料涉及技术改造的比较多,但大多是行政性的批文以及各厂给上级主管部门的申请报告。例如淮阴市经济委员会《关于同意925厂军转民转产模具技改项目的批复》、淮阴市国防工业办公室《关于八五年技措和大修计划的通知》、国营9395厂《关于申请恢复TNT生产的报告》等。通过这些来往公文可以大致了解每个厂的技术改造情况,包括省军工企业调整改造计划、技术改造的可行性、技改的必要性、技改项目清单、技改项目设计、技措贷款、技改引进设备情况、投资规模、技改生产线建设、污染治理、技改征地、原辅材料供应、引进外资等内容,较详细地反映了淮阴市小三线企业技术改造的情况(见表1)。

表1 淮阴市小三线厂技术改造项目(部分)

厂 名	新 上 项 目	立项时间
925厂(永丰厂)	模具	1985年
	液压马达	1985年
	液压车桥	1989年
5315厂(红光厂)	乙炔气分厂	1985年
	丙烷切割气	1995年
	草酸	1989年
9489厂(滨淮厂)	MF83型灭火器	1979年
	活性炭	1989年
	化工产品包装用钢桶	1989年
	高精度净油机	1989年
	MF3、MF4型手提储压式干粉灭火器	1989年
	MF2型手提式干粉灭火器	1989年
	MF3、MF4型手提式干粉灭火器	1988年
	冰箱铸件	1988年
	煤气表	1989年
	高强度球墨铸铁及制品加工	1995年
	灭火器项目	1987年
9395厂(淮河厂)	乙二酸项目	1987年
	煤渣砖	1988年
	DSD酸	1988年
	苯胺工程	1991年
	高弹丝袜项目	1992年
	2B油	1994年
	亚硝钠扩建项目	1986年
	邻甲苯胺项目	1986年
	大红色基G	1987年

续 表

厂 名	新 上 项 目	立项时间
9305厂(天明厂)	高压聚乙烯热收缩膜	1987年
	制炭机	1989年
	营养肉生产线	1989年
	固型燃料成型机、炭化炉生产线	1991年
	宝丽板生产线	1991年
	铵松腊炸药生产线	1993年
	连续粉状炸药项目	1994年
	连云港乙炔气项目	1986年
	防水炸药、乳化炸药、地质震源弹、ADT炸药等筹建分厂	1988年
光学厂	光学楼扩建项目	1986年
	照相机镜片单机生产线项目	1986年

3. 强化市场意识，主动参与竞争

随着国家国防科技工业战略调整的展开，军工企业纷纷调整本企业的发展策略，以适应复杂多变的市场经济发展要求。不同于以往军工体制下，军品生产有国家计划，国家提供原料和资金，包购包销。民品生产需要面向市场，各企业有了更多更灵活的自主经营权力，这更加考验企业管理层的战略判断与执行力。产品定位是否准确，生产技术是否成熟，生产成本是否合适，销售渠道是否健全，售后服务是否到位，这些因素都决定着企业市场竞争的成败。小三线军工企业拥有技术的优势，就技术改造方面又有国家政策的支持。但由于小三线军工企业长期依赖国家计划指导，没有市场销售意识。原料供给、销售和售后服务就是一个急需强化的方面。在生存危机的压力下，淮阴市各厂也纷纷采取了多种措施。

(1) 掌握行情，保障物资供应。生产原料供应关系到工厂的正常生产和生存发展。由于小三线调整，民品开发的原料供给来源更加灵活多样，部分生产原料需要自己解决。同时随着对计划经济体制的改革调整，我国允许部分产品和流通不做计划，由市场调节。在市场逐步放开的情况下，如何从市场中买到物美价廉的原材料就决定了生产成本的高低,也就决定了产品在市场销售中的竞争力,最终决定了企业利润的多少。国营9305厂供销运输科在1987年工作总结《开拓创新,探索前进》中对物资供应、销售等工作做了总结。在总结中首先回顾了一年来的工作概况,然后从物资供应、产品销售、售后服务、双增双节、党风建设五个方面进行详细的介绍分析。物资供应方面,强调供销供运科注重市场对物资的调节作用,在市场调节的指导下积极转变观念,主动采取多种方法保障物资供应,在物资供应方面发明了"三多"和"三定"的方法,尽全力保障物资供应,确保生产不中断。在产品销售方面,强调市场调节对销售的重要意义,从制定销售计划、强化销售队伍、开辟新市场、加强销售人员培训等方面着手,为完成年度销售任务而努力奋斗。在售后服务方面,坚持走访用户,召开用户质量座谈会,从质量和服务两个方面提高客户的消费体验,为销售保驾护航,扩大用户群体。在双增双节方面,在保证质量的前提下进行物资价格对比,选择物美价廉的商品,积极采用便宜的可替代材料。在控制价格的基础上,对购进物资的量也进行控制,减少占用资金和物资积压。在车辆运输方面,增加车辆实载率,多运物资减少油料消耗。此外还积极开展清仓查库、修旧利废等群众性运动,在一定程度上节约了资源,减少了成本。

(2)转变观念,开拓销售市场。产品销售是商品经济条件下不可缺少的中间环节。改革开放以来,国外市场被越来越多的企业所注意,特别是发展较好,产品竞争力较强的企业更注重国际市场的开拓。例如9305厂三车间,其孔雀牌导火索在国内评比中屡获桂冠,还获得1981年省级优质产品,1986年继续蝉联。9305厂三车间也被淮阴市经委授予"质量管理先进单位"。在自身实力较强的情况下,三车间提出了《瞄准国际市场,把采标作为一项系统工程来抓》的报告,决定瞄准国际市场,采用国外先进的标准。这个报告首先介绍了发展产品出口的重大意义,并决定积极采用国际标准生产产品,为以后的出口打下坚实的基础。其次介绍了如何才能很好地采用国际标准,生产出被国外用户所认可的产品。比较了国内标准和国外标准的异同,论证了采取国际标准的可行性,分别从提高职工素质、健全规章制度、开展群众性质量管理活动、严格把关质量、实行质量安全经济责任制、加强精神文明建设、安全生产等方面介绍了进一步落实国际标准的具体措施,很好地规划了开拓国际市场的各项工作。9305厂供运科在1993年工作总结《以市场为导向,抓营销促效益》

中介绍了该厂是如何进一步强化销售工作的。该总结首先介绍了该厂各产品的销售情况。在第二部分强化市场意识调整销售策略中分别从加强营销队伍建设、加强市场信息管理、调整策略和优化售后、推行经济承包四个方面详细介绍了为强化销售所采取的措施。在销售队伍建设方面，充分发挥老供销作用，积极吸收青年才俊加入，保证营销队伍实力。在加强市场信息管理方面，强化市场信息的搜集。在调整销售策略和强化售后服务方面，保证客户需要产品供应，加强客户联系，强化售后服务，坚持走访用户，提高用户体验。在推行经济承包方面，通过物质激励促进供销科的工作热情。国营 9305 厂关于 1996 年销售市场的《情况反映》大致介绍了本年度该厂所面临的销售问题。主要涉及铵梯炸药和工业导火索销售困难的情况，分别从厂本身以及销售市场环境两个方面进行了分析。该报告主要偏重销售市场环境分析。首先，介绍了当时民爆行业的发展情况，强调炸药类产品已经市场饱和，上马生产铵梯炸药和工业导火索是个错误。然后，分别介绍了徐州矿务局、锦屏磷矿、溧阳矿山化工厂的违规生产情况，着重强调其违规生产对 9305 厂销售市场的压缩。最后，要求相关主管部门强化民爆产品市场管理，谨慎建立新的生产厂点。该文档侧重江苏省民爆产品销售市场问题分析，给我们提供了较好的数据和素材，意义重大。

淮河化工厂在 1990 年度工作总结《认清形势、克服困难、开拓市场、再展宏图》中对销售市场的开拓做了介绍。该总结首先概括了本年度总的经营发展情况。然后从本年度的经济和技术指标完成情况、企业管理与新产品开发、职工生活与职工教育以及 1991 年的打算四个方面进行了分析。在本年度的经济和技术指标完成情况部分侧重市场销售的分析，首先介绍了上一年度的产品计划以及实际完成情况，分析了销量下降的原因。在此基础上进一步提出内部加强生产，外部加强营销。并从扩大市场占有率、双增双节的方面细致讲述解决销售问题的措施。其他三个方面则是从管理、产品生产、职工生活与教育的侧面来讲述如何加强厂的竞争力，不做过多介绍。

红光化工厂供销科在《广开货源保供应、灵活经营促销售》的报告中对其 1992 年的工作做了相应的介绍。供销科负责本厂的物资供应与产品销售，关乎产品生产与工厂发展的命脉。本报告从克服困难勇挑重担、广开渠道扩大货源、抓产品销售等方面论述一年来的工作情况。在克服困难勇挑重担部分，分析了该年度厂面临的产供销的风险,积极采取经济责任制考核,打破大锅饭,实行工效挂钩、多劳多得的分配方法,为步入市场打下了坚实基础。广开渠道扩大货源部分则侧重保障生产供给。在抓紧市场销售方面,介绍了销售所面临的困难,具体从合同执行问题、稳定老用户和争取新用户、强化售后服务、优化消费体验、加强内部管理等多方面介绍了该厂是如何解决销售不畅的问题的。通过这份档案,可以很好地了解该厂在物资供应和产品销售方面的情况,较为详细。红光化工厂乙炔气分厂在1993年的工作总结《迎接挑战、开拓市场、在竞争中求效益》中也涉及产品销售的问题。该总结首先介绍了本年度产品销售及利税情况,然后介绍了最近几年来乙炔气市场面临的危机,并针对相应的情况制定了应对措施。面对乙炔气产品竞争日趋激烈、市场逐步萎缩的局面,该厂转变观念,调整战略,积极竞争,开拓市场,及时加强了销售队伍,采取经济责任制,积极向外开拓市场,有力巩固了产品销售。另一方面提高质量、优质服务,严格把好质量关,及时调整工艺,满足客户需要。坚持用户至上,送货上门,加强与客户联系,通过优良的服务赢得客户的信赖。通过这两份档案,可以较好地了解红光化工厂及其分厂在销售方面所做的努力,但内容较为分散,需要进一步分析。

除了在方法和手段上强化销售,对供销科职能的剥离也是重要的问题。江苏红光化工厂1994年9月9日下达《关于撤销供销科同时设立供应运输科和销售科的通知》,同时,国营9305厂也于1997年1月9日下发了《关于成立供应科和销售科的通知》,明确规定原供销科的销售职能划归销售科,原供销科的供应职能划归供应科。将供应和销售职能分离,有利于加大营销工作的力度,加强营销力量,拓展市场,扩大销售。

销售问题是小三线厂转型发展过程中的一个重要问题,但淮安市档案馆馆藏小三线档案关于销售问题的文件并不多,且大多分散在年度总结、工作计划、会议纪要等综合性文档中,比较细碎,并不能很好地呈现关于各厂销售的情况,需要进一步整理分析。

4. 租赁经营,发展第三产业

相对于实行技术改造和联营合营,租赁经营和发展第三产业是对本厂基础设施的最大限度的利用。特别是发展第三产业,在保军转民的路径上做了新的突破,向服务业发展。租赁经营和发展第三产业最突出的是淮阴市滨淮机械厂。

1996年8月,江苏滨淮机械厂和江苏洪泽湖综合开发公司及淮阴市国防供销公司在江苏省国防科工办的见证下签署了租赁经营合同。合同规定租赁对象为江苏滨淮机械厂木制品分厂,并规定了出租方式和承租方式、经营期限、责任、权力、义务及合同的调整、变更和终止等。在出租方式和承租方式部分,详细规定了租赁对象的价值及双方对租赁对象的权利,并附带了详细的资产清单和人员名单。在责任、权利和义务方面,详细划分了甲乙双方在固定资产、干部职工管理、产品生产、债务、精神文明建设、利润分配、技术改造、安全保卫等方面的责任与义务。通过这份租赁合同可以大致了解租赁经营为何事,究其根本乃是江苏滨淮机械厂自身经营不善,在此情况下,将其固定资产租赁给其他有能力的单位使用能取得更大的经济效益,两全其美。但由于缺乏租赁经营的经营文件,不能很好了解租赁经营后的收益情况,这是个缺憾。但这份合同明确了租赁经营的大致内涵,对于了解淮阴市小三线军工厂的调整转型有重要意义,且仅有此一份文件和租赁经营有关,更加珍贵。

　　发展第三产业类的文件不多,且仅有江苏滨淮机械厂和天明化工厂的资料,其中以江苏滨淮机械厂为主。淮阴市审计事务所《对国营滨淮机械厂1992年度1—10月份承包经营审计查证报告》中指出,该厂原为军工产品辅助厂,后又成立滨淮服务中心,包括招待所、餐厅、经营部、浴室、电影院、金谷汽修厂等,上述单位对工厂实行承包经济,独立核算,明确了承包方法,并指出第三产业发展为该厂经营带来了相当的利润,但不能改变亏损局面。淮阴市地方军工系统1993年总结表彰会材料《国营九四八九厂发展第三产业为经济建设做贡献》较为详细地介绍了滨淮机械厂发展第三产业的情况。该材料首先明确了第三产业对于经济发展的重要意义,大致介绍了9489厂的第三产业构成以及1988年至1992年的营业额和利税,然后着重介绍该厂在发展第三产业方面的经验。分别从统一思想、加强领导,加强内部管理、完善经营承包责任制、建立各项规章制度、降低消耗、提高经营收益,采取灵活的经营手段和策略、推陈出新、开拓发展三个方面详细介绍发展第三产业的主要措施。特别是在第三部分,根据服务中心所属各部门自身的经营特点,分单位介绍其发展经验。例如电影院就积极引进各种新鲜的剧目,吸引广大观众前来。滨淮招待所积极提高服务质量,积极揽客,也取得不小的收益。餐厅部是重头戏,积极承担县城各种宴请,打出了品牌。滨淮厂第三产业不仅养活了自身,还有效地减轻了工厂的负担,成效显著。1994年8月18日,江苏滨淮机械厂下发《关于设立江苏盱眙新时代汽车修理厂的通知》,其中明确提出为了进一步贯彻落实保军转民的战略方针,加快第三产业步伐,提高工厂经济效益和社会效益,成立了江苏盱眙新时代汽车修理厂,隶属滨淮机械厂,科级建制。在这些文档中我们可以了解到关于滨淮机械厂发展各种第三产业的情况,介绍了一部分经营过程中的问题。但由于该文档属于公文文件,其中多为模式化语言,并未提供更多细节信息,其价值打折。

除了江苏滨淮机械厂,江苏天明化工厂也积极发展第三产业。1994年3月3日,国营9305厂下发关于将《淮阴市天明化工厂厂职工服务部》更名为《江苏天明化工厂商业服务公司》的请示。文件指出,为了解决富余劳动力的就业问题,适应当前市场经济发展的需要,需要进一步扩大职工服务部的经营范围。由于关于天明化工厂发展第三产业的资料仅有这份请示,所以并不能更进一步了解天明化工厂发展第三产业的详情,所以该文档价值不大。

虽然关于租赁经营和发展第三产业的资料不多,但这代表淮阴市小三线调整改革过程中一个不可或缺的重要组成部分,具有重要的价值,也许以后发现的资料可以更进一步阐述关于这两者的详细历史,这需要研究者深入挖掘历史资料,全面研究小三线调整改革的细节。

5. 成立专业服务单位,助力小三线转型

小三线改革初期,淮阴市小三线企业被下放到淮阴市主管。为了给本市小三线企业调整转型提供信息决策支持与供销保障,淮阴市国防工办系统新组建了淮阴市供销公司、江苏省凯利工业公司、淮阴市驻重庆办事处、淮阴新时代技术工程公司等多家服务单位。

江苏省计划经济委员会1988年1月5日下达的《关于同意成立江苏凯利工业公司(集团)的批复》指出,该公司归口江苏省国防工办领导,由淮河化工厂、永丰机械厂、天明化工厂、滨淮机械厂、红光化工厂联合组建。该批复详细地介绍了该公司的业务范围:① 负责组织军工科研、生产、销售、服务等工作;② 承担军工技术向民用工业技术转让工作;③ 组织开发新产品,为各成员企业提供技术经济信息、技术引进、技术改造、人才培训、资金融通等服务工作;④ 组织各成员企业的产品出口,扩大国际市场;⑤ 组织对引进设备的消化、吸收、翻版、制造等任务;⑥ 代聘工程技术人员。淮阴市国防工办1989年11月

13日发布《关于保留市国防工业供销公司的申请》，介绍了淮阴市国防工业供销公司在淮阴市"军转民"过程中所起的作用和该单位的基本情况，在此基础上申请保留该单位建制。淮阴市国防工业供销公司1992年3月发布《关于成立联办的"淮阴市新时代技术工程公司"的报告》指出，为了进一步促进淮阴市科技发展进步，由淮阴市国防工业供销公司和江苏省新时代工贸公司技术工程部联合成立淮阴市新时代技术工程公司。该公司主要从事机电技术（机械、电子、电信、控制工程、计算机应用、软件开发等）新产品开发、新技术应用、工程承包和设计以及相关的配套贸易。

（四）人事管理问题

作为小三线建设发展的生力军，干部职工的问题是研究小三线历史的重要方面。淮安市档案馆馆藏小三线文档关于干部职工的比较多，大致包括夫妻异地、家属户口与就业、文化技术水平、人事制度改革、干部培养与考核、福利津贴、职工招聘、岗位调动等方面，还有一些落实政策的情况。

在夫妻异地方面，《夫妻两地分居的干部名册》详细记录了两地分居夫妻的详细信息，包括工作单位、职务、姓名、性别、出生年月、文化程度、专业技术职称、夫妻分居年月。为了解决两地分居带来的家庭问题，相关单位也积极采取措施。例如中共淮阴市国防工业办公室委员会1986年下发的《关于同意将张有才家属子女转为城镇户口迁往925厂落户的批复》，通过将家人迁到三线厂，解决了两地分居问题。

在文化技术水平方面，《干部花名册》详细记录了干部的单位、职务及分工、姓名、性别、民族、出生年月、家庭出身、本人成分、文化程度、政治情况、专业技术职称、参加工作年月、工资级别、籍贯等详细信息。《干部基本情况统计表》详细统计了行政管理人员和专业技术人员的数量、文化程度、政治面貌、年龄。《国家机关、事业单位工作人员花名册》对职工情况的记录更详细，包括部门、职务、职级、工干性质、文化程度、技术职称、政治情况、基础工资、工龄津贴、工资总额以及经费来源。此外还有《已作行政管理人员统计干部中的专业技术人员名册》《各部门干部分类情况表》等。《"两下"干部文化程度限期达标协议书》介绍了学习时间、方式、结业时间、学习期间工资待遇以及学习不合格的处理方案。《"两下"干部登记表》详细介绍了"两下"干部的部门、姓名、出生年月、政治面貌、文化程度、培育方式、单位意见等内容。以上文档对于了解各级干部和专业技术人员的详细情况有很大的帮助。

在职工招聘方面，1985年淮阴市国防工办下发了《关于我办下属小三线军工厂1985年招工前的情况调查及初步意见》，该意见首先介绍了淮阴市小三线职工的大致情况，然后详细介绍了职工人数及构成，并就该年度的职工招聘工作给出了相应的意见和建议。《招收全民合同制工人审批表》介绍了招聘工人的姓名、出生日期、户口性质、文化程度、家庭住址、简历、家庭情况、考试成绩、培训情况等。此外还有《招聘集体合同制工人审批表》《选聘合同制干部名册》等不同类型的文件。

在职工数量统计方面，《绝对增加的干部名册》介绍了工作部门及职位、姓名、性别、民族、年龄、文化程度、原单位职务或增加来源、批准机关、批文或介绍信号码。《增加、减少情况统计表》介绍了各厂增加人员数量以及增加来源，包括国家分配、社会录用或选聘、从全民所有制单位工人中吸收、从集体所有制单位中吸收。关于减少人员，介绍了减少的总额以及减少原因，包括离职、退休、上学、调迁、开除、死亡等情形。《干部调出名册》介绍了单位、姓名、文化程度、专业技术职称、调往何单位、调出原因。淮阴市国防工办《关于申请增干指标的报告》通过详细的数据介绍了当时淮阴市国防工办系统干部缺乏情况，并列明了增加干部指标的干部来源。《工业企业全部职工分类情况》介绍了职工中工人、学徒、工程技术人员、管理人员、服务人员以及其他人员的人数。《全民单位全部职工增减变化情况》介绍了各种类型职工的增减数量以及来源和去处。增加职工主要包括从农村招收、从城镇招收、统配复员军人、统配转业军人、统配大学毕业生、统配技校毕业生、统配中专毕业生、停薪留职人员复职、临时工转为固定工和劳动合同制工、由城镇集体单位转入人员、由外省市调入、由本省其他市调入、由本市县调入等情况。减少职工包括退休、离休、退职、停薪留职、参军、转入城镇集体单位、开除、辞退、死亡、调到外省市、调到本省其他市、调到本市县内等情况。此外还有大量的干部职工调动介绍信。

（五）财务管理情况

财务管理问题是企业运营管理过程中的重点，既涉及广大职工的切身利益，也和企业的生存发展密切相关。财务管理问题主要包括审计、贷款、利税、福利津贴、工资统计与调整等。

在工资统计与调整方面,《企业职工工资改革花名册》详细记录了每年各厂职工的工资改革情况。花名册主要包括姓名、职务、固定工或临时工、参加工作年月、现行工资情况、调整工资区类别、改革工资标准、升级情况、升级后工资情况。在此基础上,现行工资情况包含工资区类别、定级年月、执行何种工资标准、等级、标准工资、附加工资、保留工资、粮煤价补贴。调整工资区别包含增资额、冲销粮煤价补贴、调整后起点工资。改革工资标准包括执行何种工资标准、等级、标准工资、增资额、冲销附加工资、冲销保留工资。升级情况包含升级后等级、标准工资、增资额、冲销附加工资、冲销保留工资。升级后工资情况包含标准工资、附加工资、保留工资、标准工资、职务补贴。《企业职工工资改革再升半级审批表》介绍了职工的基本信息、工种、文化程度、参加工作时间、工作性质、改革后工资情况、历年工资演变、单位意见等内容。此外,还有《企业1.8元升级花名册》《全民单位劳动工资年报基层表》详细介绍了固定职工、劳动合同制职工、临时职工、计划外用工的人数以及全年工资总额。其中全年工资总额进一步细分为总工资、计时工资、基础工资、职务工资、计件工资、各种奖金、各种津贴、加班工资等。《实行等级、岗位工资制各类干部人数统计表》介绍了各种行政管理人员和专业技术人员的工资等级情况以及各等级所占人数。《全部职工的人数和工资》详细介绍了固定职工、临时职工、计划外职工、劳动合同制工的年度总人数和年度工资总额。

在福利津贴方面,《全民所有制单位全部职工劳保福利费用构成情况》分别介绍了全年劳保福利费用总额、退职退休费、离休费、职工死亡丧葬费、医疗卫生费、职工生活困难补助费、农业生产补贴、文娱体育宣传费、集体福利事业补贴、集体福利设施费、上下班交通费、计划生育补贴。此外,还补充了每年度的离退休干部总数、离退休职工总数、领取生活费的退职人数等详细信息。《国营企业奖励基金的提取和使用》介绍了年初企业奖励基金结余数、本年奖励基金提取数、从企业税后留利以外增加的奖励基金、年度实际使用数、年末奖励基金结余数等方面。

(六)安全问题

安全是企业必须重视的问题,一旦出现安全问题,会直接影响工厂的整体运营,所以小三线军工企业各级领导都十分重视。淮安市档案馆关于安全生产问题的档案比较丰富,约有 60 份文件属于安全生产类,且每年的工作总结、工作计划或者会议纪要也会相应地涉及安全生产的内容,总的来说安全生产类文件主要包括安全检查、安全事故通报与处理、安全监察、安全生产评比、安全工作总结、安全生产考核、安全生产工作计划安排、安全生产宣传教育等方面,较全面反映了淮阴市小三线厂在安全生产方面的工作情况。

安全检查方面,防患于未然是预防事故的关键。淮阴市国防工办 1986 年 3 月 18 日下发《关于请求解决危及火化工厂安全生产历史遗留问题的报告》,该报告指出通过检查发现了各厂安全消防工作的差距,并针对 925 厂、9305 厂安全缓冲区与周边群众生产之间的矛盾进行了介绍,说明小三线企业面临的安全问题比较复杂,需要多方面合力解决。1988 年 12 月 7 日,江苏省国防科工办军工安全监察第二组下发了《1988 年度安全生产检查简报》,该文件首先介绍了检查组组员的构成,然后介绍各厂的检查结果,主要介绍各厂在安全生产工作中的各种措施,例如加强领导、安全生产管理、安全教育等方面的积极措施,也指明各厂安全生产工作中的不足。总的来说,这份安全简报只是大致的概括,并没有很好地反映各厂的安全工作情况。

安全监察方面,安全生产工作必须常抓不懈。除了上级管理机构定期的安全生产检查,各厂也相应根据规定开展了安全监察工作,从细节入手,尽最大努力减少安全事故。国营 9489 厂 1987 年下发《关于成立安全生产管理委员会的通知》,通知指明为了安全生产,企业实行三级安全管理制度,从厂部到车间乃至班组都组建安全责任部门,并明确了厂安全生产管理委员会的成员名单。1988 年江苏省国防科学技术工业办公室下达关于印发《省国防工业兵器系统安全监察员会议纪要》及《江苏省兵器工业安全监察员工作规定(试行)》的通知。安全监察员会议纪要大致介绍了本次会议的议程,包括与会各厂安全监察员交流一年来的安全生产经验、总结了一年来江苏省兵器工业安全生产工作的四个特点、目前各厂安全生产面临的问题以及未来安全生产工作应该如何进行。其中江苏省安全生产工作的四个特点和未来工作规划记录得比较详细,四个特点分别从领导重视、加强安全基础工作管理、事故率明显下降、开展多种多样的安全宣传教育活动进行阐述。安全生产工作规划则主要从加强安全管理、实行责任制、强化安全监察员职能、刊发安全生产简报等方面进行了简要论述。在此基础上,进一步制定了《江苏省兵器工业安全监察员工作规定(试行)》,主要从安全监察员的素质要求、选任、权利与义务等几个方面介绍了安全监察员的详细情况。对于了解安全生产监察工作具有较大的意义。

安全事故通报与处理方面,主要涉及各厂发生的安全事故以及对事故的处理情况。例如淮阴市国防工办 1986 年 5 月 5 日下发的《对国营 9395 厂发生一起重伤事故罚款的通知》,指出该厂发生一起一人重伤事故,并决定处以罚款 1 000 元的处罚,作为警示教育。类似的事情还有很多,例如:1988 年永丰机械厂发生两起重伤事故,罚款 3 000 元;1988 年天明化工厂发生一起手指压断事故,罚款 1 000 元;1988 年 9489 厂发生一起高处坠落事故,罚款 1 200 元整;1990 年国营 9305 厂发生爆燃事故,罚款 5 000 元,等等。大部分关于事故处理的文件都没有详细描述安全事故的细节,只是说明了处理办法与罚款金额。而江苏省盱眙县劳动局下发的《关于红光化工厂 10 T/h 锅炉重大事故的通报》,该通报详细介绍了该事故发生的过程以及事故导致的后果,并说明该事故发生的原因以及相关责任人在该起事故中的失误之处,明确操作员应负主要责任,揭示了该厂在设备管理方面的漏洞和不足。在此基础上给盱眙县所有使用锅炉的单位做了相应的工作安排,包括学习相应的规章制度、举行相关反事故演习、定期检查设备、加强司炉工考核。通过这份文件,可以从细节方面了解安全生产的重要意义,明确安全事故处理的相关情况,对于研究淮阴小三线厂的安全生产情况具有重要的意义。

安全生产评比方面,积极开展安全生产先进集体和个人表彰工作,激发大家的安全生产意识和积极性,通过相互比较学习不断推进安全生产工作向前进。例如 1989 年江苏省国防科学技术工业办公室下发《关于授予红光化工厂等四个单位 1988 年度安全生产先进单位称号的决定》,根据各军工安全监察组及地区技安写作组的推荐,授予红光化工厂等四个单位年度安全生产先进单位称号,并督促各单位不断加强安全生产管理工作,采用现代化的管理方法,开创安全生产新局面。除了开展表彰先进活动,还开展各种安全竞赛活动。例如淮阴市国防工业办公室 1989 年下达《关于开展第二个夏季百日安全无事故竞赛活动的通知》,通知明确了本次竞赛活动的领导小组人员组成,并对各厂的安全生产工作做了相应的要求。在此基础上制定了"第二个夏季安全百日安全无事故竞赛活动评比细则"作为依据。评比细则明确了竞赛活动考察的主要方面,包括安全生产指标和考察评分指标。安全生产指标是基本要求,如未达标则不能参加评比。并明确了安全生产指标和考察评分指标的具体细节。其中安全生产指标考察包括死亡、重伤、中毒、经济损失数额等方面,考察评分指标包括千人负伤率、安全宣传教育、安全管理、安全检查、劳动卫生、工会监督、安全活动等不同方面,很好地引导各厂从多个方面开展安全生产管理工作,并且淮阴市安全生产委员会根据相应工作开展的好坏进行评比奖励。该文件最后还附带了一份《淮阴市国防工业办公室安全检查简报》,简报说明由市安委会统一安排,淮阴市国防工办负责实施对淮阴市小三线各厂进行基础工作和现场管理检查,从基础工作、工伤事故管理、危险品管理、现场管理、百日竞赛活动等方面总结了各厂的安全生产管理情况。淮阴市安全生产委员会1989年下发的《关于表彰第二个夏季百日安全竞赛活动优胜单位的决定》,该决定指出通过此次安全生产竞赛活动,减少了工伤事故的次数,提高了安全生产管理工作水平,并着重表彰在该竞赛中表现突出的相关单位。冬天是消防事故的重灾区。为了加强冬季生产安全,开展了"冬季消防安全百日赛"活动。1989年国营红光化工厂下发《关于成立冬季消防安全百日赛领导小组的决定》,明确了竞赛领导小组成员以及具体日常工作的负责部门。该文件还附带一份《关于开展"冬季消防安全百日赛"活动的意见》,该意见从竞赛时间、竞赛主题、评比标准、评比方法和奖惩标准、竞争要求五个方面进行了介绍。其中评比标准比较详细,该部分从贯彻原则、加强宣传、完善消防设施、开展防火检查、易燃易爆品管理、用火用电安全、无火警火灾或爆炸事故等七个方面进行了介绍。以上评比细则不同年份的内容不完全一样,有相应的调整,但整体内容上是一致的,在此不做过多介绍。

  安全生产考核方面,积极推行安全生产目标管理责任制,制定安全工作目标管理计分考核细则。细则分为劳动保护工作和锅炉压力容器安全工作,其中劳动保护工作包含厂安全状况、特种作业人员培训考核发证复审、工伤事故结案率、工伤事故月报表、安技人员培训、"三同时"审查验收、尘毒治理监察检查、影视安全教育片放映数、撰写安全稿件数及其他业务等十个方面。锅炉压力容器安全工作主要包含锅炉使用证发放率、锅炉年检率、锅炉房定级、锅炉运行检查率、锅炉监察安装率、锅炉事故结案率、压力容器累计检验率、压力容器发证率、压力容器操作工持证率、司炉工持证率等十个方面。两者都明确了考核指标及要求,规定了应得分以及加减分的要求。各个厂内部也开展相应的先进车间、先进班组、先进个人评比活动。例如国营9489厂下发的《1992年安全生产工作总结评比意见》,明确了评比先进的步骤和要求、名额分配、奖励办法、评比细则等内容。以上评比细则不同年份的内容不完全一样,有相应的调整,但整体内容上是一致的,在此不做过多介绍。

在安全生产总结方面,淮阴市国防工业办公室下达的《1987年度安全、生产工作总结》从推行安全目标管理、减少伤亡事故,采取多种形式安全教育、加强职工安全意识,抓安全基础管理、把企业安全工作提高到新的水平三个方面介绍了过去一年的安全生产工作,最后明确了未来一年的具体工作措施。国营9489厂在《1992年安全生产、劳动保护、环境保护工作总结》中总结了一年来的安全生产工作情况,从安全教育、安全活动、安全检查和隐患整顿、劳动保护等几个方面介绍了安全生产工作的情况。其中安全教育从三级安全教育、骨干培训、特种作业培训、电化教育、多种形式教育等方面进行论述。安全活动主要开展了"百日赛"活动、流动红旗竞赛、目标管理等,安全检查和隐患整改主要涉及日常的安全检查工作,劳动保护主要涉及劳保用品和防暑降温问题。文件最后还指出了安全生产工作中存在的问题。通过年度安全生产总结可以全面了解淮阴市小三线系统一年来开展的具体工作,内容较丰富。

在安全生产工作计划安排方面,由于淮阴是小三线军工企业在改革初期下放到淮阴市管理,所以安全生产工作计划安排由淮阴市国防工办和淮阴市相关部门共同管理,以淮阴市为主。例如淮阴市劳动局1991年4月下发《关于调整国防工办1991年至1992年安全生产指标的通知》,淮阴市国防工办首先向淮阴市安全生产委员会提交了申请调整安全生产指标的报告,在报告中详细说明了淮阴市小三线军工企业安全生产考核指标的不合理之处,并通过实际数据进行了论证,最后提出了相应的调整方案。淮阴市安全生产委员会再将此报告报送淮阴市劳动局,并由淮阴市劳动局批准并发文通知淮阴市国防工办。通过这份文件可以了解淮阴市小三线系统安全生产工作的运行体系,更进一步可以了解在双方共管体制下的权力分配情况。1988年2月2日,淮阴市国防工业办公室下达了《关于加强春节期间安全生产的通知》,该通知首先介绍了最近发生的两起工伤事故,然后根据上级相关会议精神做出了相应的安全生产工作部署,要求各单位认真落实国家机械委关于落实相关文件指示精神,加强春节期间领导值班制度,注意交通和厂区安全,组织学习消防条例,开展相应的安全演练。

在安全生产宣传教育方面,相关文件有淮阴市国防工办 1988 年下发的《关于开展安全生产电影、录像放映活动的通知》,该通知要求各企业加大宣传力度,减少伤亡,并介绍了放映片名及周转期,明确了各影片的领取及交接工作。此外,国营 9489 厂 1993 年 1 月下发关于印发《1993 年全员安全教育计划》的通知,并从加强三级安全教育、特殊工种培训、电化教育、班组长轮训、策划安全橱窗和安全黑板报等方面为未来一年的安全生产工作做了相关部署。

作为机械化工单位,安全生产是不可忽视的重要问题。淮安市档案馆馆藏有关小三线军工企业的文件中有较多涉及安全生产的内容,但大多内容分散在工作总结、工作计划、会议纪要等文本中,专门介绍安全生产的文档不多。了解安全生产的情况还需要深入档案进行细致的检索。但安全问题作为工业企业的共同问题,不属于小三线军工企业的独有现象,所以研究意义不大。

类似的,在节能降耗等方面,各企业也制定了相应的规章制度,确保生产的合理有序展开。在节能方面,红光化工厂在《1985 年工作总结和 1986 年工作计划》中指出,要对锅炉运行情况进一步改进,尽量提高热效率,并严格考核制度,使煤耗降到科工办下达的指标。同时,在电耗方面也要采取多种措施,努力使电耗降到规定的指标。由于处于改革困难时期,应该节约开支,增强收入,讲究经济效益。在新产品开发过程中要讲究投资效益,努力做到少投入多产出,一般项目要求两到三年内收回全部投资。加快资金流转,加强财务管理,减少物资积压,产品发出后货款应及时回收。严格"一支笔"审批和现金报销制度。同时减少不必要的出差,压缩行政经费,减少不必要的花费。物资管理方面,大力开展修旧利废运动,凡能修的就不领新的,凡能用一般材料的就不领高档的,凡能用零料的就不用整料。在节流的同时积极开源,积极开展对外协作,承揽对外加工、运输等业务,千方百计增加工厂收入。

(七)质量问题

质量问题和安全生产问题对企业的生存和发展具有重要的意义。小三线军工企业的改革和转型主要涉及生产产品的改变和市场化销售,而市场化条件下的生产和销售必须重视产品的质量。只有提高产品的质量才能更好地被市场和消费者接受,获得更大的收益。淮安市档案馆馆藏小三线企业文件关于质量管理的文件比较多,专门介绍质量问题的文件有三十多份。此外,在工作计划和工作总结中也大多涉及质量管理的问题,销售类文件也涉及产品质量问题。可见质量问题在小三线厂改革发展中的重要意义。质量管理类文件主要包含质量工作总结和计划、工作报告、评先评优、计量工作、质量分析、会议纪要几个部分。

  在工作总结和计划方面,有关工作总结和工作计划的文件比较多。例如1987年2月江苏省国防科技工业质量工作会议文件《深化质量管理,提高产品质量,为企业升级创造条件》,这是江苏省国防科工办副主任王志宏所做的报告。在报告中,首先总结了1986年的质量工作情况,肯定了当年质量工作的成果。在"全面贯彻军工产品质量管理条例"方面,介绍了各级质量管理类工作的积极成果,分析了取得丰硕成果企业的有效做法,并就个别企业作为范例进行了详细的介绍,淮阴市小三线企业国营925厂也被作为典型表扬,通过鲜明的例子为各厂的质量管理工作做出了指导。此外,成立九个"条例"课题研讨组,由管理工作做得较好的单位担任组长,将理论和实际结合,进一步扩宽质量工作的面。在产品质量考核方面,制定专门的产品质量监督考核办法,通过数据说明考核办法的积极作用。严格要求创优评审,军品创优取得了丰硕的成果。民品生产更加注重质量,质量管理工作进一步完善。在计量定级方面,强化计量意识,各级别定级都取得突破,特别介绍了526厂和307厂评定一级计量单位的有益经验。此外,还总结了省国防科工办质协的工作情况。在此基础上总结了一年来的工作体会以及存在的不足和问题。这份报告还包括对1987年质量工作的意见。意见从深入贯彻条例、加强监督考核、抓好计量定级工作、具体工作方法等方面进行了详细的介绍。在深入贯彻条例方面,涉及强化质量意识、坚持质量立法、落实质量责任制、加强生产过程质量控制、加强民品质量管理;在加强考核方面,涉及明确质量管理目标、强化质量监督、继续搞好产品创优;在抓好计量定级方面,涉及更新计量管理理念、巩固定级成果;在具体工作方法方面,涉及开展质量质询、抓紧创质量管理奖、开展课题研讨组和质协各项活动等。通过工作总结和计划能够较全面了解质量管理工作所涉及的面以及具体质量管理的流程和具体措施,对于反映小三线军工企业从按计划生产军品到根据市场调整产品的艰难历程有积极意义。相对于省级质量管理工作总结与计划的概括性，淮阴市国防工办《关于1987年质量工作的意见》则更加详细地介绍了淮阴市五家军工厂的具体质量管理情况。首先介绍了1986年淮阴六个厂在质量管理方面取得的优异成果。然后明确了1987年的质量管理工作目标，确定了各厂的优质品率指标、创省部优目标、创质量管理奖目标、使用国际质量标准详情。在此基础上进一步提出了搞好计量升级工作、深入开展质量管理活动、强化生产过程质量控制等。这份工作意见通过详细的数据介绍了1986年的质量工作情况和1987年的质量工作计划，详细具体，具有较高的史料价值，细化到每个企业都有各自的质量管理工作总结。例如在925厂全质办《为推进和深化全面质量管理而努力工作》这个工作总结中，首先介绍了该厂1987年度的质量管理工作成果，然后从抓好质量基础工作、强化质量教育、推行质量否决和严格质量奖惩、完善信息管理、严格生产过程控制等方面介绍了该厂一年来的质量工作详情。国营9489厂《1987年质量工作总结》从产品各月质量指标完成情况、废品统计分析、各车间质量问题分析、质量管理学习教育、质量考核、存在问题、未来工作打算等方面详细介绍了该厂的质量工作情况。通过以上资料可以看出各厂的质量工作总结和计划都比较详细地反映了质量工作的具体情况。不同企业不同年份的质量管理工作也有细微的区别，在此不做具体介绍。

在工作报告方面，工作报告一般是下级给上级递交的各种工作的总结报告或申请。例如国营淮河化工厂递交给江苏省国防科工办的《关于申请全面质量管理达标验收的报告》详细介绍了该厂的质量管理组织体系、质量管理教育工作、质量目标管理制度、生产现场管理等关于质量工作的具体情况，达到省全面质量管理达标考核细则和军工企事业质量奖评审细则的要求，申请组织验收。

在评先评优方面，开展评先评优是促进各项工作进一步发展完善的重要手段，通过精神和物质激励往往能带动人的积极性。在全面推进质量管理工作过程中，评先评优也是不可或缺的一部分。例如淮阴市国防工业办公室《关于1988年度优秀质量管理小组评选工作的通知》确定了组织单位、评选时间以及应到单位，介绍了评定项目与相关材料要求，最后说明了淮阴市国防工办此后的工作计划，并要求各厂上交开展质量管理小组活动工作总结。淮阴市小三线系统也积极组织相关评先评优活动,例如淮阴市国防工办下发的《关于表彰1988年度质量管理先进集体和个人的通知》,详细列举了淮阴市质量管理奖、质量管理先进集体、质量管理优秀QC小组、质量管理先进个人名单,明确了各级别奖项的奖励金额及奖金来源。通过相关评先评优活动,对于调动干部职工的生产积极性有极大的促进作用。但这部分资料大多比较简单,内容不够充实,缺乏详细素材支持,不能很好地反映评先评优工作的情况。

在计量工作方面,计量工作是企业质量管理工作的技术基础,只有计量达到相应的等级才能生产出来标准的产品,所以计量定级工作是否完成标志着该厂质量工作的好坏。例如淮阴市国防工业办公室《1987年计量工作总结》就详细地介绍了当年的计量工作详情。该总结首先介绍了国防工办系统该年度的工作概要,然后从宣传计量法、建立健全计量机构、采取派出去引进来的工作方法、宣传贯彻工业企业计量定级办法和评审细则、抓基础管理等方面详细介绍了质量管理工作的具体措施,内容详细,数据丰富。在淮阴市国防工办的系统规划下,各厂都有各自的工作计划。例如国营9489厂《1988年计量工作计划》从贯彻国家计量法令和有关规定、加强计量管理、强化计量人员培训、计量设备管理、扩大计量工作范围、强化精确测量、加强理化分析等方面安排了未来一年的计量工作,内容丰富。

在质量分析方面,介绍了产品生产过程中存在的问题以及出现的原因和解决办法。例如国营9489厂《1989年度质量分析》介绍了主要产品质量指标完成情况、废品分析、用户意见分析处理、采取的措施、质量奖惩贯彻。此外还有国营9489厂1992年等年份的质量分析报告。总体来说内容构成没有大的变化,并且相关文件主要集中在国营9489厂,其他厂质量分析的文件不多。

在会议纪要方面,有江苏省国防科学技术质量管理协会1992年3月11日下发的《关于印发质协"优化设计""质量经济分析""QC小组"学组专题研讨会纪要的通知》。通知要求各单位认真落实纪要要求,积极开展相关工作,并附《优化设计学组中心组专题研讨会纪要》《质量经济分析研讨学组专题研讨会纪要》《QC小组研讨学组中心组成员会议纪要》等,其中优化设计学组讨论了田口方法的最新发展及其应用,并对1992年学组活动做了规划,明确了课题研究分工、强化推广田口方法、坚持开展经常性学术性活动。最后指出了在优化设计和田口方法推广方面的问题。质量经济分析学组回顾了质量经济分析研讨课题组开展的活动,总结了经验,讨论了相关文章,对以后的质量经济分析工作做了安排,并对研讨课题组进行了详细分工。QC 小组研讨学组总结了上年度的工作,肯定了研讨学组工作的意义,并从调整中心组、安排研讨活动计划、研讨课题分工、表彰先进等方面对来年工作做了规划。

(八) 标准化问题

标准化是小三线军事工业改革过程中的一项重要的技术经济政策,是组织现代化生产的重要手段,是科学管理的重要组成部分,对于发展社会主义商品经济、促进技术进步、提高产品质量、发展对外关系、提高企业经济效益和社会效益都有巨大的作用。标准化所涉及的文件包括标准化工作的意见、工作计划、规章制度。

在工作意见方面,例如,淮阴市国防工办下发了《关于 1989 年度标准化工作的意见》,意见介绍了标准化工作取得的成绩,也指明了各厂标准化工作的发展不平衡问题,并从宣传学习《中华人民共和国标准法》、加强标准化人员业务培训、强化标准化工作检查验收、注重生产过程标准化等方面安排了下年的标准化工作。

在工作计划方面,国营 9489 厂 1989 年 2 月 17 日下发了《1989 年标准化工作计划》,明确了该厂 1989 年标准化工作的重点,从搜集国外同类产品的生产标准、分析比较、制定标准化生产进度、强化宣传审查工作等方面对该年的标准化工作做了安排。此外还有其他各厂的工作计划,内容大致一样,不做具体介绍。

在规章制度方面,1989 年 3 月 31 日,江苏省国防科学技术工业办公室下发了关于转发《江苏省企业标准暂行管理办法》《江苏省制定企业标准的若干要求》的通知。该通知明确了实行标准化生产的意义。该通知附带两个附件,其中包括《江苏省企业标准暂行管理办法》,该办法包含总则、企业产品标准的制定、企业产品标准的编号、企业产品标准的监督管理及处罚、附则等六部分。江苏省为了贯彻标准法的要求,指导企业做好企业标准的制定工作,下发了《江苏省制定企业标准的若干要求》。该要求从制定标准的原则、制定标准的时间和范围、制定标准的程序和要求、标准制定中有关资料内容的要求、标准在备查时所需的资料、标准备案时所需的资料、标准的复审、标准备案文件的格式等方面为各企业制定企业标准做了指导,条分缕析,详细地对标准制定的各方面做了规定。

除了上述内容,在企业每年的工作总结和工作计划中也有关于企业标准化的相关内容,但内容不多。各企业在严格执行国家标准的前提下,积极制定本行业的生产标准,甚至有的企业直接参考更为严格的国际标准,为以后的产品出口打下了坚实的基础。正是在安全、环保、节能、标准化管理方面做出的卓有成效的探索,为以后的国企管理现代化做了重要的铺垫。总的来说,淮安市档案馆馆藏小三线文献关于标准化的资料不多。

(九)精神文明建设类

精神文明和物质文明同样重要。由于小三线企业地处偏僻地区,且随着小三线调整的开始,职工的思想状态不稳定,所以加强精神文明建设显得尤为重要。为了激励军工企业积极促进"保军转民",以适应管理体制变革后的经济格局,淮阴市国防工办、淮阴市人民政府等多个部门采取多种方式鼓励改革,奖励创新。例如,积极开展各种"争先创优"活动,在安全方面,积极开展"夏季百日安全无事故竞赛"等活动;在生产方面,积极开展评选"淮阴市企业整顿先进单位"和"淮阴市企业整顿先进工作者"等活动;在环保节能方面,积极开展"双增双节"系列活动;在党建方面,积极开展"表彰先进党支部、先进支部书记、先进党小组长和优秀党员"等系列活动。开展以上丰富多彩的精神文明建设活动,目的是通过竞赛表彰的方式调动各方面的积极性,为工厂的发展、为淮阴市经济的腾飞做出应有的贡献。淮安市档案馆馆藏淮阴市小三线文件关于精神文明建设的文件比较多。以上各项介绍中已经涉及相关内容,在此不做具体介绍。

二、党务类文件

党务类文件主要是党的建设的各项工作,主要包括纪律检查、整党、思想政治工作、党组织建设、精神文明建设等方面。1985年5月10日中共淮阴市市委下发《关于1985年党的建设几项主要工作的意见》,从端正业务工作指导思想、加强党员教育、分批进行支部书记和政工干部轮训、开展"争先创优"活动、严格执行整党相关安排等方面安排了党的建设的相关工作,较完整地反映了当年党建工作的具体事务。1997年9月4日中共江苏省国防科工办党委下发《关于贯彻落实中央和省国有企业党建工作会议的情况通报》,从发挥企业党组织的核心作用、强化党组织自身建设、建设高素质干部队伍、搞好党风廉政建设、加强党对企业精神文明建设的领导等方面介绍了相关单位的党建工作情况。此外,还有各厂的党建工作总结与规划以及《党建目标管理考核细则》,较详细反映当年度的党建工作详情与工作考核情况。

（一）纪律检查

1988年1月19日国营9395厂下发《纪律检查委员会1988年目标管理责任制》,介绍了纪律检查工作的目标,并详细明确纪律检查各项任务的责任,做到责任到人。1988年2月2日国营9395厂下发《1988年全厂纪律检查工作意见》,从进一步落实党风责任制、开展党性党风党纪教育、加强纪律监督、加强纪委自身建设等方面详细规划了全年的纪律检查工作。此外,还有国营925厂纪委的工作意见、国营9395厂纪律检查委员会工作报告、国营5315厂纪律检查委员会工作报告、国营9305厂纪律检查委员会工作报告、国营925厂关于开展党风检查工作情况的报告、国营9395厂关于聘请党风监督员和设立党风党纪监督岗的通知、国营9305厂关于开展党风党纪检查的通知、国营925厂关于廉政建设的若干规定、红光化工厂廉政建设若干规定、国营9395厂关于设立"廉洁信箱"的通知、国营9305厂关于贯彻落实纪委电报精神,杜绝各种不正之风发生的通知、国营9305厂关于在全厂范围内开展"倡廉、反腐"活动的通知、红光化工厂1990年纪检工作要点、国营925厂关于工厂党风和廉政建设座谈会情况的通报、国营925厂关于聘请党风党纪监督员的决定等。

（二）整党

中共国营9489厂党委1985年12月7日下发《关于清理"三种人"工作情况的报告》,详细介绍了为了纯洁党的队伍而做的各项工作,并规划了相关工作的进程,最后对相关人物的历史面貌进行了详细的分析介绍,并针对相关问题开展针对性工作。中共淮阴市国防工办委员会下达了多期军工整党简报,例如1985年8月2日中共淮阴市国防工办整党委员会下达的《职责挂钩 加强领导》介绍了整党办公室的人员变动。1985年8月3日下发的军工整党简报介绍了中指委关于学习文件阶段不走过场的三条标准、省委对学习文件阶段的五点具体要求、市委检查学习文件阶段情况的"八查八看"。1985年8月5日下发的军工整党简报详细介绍了《中共国营925厂委员会关于搞好整党工作的责任制》。该文件严格执行"一级抓一级，层层负责"的指示精神，分别介绍了厂党委、党支部、党委书记、党委副书记、党支部书记、党小组长的责任与义务，明确责任划分，推进整党工作进一步深入开展。1985年8月15日下发的军工整党简报介绍了国营9305厂的《我厂整党需要解决的主要问题》；1985年10月5日下达的《中共淮阴市市委关于第二批整党单位对照检查阶段工作的安排意见》，详细介绍了整党对照检查工作的具体要求和相关注意事项；1985年10月15日下发的《坚持边整边改，抓好财务清理》，详细介绍了国营9489厂的财务清理工作，并根据厂党委的建议做了针对性的改正措施，实现了财务清楚；1985年11月20日下发的《925厂整党对照检查阶段验收细则》，从对照检查前的准备工作、对照检查的严格要求、制定针对性的整改措施、整党与生产结合、原始记录齐全等方面详细规定了对照检查的要求。此外，还有各厂的整党总结、党风检查汇报、

（三）党组织建设

1985年7月10日下发的《关于认真抓好第三梯队建设工作的意见》，确定了后备干部的选拔方式、人数以及后续备案工作详情。1986年1月29日红光化工厂发布《关于我厂党的组织建设自查情况的报告》，介绍了领导班子建设情况、党员发展与教育、党组织和党员发挥作用情况、党组织的工作方法和工作作风的改进情况、党支部组织建设与党费管理情况等内容。1989年4月4日中共国营9305厂委员会下发《关于1989年党员发展工作意见》，从严格把关、注重教育培养、严格发展程序等方面介绍了党员发展工作。

（四）精神文明建设

开展了"学做全党楷模，做合格党员"活动，例如中共淮阴市国防工办委员会1985年7月20日下发的《关于开展"学全党楷模，做合格党员"活动的意见》，详细介绍了该活动的意义，明确了学习计划，确定了具体活动项目。

1989年3月27日中共国营红光化工厂下发了《关于开展创优争先活动的通知》,从评比条件、评选时间、评选要求三个方面介绍了该活动的具体要求。

(五)思想政治工作

1987年8月15日中共淮阴市国防工办委员会下发了《关于开展马克思主义理论正规化教育的实施意见》,对各厂贯彻该文件做出了具体的安排与指导。1988年1月28日中共国营9489厂委员会下发的《关于进一步认真学习十三大文件加强职工思想教育的意见》,从职工思想教育的目的和职工教育的方法步骤两个方面详细介绍了职工思想教育的情况。1989年10月20日,中共国营925厂委员会下发了《关于第四季度和明年年初党课教育的意见》,从学习目的、学习内容和方法、学习要求等三个方面介绍了相关内容。1990年3月20日中共国营925厂委员会下发了《关于1990年工厂思想政治工作的意见》,从形式和任务教育、系统教育、干部学习、开展学大庆等活动、采用多种方式大力表彰先进人物和事迹、坚持完善制度等方面介绍了思想政治工作的具体情况。1993年5月22日中共国营9305厂委员会下发了《关于在全厂中层以上干部中开展普法教育的意见》,该意见从指导思想、教育对象和内容、要求等三个方面介绍了普法教育的具体情况。

除了以上资料,党务类文件还有很多党组织关系调迁、党员干部的任免、党员发展证明等文件。

三、工会类文件

工会是工厂的重要组成部分,对工厂管理具有重要意义,是工人自我管理的重要渠道。淮阴小三线企业也成立了自己的工会组织。1985年4月10日,淮阴市国防工办和淮阴市总工会联合向淮阴市编委上交了《关于申请建立淮阴市国防工办工会工作委员会的报告》,该报告确定将盱眙县境内的小三线工厂工会划归淮阴市总工会并明确了相应的编制安排。但淮安市档案馆馆藏小三线档案涉及工会的文件不多,大致包括基层工会组织统计表、工作总结、工作意见、请示报告、人事任免、精神文明建设、工会工作竞赛等。

(一) 工会组织统计

工会组织统计表明确了基层工会的组织建设情况、工会专职干部详情、工人争先创优情况、工会的劳动保护工作情况、职工民主管理情况、职工生活保障情况、职工接受培训教育情况、职工业余娱乐生活情况、群众工资工作情况等方面。该统计表通过翔实的数据很好地展现了工会工作的具体方面。此外,各厂都定期进行工会组织的统计工作。淮安市档案馆馆藏档案就涉及滨淮机械厂、红光化工厂、光学仪器厂、天明化工厂、永丰机械厂、淮河化工厂六厂的工会统计表,较为全面地呈现了淮阴市小三线企业的工会组织建设情况。此外,还有《淮阴市职工生活状况调查表》,从职工总人数、退休职工数、企业效益、年人均工资、年人均补贴、年人均总收入、年少发工资和补贴数、职工家庭月收入在60元以下的贫困户数等方面做了详细的数据记载。

(二) 工会工作总结

1988年1月25日淮阴市国防工办下发了《1987年度工会工作总结》。该文件总结了淮阴市国防工办系统一年来的工会工作情况,包括反对资产阶级自由化、双增双节、开展社会主义劳动竞赛、加强工会的民主管理、工会的自身建设、丰富职工的文娱生活以及该年度工会工作的不足之处。工会工作总结对于了解工会每年的工作内容和流程具有重要的参考意义。令人遗憾的是淮安市档案馆馆藏小三线文件关于工会工作总结的文件不多。

(三) 工会工作意见

工作意见是对未来一年工作的大体安排。例如淮阴市国防工办1991年1月下发的《关于淮阴市国防工业工会1991年工作意见》,从深入贯彻落实中央文件精神、多种手段提高产品质量、完善承包管理工作、职工业余文化生活、安全生产、女工保护、工会建设等方面对淮阴小三线系统的工会工作提供了建设性的建议与指导。1992年7月11日,淮阴市国防工办下发了淮阴市总工会和市经委《关于开展全市职工生活后勤工作规范化管理活动的意见》,并对各厂职工的后勤生活工作做了指导。在此基础上,淮阴市国防工办要求将职工后勤管理工作纳入经营承包责任制和双文明共保合同,深入开展职工后勤服务工作的竞赛。

（四）工会请示报告

请示报告是下级工会给上级工会的申请文件。例如1988年8月15日9305厂发给淮阴市总工会的《关于召开国营9305厂五届三次职代会暨会员代表大会的请示报告》，该报告明确了召开会议的缘由和召开时间，并详细列举了本次会议的详细议程。此外，1989年9月14日淮阴市总工会下发了《关于国营红光化工厂工会委员会换届选举结果的报告的批复》，这是上级对下级申请报告的批复。从以上两个文档可以大致看出工会系统的工作流程，对于了解工会组织有一定的参考意义。

（五）工会工作竞赛

1993年12月29日，国营9305厂下发了《关于开展分工会工作目标考核竞赛的通知》，介绍了本次竞赛活动的意义，明确了竞赛内容、验收与评比准则、奖惩办法、竞赛要求等内容。在此基础上，还制定了《分工会工作目标考核细则》。该细则从基础工作、民主管理、劳动竞赛与文体活动、保障职工权益与解决职工困难、女工保护等方面详细规定了相应的竞赛项目。以上文件对于了解工会系统工作竞赛具有一定的参考意义。

除了以上各项文件，淮安市档案馆馆藏小三线文件还包括人事任免和创先争优等精神文明建设的内容，由于这两部分文件内容较为简单，不单独列举。总体来说关于淮安市档案馆馆藏小三线文件涉及工会的文件不多，且大多内容简单，不能满足系统研究的需要。

四、共青团类文件

1987年5月2日，共青团淮阴市委下发了《关于同意成立"共青团淮阴市国防工办委员会"的批复》。淮阴市国防工办成立了自己的共青团组织，明确了团委会和各厂委员的成员构成。共青团作为党政工团的重要组成部分，在组织和管理方面发挥着重要作用。淮安市档案馆馆藏小三线档案涉及共青团工作的文件，包括各种通知、各级团委组成、会议纪要、工作意见等。

(一) 通知类文件

1989年10月18日淮阴市国防工办下发《关于举办团干部学习班的通知》,该通知介绍了举办团干部学习班的意义,明确了学习班的时间、地点、学习内容以及各厂的名额分配。此外,还有《关于颁发团员证的通知》《关于表彰九四年度优秀团员的决定》等文件。

(二) 各级团委组成

有《关于国防工办团代会选举结果的批复》《淮阴市国防工办第二次团代会选举结果的报告》《关于共青团925厂第五届委员会选举结果的批复》《淮阴市国防工办第三次团代会选举结果的报告》等相关文件,较详细介绍了各级团代会以及团委的组成情况。

(三) 会议纪要

1989年3月17日,共青团淮阴市国防工办发布了《3月15日淮阴市国防工办团委会议纪要》。该次会议主要涉及五四运动70周年活动安排,包括活动筹备分工、经费来源和筹集。此外还涉及办团员证的问题。

(四) 工作意见

1990年6月20日,中共淮阴市国防工业办公室委员会下发《关于在全系统内开展团员教育评议活动的意见》,该意见包含了活动的各个阶段,给出了针对性的意见和要求,为团员教育评议打下了坚实的基础。1990年2月15日共青团淮阴市国防工办委员会下发《国防工办团委1990年工作意见》。该意见包括认真学习中共中央文件精神,广泛开展学张子祥同志的"奉献在三线"活动,紧紧围绕企业生产经营这个中心,丰富职工业余文化生活,加强厂际交流,加强共青团自身建设等内容,并在最后对该年度的工作做了大致的安排。

总之,关于共青团的资料不多,以上资料很难支撑起系统的研究,必须收集更多的相关资料才能完善关于淮阴市国防工办系统共青团工作的研究。

国有企业改革一直是中国经济体制改革的重点和难点。新中国成立初期,为了快速实现工业化,建立完善的国防工业体系,我国采用了苏联的经验,建立了严格的计划经济体制,有利于最大限度地汇集全国的人力、财力、物力,对工业化的发展做出了巨大的贡献。但随着经济的发展和计划经济体制弊端的显露,如何克服计划经济的弊端、建立社会主义市场经济是一个重要的课题。时至今日,我们依然走在建设和发展社会主义市场经济体制的大道之上,取得了成绩也出现了许多问题。在全国经济体制改革的大背景下,通过对江苏省淮阴市五个军工厂(包括一个动员线厂)的研究总结,可以使我们更进一步了解到经济体制改革初期的详细情况。

附:淮阴小三线各厂简介

(一)5315厂(红光化工厂)

该厂1985年各项经济指标完成较好,实现产值383.4万元,产品有87♯、乌洛托品、浓硝酸。1986年红光化工厂(5315厂)厂产值303万元,1987年产值685万元,经营状况较好。为了搞活企业,贯彻"军民结合"的方针,红光化工厂和清江电石厂于1985年2月联营合办淮阴乙炔气厂。红光化工厂是军工企业,由省市双重领导,以市为主。它拥有较雄厚的设备、材料、资金和较强的技术力量,全厂近600名职工,其中工程技术人员有40人,固定资产1138万元,全员劳动生产率较高,历来经济效益较好。但由于地处山沟,交通不便,远离市场,生产民品缺乏竞争力。若迁建到城市,发展民品则牵涉到征地、土建等问题,消耗较大,速度慢。相比来说,清江电石厂基础薄弱,缺乏资金和技术人员。全厂仅12名技术人员,297名职工,固定资产130万元,发展困难。但它有自备码头,水陆交通便利,且临近城市地区。这是红光化工厂所不具备的。为了更好地发展两厂经济,促进淮阴经济腾飞,为国家"四化"做贡献,两厂决定合并发展,合并后厂名为"国营红光化工厂",隶属国防科工办和淮阴市双重领导,以市为主。合并后干部原则上保持不变,以后根据"四化"要求量才使用,职工福利一视同仁。两厂合并后,利用电石厂的有利条件,重新规划,逐步改善,可以将原电石厂建设成为一个具有相当规模的现代企业,集中领导力量、技术设备,改进提高原有产品,根据化工医药公司统一规划努力发展化工行业的新产品,例如乙炔气瓶装技术、电解锰技术、复合软包装材料等一系列产品。

(二) 925厂(永丰机械厂)

该厂地处山区,交通不便,为了贯彻中央"保军转民"的方针,大力发展民用产品,更好地为"四化"建设服务,于1985年9月决定在淮阴市郊利用该厂现有技术设备,转产为民品,为淮阴市工业生产配套的各种工模夹具、非标量刀具等。国营925厂模具分厂征用清河区城北乡西郊大队第二、第四生产队的61.78亩土地。一期工程由925厂自行承担。1985年925厂对工件进行集中处理,节约用电。1986年产值878万元。1987年产值1 772万元。1988年产值1 584万元,经济效益良好。随着改革的深入发展,1988年制定《实行厂长全面领导机构同步改革方案》,扩大了企业的经营自主权,并根据各岗位的特点,采取各种形式的经济责任承包制,把经济效果同职、权、利紧密结合,充分调动了职工的积极性。该厂努力把工厂办成军民结合型企业,加大力度研制新的军民品,其中液压车桥作为民品的支柱,已经达到了设计要求,很快投产。

(三) 9489厂(滨淮机械厂)

该厂是1970年6月1日在原盱眙县农机厂的基础上建立的,地址位于盱眙县淮河北路253号,1985年前属于省管,后下放到淮阴市直属,实行省市双重领导,以市为主。当时农机厂转入80人,其他人员均从外地调进或招进。小三线建设,按照中央指示应该"靠山、分散、隐蔽(进洞)",三线厂一般在山区,而9489厂却选址盱眙县城。这是因为:第一,早在1965年和1968年,江苏机械工业厅就已经两次投资盱眙县农机厂,其具备一定的生产能力,可以节约资金、尽快上马。第二,危险性小,对周边民居和环境没有危害。第三,有利于物资运输和方便职工生活。第四,居于其他几家军工厂之间,为其他厂协作配套方便。因此在农机厂基础上兴建9489厂。1971年5月15日9489厂和盱眙农机厂召开联席会议,研究两厂的分迁问题,后农机厂迁出。9489厂作为地方军工企业,生产军用包装箱,为其他军工厂协作配套。工厂经历了创业时期、发展时期和军转民时期,先后研制和生产了多种军品民品,为国防做了贡献,为社会创造了财富。民品的生产是伴随军品生产不断地发展起来的。初期民品生产利用当时军品生产的边角余料,规模小,数量少,没有主产品,品种单调,在人力物力上都没有形成一定的生产力,而且在已经开拓的民品中,也没有认真总结经验,不断巩固提高。初期民品生产为了弥补军品生产任务的不足,随着经济形势的发展,民品生产受到重视,产品种类、产值不断增加。后来民品有制造氧气、汽车修理、弓锯机、变速箱、纺织配件、手扶拖拉机铸件、煤气表、灭火器以及小钢瓶系列产品。1979年工厂贯彻调整方针,狠抓民品生产,民品产值不断增加,1978年占18.8%,1979年占28.7%,1984年产值82万元,占比42.7%,在工厂经济中已占明显地位,且品种定型,逐步批量生产。1984年,在改革深入发展的形势下,工厂开始了"保军转民"的伟大战略,工厂分析形势,开发民品新产品,将民品放到重要位置上。1985年军品生产比1984年产值下降21%,发展民品成为必然。工厂专门成立新产品研发办公室,及时把握市场信息,开发民品。1985年自行设计、制造了锅炉水预热器,年节煤70吨左右。1986年随着经济体制改革的不断深入,工厂在民品生产中巩固扩大老产品,研发新产品,抓紧工厂布局调整和民品研发工作。1986年经济效益持续增长,完成民品产值171万元,占比49.9%,迈出"保军转民"重要一步。1987年,上马灭火器技改项目,与天津市第二消防器材厂联营。1988年,制定《深化企业领导体制改革实施方案》,以厂长全面负责为中心,扩大了企业经营自主权。虽然该厂做出了努力,但效果欠佳。1986年产值343万元,1987年产值432万元,1988年产值477万元,与其他五厂相比产值过低,企业经营状况不佳。

(四)9395厂(淮河化工厂)

该厂1985年技改项目27项,其中造气车间4号煤气炉的改造,年节约蒸汽1 000吨以上。淮河化工厂和清江农药厂联营生产邻甲苯胺取得了预期的效果,双方合作使产量、质量得到提升。1985年全年工业总产值1 168万元,主要产品有合成氨化肥、磷肥、一硝基甲苯、硝、邻甲苯胺、TNT等,新产品有液体炸药、TDT、硝钠、亚钠等。为提高邻硝比例与西安一家研究所签订协议,与无锡电化厂联合开发TDT,积极组织资金为硝钠和亚钠生产做准备。1986年,开展3 000 kW热电项目,后因国家政策改变而下马。1987年,开展建设150吨/年大红色基G技措项目。该厂发展势头强劲,前景较好。1989年,随着政治体制改革的深入发展,该厂以理顺关系、突出中心为指导思想,改革企业管理体制,确立了厂长负责制的行政体制,生产指挥权、经营决策权、人事管理权、思想工作领导权、以经营为中心的协调权全部划归厂长,由厂长统一领导、统一指挥、统一协调,并贯彻管人、管事、管思想的"三管原则",扩大了企业的经营自主权,使该厂有了较大的发展空间。

(五)9305厂(天明化工厂)

该厂1985年实现了电化石蜡、电化沥青工艺。1985年计划指标完成较好,新产品为清灰剂、乳胶炸药、震源药柱,效益良好。全年产值642.59万元。9305厂同江宁电化厂和连云港电化厂联合生产乙炔气,相继建成,很快投产。1986年产值820万元,1987年产值836万元,1988年产值938万元,经营效益较好,发展势头强劲。1988年,全面实施厂长负责制,完成了党委领导下的厂长负责制向厂长负责制的过渡,并与淮阴市政府签订了承包经营责任制,实行工资总额与利润增长挂钩,包括质量、安全、物耗等指标。此外,该企业将实现承包经营的目标和企业升级结合,先后制定和完善了一系列内部责任制,提高了职工的工作积极性。1988年,为调整企业产品结构,开发新产品,满足国内和出口产品的包装需要,9305厂计划引进700吨/年高压聚乙烯热收缩薄膜生产线。1992年,根据淮阴市国防工办《关于搞好大中型企业的35条政策措施》精神和《淮阴市工业生产领导小组关于大中型企综合改革试点暂行方案》要求,9305厂制定了《国营9305厂深化内部改革实施意见》,主要以完善内部承包经营责任制为主线,逐步改革干部人事、劳动、用工、内部分配制度,把束缚工厂生产经营的思想、观念、体制切实转变过来,增强活力,提高效益。

(六)光学仪器厂(动员线厂)

该厂于1985年7月由淮阴市机械电子工业公司划归淮阴市国防工业办公室。光学仪器厂隶属关系改变后,为了该厂的生产和发展,决定该厂的生产计划、新品开发、质量管理仍由机电公司下达、部署和管理,国防工办负责监督。技改技措等项目由国防工办管理审批,有关报表抄送两方,以便双方交流合作。另外,光学仪器厂的组织、宣传、纪检、工会、共青团、妇联、人事、劳资、财务等工作,由国防工办统一领导和管理。该企业是以生产军工产品为主的集体工业企业,自1968年以来,在备战的形势下和军工部门挂上了钩,一直到1985年,主要生产军工产品:721步兵用潜望镜、59坦克潜望镜、106两栖装甲车潜望镜等,军品占全年生产量的90%—99%,产值稳定在100万—130万元,民品仅占8%左右。1986年以来,由于国家政策调整和市场行情影响,经营每况愈下,基本处于停产状态,至10月末,产、销、利均大幅下降,资金周转失调。主要原因如下：第一，形势变化，老产品和原材料积压。该厂以军品生产为主，民品所占比例太小，1986年"军转民"以来，该厂军品任务太少，以致生产停滞，原料积压，销售不畅，资金周转不灵。第二，设备陈旧及专业化，造成该厂对市场应变能力差，"军转民"后劲不足，无法很好地进行产品转型。11月，淮阴市经济委员会将光学仪器厂再次划归淮阴市机械电子工业公司领导，以进一步理顺关系，加强对企业的管理，利于企业生产。

（王来东，上海大学历史系2016级硕士研究生）

江苏淮安市小三线职工口述史选编

王来东

一、采访鞠九连

采访时间：2018 年 5 月 31 日
采访地点：江苏淮河化工有限公司工会三楼会议室

鞠九连：我是 1958 年参加工作的。当时淮阴市搞"大跃进"，需要大量的人建造工厂，因此技校大量扩招，我就考入了技校。当时淮安拖拉机制造厂比较有名气，技校就派了一批人到拖拉机厂工作。由于当时工厂急缺人才，我一天课没上，就被技校直接派到拖拉机厂工作。初进厂是学徒，学习钳工，主要是安装工作。我是 1959 年进厂的，做了三年学徒。1962 年苏联逼债和三年自然灾害，我就被下放回家种地。三年后，小三线建设开始建设。毛主席要求军工厂分散建设，各地也要分散军工厂。9395 厂专门收有技术的，像我们之前培训过的，能够独立工作，因此我们被招收进 9395 厂工作。当时政治审查非常严格，父母兄弟都要查得清清楚楚，必须没有一点问题，甚至连祖父母的情况也要严格审查。经过审查合格，1965 年 10 月我就到了这个厂工作。当时正在筹建，设备都没安装好，我们就协助安装设备。一开始非常困难，周边都是湖滩荒地，三河农场开垦后好了一点，后来才转给 9395 厂。

王来东：当时职工的来源如何？都是本地人吗？

鞠九连：不是的，淮阴招了一批，常州、无锡、苏州也招了一批，其中有知青和三河农场的部分人员。外来人员要占一多半。外地职工来了，厂里面统一分配。后来这个厂和城市比起来差一点,外地人有的离开了,找个想来这个厂的人顶替。小三线建设的时候城市里找工作也不容易,后来情况改变了,他们也就想办法回去了。外地职工离开的时候把户口也迁走了,这也很难的,需要找很多关系。大约从1990年开始外地的职工就开始陆续返乡了。有些人是知青,直接找到所在城市的知青办公室,要求执行知青返城的政策。

王来东:当时有人动员您到小三线工作吗?

鞠九连:当时是省里直接下的批文。我们这批工人是二等工,优先支持小三线建设,然后其他工厂才能招聘。当时招工是招收技术人员的,例如维修、车床、电工、钳工等,符合这几样条件的都收,招工是有选择的,翻砂工就没有招收。

王来东:进厂时您的工资待遇如何?

鞠九连:这就按国家的规定来,一级工31元,二级工36元,三级工42元。学徒什么都不会,大约20元的工资。

王来东:职工进厂时心态如何?

鞠九连:当时三线厂是挂头牌的,能进入三线厂大家都很高兴。大家都想来,因为三线是军工单位,大家心情都很好。

王来东:和其他厂比起来福利待遇有区别吗?

鞠九连:三线厂职工的待遇也比其他厂高一点,当时其他厂一级工28元,二级工30元,过去高2元钱已经不得了了。当时我们的生活费也才一个月10元钱,食堂里一份炒肉丝才1毛钱,10元钱可以吃得挺好了。

王来东:当时军民品生产的情况如何?

鞠九连:当时民品就是碳酸氢铵,军品就是TNT炸药。TNT生产好后送到925厂进一步生产手榴弹和跳雷等军品。这几个厂是联合起来的,天明厂也生产炸药,红光生产导火索,最后925厂集合为成品。

王来东:当时物资供应是什么情况?

鞠九连:当时我们是军工局支持的,要什么有什么。只要我们生产需要,军工局统一供应安排,完全是计划供应。

王来东:销售情况如何?

鞠九连:TNT不对外销售,直接几个厂内部消化,上级统一安排调度。

王来东:当时您的生活情况如何?

鞠九连：我单身生活12年，后来国防工办觉得我们比较苦，采取了一些措施解决我们的家庭问题。我们还好一点，周边还有个三河农场。925和红光厂靠山，周边村庄都不多。上级考虑到我们职工夫妻长期分居，向国家申请部分土地，让职工家属过来种地。职工家属在土地上种粮食和蔬菜，自己种植自己吃，省得国家供应。职工家属是1976年过来的，之前我过了十几年的单身生活。上级和三河农场交涉，给我们厂拨了200亩地。其他厂也都是这种情况。江苏省国防工办出钱把房子建好，然后职工家属就迁过来了。吃的方面，食堂到三河农场和专门销售肉类的门市采购肉等物资，蔬菜我们厂的职工家属种植，自给自足。三河农场本来是个劳改农场，后来建设小三线厂，劳改犯被转到其他地方，土地就承包给地方农民耕种。

王来东：当时出行情况如何？

鞠九连：交通相当不发达。我们厂每天早上有一班车到淮阴，有一班车从淮阴到三河农场。特别到逢年过节的时候，厂里面用大卡车蒙个油布，把职工送到南京或淮安。想坐客车到南京很困难，除非到盱眙县，且一天只有一班，出行不像现在，太困难了。我们厂的位置还不算特别偏，像925厂、红光厂和天明厂在山坳里面，出行更困难。

王来东：当时的医疗条件如何？

鞠九连：我们厂邀请了一个懂医学的人，又调来一个护士，这就组成了一个小的医务室。当时看病也不要钱，到那里看病就行。我们的医疗室并不对外开放。此外，我们厂里还有一部救护车，大概是建厂几年后才有的。救护车是国防工办同意分配的，盱眙五个厂都有。如果职工有病的话就往盱眙县送，如果盱眙看不了就往南京送。南京有一个二附院，在军工局定点的医院里算是比较大的，和小三线系统挂钩。我们厂和军工局都给二附院经费。如果我们小三线厂有病人，无论医院病床多么紧张都得无条件安置。小三线职工在二附院看病也是免费的。费用由医院和工厂结清，医药费厂里全包。医疗条件总的来说是很好的，有病就去医务室拿药。我是10月进厂的，11月生了一场大病，经诊断为急性肺炎。当时领导非常关心我的病情，党委领导全部到我身边看望。领导对工人非常关心。我们厂的医生医术还有点不够高，后来有个职工昏迷了。当时的领导说要往盱眙送。正好我们厂一个安装队有个医生技术比较好，看到患者说不能动，如果不动还可以缓过来，一动可能就没气了。

人家技术好,用针灸治疗,下了十几根针,十几分钟后患者清醒过来了。这个医生只负责安装队几十个人的医疗问题。安装队的人不是我们厂里的,只负责安装,吃饭都和我们分开。

王来东:厂房是我们自己建设的,还是上级统一规划建造的呢?

鞠九连:开始我们这里都是一片草地,我们都住在三河农场,成立了一个筹备组。厂区建造多少房子都有规划,上级按规划拨给资金。当时是徐州一个建筑公司修建的厂房和宿舍楼。

王来东:职工子女的教育情况怎么样?

鞠九连:当时厂里面专门办了一个子弟学校,现在已经停办了。开始只办了小学,后来增设了中学。厂办学校的教学质量还是不好,慢慢就取消了。如果想要去一个更好的学校,可以去三河农场的学校。由于我们和三河农场不是一个系统,去那里需要考试,必须达到分数线。当时的学校收费也不高,一学期两三元钱。我家孩子初中毕业,初中毕业就可以参加工作。当时比较穷,初中毕业能挣钱也能解决家庭负担。例如我家有五口人,两个男孩一个女孩。如果就我一个人工作的话压力太大,孩子初中毕业工作后我就轻松点了。我大孩子十一二岁的时候来到了这个厂,现在就在这个厂工作。职工子女毕业后可以进入本厂工作。我的闺女和两个儿子、媳妇都在厂里工作,现在只有两个儿子还在工作。厂里面招人的话职工子女就参与考试,考试合格后就可以进厂,由厂里统一安排工作。

王来东:当时水电煤是何情况?

鞠九连:当时的生活用煤是自己解决的,买也有人卖。不过我们大多使用柴火垛,不像今天我们家家都使用煤气,过去厂长也享受不了这个待遇。闲下来的时候我们就去砍柴,晒干后垛起来烧饭用。当时煤很少的,都是计划供应。过去也没有电视,空调更是不可能,用电量很小的,主要是照明用电。当时生活十分简单,能有个收音机就不错了。用电是收费的,家家都有电表,价格和其他居民一样。我们厂有自己的自来水供应站,水费不贵,现在收的钱也很少,大约1吨5毛钱。现在盱眙县已经把自来水接到了附近,只是我们还没有接上。后来有了专门的煤气供应站。国防工办领导对我们小三线厂的职工生活还是比较照顾的。不仅我们职工觉得这个厂比较好,周边的人都觉得军工厂不简单呢!都很羡慕。

王来东：当时职工的婚恋是什么情况？

鞠九连：我们厂的职工找对象还不是问题。三河农场的姑娘嫁到我们厂的非常多，都想嫁到化肥厂。925厂找对象比较困难，因为位置比较偏僻。925厂职工如果有朋友或关系的话，可以托人介绍对象，毕竟单位还是不错的。

王来东：职工家属户口是怎么处理的？

鞠九连：职工是城镇户口，家属户口在农村，都放在旁边的维桥乡。后来工厂逐步接受了家属，将家属转成了定销户口。定销户口和城镇户口相比，购粮价格稍微高一点。定销户口已经不是农村户口，粮食由国家集中供应，只是购粮价格稍微高一点。后来全部转成了城镇户口。子女年龄如果不超过22周岁，户口可以转成定销户口。我大儿子年龄超了，现在户口还在维桥乡。

王来东：安全保卫情况如何？

鞠九连：大的安全问题没有，临时工可能会有一些小偷小摸的情况。筹建的时候还是比较混乱的，厂内部有一个保卫科，负责厂内部的安全问题。三河农场有一个派出所，如果有什么问题就由派出所来解决，这一片都由派出所管理。我们厂是县团级单位，盱眙县也是县团级单位，两者同级。如果没什么问题，盱眙县对我们也是不管不问的，有时会出席县里的一些会议。现在工人退休还属于盱眙县管理。

王来东：我们厂和地方关系如何？

鞠九连：我们厂和县里关系还是可以的，也没有什么矛盾。国防工办负责我们的后勤，也不需要县里给我们提供什么物资。此外，盱眙每年搞什么重要活动，例如盱眙龙虾节，我们厂都会给一部分资金，各个厂都会给的。我们还会和三河农场等单位共同进行文艺演出。三河农场是国营农场，电已经通了，但交通不好。我们厂筹建的时候都是土路，后来建了石子路。三河农场的职工待遇是不低的，有的比我们还高。三河农场属于省农垦厅，调工资根据南京的标准走，比我们高。工厂也给周边农村带来了收益，周边农民也到厂周边卖菜，男的也可以到厂里做临时工。本来周边农村很穷的，房子是土墙，建厂几年后他们都盖了新房。我们厂来了以后，周边农民有机会挣钱了。

王来东：随着改革的展开，职工的精神面貌有变化吗？

鞠九连：当时想找个工作十分困难，工作调动也很困难，所以能进入小三线企业大家都很自豪。相对于过去，职工的精神面貌还是不错的。过去工资待遇比较低,现在工资高了,生活条件逐步改善。过去虽然钱不多,但心情好,最起码每月有固定的收入。由于我们厂六车间的效益很不错,即便是在最困难的时候也能保证工资发放,所以职工精神面貌不存在太大问题。红光厂和925厂的生产有限制,最多满足职工工资发放,现在好一点。

王来东:改革开放后,我们厂的经营管理有什么变化吗?

鞠九连:当时厂开始卖给私人,企业卖给个人之后全部转产民品,六车间生产一种农药的原料。六车间的生产线是我们厂的工程师单廷生开发的,当时全国只有两家,且这种产品的应用很广泛,所以销路非常好。即便在最困难的时期,我们厂的效益还是很好,从来没出现过发不出工资的情况。后来国防工办撤销,和其他部门合并。盱眙各厂自负盈亏,大部分转产民品。个别生产军品的企业还由上级部门管辖,例如红光厂还继续生产黑索金炸药。改革开放后,工厂的生产经营没有太大的变化,主要变化就是自负盈亏。我们厂六车间的效益一直都很好,一个车间的收益就能解决职工工资问题。

王来东:企业改制后,管理体制有什么变化?

鞠九连:人员和劳保什么的全部归淮阴管理。我们淮阴有两个厂,欠债一两个亿。后来上级抓环保,两个厂因为环保不合格就被砍掉了。

王来东:我们厂的环保情况怎么样?

鞠九连:我们本厂的污染治理是合格的。你可以看看我们的污水处理池,里面都养着鱼呢,污染的话鱼早都死了。环保部门都是有检测的,现在有自动检测装置,一旦污水不合格盱眙县立马就知道。一直以来我们厂都处理污水的。

王来东:交通运输情况如何?

鞠九连:我们厂的原料都是通过洪泽湖的大河船运到我们厂的码头,直接送到我们厂里面,交通还比较方便。

王来东:职工家属的生活保障如何?

鞠九连:职工家属来的时候人比较多,不可能都去种菜,有一部分人就到厂里面做事。以前有包化肥和卸煤等工作需要一些劳动力,工资厂里面和生产队结算,工人该拿多少工分还是多少工分。

王来东:我们职工生活有什么困难吗?

鞠九连：过去的生活是比较艰苦的。现在天天有肉，过去一周吃一顿就不错了。但和周边农村比起来还是好一点。

王来东：厂办学校的教师是哪里来的？

鞠九连：教师是盱眙文教局分配的，厂里面负责管理。学校的教学还是不错的。

王来东：1984年后的"军转民"情况如何？

鞠九连：过去军队是小米加步枪，需要我们生产手榴弹等军品。现在军队武器高科技化，我们生产的低技术产品已经用不上了，就逐步转产民品了。我们厂能生存到现在，单廷生工程师功不可没。他不辞辛苦地建起了六车间生产线，不到60岁就得癌症去世了。六车间生产过程需要用到苯等有毒原料，他得癌症不知道是不是因为苯中毒。单廷生对这个厂的军转民贡献比较大，要是没有六车间我们厂早就被砍掉了。六车间开工我们厂职工的工资就都有了保障。他是我们厂的总工程师，学历相当于大专水平。当时人才很少，大专学历已经很厉害了。我们厂基本上没有说发不出工资的，因为这种产品非常畅销。工厂生产民品能够发工资，生活福利有保障了，我们工人就满意了。"军转民"开始的时候，我们厂六车间的民品已经开始投产了，这样的话我们厂就不亏。如果厂里没有民品，军品也不让生产，厂里就没有收益了。总之，"军转民"对我们厂影响不大。

王来东：改革后，车间管理有什么变化吗？

鞠九连：过去的车间很简单，厂里面统一管理，车间没有一点钱。过去经济管得严，钱到不了车间，工资和劳保直接发给个人。车间权力很小，只负责生产。生产指标是有的，规定好每个月生产多少吨，超产还有奖励。

王来东：分厂建设情况如何？

鞠九连：我们在淮阴有个袜厂，目的是为了增加收益，但袜厂效益也不行。

（鞠九连，男，江苏淮安人，1941年出生。1958年考上淮安的一所技校，由于"大跃进"人才缺乏，未上课直接分配到淮阴拖拉机制造厂从事钳工。1962年由于自然灾害被下放回家，1965年进入淮河化工厂，筹备阶段参与设备安装，后参与生产。2001年退休。）

二、采访庄建章

采访时间：2018年5月31日
采访地点：江苏淮河化工有限公司工会三楼会议室

庄建章：那个年代，我们最早一批人大部分学的是拖拉机制造。我们属于支援小三线建设的，当时我们还在技校上课，包括南通、盐城和淮阴等地的人。国家号召要支援三线建设，我们班五十几个人约好到那里看看。1962年我去淮阴市拖拉机修理厂，我父母都不同意，他们认为淮阴很苦。

1965年3月我们来到这个地方，当时没有一砖一瓦，住在三河农场的茅草房里面。现在生活区的老房子还是规划好的，筹建时期的房子更差。这边农村很多房子都是土砌的。我们到外地学习回来以后房子问题还没完全解决，一个宿舍要住八九个人，有的甚至要住二三十人，每个人只有一块门板大小的床位。

王来东：动员您来的时候有没有说明这些情况呢？

庄建章：当时国家号召支援三线建设，并没说明这里的艰苦状况。我在学校的工资待遇是23元钱，到了这里的前几年还是23元钱，开始待遇不高。"文革"以后（1967年以后），我们的工资才加到了31元。我们没有工作服，也没有手套，徒手将砖头搬到厂区建房。当时这里是一片农田，麦子已经膝盖高了，我们就铲掉麦子下地基。也没有马路，周围全是土路。我们来的时候下雨了，脚上的布鞋沾满了黄泥，走几步就得提一下鞋。当时也没有汽车到这里，包括我们的第一任厂长还是步行到我们厂区的。他不认识路，还问我们怎么到筹备处，后来才知道他是厂长。建厂的黄沙石子是我们自己卸车的，从县城拉电线埋电线杆也是我们自己干的。我们是军工厂，属于保密单位，包括建厂房的瓦工都是从徐州请过来的建筑队，临时工啥的都得是党员。我们学校里面有五十多个人，想来的就来，不想来三线就得回家。当时我们还没正式毕业，也没有毕业证书，不来三线的话找工作也很难。当时政治审查很严格，假如家里有亲戚在国外，属于家庭成分有问题，那就不能来三线了。我们最早的一批是这种情况，后来有些淮阴、南京等地的退伍军人被招收进厂。开始是在常州招学生做学徒工,还在南京的六合招了几十个人。1970年左右才开始在盱眙本地招学生和知青。我们这些被招收的职工都不懂化工生产,都做操作工操作机器。我在外学习的时候烧过锅炉,回到厂里做了钳工,也做一些机动的工作。

我是化肥车间的,此外我们还有一个军工车间生产TNT。我们虽然不懂化工知识,但我们大部分都是高中毕业,学历还是可以的。当时的生产条件也不太好,生产用电是盱眙电厂送的电。电厂规模小且总是停电,一天要停两次电。停电后机器全停了,我们赶紧放气体,否则会爆炸。来电后我们再慢慢开机器,把合成氨机器温度升到四百多度,压力达到三百多帕。开始我们的机器规格比较小,压力只能到一百多帕。为了增加效率,我们就想办法把电动机上的皮带换到了机器上,提高了机器的工作压力。当时机器配件坏了也没地方买,机器上的瓦坏了,只能自己解决。我们把瓷碗用酸洗干净,放在电炉上烤,等表面的釉层融化后就用筷子抹到瓦片上。由于抹得不均匀,我们就买来毛笔慢慢涂,毛笔毛都烫掉了。处理好后,我们再手工打磨,最后达到机器适合的尺寸。我们就是这样自力更生解决问题的。过去最简单的螺丝也很难解决,买是能买到,但规格不同,公制和英制的螺纹不一样。现在都是标准件了,以前螺丝和螺帽必须整套更换。我们这样生产也没有产生什么利润,工人的积极性也低。直到1980年,厂里把以前的机器全部拆掉,全部安装新的机器。我们之前的机器全部是从通县拆来的年产800吨的旧机器,上级分配的新机器是年产5 000吨的合成氨生产线。当时江苏省的省委书记包厚昌把年产5 000吨的新机器运到了常州的一个化肥厂。为什么要把好的设备给其他厂呢?我们厂是军工厂,由五机部和江苏省军工局管理。我们厂亏损国家还会补助一部分,地方的化肥厂亏损就没有补助了。为了照顾地方化肥厂,上级把新的设备交给了常州的化肥厂。

王来东:我们厂一开始就生产民品吗?

庄建章:最早的产品是TNT炸药。化肥合成氨是化工生产的基础,生产线比较复杂,建设进度稍微慢一点。1980年左右,我们就把旧的年产800吨的化肥生产线拆掉,当废铁卖掉了。随后我们上马了新设备,有12台压缩机。年产5 000吨的设备也才4台压缩机。这些设备都是我们厂职工自己安装的。当时我做修理工,什么设备都要维护,包括修理机器、安装机器、安装各种管道等。安装的过程中还需要自己进行规划测绘。有一次我在安装管道,试了各种弯曲度数都不能满足要求,后来发现弯曲二十多度能够满足要求。我向扬州工学院毕业的总工程师请教,他惊讶地问我为什么都不知道几何问题。其实我是都忘掉了。后来他给了我一本小册子,上面标清了详细的安装参数。我就带领学徒工完成了高压部分的设备,安装了半年多的时间。

我们厂的民品有化肥和硝基甲苯。硝基甲苯生产技术是我们厂的工程师自己研制出来的,设备是厂里的钳工和由常州请来的临时工共同建设的。我们把整块钢板打造成锅一样的形状。除了买了几个反应锅,其他设备都是自己做的。后来这个工程师生病去世了。2012年,和我一批来的后来调回家乡的老职工回厂聚会。聚会时,第一任老厂长说当初的老工人是很艰苦的,功劳很大。特别是研发硝基甲苯工程师,如果没有他的付出我们今天也就没机会在一起吃饭了。1990年左右化肥已经没人用了,农村不允许用碳酸氢铵。如果没有硝基甲苯生产线,我们厂就没有支柱产品了。老厂长还建议给这个工程师塑一个铜像。有一次我们去看望这个工程师,顺便把高级工程师的证书带给他。他躺在病床上看着证书,说现在拿着这个证书有什么用呢?

我2003年退休,年轻的时候做过钳工,年纪大了就做了调度员。调度员的主要工作就是监督维修工的工作效率,也就是考核。退休后,年轻人有些问题解决不了也请我去看一下。有一次DSD酸生产线的温度降不下来,车间主任给我打电话让我去看一下。当时我正在家里睡觉,就去车间看了一下。压缩机主要是打氨气降温,但氨气阀门开得太大,氨进入机器的时候还是液态。我说应该将氨气阀门关小一点,让液态氨气化,液态氨进入机器没用且对机器伤害很大。按照我的建议处理,机器温度成功降下来了。和我一批来的外地职工大部分都回老家了,但不让我调回家。我的两个儿子和儿媳也都在厂里工作。后来厂里实行股份制,职工也分不到股份,我儿子就离开厂去其他地方工作。大儿子进入上海铁路局,被派到肯尼亚和安哥拉等地修建铁路。小儿子本来在厂里负责质检工作,后来离开厂到南京开危险品运输车,全国各地来回跑。我一个人住在这个地方没什么事情做。由于我的儿女子孙都在这个地方,孙子上学还需要我接送做饭,所以我始终没离开这里。

王来东:您进厂的时候结婚了吗?

庄建章:我进厂的时候没结婚。我的爱人本来是南通农场的,结婚后户口迁到了三河农场。1990年左右,国家实行"农转非"政策,规定家离厂超过40公里就可以按照"农转非"政策转为城镇户口。我找关系把家人的户口转到了厂里,要不然儿子不好分配工作。领导对我还是很照顾的。我是单职工,厂里还是给我分配了面积较大的楼房。很多后来的年轻职工都到厂长那里反映,觉得我不应该得到楼房。但厂长还是肯定了我的工作能力,驳回了其他职工的反对。

现在厂里的各种条件都变好了,但管理方法存在问题。这既是国营企业的通病,也是厂领导自身的问题。例如我们生活区的下水道,本来应该两年清理一次,现在根本没人管。你看房顶上那小树都长了那么高还是没人处理。房子漏了也不维修,还把维修费用来美化房子外墙。房屋维修需要向厂里有关部门报备,资金需要个人承担。楼房是私人买下来的。平房是工厂的,职工可以免费居住。平房都是小瓦房,很多房子都空了。职工就把空房子用来养鸭子,也随意使用空房子的水电。空房子里的水电费最终还是厂里面承担。这个地方有时候比农村还差。农村还有国家政策,可以修建公路啥的。我们这里有什么问题只能靠厂里。我们这批人的工资待遇不比其他厂好。你们上海有人到江西小三线厂,后来一部分调到了我们厂。调到我们厂的上海人户口还在上海,工资和我们一样,不过上海会给他们一些补助。我们问上海夫妻为什么不回有房子的上海呢?他说住在盱眙工资还有剩余,去上海就不够用了。他们一个月的补助大约一两百元,不能够支持他们回上海。虽然钱不多,国家还是记得他们的功劳。我的感觉是国家还想着小三线职工的艰苦付出,这是最重要的。

王来东:淮阴小三线建设的背景是什么?

庄建章:国家为了备战备荒。本来军工厂是在安徽大别山里面的,后来国防部部长提出军工厂应该小而分散。怎么分散呢?我们这个厂在平原还不错。红光厂、925厂和天明厂都分散建在山里。这几个厂都是军工厂,上级要求分散,就把我们几个做炸药的厂放到了苏北。苏南的小三线厂就做枪械,都分布在山区,例如940厂和971厂都在安徽的山区里面。三河农场之前的一把手是农垦局的,听说我们厂是生产化肥的,就要求把我们厂建在三河农场这里,方便农场使用化肥。其实按要求我们厂应该建在山里面。当时这个地方是很落后的,我们开汽车到925厂那个地方挖点树苗回来种。当地的农民连汽车都没见过,还很好奇地来看汽车。

王来东:我们厂有没有给周边农民带来好处?

庄建章:我们厂每周放一次电影,周边的农民都会来看,并且完全是免费的。周边农民也可以到我们厂打工和卖菜,增加了收入。也有坏处。我们厂车间排放污水,把周边的河流都弄成了酱油色,鱼都死掉了。此外,我们厂每年还给周边农民一定量的化肥和现钞。

王来东:当时是计划经济,我们的化肥可以随便送给他人吗?

庄建章:我们厂主要生产军工产品,化肥作为生产线的副产品可以自己支配。我们还把化肥运到山东去换苹果吃。

王来东:化肥销售是上级统一安排吗?

庄建章:化肥主要是我们自己去卖。此外,盱眙县的农资部门也会打招呼购买化肥。

王来东:生产化肥的原料怎么来的呢?

庄建章:化肥主要是煤生产的。军工厂的煤是有计划保证供应的。农村里煤没有了还来我们厂买一点煤。

王来东:小三线厂交通情况如何?

庄建章:开始的时候交通确实不方便。周末的时候,我们吃过早饭跑到盱眙县城去玩,晚上吃顿饭再回来。后来县里面有车子通到我们厂,其他各厂也都有班车。公交车只通到离厂最近的镇,下车后还得步行到厂区。我们厂和红光厂都有码头,船运非常方便。925厂和天明厂没有码头,主要靠汽车运输。925厂和天明厂运输量不算大,不像我们厂那样需要大规模运输煤炭。我们厂生产的TNT一部分送到天明厂和925厂生产武器,其余送到附近的火车站运输到其他地方。我们厂开始的时候水运也不行。那条河开始是不通的,后来是我们厂自己花钱挖通的。运河挖通之前,煤是用船运到洪泽县的码头,需要雇人看守,用汽车一车车运回厂里。我们厂最多的时候有四五十辆卡车呢。

王来东:当时厂里的效益如何?

庄建章:我们厂在20世纪80年代末和90年代初的效益比较好。那时候职工的奖金比工资还高呢。滨淮机械厂效益就不如我们好。开始的时候我们有些零部件需要去滨淮机械厂进行机床加工,后来我们自己有了机械加工车间,就不去滨淮机械厂加工了。滨淮厂就是一个服务性的工厂,没有支柱产品,倒闭也是因为这个原因。

王来东:当时是如何动员的呢?

庄建章:我们来的时候是被动员来的,当时学校里做了动员报告,我们还写了决心书。1964年厂里就业处有一个负责人到我们学校举行招工动员报告会,虽然建设是在1965年,但前期准备提前好几年已经开始了。当时我国还在苏联贷款。本来苏联和我们签署了拖拉机供应合同,后来撕毁了合同,我们这些驾驶员培训班的学生因为没有了拖拉机也没必要继续培训了。在国际局势比较紧张军工力量较弱的情况下,要求我们去支援军工建设。在保密方面,要求我们不要给邻居说我们的具体工作。上级部门还要进一步审查祖上亲戚关系和海外的关系。审查合格后才能到小三线工作。我们的工资待遇只字未提。我们刚来的时候很艰苦的,连盱眙两个字都不认识。虽然很艰苦,不来这里就没有工作。其次,外部环境也比较恶劣。1963年开始知识青年上山下乡,从上海、南京等大城市下放到黑龙江和内蒙古等偏远地区。相对于知青下放的待遇,还不如来盱眙小三线军工厂,这里离家还近一点。1970年以后,我们厂在洪泽、泗洪等地招收了一批下放的知青。1977年后国家恢复高考,这批知青里面还有几个人考上大学离开了淮河化工厂。

王来东:您的子女的教育情况怎么样?

庄建章:我的儿子是在厂里的职工子弟学校上学的。当时职工子弟学校有小学和中学,学生上学不需要交钱。学校老师来自工厂里有文化的工人,工资由厂里负责发放。讲起来学校由盱眙县教育局管理,实际上并没有什么实质的管理措施。我们的学生也可以考三河农场和盱眙县的高中,只要达到相应分数线就可以了。我们职工子弟学校的教学质量还可以,很多教师都是老高中毕业生,责任心很强,做事情非常认真。我的孩子在淮阴技校进行培训,培训好就可以回厂工作。如果父母在小三线厂,子女就不用下放,可以直接进厂。上级对我们还是非常照顾的。

王来东:上级对我们有什么支持?

庄建章:我们属于江苏省军工局管理,领导一年来视察好几次。我们厂领导也要去军工局开会,有什么困难可以向上级求助。"文革"的时候军工局还派军宣队。军宣队走了之后,军工局从其他厂调来老干部负责厂里的管理工作。毕竟我们厂是军工厂,还是很吃香的。南京军区春节也会来我们厂放映电影慰问。我们离家这么远,回家买车票都对我们军工厂职工有照顾。在南通,买香烟需要凭工作证。每个证件可以买四五包。我们不是南通的职工,怎么买香烟呢?我就把我的工作证拿出来,证件上只有9395厂和籍贯。售货员问我厂的具体地址,我说这不好说,他也就不敢细问了。由于我是南通人,工作证上又没标明工厂地址,所以就顺利买到了香烟。当初我们从南京下放到淮阴市政府,有文件说下放后待遇不变。我们的养老保险金就交到盱眙县了。退休人员加工资不同地区不一样,由于我们归淮阴盱眙县管理,退休工资增加就没有原来省管的时候多。为了这一点钱,我们职工也努力争取。

王来东:企业下放后职工心态有什么变化吗?有职工跳槽吗?

庄建章:老职工心里都有担心,刚来的年轻职工不太在意这种变化。后来大部分人离开了这个地方,就是因为这个地方待遇差。90年代职工调离的情况比较常见。职工心理的波动并没有影响厂里的生产,在生产方面还是比较顾大局的。职工个人的调动没有影响到国家生产的大事。我们厂有个单身老同志想调动。他每天在食堂吃过饭之后就跑到厂长家里面,要求调动。就是厂长睡觉他还坐在厂长家门口等,一直要求调动。即便是在路上看到了,他也是和厂长说这个事情,逼得厂长躲着他走。最后,厂长被逼无奈,只好放他调走。后来为了将企业变成大型企业,厂里极力扩大职工规模,职工人数最多的时候有两千多人,经熟人介绍就可以进厂。当时厂里效益也好,有钱发工资。新招收的工人不知道我们厂生产的苦处,更不懂具体的生产技术。

王来东:当时军品和民品都有什么产品?

庄建章:我们厂的军品有TNT和液体炸药,其他军品没有。大约是1975年左右军品就停止生产了,国家不需要了。生产线被封存起来,职工被调到其他车间工作。民品除了化肥还有硝酸铵和邻甲苯胺等产品。邻甲苯胺就是用邻硝等原料生产的。六车间生产邻硝,然后拿到四车间生产邻甲苯胺。后来还生产了DSD酸,DSD酸是用代甲苯胺生产的。苯胺工程就是在邻甲苯胺车间的基础上开发的。上马的项目不一定盈利。以硝酸为例,本来厂里面每年只需要1万吨硝酸,后来扩建到10万吨。这么大的设备生产得多了厂里用不了,生产得少了生产线亏本,被迫关了好几年。化肥生产线也是大规模扩建,大约花了两个亿,最后也是失败了。买设备的时候,厂里面和设备厂家协商前三年不收设备的钱,可以等盈利后再支付设备钱。设备安装好以后也不开始生产,三年时间到了也没钱支付人家的设备钱,欠人家好几个亿呢。即便是想生产也有困难,我们新上的这个生产线缺乏核心设备。就像一个小人家一样,家里有锅碗瓢盆等炊具,就是没有锅,没办法吃饭。这样上马新项目还不如慢慢地发展呢。

王来东:厂里的生活情况怎么样?

庄建章:这里的生活状况不如上海好。我们自己没事情就种一点蔬菜。开始的时候厂里会集中去南京六合购买各种物资,食堂进行分配和使用。小家庭也会自己做饭,大部分职工都在食堂吃饭。现在城市人都是种花,我是开一块地种四季豆等蔬菜。当时出行比较困难,我们厂里有四五十辆车,每天有四五辆去南化公司拉原料。我们可以和驾驶员说一下,搭运原料的车到南化厂,然后再乘坐客车或者坐船去其他地方。过去从南京坐轮船去南通需要整整一晚上,从南通到扬州坐汽车也得11个小时,路太差了。当时盱眙没有直接到南通的车,都需要到南京转车。我也可以去南京坐晚上去上海的火车,当时从南京到上海的车票是五元四毛钱,一天时间到上海,然后再坐轮船到南通,前后需要两天时间。现在好多了,从盱眙县坐大客车到南通才四个多小时。1965年我们第一次从家里来这里,先在南京休息了一天,然后早上6点乘坐公交车前往盱眙,晚上4点才能到达。在这个路程中,光洪泽湖大堤就有九十多个弯道,不仅走得慢而且非常危险。过去的路非常窄,每隔一段距离会有一个宽一点的会车点,两辆车碰头必须有一辆车在会车点等待。

我们穿衣服需要凭布票,并没有什么补助。我们还有工作服,一年半发一套。除锈的砂纸后面的一层布也是可以利用的。废弃的砂纸用开水泡一下,把布表面的东西刮下来就可以用来补衣服了。很多岗位对衣服的磨损很大,工作服一年半一套,衣服破了就用砂纸布补一下。管理岗位对工作服磨损较小,两三年才发一套工作服。以前出门的时候,穿一套干净的工作服是非常时髦的,就像今天的时装。当时即便有布票我们也买不起啊,我们就拿三十多元的工资,少的只有十几块钱。我的条件还算可以,有的老师傅工作服是什么布料都看不出来了,都被砂纸布补丁盖住了。

我们住房也很艰苦,自己做土砖盖房。把黄泥和草混合起来,加水后放到木夹子里面,使劲踩实就成为一块块土砖。当时很多房子都是用土砖砌起来的,大约到 80 年代才逐步改建新的混凝土砖房。有个老师傅连蚊帐都没有,每到下午四五点钟就把门窗关起来,防止蚊子飞进来。总之,当时的生活太苦了。

当时看病虽然不方便,但不收一分钱,连挂号费都不收。厂里有个小医务室,开始的时候有一两个医生,后来慢慢增加到五六个,医生的医术一般。开始的时候厂里面完全报销医药费,大约 1985 年开始医改,需要自己垫付医药费,后期再报销,报销比例还比较高。过去到县里面看病只要有个厂里的条子就行,挂号费啥的我们都不知道,看完病后医院凭单子找单位结算。职工在农村的家属看病也可以在厂里报销 50%,这也算是对小三线职工的照顾。当时军工企业的福利待遇还是不错的。我们一开始是很好的,每到过年的时候还会把慰问信和奖状邮寄到职工家里,就像部队一样,算是对职工的奖励。虽然这并没有什么实际意义,但很暖人心。

王来东:"文革"有没有影响我们的生产生活呢?

庄建章:"文革"对我们厂的冲击也有,不过影响不大。当时我们也是抓革命、促生产,偶尔也会停产。停产不是我们自身的问题,大多是因为厂里的电被停掉了,没电就没法生产了。我们这里也有小派别,不过都是小矛盾,没影响大局。我们的生活没有受到影响,工资也还是三十多元。粮食每人三十多斤,到时候食堂总务科会统一安排。我们这里没有打砸抢和武斗等行为,总体来说生产生活还是比较平稳的。

王来东:职工及其家属户口是什么情况呢?

庄建章:职工是支援调动过来的,户口由上级统一调过来,不需要个人管。职工子女在老家不好管理,统一转到这边的三河农场和我住在一起。1988 年左右,职工家属户口通过农转非转到厂里面。农转非的时候我的孩子十几岁,正好赶上分配工作。1971 年我爱人带孩子来厂里看望我,周边农民都好奇地看我爱人骑自行车,可见当时农村多么落后。一直到 1975 年以后周边农村才有自行车,开始厂里都没有自行车。大部分职工户口都在厂里面,部分人把自己的户口弄到淮阴等大城市,有些人甚至想方设法花大价钱把家属的户口弄到厂里面,为了好安排工作。知青到我们这里和我们职工的待遇一样,户口也可以迁到厂里。全厂上下职工待遇并没有太大的区别,干部稍微好一点,这也是正常现象。后来一些离开厂的外地职工也都把户口迁走了。

王来东:安全保卫情况您清楚吗?

庄建章：我们厂里有保卫科，厂区和生活区很少有小偷小摸的事情，顶多偷偷拿一些金属零件，大的机器也不可能被偷走，整体保卫情况还是很好的。三河农场那里有个三河派出所，有什么大的事情派出所会处理。职工因公死亡不多，工伤比较多。我们厂有个二十多岁的修理工，有次他换一个阀门，阀门比较重，一个人很难提起来。按照规定应该用绳子挂着阀门慢慢放下来，他把螺丝卸下来后直接用撬杠敲下来。阀门直接掉在车间水泥地上碰出火花，引燃了旁边机器泄漏出来的煤气，当场爆炸。他的腿动脉被炸破，没送到医院就死了。和这个修理工一起的还有一个主任，他的皮带幸运地帮他挡住了爆炸的伤害。此外摔伤、烫伤和烧伤的情况也有，俗话说常在河边走哪能不湿鞋呢。

王来东：职工婚恋情况怎么样？年轻职工好找对象吗？

庄建章：现在和其他地方找对象一样，以前情况比较复杂。开始的时候找对象要求很严格，还需要向厂里打报告，还需要审查对象的家庭政治情况。1968年之后慢慢放开了。1975年以后完全不管了，哪怕娶个美国人也没人管。年轻职工也有找不到对象的，主要是自己的原因，和厂的情况无关。

王来东：我们厂和周边居民有什么矛盾吗？

庄建章：我们厂的垃圾没地方倾倒，都要承包给农场处理。农场负责我们生活区的清扫工作，打扫的干净程度也是看清洁工的工作态度。我们厂的树都归三河农场管理，枯死的树都被他们运走。我们也不能因为一些树和三河农场吵架，很大度的。

王来东：厂里生产有污染吗？

庄建章：现在我们厂的污染治理还是可以的。之前我们这个地方就能闻到刺鼻的味道，现在完全闻不到了。厂的污水处理池里还有鱼，但我不敢喝那里的水。我们到现在还没喝到自来水呢，还是喝地下水。县里只把总管安到我们厂的路口，厂里没有钱把管道接到厂里。农村的水电和公路有县里的支持，很快就可以建好。我们工厂就享受不到这样的待遇，因为我们厂也不属盱眙县管理。厂里面是单独核算，归淮阴管理。工人就是请假还得跑到淮安。我们厂的一个职工父亲生病，他请假就是跑到淮安的。

王来东：企业改造前后职工的精神面貌有什么变化吗？

庄建章：和我一起来的并没有什么变化。后来厂里招收一部分来自煤矿等工作不太好的单位的职工，他们消极怠工。这种情况也是少数的，主要是个人的思想问题。厂里面也没有少发他们的工资和奖金,只是他们思想不到位。后来厂里发展效益不好,每月工资才3 000多元。厂里每月还扣压职工20%的工资,如果年底盈利就补发给职工,不盈利就直接扣除。厂里经营不好对职工的影响还是有的。淮安厂的产品和生产车间原来都是我们厂的,但上级不让我们厂生产,让我们厂的机器停掉,把原料拿到淮安厂生产,并且把我们厂的人也借过去,因为淮安厂的人不会操作设备。我们厂的工人本来吃住都在厂里,都很方便。工人对原来的机器设备的位置都很清楚,何必跑到淮安去生产呢?还得慢慢适应新的工作环境。吃的方面也不方便了,淮安的饭菜也不一定适合工人的口味,工人还得额外付出金钱。

王来东:"军转民"时期我们厂开发民品有什么困难吗?

庄建章:困难还是有的。我们厂有技术开发部,也有工程师,但没有开发出什么新的产品。如果开发出来厂里会生产的,但我们厂里还是传统的那几种产品。我们厂每年都会招收大学毕业生,最后都拿不出新的产品。70年代,大专毕业生分配到我们厂,得到基层工作一年。其中有个学生分配到我的维修班组,后来做了副厂长。他刚到我这个班组后发现了氨水存储槽一头大一头小,就回去翻书去查是什么原因,不好意思开口问这是为什么?他一直困惑了好几天,后来有人给他说这是之前钳工用废烟囱改造的,没什么可好奇的。这本来是生产过程中很实用的改造,书里面不会有介绍。通过实践,他就了解了这些情况。

王来东:我们厂职工家属有没有成为厂的负担呢?

庄建章:我们有个家属厂,生产煤球、肥皂粉等产品,后来就解散了。现在这个生活区很多不是我们厂的老职工,都是后来掏钱买房住进来的。房改的时候职工把房子买下来,后来两三万元钱一套卖给其他人。这些钱在上海连1平方米也买不到。职工家属不属于我们厂的职工,厂里不管的。我们厂的家属有的属于农转非,没有退休和劳保等问题。后来这部分人根据年龄大小买的工龄,年轻的花钱多点,年纪大的花钱少点,现在他们能拿到2 000多元的退休工资呢。这样来看厂里也没有什么负担。职工家属厂属于集体单位,我们厂属于国营单位。我们厂只是派几个干部管理一下家属厂,其他的生产维修都和我们厂没有关系。工厂也会开办小商店,让职工家属做营业员,也是间接的帮助。

王来东：我们厂的交通运输情况如何，有没有影响生产？

庄建章：我们厂自己有车子，交通运输还是可以的。山里的925厂和天明厂有可能受点影响，不过他们的任务也少，运输量也不是特别大。

王来东：我们厂有资金短缺的问题吗？

庄建章：开始的时候厂里面的资金都是上级直接拨付的，90年代改制后就不给了。现在小项目厂里面自己就能做，大项目国家会拨一点资金。国家也会审查大项目的情况，还要看看项目是不是国家需要的呢。

王来东：您觉得是什么因素影响了我们厂的民品开发？

庄建章：主要就是管理问题，管理很混乱，没有具体人负责民品开发。专门开发新品的部门倒是有，就是拿不出新的产品。

王来东：您对我们厂的管理经营改革了解吗？

庄建章：我们厂是属于淮阴管理的，只负责生产，没有销售权力。大约是2000年左右，股份制改革后我们厂就被北方化工公司收购，销售人员等部门都常驻淮阴办公，我们厂只负责生产。具体产品销售由淮阴安邦公司负责。上级部门发文生产多少产品我们就开始生产。厂长的权力就被架空了，并且时常由工会主席代替，具体的管理由淮阴安邦公司负责。今年开始我们厂又有销售权了，北方化工公司不管我们了。

（庄建章，男，江苏南通人，1944年出生。1960年进入南通农场工作，1964年进入南通拖拉机厂驾驶员培训班，1965年进入淮河化工厂碳酸氢铵车间做操作工，后转为钳工。2003年退休。）

三、采访夏鹤云

采访时间：2018年6月1日

采访地点：江苏淮河化工有限公司工会三楼会议室

夏鹤云：我们厂本来归江苏省国防科学技术工业办公室管，后来下放到淮阴市。1965年淮河化工厂搞了一个TNT车间需要退伍军人，我们一批二十多名退伍军人从昆山调到这个厂。当时分配工作归劳动局管理，劳动局对退伍军人的户口情况非常清楚,一般是从哪里来就分配到哪里去。我本来在酒厂工作不是农村户口,所以把我分配到昆山化肥厂,没到农村去,后来又调到这里。我们厂属于省属工厂,只有省里才能调动职工。

我进厂之后在二车间生产 TNT 炸药。1985 年左右由于生产技术落后和产能不足的原因,TNT 只能停产。除了 TNT 外也没有什么军品了。一车间生产的是硝酸铵,是一种初级的军民通用炸药。硝酸铵既可以做化肥也可以做炸药。其实一车间最终并没有生产出来硝酸铵,主要是因为工艺落后,并且生产线亏本。我们厂的化肥是国家限价的,100 元的成本国家限定价格只能是 20 元,由国家政策性定价。国家政策性定价不管成本多少,只能按照国家的规定走,完全计划管理。我们厂虽然小,产品质量还是很好的。我们和天明厂是合作关系,都是江苏省小三线。淮河化工厂的代号为 9305 厂,天明化工厂的代号为 9395 厂。我们厂的 TNT 会送到天明厂生产炸药包和手榴弹等军品。代号为 925 的永丰机械厂也是江苏小三线厂,它的代号是三位数,牌子更硬,和 375 厂以及 805 厂一个代号级别。375 厂和 805 厂是我国最大的 TNT 车间,我们实习都是到东北 375 厂实习的。375 厂的 TNT 生产线是由苏联人援建的,是自动化生产,前面把原料放进去后面出来就是成品,比我们一段段间断型生产效率高很多。由于我厂 TNT 生产工艺落后,车间里有三个人因为 TNT 中毒得了肝病。直到如今 TNT 中毒性肝病是不容易被发现的,有一年国家进行职业病普查,查出我们三个人有中毒性肝病。我们三个人一起到南京第一人民医院(原来叫工人医院,现在叫江苏省人民医院),经过检查确诊了我们的职业病,并直接通知到我们厂,建议调动工作离开原来工作岗位。我们不仅肝有问题,眼睛也患上了 TNT 中毒性白内障。

王来东:您得了职业病,厂里面有没有特殊照顾呢?

夏鹤云:在还是国企的时候,厂里的老工会主席就把我们送到南京去检查。南京检查好以后就把诊断书送到盱眙县防疫站,然后给我们自己和厂里面各一份。诊断书证明我们有职业病,要在生活和工作上照顾我们。在这种情况下,我们就离开 TNT 车间,正好这个车间也停产了。原来工厂工会每年送我们去体检,工会保障我们的生产和生活。工厂改制之后,我们这些退休职工进入社会以后也就没人知道我们患有职业病了。原来我们看病是在厂里报销,现在一年只能拿到 1 000 元的补助,这些钱是劳保部门发给的。劳保部门的人到我们经常养病的疾病控制中心,说给我们这些职业病工人每人1 000元钱养病。今年我去领钱,他们还要看我的职业病证明。他们说我是TNT中毒性职业病,给我1 000元钱让我自己去看病。1 000元钱也不算多,每次买药都得五百多元,两次就花完了。退休之后,我们这种人是没人管的。现在看职业病就是去一般的医院,这些医院并不太懂。

王来东:您爱人和孩子的情况如何?后来有没有迁到厂里面?

夏鹤云:我的家属都在农村。大部分工人家属都在农村。后来江苏省国防工办照顾我们这些夫妻异地的职工,就成立了一个生产蔬菜的五七农场。现在农场那里的四栋房子就是国防工办出资筹建的,这也证明我们工厂是江苏省国防工办管理的。我们的工资是按淮阴的水平发的,比三河农场还低。

王来东:您所知道的小三线建设的大背景是什么?

夏鹤云:我们退伍的时候全国都在学习解放军,备战备荒为人民。当时召开小三线会议,毛主席讲道:"小三线建不好,我睡不着觉。"当时还有四句口号:"全国学解放军,解放军学全国人民。工业学大庆,农业学大寨。"我们听到这些口号,又有毛主席的号召,就来参加小三线建设了。我们厂离城市太远,且军品不足。当时我们没房子住,就建了一些叫干打垒的房子。干打垒就是将泥巴做成简单的砖头,然后砌墙建房。当时的建筑布局是以大礼堂为中心,两边各五排房子,其他的小房子都是自己建的干打垒。正规的十排平房外墙上写着:"毛主席万岁,共产党万岁。"在建好这十排平房之前,我们都是借住在三河农场,居住环境非常拥挤,吃饭也是在三河农场凑合。工厂筹建的时候,旁边这条河还只是一条深沟。我们就去深沟那边的窑厂抬砖头回来建房。以前的人思想觉悟高,工人也会参与基建工作,完全服从安排,没有一点怨言。现在工人干活都是算钱的,以前不要的,并且高高兴兴地去做。虽然职工主要是生产TNT炸药的,但都还义无反顾地参与基建工作。当时人的物质生活比较匮乏,但思想觉悟比较高。开始我们和农场以及周边的人关系很好,知道农场地多忙不过来,就积极地去帮助农场劳动。厂里的第一批干部很多都是经过抗日战争和解放战争的老干部,思想觉悟很高。现在是经济时代,一切都向钱看,职工能调走的都离开这里另谋出路去了。我们这些建厂初期就来的外地人也没什么渠道,只好留在这里养老。这么大一个生活区,退休干部没有一个住在这里,普通退休工人能走的也都走了。如果厂区生产线开工,一旦刮东北风就会有刺鼻的气味蔓延到生活区。化工生产的主要原料是三酸两碱,包括硝酸、硫酸、发烟硫酸、纯碱以及烧碱。什么是发烟硫酸呢?硫酸的纯度能达到一百多,需要更高纯度的话就需要发烟硫酸。发烟就是硫酸挥发物和空气里的水分结合成小水珠,类似于冒烟。为什么需要发烟硫酸呢?我们使用的硫酸浓度是99%,还包含1%水分。产品生产过程需要去除硫酸和硝酸中的水分,发烟硫酸可以很好地做到这一点,使生产原料成为纯酸。

王来东:当时职工的来源情况如何?

夏鹤云:以前的职工大都是统一由劳动局安排的。我们这一批人都是由化工厅统一安排过来的。江苏省化工厅厅长在昆山化肥厂做报告的时候说:"现在祖国需要你们这些复员军人到北方去生产炸药,支援军工厂建设。"我们这些在当时也算是骨干力量,有部分人想不通,拖拖拉拉不想去。经过徐以达的介绍,我们就来盱眙小三线厂了。当时昆山的工业也比较落后,像昆山化肥厂这样的化工单位已经很厉害了。江苏原来只有南京等几家厂生产碳酸氢铵,后来在经济条件满足的情况下要求每个县建一个化肥厂。昆山化肥厂就是一个县级企业。原来农民用的是农家肥,包括大粪、河泥、猪粪等肥料,除此之外没有那么多化工肥料。现在农民滥用化肥且碳酸氢铵和尿素等化工肥料含有大量的酸物质,带来土地板结和土地肥力不足等问题。我们那时候的条件很差,国家的工业基础也很薄弱。我退伍之后通过常熟市劳动局分配到昆山化肥厂,后来徐以达到昆山去要退伍军人。这种情况下,我们就一起来小三线厂了。刚建厂的时候职工的精神面貌很好,都秉持艰苦奋斗的精神,感到很光荣。当时我的月工资为42元,大都浪费在乘坐火车往返家的路途上,几乎没留下多少钱。小孩生病或者家里人生病我都得回家,每次回家都得花费两个月的工资,此外还得再加上自己省下的一点钱。我们这些当过兵的对艰苦生活没有太多的怨言。也有人说不来的,我们那一批就有一个人没有来小三线。这种情况下,有关部门就把他的户口注销了。小三线厂没有他的户口,原单位也没有,最后他两个地方都去不了了。

王来东:动员的时候说到待遇问题了吗?

夏鹤云:动员的时候没说待遇问题。我们小三线厂都在偏远地区,例如925厂、5315厂和天明化工厂建在山沟里。上级照顾小三线职工会发放一点进山费,干部、职工都有。建厂初期大家都很穷,上级有各种补助费用。我们中午饭只吃一角二分钱的山芋。我们来自江苏南部的职工吃不惯山芋,六分钱的量就吃饱了。我们问苏北的本地职工能不能吃饱,他们都说吃得饱。总的来说,当时的生活比较艰苦。当时的工资分三四等,有的只有十几元钱。我退伍进入昆山化肥厂就是一级工。政策规定退伍军人的工资级别不低于入伍前的级别,由于入伍之前我在酒厂工作,退伍后直接作为一级工任用。除了进山费,还会发一点书报费和热水费。当时像我们这样的单位劳保和工人福利都有特殊照顾,待遇比三河农场好很多。我们打开水由厨师发放热水票,免费接热水。当时厂里面也会照顾职工家属的生老病死,例如丧葬费可以来厂里报销一部分,或者厂里面直接给一定数额的慰问金。职工家属照顾仅限于直系家属,且不报销医药费。我们说话就是得讲事实,之前待遇就是比较好。

王来东:现在工厂还是私人的吗?

夏鹤云:前几年北方化工公司把我们厂收购了。

王来东:改制之后职工的福利待遇有变化吗?

夏鹤云:改制后职工的工资和福利待遇没有多少变化。这个厂的发展由于产品结构等的变化,不同时期有不同的发展面貌。开始的时候就是生产军品,由于原料等不足导致一直亏本。现在我们厂效益比较好,六车间是我们厂的支柱,主要生产农药原料等产品,六车间建好之后厂里才有了盈利。二车间开始规模比较小,一直亏损。后来二车间碳酸氢铵设备经过换代升级产量提升,慢慢就不亏本了。碳酸氢铵生产线需要大量的电、煤和水,需要消耗大量的资金。生产出来的化肥是计划性的,国家定价。例如化肥的成本为3元,国家规定价格只能是3元。国家允许政策性的亏损,亏损上报给国家厂里就可以获得补贴。特别是卖到农村的东西,每个领导人对农民都比较宽松。现在农民买农机有补贴,连世代都要交的农业税都取消了。我们生产的碳酸氢铵就属于农业产品,煤电消耗很大,亏损也最多。后来碳酸氢铵车间改产氨供应六车间生产硝基甲苯,也可以生产一点硝酸,亏损也小了一点。单廷生原来是厂里的工程师,工人出身且学历不高,就是他引进建成了硝基甲苯生产线。硝基甲苯生产线建成后我们厂就扭亏转盈了。

王来东:当时您来的时候心态如何?改制后您的心态有什么变化吗?

夏鹤云:我来的时候就想着服从组织分配,反正到哪里都是为国家生产。

当时有人问我们在哪里工作,我们就会很骄傲地说在 9395 厂工作。从马坝到盱眙大家都知道 9395 厂是军工厂,非常羡慕我们这些职工。当时比较苦,吃不饱是常见的事情,但我们精神面貌很好,没有多少怨言。我 25 岁退伍以后就进入 9395 厂,在这个厂工作了半辈子,到今天剩下的只有残病的躯体。有人有钱有权,我们啥都没有。30 年前我年轻,没感到什么不好。现在我年纪大了身体不好,总是想着自己的肝病,可能快要死了。我们的结局就是什么都没有。改制后我看着那些不好的事情心理还是有变化的,改制的不公平还引发了一场大骚动,导致工厂停产。职工认为这是国有资产的流失,这样的改制是不合规定的。

王来东:当时为什么选址在这些地方?

夏鹤云:当时以毛主席为核心的党中央提出了"山、散、隐"的建设方针,进山、分散、隐蔽的建设方针是正确的。当时的小三线生产的手榴弹和步枪等武器主要是民兵用的。小三线虽然比不上大三线,但可以武装民兵。比如说战争的时候我们这里被占领了,我们厂生产的军品可以就地武装民兵。正规部队的装备有专门的大型军工厂生产,例如 805 厂和 375 厂。805 厂和 375 厂生产的绝对是精品,生产设备和技术也很先进。东北辽宁省的 375 厂是由苏联援建的。805 厂是我们自己模仿 375 厂建设的军工厂。全国所有省都来我们这里学习 TNT 生产技术,因为我们是继 805 厂和 375 厂之后首个生产 TNT 的小三线厂。我们这个厂全国有名,不仅国内的其他省来我们这里学习,柬埔寨也派人来我们厂学习 TNT 生产技术。

王来东:江苏有关部门是如何支持我们小三线的呢?

夏鹤云:我们应该是属于江苏省化工局管理,厂名也是他们指定的。当时的人水平不怎么高,不像现在人的思想和理解水平都比较高一点。我当兵五年后回家种田,到工厂以后正好碰上"文化大革命"。"文革"期间厂里闹得一塌糊涂,生产停止没钱发工资,只好由上级直接拨款解决我们的工资问题。由此可见,上级部门还是比较重视我们小三线厂的。

王来东:淮阴九峰针织分厂是怎么回事?

夏鹤云:淮阴分厂本来是引进外资,想把分厂建得好一点。但我们厂不懂针织厂的经营管理,就像钢铁厂搞木材一样,经营管理不够专业。九峰针织生产的袜子价格卖得很便宜,但成本比较高。生产同样的袜子,别人 5 角钱就可以卖,我们只有定价 6 角才能盈利。由于成本太高,五六年后淮阴分厂就倒闭了。总的来说,建设淮阴分厂还是想赚钱的,只不过是没有经营针织厂的管理经验。此外,没有任用合适的管理干部也是经营失败的重要原因。

王来东:您觉得开办分厂对我们厂的发展有意义吗?

夏鹤云:如果多种经营能够赚到钱也可以,也能够促进企业进一步发展,最终没经营好就是领导干部的问题了。

王来东:TNT 什么时候停产的?停产后有复产吗?

夏鹤云:1985 年左右二车间 TNT 停产后生产线就被拆掉了。1979 年左右还生产过一段时间的炸药包,就是把别的厂生产的炸药做成炸药包。

王来东:军品除了 TNT 还有其他的吗?停产后原职工去哪里呢?

夏鹤云:没有了,只有 TNT。我来的时候还有光荣感,因为我是退伍士兵,进入军工厂工作感到蛮自豪的。车间停产也不需要我了。"文化大革命"期间厂里分为两派,后来我在的那一派情况不太好,我就申请调回家。我调回家的申请没有获得批准,后来三车间愿意要我,就去三车间生产化肥去了。我去三车间的时候已经三十多岁,有肝病且腰也不好。我想我这样的身体回家能干什么呢?我之前学习的生产 TNT 的技术也用不上。我就学焊工,由于肝比普通人大 0.3 厘米而且腰疼,蹲下来学电焊很痛苦的。本来想学好电焊就回家工作,后来还是没能调回家,只能在三车间做焊工。当时的厂领导了解到我有职业病,就调我离开生产岗位到老年活动中心做服务工作。老年活动中心就是老职工打牌娱乐的地方。我在那里做些打扫卫生、烧开水等轻工作,一直待到退休。

王来东:TNT 生产是由上级规划吗?我们需要负责销售吗?

夏鹤云:生产任务都是上级直接下达,产品也由上级部门统一包销。

王来东:当时您的生活情况怎么样?包括吃穿住行等方面。

夏鹤云:我们 TNT 车间属于有毒车间,最困难的时候上级一天补助 2 角钱的营养费。在那个时候,2 角钱可以买很大一块红烧肉。此外,我们没有其他的福利。蔬菜啥的我们的家属农场会种一部分,也可以去三河农场的菜场买一些。我们开始住的房子连平房都不如,是干打垒的房子。

王来东:您的出行情况如何?

夏鹤云：原来我们外地职工一年有一次12天的探亲假,来回路费厂里报销。我们坐车需要去维桥那里等盱眙出发到南京的汽车,汽车能不能按时到还是个问题。我有一次在维桥那里等了两天时间,期间也没有饭吃。为了解决等车期间的吃饭问题,我和我的常熟老乡就买一点菜到周边人家做饭吃,就这样一直等到汽车到达。我们乘坐汽车到南京以后还要乘坐火车到无锡。当时的车票不算贵,南京到无锡的车票大约4元钱。我们到无锡以后再乘坐汽车到常熟,然后转乘轮船到长江边的家。从常熟到我家只能乘坐轮船,没有供汽车通过的道路。当时的交通真的不方便。现在乘坐私家车回常熟只需要6个小时,以前正常情况下需要花费两天时间。以前如果在转车的时候出现了延误,两天还不能到家,可能需要更多的时间。汽车的时刻是不准时的,可能会推迟几个小时乃至几天。

王来东：当时的医疗情况如何？

夏鹤云：我们厂建厂之初只有一个医生和一个护士。这个医生把我们厂人人都要得的疟疾治好了。疟疾是蚊子传播的,无论哪里人只要到我们这里都要患上这种疾病。那个医生的责任心非常强,亲自把防疟疾的药送到我们手中。如果有大病,厂里会派车子送到盱眙去医治,但车费是不报销的,只报销医药费。

王来东：当时有什么娱乐活动吗？

夏鹤云：开始没有什么娱乐活动,主要就是文艺宣传队等一些不上台面的群体活动。后来建了一个大礼堂,并买了一个大电影机播放电影。建礼堂之前,我们是在生活区的大广场露天放电影。大礼堂建好的时候,我们年龄已经比较大了。建厂之初我们都是年轻人,没结婚也没有孩子的负担,没有什么事情做就组建文艺宣传队啥的。

王来东：水电煤是什么情况？

夏鹤云：开始的时候煤需要去盱眙买,电是盱眙电厂发的电。当时用电量很小,57瓦都不到。我们厂来了之后,盱眙电厂还扩建了一下,把电线架过来我们这才有电的。以前白天晚上都没电,"文革"的时候大家都爬到水塔上用喇叭宣传。电厂的规模很小,且内部分两派斗争停止生产了。相对于旁边的可以阶段性生产的水泥厂,我们厂的生产需要连续供电才能生产,所以盱眙就把水泥厂的电断掉给我们生产使用。除了二车间,投产之初我们厂的其他车间都没有盈利,三四年之后才有效益。我们厂有六个车间,分别是一车间生产碳酸氢铵、二车间生产 TNT、三车间、四车间负责检修、五车间生产磷肥、六车间生产硝基甲苯。

王来东:子女教育情况如何?

夏鹤云:我们有孩子以后,蔡安忠厂长就在这里办了一个小学,后来进一步建成了中学。

王来东:您家属的户口是迁到厂里来了吗?

夏鹤云:厂里办五七农场的时候,我家属的户口就以定销户口的形式迁到了农场,具体落在了维桥。农转非以后职工家属户口就转到了厂里,没有农村城市之分了,找工作什么的不再限制户口了。农转非之后五七农场的田也改成了一个小公园,原来种地的职工家属就失去工作了。

王来东:"文革"期间的生产生活是什么情况?

夏鹤云:"文革"时期没有电,被迫停止生产。我们的生产生活秩序还是比较稳定的,闹了一次没有打起来,最后有一派逃跑了。为什么闹起来了呢?当时排队买饭,前面一个人一派,后面的两个人一派。由于排队过程中也有一些推搡,后面两个人就把前面另一派的人打了一顿。厂长听说后非常生气地说"吃饭有什么好闹的"。"文革"开头的时候,没人公开声明自己是哪一派的,都是等着挨批挨斗的。食堂打架事件之后,分派的倾向就有了,矛盾从原来的小打小闹演变成大规模的武斗。领导表示这样打架是不行的。当时每个车间都有独立的宿舍,打人的那一派都躲到了宿舍里。被打的那一派有个驾驶员就把汽车开过来,用车灯照着打人那一派的宿舍。被打那一派的人比较多,打人的那一派人比较少。打人的那一派就在宿舍底下挖了地洞躲起来,没有发生直接的打斗,后来通过地洞逃跑了。

王来东:安全保卫您了解吗?

夏鹤云:原来没有相关部门,后来有一个保卫科。军宣队进厂后我们保卫科就发枪了。因为军宣队属于人武部管理,方便要枪支。我们厂发的枪都是新枪,有一个班 10 个人的编制,定期有打靶训练。派出所负责我们厂的枪械管理。我们厂的保卫科负责人员的管理和工资发放。保卫科属于车间级别,主要是看大门,有偷盗行为他们可以处理。此外没有其他的安全保卫部门。

王来东：工厂领导对职工工资和福利有决定权吗？

夏鹤云：工资是上级直接发的，厂领导决定不了。我们加工资都是统一加的，但我们来了之后就没有加几次工资，评工资的时候就是班组进行评价，然后上报批准。当时每个车间都有四个班组，班组评好后车间再把名单报到厂里，然后就可以发工资了。厂里决定不了谁加工资谁不加工资，该加就得加工资，没听说因为个人原因影响谁加工资的事情。领导可以随意安排职工的工作，可以让职工去做比较累的工作，这个情况是存在的。"文革"期间有这种让职工干累活的惩罚性调动。除了调动职工工作，工资问题上领导没有任何权利。

王来东：您觉得职工对领导有依附性吗？

夏鹤云：依附的关系也有，主要是好的事情吧。我们厂有几个人想开汽车，就去找领导要求调动工作岗位。领导可以调动职工工作，但没权利干涉职工的工资发放。国家政策说可以评多少级工资，我们就统一按照国家规定进行集体评选，个人说了不算的。

王来东：职工婚恋问题您了解吗？有没有找对象困难的情况呢？

夏鹤云：找对象困难的现象还是有的，主要原因就是不认识人。三河农场二期的很多姑娘都被我们厂的人找走了。这件事领导并没有直接干涉，都是职工自己去找的。我们厂里原来无锡和常州的工人在这边找对象的特别多，他们找的对象多是下放到农村的知青，和我们年龄相仿，这种情况我们厂里有不少。我们单位小，大约1000人左右，总的来说对象问题并不严重。有时候职工会跟领导开玩笑说道："领导我们没有对象怎么办呢？"总的来说厂里既不支持也不反对。

王来东：您觉得小三线厂和周边居民的关系如何？

夏鹤云：我们和周边居民的关系属于正常。比如说我们的浴室对周边居民也有偿开放，没有排外情况。我们放电影三河农场会来看，三河农场放电影我们也会去看。领导与领导之间的关系也比较好。我们还响应中央的支农号召，帮助三河农场割麦子。当时三河农场给我们发两个馒头，然后再去割麦子。中国的农业生产主要是夏收夏种，最忙的就是这个季节。之前关系比较好，现在就比较平淡了。这里的人比较直爽，但没有厉害的样子，不无故欺负人。虽然个人有一点问题，但不影响整体关系。

王来东：当时生产产品的销路是什么情况？

夏鹤云：我们生产的 TNT 供应天明厂和 925 厂生产地雷和手榴弹等军品。他们还不太喜欢我们厂的产品，更倾向于大厂的质量更好的产品。

王来东：TNT 停产后民品生产情况怎么样？

夏鹤云：军品停产后主要靠六车间和化肥生产。化肥生产也是亏损的，国家规定的支农产品不能停产，亏损也得生产，国家会给一部分亏损补助。我们厂生产化肥每年亏好多钱，也没说哪一年发不出工资来。"文化大革命"期间，厂财务科科长还得去盱眙县财务科申请钱回来发工资。

王来东：工厂办社会的情况有没有影响工厂的生产和发展呢？

夏鹤云：这个厂要因地制宜。如果工厂建在城市里，就不需要建那么多后勤设施了。开始的时候我们厂连豆腐都生产，小农场生产很多东西的。我们厂连大礼堂都建设，城市里哪个工厂会建大礼堂放电影的？我们厂建设的都是我们需要的，就像我们职工需要理发就必须建立一个理发店。厂里面出钱送小农场的人到外面学习理发技术。此外还会开小店和商场等部门，这都是我们没有而必须建设的。这些单位都是自负盈亏的，他们办不下去就关门。电影院和娱乐中心由厂里的工人去学习相关技术之后管理的，电影有的要钱有的不要钱，有些电影由工会负责报销电影票。

王来东：我们厂办学校的老师管理是什么情况？

夏鹤云：学校老师的工资和人员管理都是厂里负责的，业务上由教育局管理。

王来东：生活区的房子也是厂里面盖的吗？需要我们自己掏钱买吗？

夏鹤云：生活区的房子都是厂里面盖的。房改之前需要自己出钱，房租和水电费等钱都是从工资里面扣除，单身职工有免费的宿舍可以居住。我记得我们小家庭也只有一两间平房，租金是三块五角钱，当时工资也才四五十块钱。二十平方米的集体宿舍最多的时候住十几个人，睡的是双人架子床。

王来东：您觉得企业的发展有面临什么困难吗？

夏鹤云：我觉得我们厂和大社会差不多，没什么特殊的地方。有些还在深山老林的企业可能有点困难。我的一个堂哥，他是上海大中华橡胶厂的。原来我们的自行车和汽车的轮胎用的就是大中华的。他从上海到贵州去的，后来就回到上海了。其实这是个社会问题,小三线职工总归离开了自己的家庭,过得是很底层的生活,很不方便,吃了很多苦。我25岁到小三线的,到今年78岁,钱到哪里去了呢?我都花在路上了,家里父母亲生病和过世我需要回去,小孩生病啥的我也需要回去,这部分路费又不报销。我们职工的问题和社会上很多都一样,我1953年做学徒,工龄也很长,但我的工资比不上其他厂的职工。我们离开了本地,失去了很多社会关系,有什么困难也没人来帮助我们。

王来东:"军转民"时期,原有的TNT设备对开发民品有帮助吗?

夏鹤云:没有什么帮助,设备都烂掉了。我们化工厂的设备不像机械厂有各种车床,我们的设备很多都是装酸的大铁罐,一旦不使用很快就烂掉了。我们厂上马新的产品都是新建的生产线,没有利用原有的设备。一车间的硝酸铵没有研制成功,职工也只是到车间看一眼就回家了。军工厂的建设有保密需要,就像天明厂的职工宿舍本来不需要烟囱,但却专门建了一个,就是为了迷惑敌人防止轰炸。

王来东:您觉得"军转民"和改制给我们厂带来了什么影响?

夏鹤云:这都是根据国家大趋势来做的。毛泽东时代是为了备战备荒,是时代需要。现在进行改革是顺应和平建设,也是时代需要。我们厂出现的问题都是人为的,比如说为什么厂领导有股份而职工没股份,这是党的政策吗?符合党的宗旨吗?我们这些人真的很苦,几十年来没得到多少好处。南京军区有一个中将看到我们这些职工就说:"你们的衣服为什么这么破啊?"我们就回答说工作环境比较费衣服。我们的衣服一碰就是一个洞,棉花都露在外面。当时是"文化大革命"中后期,这里还属于军管,南京军区来我们厂参观二车间生产TNT。我们衣服的膝盖和屁股很容易坏,我们都用砂纸后面的一层布来补洞。职工生产条件苦得不得了,比如发烟生产出现故障,我们都是钻进去用手扣,所以都得了中毒性职业病。

(夏鹤云,男,江苏常熟人,1940年出生。1959年在苏州入伍做电话兵,1965年退役后分配到青阳岗昆山化肥厂,后经江苏省化工厅厅长徐以达介绍到淮河化工厂工作,先在二车间从事TNT生产,后因患TNT中毒性肝病和白内障调离原工作岗位。1995年退休。)

四、采访何立本

采访时间：2018年6月1日
采访地点：淮河化工有限公司工会三楼会议室

何立本：当时招工政审比较严格，我的家庭关系和成分比较好。我们这些贫农子弟进军工厂政审就比较好通过，并且当时高中学历已经比较高了。那时候高中生很少的，特别是我们盱眙这个比较穷的县，我们公社三年就一个考上高中的，全县就一所中学招90个高中生。我进入工厂就是搞仪表，专门对机器的各种仪表进行维修，岁数大了还在后勤做过一段时间。

王来东：盱眙小三线建设的背景是什么情况？

何立本：我是1967年来的。1965年这个厂就开始筹建了。我的家离这里比较近，当时我在学校读书，对于建设小三线了解一点。当时阶级斗争抓得比较紧，1960—1963年蒋介石准备反攻大陆，我们的军工厂建设应该隐蔽一点，所以就把小三线分散到山区去。这个厂建的时候我也知道，但没有来，听说开始建厂的时候比较艰苦，都住在三河农场，条件很差。我们来的时候TNT和碳酸氢铵已经正式生产了，需要维修工和操作工。我进厂也有个前提，"文化大革命"时期我们在公社里也算有点小文化，在农村初高中就可以了。后来这个厂招人的时候和我们党委书记说想找几个高中生学习仪表。因为仪表工种在整个工业生产中要求比较高，不但需要安装还需要维修。我们进厂的时候这个厂还是比较可以的，条件好了一点，但住房还是比较紧张，直到1974年住房问题才改善一点。

王来东：当时的职工来源情况如何？如何动员的？

何立本：我来的时候地方上的正式工很少，我们这一批都是合同工，也就是亦工亦农。当时毛泽东提出三线厂到山区去，有工的时候做工，没工做的时候务农。因为工厂要求职工有一定的稳定性，就改成亦工亦农合同工，签了合同在合同期内就不能回家种地了。1971年国家下了一个政策，就是长期的临时工和合同工统一转成国家正式职工，合同就不存在了。学生招进来经过学徒工就是正式职工。像我们来的时候，包括盱眙和维桥来厂做包装的长期临时工都转成正式职工了。就像现在的公务员,80年代之后就实行工人合同制和干部聘用制。现在大学生毕业都是实行合同聘用制。邓小平主持工作以后实行打破大锅饭铁饭碗,就是说职工已经不是正式职工了,成为合同工后可以解除合同。我转正以后就不一样了,生老病死有保证了,现在也有退休金。正式工和合同工的福利差别是相当大的。正式工的家属如果生病了,医药费可以报销70%。合同工的话就享受不到这个福利了,这就是最典型的,还有很多其他的事例。当时厂里到公社要人,我们那一批一共18个人。厂里需要操作工和维修工,通过县劳动局和公社打招呼,公社书记和厂长去联系大队找合适的人。当时的退伍军人比较多,像我这样的学生比较少。当时退伍军人国家统一安置,县里面有安置办统一分配工作。盱眙县有五个军工厂,比较方便安置退伍军人。

招工的时候也不需要动员。我们就住在周边,对军工厂比较了解。我们知道军工厂的工资待遇是盱眙县最好的,所以能进厂还是比较高兴的,不需要动员。我们这个厂不属于盱眙县也不属于淮阴市,属于江苏省国防工业办公室,代号9395厂。当时军工厂在盱眙很吃香,盱眙人都知道军工厂是保密的,能进军工厂都很高兴的。对我来说进不进厂倒没什么可高兴的,因为我本来在洪泽县蒋坝跟一个老中医学了两年,"文化大革命"后就不去学了。为什么学中医呢?因为我家祖传就是医生。我知道这个厂条件不错,所以就先来了。如果当时不转正我可能就回家了,后来转正后福利待遇不错我就留下来了。

王来东:当时小三线厂的选址原则是什么?

何立本:关于这个问题我在报纸上看到一些。盱眙县属于丘陵地带,也没有多高的山脉,搞小三线厂还是比较适中的。大三线厂建设在高山里面,规模也很大。当时我们这个厂本来是应该选址在盱眙城边的二山,但我们现在这个厂址靠近洪泽湖方便排污,所以就选址在这里。我们生产TNT污水比较多,那个时候也没有环保的概念,就是看中了这里排污方便。另一方面,选址也看各个厂的生产类型。例如滨淮厂主要就是机械加工,可以选址在城里面。925厂是生产手榴弹和炮弹的,由于意外爆炸的话危害比较大,就必须建在山区里面。我们厂最危险的产品就是TNT,为了防止爆炸带来的危害,就人工在TNT厂库周围修建了一个土围子进行保护,一般来说发生爆炸的可能性很小。排污和生产的安全性是选址的主要考虑因素。925厂建在山里面,生产车间四面都是山,爆炸也不会有太大的损害。滨淮机械厂主要是车床加工,生产的产品没有危险性,所以可以建在靠近淮河的城里。

王来东:红光厂主要生产什么呢?

何立本:红光厂主要生产黑色炸药,也叫黑索金。我们生产的TNT是黄色炸药。相对来说黑索金炸药更厉害一点。除了军事用途,开山也会使用黄色炸药。

王来东:您了解江苏有关部门对我们厂有什么支持吗?

何立本:支持还是有的。当时从县里来看我们的福利待遇和名声还是比较好的。当时我们出去都不讲淮河化工厂,都说9395厂。在整个江苏,通信地址只要写江苏盱眙9395厂就可以送到厂里面,邮局他们都知道这个地址的。

王来东:当时除了TNT还有其他的产品吗?

何立本:当时生产的军品只有TNT,后来六车间搞了一个硝基甲苯,主要用来制造农药、燃料以及DSD酸等产品。六车间的延伸产品比较多,后来慢慢就搞不下去了,搞不下去就涉及人的问题了。六车间为什么能搞上去呢?当时全国就三家厂生产这个产品,一个是我们,另外两个分别在东北和四川。当时我们厂有一个叫单廷生的工程师,他的责任心和钻研精神非常强,工作兢兢业业,从建厂到现在没有一个人能够超过他。当时我国生产硝基甲苯的技术就不行,不是单廷生的话六车间的产品也上不去。单廷生只有中专文化水平,还不如一个正式的高中毕业生呢,但他的钻研精神非常强。六车间项目设计建设的时候他不住家里,住在厂招待所里面,吃饭上食堂解决。他每天中午在食堂买一点吃的,早晚饭在招待所房间里面就着开水吃馒头和包子。我为什么知道这些事情呢?因为我家就住在招待所旁边,我的家属就在招待所工作。单廷生就在招待所的房子里一天到晚地设计图纸,后来经过两次试验就成功上马了。现在的人动不动就是钱和权,单廷生完全就是大公无私的,这种人非常少有。如果像单廷生这样的人多一点,或者单廷生多活几年,我们厂的发展不会这么差。如果没有六车间的硝基甲苯,我们厂早倒闭了。随着发展,我们厂的碳酸氢铵不生产了,TNT没人要了,六车间的延伸产品TDI和大稀硝等都没生产出来。单廷生去世之后,一个延伸产品都没搞出来。如果单廷生还在的话,经营情况会发生很大的改善。我们厂为延伸产品投入了大量的资金,但一个产品都没搞出来。我们知道单廷生之后后继无人,改制之后更不行了。

王来东:我们厂的民品发展是什么情况?

何立本:我们厂原来生产碳酸氢铵,前几年因为效益不好就停产了。TNT 早就没有了,大稀硝上不去,TDI 上不去,现在就是六车间的硝基甲苯支撑着。TDI 根本没上马,单廷生去世之后直接就没了。如果有单廷生这样的人才或者单廷生多活十年,后续产品至少可以上去两个到三个,这样的话可以很大程度上减少生产成本,生产线延伸产品越多成本越低。

王来东:现在的职工有想跳槽的吗?

何立本:有啊,不过一时也走不了啊。年轻的职工不多,年龄大的和40岁以上的职工就再混几年等退休吧。职工想出去找工作的人多了,但有个前提,如果工作确实需要调动可以拿到三四万元的补偿,如果自己离开就啥都没有了。

王来东:改制之后我们职工成为雇工,退休后有什么影响吗?

何立本:雇工不算国家职工了。我们的退休金由社保发放,并不受影响,就是福利有点影响。工资是厂里开的,如果是国企的话可以按时加工资,私营企业就不行了,改制后四五年我们都没加工资。无论工厂效益再好,最终的受益人就是那些可以分红的股东。

王来东:当时您在小三线单位的生活情况如何?

何立本:小家庭是自己做饭的,买菜可以去厂里的菜场买,也可以去三河农场买。20 世纪 70 年代主要是按计划供应,我们吃的粮食、油、豆腐和肉类都是按计划供应,蔬菜可以去自由市场买一点。我们小三线厂在物资供应方面可能优惠一点。50 年代后期到 70 年代,肉类都是计划供应的。我们厂食堂可以集中购买一些蔬菜,小家庭会在房前屋后种一点。过年过节的时候,厂里面也会调一部分物资供应,平时可以去三河农场买一些东西。当时有的职工家属在农村,厂里面照顾把他们的家属调到厂这里,但不能安排工作。省军工局就和三河农场沟通,给我们厂一块地皮,让农村来的家属种地,我们叫小农场。小农场生产的粮食自己吃,种植蔬菜自己卖,厂里的职工也会去路边买一点。供应方面厂里面还是比较照顾我们职工的,厂里面会不定期地从南京和六合等地采购一点猪肉、鸡肉、鱼和一些耐存放的蔬菜回来供应给大家。这些东西是按人数分配的,每家掏钱买自己能买的量。比如厂里面统一买1 000斤肉,按需要分别给食堂和小家庭一定的配额。大家都会去买这些物资,少数人会放弃配额。食堂吃饭需要凭饭票。饭票需要用钱买,且每个人有一定的限额。菜票可以随便买不限量,粮票还是有限量的。当时食油每人一个月4两,这还是城镇户口的配额。过去我家五口人一个月才2斤油,现在一个月要吃10斤油。现在生活水平提高是毫无疑问的,现实摆在眼前。六七十年代我们能拿40元的工资就不错了,就算当时猪肉便宜到7角6分1斤,一个月工资也才买50斤肉,现在一个月的工资可不仅仅能买50斤肉啊。这样来看,我们的生活水平还是有很大提高的。有些人就不这样看,他们觉得当时鸡蛋才几分钱一个。当时鸡蛋便宜工资也低,现在鸡蛋贵了工资也高了。现在的工资能买多少鸡蛋?当时的工资能买几个鸡蛋?总的来说还是生活水平提高了。现在物资丰富了,不仅鸡蛋多了,穿衣方面也有很大的提高。70年代我们做一件的确良衬衫就不得了了,能穿好多年呢!大约在80年代初,国家逐步取消了计划供给物资的制度。我们这块和上海还不太一样,上海小三线离城镇太远,买东西不方便。我们厂虽然比较偏,但周边买东西还比较方便,买菜提个篮子就可以了,还有人带着商品来回跑着卖呢。

计划供应时代,穿衣是需要凭布票的。有一年我印象最深刻,那是1962年只发了一尺六寸的布票,这些布连一个短裤都做不了,这是布最少的时候,一般都会发七尺或一丈二的布票。总体来讲,穿衣服还是比较紧张的。就工厂而言,每年厂里都发两套工作服,这感觉就不一样了。在家的话也穿不了多少衣服,像我们学生无所谓,不劳动衣服磨损也比较小。当时穿衣的情况不像今天这样每家都有很多衣服,还是比较紧张的。

王来东:我们职工和周边农民的生活水平有差距吗?

何立本:这是不能比的,当时我们的工资待遇在盱眙来说是最高的,盱眙县的一般小干部和企事业单位职工的待遇都比不过我们厂。我们厂职工的生活水平是周边居民比不了的,我们的物资是保证供应的,粮油不用担心。穿的方面,我们不仅有布票,厂里面还会发两套工作服。当时工人不像现在,有工作服就不错了。我家就在附近,当时我穿工作服回家是很吸引眼球的,比穿一套新中山装还要洋气。1966年我做的一套中山装现在还穿着呢,我家的孙子还笑话我。

王来东：当时住宿情况如何？

何立本：筹建的时候房子比较紧张，不过人也少，后来每年都盖房，到80年代以后住房就不紧张了。我是1967年进厂的单身职工，进厂前两年也不需要多少房子，因为很多年轻职工都是单身，住在集体宿舍就可以了。集体宿舍是上下双人床，一间宿舍一般住三四个人。后来房子多了，小家庭开始分房子。我是1970年结婚的，1972年就分到房子了，那个时候是分配房，也叫福利房，大约每个小家庭分配十几平方米。工厂的分配房收房租费，平均每月五六分钱1平方米。1976年以后，我们的房子就大了，大约20平方米多一点，房租大约1元钱。当时住房福利很好，用水电是不收费的。大约1981年才开始收水电费，电费收得早一点，水费收得迟一点。我们的水电费是很便宜的，5角2分一度，水费是5角钱1吨。我们分配的福利房后来都被个人买下来了，没有分配福利房的职工就住在楼房后面的平房里，厂里分文不收。我现在住的房子就是我自己买下来的，属于我自己，有房产证的。我买房子的时候很便宜，好几项资格可以优惠，例如工龄，如果是双职工，按两个人的工龄总数，每年工龄抵扣一定的房钱。我的房子七十多平方米，90年代买的时候是9 000元钱，非常便宜。按照90年代的市价，我的房子值两三万元呢。我来的时候房子已经不太紧张了，就是比较简陋。当时我们这里蚊子多，因为自然环境不好，靠近三河农场，周围种的全是水稻，杂草丛生。筹建的时候，职工都是住在三河农场的礼堂里，很多人挤一个房间，1967年我们来的时候就好多了。

现在这些楼房很多都没人住了，晚上一栋楼能有三四户亮灯就不错了，大约80%的房间都是空的，很多人都搬走了。大家离开这里首先就是因为这里位置太偏，其次就是企业发展不兴旺了，现在留在这里的都是老弱病残。像我们这样的老人也不想离开这里，也没什么地方可去。

王来东：交通情况如何？

何立本：七八十年代出行还是比较方便的，厂里每星期有一趟去南京的厂车，就是现在的那种大客车。厂车直接开到厂在南京的办事处，采购等流动人员都住在那里，不要钱。我们出差到南京去办事处登记签名就可以住宿，吃饭可以去办事处食堂自费就餐，就像自己家一样。当时我们去南京办事情非常方便，大家都在办事处集中，厂车接送都在办事处。早上厂车把我们送到南京办事处，我们可以自由活动，下午4点按时上车返回工厂。后来南京、盱眙和淮安都有车了,其中去盱眙的车子天天有,不过需要买票。我们厂离盱眙20多公里,到淮安90多公里。有厂车之后出行比较方便,特别是去盱眙早出晚归都可以的,有专车和专门的售票员。由此来看厂里的福利还是不错的,改制前就是福利好。

王来东:有人认为"军转民"就是二次创业,您怎么看?

何立本:这个得看对象,对年轻有能力的人来讲,"军转民"二次创业是个好机会。就像我们厂搞销售和搞技术的,搞销售的在外面路子多,搞技术的有资本。我们厂技术顶尖的会出去自己建厂,自己招工。这些人二次创业是成功的,但他们拿走的是大家的心血,不是工厂给他这个条件他不可能掌握顶尖的技术,在学校里面是学不到的。还有一类就是搞销售的,搞销售的人路子广,帮厂里面解决各种产品的销路问题,是厂生存与发展离不开的关键人员。以上这两类人是最典型的,他们确实是二次创业,随便弄弄就是几百万元,但他们靠的就是国家。如果当初单廷生也想着个人发财,那一切就是他自己的财富了。单廷生想自己搞,那就是手到擒来的事情。换句话说,整个工厂就是单廷生的了,因为我们厂的支柱产业就是他研究上马的。我感觉这个与人的思想觉悟和观念有关,虽然我们没有这个机遇,我认为他们的机遇是国家给的,但他们的资本是大家的。就像你是个研究生,我听一个中科院院士讲:"我们学问再高,在国外给外国人办事待遇再高都是给别人打工,我回到祖国做事那我是主人,我是替自家做事。"我对这些言语是相当认可的。

王来东:我们厂当时的医疗情况如何?

何立本:医疗特别好,六七十年代(改制前),我们厂在南京有个定点医院,叫工人医院,在盱眙有个定点医院,叫江苏医院。厂里本身有一辆救护车,工人有疾病或者工伤,救护车立马就送去医院了,大病去南京,小病去盱眙,看病分文不取。我们去看病不需要带一分钱,只要在医院登记一下,回来厂里面结账。厂里给医院一个记账单,医药费多少钱都填在这个单子上,后期厂里面付钱,到南京也这样。我们的医疗福利还是很好的。此外我们厂本身有个医院,除了不能手术其他的都可以,包括中医针灸、内科、外科,免费看病,不收一分钱。工人感冒发烧就去厂医院开个单子拿药,分文不取。那个时候确实有浪费医药资源的情况,职工拿了药也不一定全吃了,有时候医生会去宿舍搜集没吃的药。

王来东:业余娱乐情况怎么样?

何立本:我们的娱乐活动最多的就是看电影。那个时候就电影多一点,可以一周几次,也可以连续放两天,就在老广场上播放电影。周边的居民也来看电影。我记忆最深的就是朝鲜电影《卖花姑娘》,我估计当时周围至少来了2 000人看这部电影,草地、房子等地方全是人。当时已经不在广场放了,因为人太多根本容纳不了。因为我家在维桥,是本地人,当时很多熟人来看电影,因为他们来得比较早没吃晚饭,我换了12斤饭票,买了包子馒头来招待客人。后来大礼堂盖起来就不一样了,大家看电影更方便。厂里有个电影队,专门在大礼堂放电影。逢年过节搞一下娱乐活动,搞一下歌咏活动、篮球赛、排球赛、乒乓球赛等活动。当时福利好,人们的心情也好。我们现在这个活动中心本来就是规划来娱乐的,开会、跳舞、下棋等设施齐全,新老职工都可以来,楼下面还有搞体育锻炼的。改制后大家也都不往这方面想了,投资的也少了,谁拿自己的钱这么干呢?公家的钱大家会随便花,私人谁会拿那么多钱呢。

王来东:当时职工子女教育如何?

何立本:子女教育厂里搞得也不错,特别是丁承洪做厂长时期发展特别好。当时学校老师有一部分是县文教局派的,另一部分是厂里面派的。子弟学校有专门的校长,学校业务由文教局管理,后勤等方面由工厂负责。厂办学校教育质量还不错,师资力量也不错,我的孩子都在这里上的学。当时我们盱眙初中升高中的人比较少,厂里面就在淮安联系了一个技校,职工子弟初中毕业后没有学上的就去职业技术学校培训,包分配。我们厂没有一个职工子女找不到工作的。其他军工厂搞得也不错,不过没有我们厂好。

王来东:"文革"期间生产生活受到影响了吗?

何立本:对我们厂没有多大影响。因为按当时观念来讲,我们厂属于"保皇派"。所谓"保皇派"就是维护干部,不怎么批斗省长书记。在我们的观念中是以稳为主,对干部的冲击还是比较少的。我们厂也有活动,但影响不大,顶多就是开开批斗会,也没有多少干部被批斗。当时的厂长也被关过批斗过,但真正动手脚的不多。

王来东:职工户口什么情况?

何立本:职工户口有三个类型,第一个就是从农场或者南方找来的学生,他们本来就是城镇户口,迁过来就行。我的户口比较复杂,原来是城镇户口,

1962年下放成了农村户口,在这个厂转正之后户口就转过来成了城镇户口。我的家属户口和我的情况一样。

王来东:您认为小三线企业和地方的关系如何?

何立本:开始没关系,我们直属省工办管理,下放到淮安管理以后就有关系了,和县里几乎没有行政关系。

王来东:改制前后,您对自己小三线职工的身份有什么看法?

何立本:那看法肯定不一样,对我们这一批人来说影响很大。就对企业来说,正式职工和改制后职工的区别就是:"昨天我是主人,今天我是雇工。"以厂为家,厂里的东西是我家里的呢,我不能乱来,得好好干。改制后我们的想法就变了,厂长是我的老板,老板说不发工资就不发了。改制前干部能和职工保持良好关系,改制后厂长甚至会骂职工。从心情和责任心来讲都和以前不一样了。尤其像我们这代人,成为企业正式职工后,户口迁过来,福利也不错,包括直系亲属医疗报销。当时就算是职工家属身体不舒服,厂里的救护车也会送去医院,现在谁管这些事呢?企业工人图什么呢?职工想得最多的就是福利,就是领导对职工的态度和尊重。过去干部和群众同吃同住同劳动,现在能一样吗?你没经历过那个年代可能没那么深的主人的体会,可能就适应这种干活拿钱的生活。如果你经历过那种做主人的环境,想法可能就不一样了。现在生病了,医疗条件好了,发个卡就可以看病,社会保障不错。从企业来说,当时国营的时候哪有四年不加工资的事情,改制后就是四年不加工资。

王来东:"军转民"时期是什么情况?

何立本:我们厂的军转民就是从省里下放到市里,其他什么都没变。民品是什么呢?别的厂还可以把军品转成民品,我们厂转什么呢?合成氨倒是可以转产化肥,但成本太高,生产出来也没人要。九峰针织厂就更不用说了。

王来东:我们厂有专门部门负责"军转民"吗?

何立本:我们职工不清楚,但我们看不到新产品的生产,也没见碳酸氢铵再转产。

(何立本,男,江苏淮安盱眙县人,1942年出生。1967年高中毕业后进入淮河化工厂做仪表维修工。2003年退休。)

五、采访晁东仁

采访时间：2018 年 6 月 2 日
采访地点：江苏淮河化工有限公司招待所 305 室

王来东：您是如何进厂的呢？

晁东仁：我是被招进厂的，当时招的时候叫亦工亦农，就是半工半农，实际上就是工人在这上班。我的户口现在在厂里，以前在农村。我一直没有转正，就是农民合同制。农民合同制和正式职工开始时待遇不一样，后来就一样了，正式职工有 10 元钱津贴，我们这些农民合同制的人就没有。后来也拿到了这些津贴，但没多久就改制了，大家都一样了，退休什么都一样。

王来东：我们厂的军民品生产情况如何？

晁东仁：我来的时候二车间搞的 TNT 炸药。我是六车间的，当时还在建设，主要生产一硝基甲苯。一硝基甲苯中间还有邻硝基甲苯、对硝基甲苯和间硝基甲苯，比如说邻硝基甲苯可以生产邻甲苯胺，间硝基甲苯可以生产间甲苯胺。六车间大约 1979 年左右投产，当时年产 3 000 吨，产量很小，后来经过扩建达到 10 万吨的规模。这个工程是单廷生搞的，当时他是技术员，后来成为车间主任，不久之后他就生病了。他很懊悔，觉得不该搞这个东西，因为这个东西致癌，污染很严重，不仅导致自己生病，而且给子孙后代带来后患。一开始生产的时候，污水没办法处理只能放掉，下面的农民经常性受到污染，就把我们的排污河填掉了，不让我们排污了。单廷生生病的时候很懊悔的，但给我们厂带来了很大的经济效益。从我们来到现在，我们厂一直依靠六车间的一硝基甲苯，没有其他产品。我们这个厂发展到将近两千人，就是依靠六车间的一硝基甲苯。TNT 在我们来两三年之后就停产了，大约是在 1979 年左右，后来偶尔生产一点炸药包。我们六车间还生产一点 1 T 炸药，就是民用炸山的，威力也不小，但污染比较大，后来慢慢也不生产了。此外，附带产品还有一些碳酸氢铵。碳酸氢铵是用氨生产氢气的副产品，用不了的就生产成化肥，现在设备换掉了，就没有附带的产品了。化肥生产也亏本，以前盱眙县有补贴，后来没补贴了，正好设备也更新了，就不生产了。比如说生产硝酸铵也是为六车间服务的,可以生产硝酸、甲苯和硫酸,现在硫酸主要靠买。硝酸、甲苯和硫酸主要供应六车间生产,此外还有一碱、烧碱,其中一碱和硫酸是买的,硝酸是一车间生产的。一车间生产硝酸是亏本的,一直停了好几年,去年才开始生产。以前硝酸是买的,比我们自己生产的还便宜,我们的硝酸生产工艺不过关。六车间在上世纪80年代中期比较鼎盛,我们厂经济效益相当好。我们厂是亏欠单廷生的,如果没有六车间的话,我们厂老早就垮掉了,没有支柱产品有什么用呢?污染问题现在比过去好多了,过去污水是随便放,把鱼都毒死了,农民经常来找的,现在有污水处理了,但有机物污染在世界上来说都是个难题。现在污水处理是达标的,环保局也会来查的,这个厂从常规来讲还不错,就是污染确实很难治理。单廷生知道这个东西非常容易致癌,对人体相当不好。我们生产的时候,第一次生产没有经验且工艺不成熟,跑冒滴漏严重,因为生产过程是高温一百多度,产品会挥发,那些味道沾到身上下班到家还能闻到。

王来东:您负责的安全生产工作是什么情况?

晁东仁:当时生产会穿工作服戴防毒口罩。我当时主要负责安全和环保,例如管理跑冒滴漏,哪一块滴漏我就去处理,跑冒滴漏是谁的责任得责任到人。安全上就是不能出事故的,我们厂六车间发生过严重的爆炸事故。我们厂生产第一步是干燥碳,第二步是除焦炭,然后就可以对邻硝塔、间硝塔和对硝塔进行处理,分别产生邻硝基甲苯、间硝基甲苯和对硝基甲苯。我们厂的爆炸就是除焦流程出问题了,除焦本来就很危险,我们使用高温度蒸汽来处理。按规定我们需要使用饱和蒸汽,不能使用过热蒸汽。后来车间为了追求速度和降低成本就使用了过热蒸汽,过热蒸汽泄漏后把麻袋放上去就着火了,因为这个原因除焦塔就爆炸了,冲到三四十米高。当时我们以为死人了,后来进去一看发现没死人。盱眙县来了两台救护车,消防队不懂化工当时也不敢上去灭火。为什么会爆炸呢?混合一硝基甲苯是经过硝化的,硝化有一个脱酚的过程,酚除不干净就容易在除焦流程发生事故。硝化是加入硝酸、硫酸和甲苯,最后加一碱,碱像水一样可以把酚带走,如果不合格就回来循环,这叫循环脱酚。有人把循环的过程省掉了,把不合格的原料直接放了下来,原料放下来后就到了大的存储槽,原料在储存槽沉淀以后上面一层全部是酚,然后在去焦的流程中就会有过量的酚,容易产生事故。这个问题我和领导讲了几次，告诉领导不能生产，太危险了。有的领导说没办法，不能停产啊，有的领导也是敷衍，一直没有处理。没过几天就发生了爆炸事故，威力很大的。当时我在家里洗衣服，我一看厂里面爆炸了就知道不好，出事故了。安全员检查向领导汇报，但领导不重视我也没办法。我没讲是我责任，我讲了你不执行就是你的责任，因为领导有决定权，安全员没有决定权。当时我给几个领导汇报安全问题，分厂领导我也汇报了，最后还是爆炸了，这时候已经晚了。

王来东：您作为安全员，您的直接上级领导是谁？您的权限有多大？

晁东仁：我的直接领导就是厂里安全部，不归车间领导。如果我在工作中发现了安全问题，只能建议，不能直接停产。我的工作是在车间主任的领导下进行的，厂里安全部只是对我们进行管理，可以说是双重领导。如果我是领导早就停掉了，之前应发生过好几次事情了，大家不重视。我在车间待了十几年了，实践经验丰富，知道这样会出问题，但我的建议厂领导没有接受，结果在1999年6月19日就爆炸了。爆炸的时候我还有半年就退休了，本来我想退休前最好不发生事故，结果还是爆炸了。

王来东：除了检查，您的安全工作还有其他内容吗？

晁东仁：还有就是负责安全培训，教职工安全生产，监督检查和执行安全规定。劳保装备的发放由厂安全部负责。厂里的安全由安全员和安全部负责。安全部直接归老总管理，上面还有淮安市安全局管理。

王来东：如果安全员发现问题并建议，但车间领导不接受，安全员还有其他的措施可以采取吗？

晁东仁：我可以向厂安全部反映。在厂安全部会议上我也提到了爆炸危险，但会议记录人出去了，我的建议没记录下来，但很多人都听到了。那次开会正好是领导新上任，到六车间开座谈会，分厂领导让我参加，我就把这个事情在会议上讲了。

王来东：爆炸事故是如何处理的呢？

晁东仁：因为没死人，处理起来简单一点。经济损失由保险公司赔偿，厂里就是停产，保险公司赔偿设备损失。公司也追究个人责任了，安全员不让干了。当时我还有半年退休，我就退下来干干杂活，协助别人做一点安全工作。虽然我建议了，不是我的责任，但当时没人承认，没人承担责任啊。

王来东：工厂"军转民"后，我们厂的生产有什么变化吗？

晁东仁：那就是一个形式，我们厂的生产没有什么变化。"军转民"以后也还是依靠六车间，虽然上了新产品，但没上成。例如道路上划线的油漆，当时认为这个利润会比六车间好很多倍，最后不了了之。我们厂的支柱产品一直就是一硝基甲苯，后来六车间扩建后利润越来越大。现在年产10万吨不过也就2 000万元的利润，80年代生产3 000吨就能挣3 000多万元。

王来东："军转民"时期，我们厂的资金是如何来的？

晁东仁：这个我们工人不太清楚，应该是银行贷款解决。

王来东：改制前后职工的生活变化大吗？

晁东仁：老职工没有什么变化，该退休的都退休了，国家说加多少工资就加多少，一个月也就两千多元钱。在我们这个地方，淮化厂的退休工资在全县来说不是高的，这个公司在盱眙是头牌，但退休工资低，还不如三河农场。我们工资低是因为企业不行，工资低。

王来东：车间承包经营责任制是什么情况？

晁东仁：我那个时候也有承包责任制，分好几个方面，包括产量、质量、安全和环保等方面。不谈利润，你车间能生产出产量？利润没关系了，利润是厂里说的。大体就是这几块，完成完不成由主任按百分比来奖励和惩罚。我们车间几乎没有受到什么处罚，那时候全厂依靠六车间，奖励方面还是有偏向的。改制以后，完成多少就给一定奖金。例如一个月完成9 000吨每个人奖励多少钱，完成1万吨每个人奖励多少钱，完不成就没钱发。奖金没有的话，工资还会照常发放。这和之前的承包责任制没有多大的区别，因为这个没有什么新套路。改制后我的奖金变少了，没有改制前奖金多。

王来东：调整改制前后，您对自己小三线职工的身份有什么看法？

晁东仁：对我来讲，改制前后没什么区别，改制后我的工资比之前还高点，但是多数普通职工的工资在改制后低了。这是为什么呢？我那个时候年龄够退休了，为什么不让我退休呢？因为当时洪泽也搞了一个一硝基甲苯，急需人才。厂里面为了留住我们，就给我的工资高一点。我们这几个人是特殊待遇，是厂里领导直接定的工资，其他职工还是比较苦的。很多职工都走了，走出去的工资都比在厂里强。人就是这样，迈第一步很难，一旦走出去了就不一样了。人在一个地方久了就不愿意走,但工资太低逼着他们走。

(晁东仁,男,江苏淮安盱眙县人,1954年出生。1972年入伍,1977年退伍进入淮河化工厂做操作工,1990年做调度工,1993年负责安全生产工作。2010年退休。)

六、采访赵绪忠

采访时间:2018年6月2日
采访地点:江苏淮河化工有限公司招待所305室

赵绪忠:原来就是计划经济,煤炭都要跑山西去催,一年都要4 000多吨煤炭,都是靠计划下拨的。我的工作就是联系煤炭,联系好后通过铁道部的火车皮运过来,这上级会统一安排,如果上级计划安排到了就能及时拿到煤炭,如果计划安排不到就不能及时拿到煤炭。煤炭是上级调拨的,我们不是属于小三线厂吗?小三线厂属于上面直拨计划。上级把煤炭和火车皮拨给我们,然后我们就去矿上催,尽快拿到计划煤炭。山西矿上有运销处负责卖煤炭,中央铁道部派驻矿代表驻扎在矿上,铁道部驻矿代表负责给每个厂分配火车皮的数量。火车不能把煤炭送到厂里面,只能送到徐州的邳县港,然后我们再用船运回来。煤炭运到邳县港以后,再运回厂的事情就由我负责了,我去联系船把煤炭装好就往回拉。运煤船走的是运河,港口就靠着运河,煤船就在运河边上装好煤炭,然后通过运河和洪泽湖送到我们厂里面。我们厂里面有个码头,通过一条河直接通到洪泽湖里面。如果洪泽湖有水,我们厂里面的河就能通船,如果洪泽湖水位低了,我们厂里的河就不能过船了,运煤船的吃水一般都在3米以上。如果洪泽湖水位太低无法直接运到厂里面,我们就把煤卸到最近的可以卸货的码头,然后再用汽车运回厂。如果能用船我们尽量用船,因为船运便宜很多。如果用汽车运的话得走洪泽湖大堤,那运费高得多,成本高了工厂的效益肯定受影响。

王来东:您做调运,除了运煤还有什么任务?

赵绪忠：这个得看厂里的需要，需要茶壶我们就去买茶壶，需要水杯我们就去买水杯，都是根据厂里的需要进行的。

王来东：那您属于哪个部门呢？

赵绪忠：我一开始属于供销科，后来改成经营科，后来又改成供销运输科，后来又改成供应处，前后改了好多次呢。原来销售和运输在一起，后来分开了，销售的叫销售科，我们运输的就改为经营科。我们经营科负责从外面往厂里进东西，销售科负责往外面销售产品。我们经营科后来改成了供应处。

王来东：您在购买物资的时候有商议价格的权力吗？

赵绪忠：我们只能给领导汇报，没有决定价格的权力。我们把物资的价格报给领导，领导同意购买我们就去买，不同意就不买，我们只负责联系。例如什么商品10元钱，我们回来汇报，看10元钱能不能要，能要就去买，不能要就算了。

王来东：你们跑业务一般去什么地方呢？

赵绪忠：我跑的地方不少，主要是山西的煤炭，山东的煤炭，湖南湖北也去过。我的任务就是跑过去联系一下，去一趟就解决问题了。我当时就是9395厂驻邳县港代表，经常到港口联系船把厂里需要的煤炭运回来。

王来东：厂里面如何管理你们这些跑外勤的职工呢？

赵绪忠：我们需要每月回厂汇报工作、领工资、报账等。我们每月出差的路费、旅馆费都需到厂里面报销。

王来东：供销科上面有几级管理机构呢？

赵绪忠：供销科上面就是厂里面了。比如说9395厂党委下面有供销科，厂里面领导供销科，供销科直接领导我，厂里面不管我的事，我的工作直接由供销科负责，和厂里没关系。

王来东：您工作中有没有让您记忆深刻的事情？

赵绪忠：那只有一件事情。我们的煤炭需要船运，厂里面从盱眙派船去港口拉煤炭。厂里打电话告诉我说船已经过去拉煤炭了，厂里面急需煤炭生产。哪里想到这个船到苏南徐州港卸货被徐州港扣下来了，因为徐州港的货积压出不去，所以就把船扣下来往外面运货，这样一来我们厂就没船拉货了。船和人一样都有户口本，徐州港把我们找的船的证件扣下了，船就走不掉了。徐州港不让我们找的船离开，我们厂就面临停产的威胁。我去找他们解决问题,但他们就是不放行,正好徐州港的局长中午开面包车去吃饭,我就趁机拉住面包车的门不下去,逼着他把船放行,他为了去吃饭就答应当天下午放船。他承诺以后我就放开了车门,下午船顺利离开徐州港,然后船就顺利装上煤炭返回厂里面。当时很不容易啊,家里面没煤炭了,让我赶快协调煤炭。我作为驻港办事员肯定着急啊,就缠着局长说这个问题,通过我的力争解决了这个问题。这个事情是最严重的,也是记忆最深刻的。

王来东:就像您上面说过的,供销科的名称有多次变化,这涉及经营体制的变化,在这个过程中您的工作方式有什么变化吗?

赵绪忠:有变化,像我就不需要驻邳县港了。计划放开了,不存在上级拨计划了。计划一放开货主就自己上门来了,销售煤炭的就直接跑到厂里面联系,并承诺送货上门。在价格上,计划经济时代肯定便宜一点,市场化经营后就贵一点。就像粮食,供应粮只卖一毛多,后来市场买卖的话价格就随行就市,价格也是忽高忽低。

王来东:货主上门推销是我们厂哪个部门接待的呢?

赵绪忠:接待也是我们供应处负责的,推销的一来就和我们供应处谈,然后我们把价格等信息报告给厂领导,还是没有定价权,但具体的工作还是我们供应处做。市场化时代不要我们再跑外勤了,有时候打个电话货主就主动送来了。市场经济时代都想做生意,竞争嘛,就不需要出去购货了。例如打个电话让对方送什么东西,然后就送过来了,市场经济是很自由的。计划经济是上级安排好的,比如我们厂计划供应烟煤3 000吨,然后由具体哪个煤矿发货给我们,我的责任就是跑煤矿上催一催计划。

王来东:经营科内部管理在1985年改革后有承包经营责任制吗?

赵绪忠:没有承包,一直到现在都没有承包。厂里需要什么我们就去买什么。

王来东:如果同时有好几家供货,我们如何选择呢?

赵绪忠:货比三家啊。比如说煤炭,你家煤炭质量咋样,煤炭的灰粉等都是有指标的,在同等质量的前提下,就看谁家的价格便宜。这就像去市场买菜一样哪家便宜就买哪家,竞争嘛,有4元的就不买5元的。

王来东:我们供应科啥时候开始市场化的呢?

赵绪忠:就是邓小平主持工作之后开始实行市场化了,慢慢有了变化。

市场经济对我们的影响不大,因为我们厂是国有企业,不是私有企业。

王来东:我们厂的"军转民"情况如何?

赵绪忠:这个我知道。原来我们厂属于小三线厂,此外还有大三线厂。小三线厂不能生产大的武器,主要生产枪、手榴弹、炸药包、跳雷等产品。大三线生产坦克、大炮、飞机等。我们厂为什么属于小三线呢?当时是中央投资地方办。我们江苏总共有五个三线厂,都在盱眙。江苏是由江苏省国防科工办(以前叫军工局)负责这五个厂,包括9395、9305、925、5315和9489厂。红光厂就是5315厂,在淮河边上。我们厂原来叫化肥厂,实际叫9395厂。天明厂叫天明化工厂,其实它是9305厂。滨淮厂是机械厂,在盱眙县城里面,专门做手榴弹壳子、手柄和包装箱,实际上它就是9489厂。后来滨淮厂经营不善,上级就同意它倒闭了。其他几个厂不错,红光厂现在还在生产黑索金,子弹里面的药就是黑索金,其他方面也有用处。像我们厂原来生产TNT,不过早就停产了,大约是80年代初停的,生产设备也慢慢腐蚀烂掉了,因为TNT原料主要依靠三酸一苯,包括硝酸、硫酸、发烟硫酸和甲苯,酸类物质腐蚀性很强的。TNT原料也是我们供应科购买的,甲苯有时候国内不够分配就从国外进口一点,三种酸是从南化公司购买的。南化公司很大的,2万多名工人呢!

"军转民"的变化比较大,首先是工人的福利待遇降低了。原来我们属于军工局,后来改成国防科工办,军转民改革就把这个厂下放给淮阴市国防工业办公室。下放后我们的进山费、热水费、书报费等补助都取消了。本来我们小三线厂比较艰苦,中央政策给我们这些照顾。还有一点,中央考虑到我们比较艰苦,且很多职工家在农村,为了照顾农村职工允许家属农转非转成城镇户口。废除计划经济后,不吃供应粮,砸掉铁饭碗,我们就到市场买粮食了。之前农转非是对我们职工家属的照顾,家属在农村的都转到厂里面成为定销户口,那时我们都是去农场粮站买粮食,那个时候国家有农业户口、城镇户口和定销户口三种。定销户口就是在一定的单位算数,例如9395厂的定销户口只在9395厂算数,离开这个厂就又变成农村户口了。城镇户口不论到哪里都能买到供应粮的,这就是和定销户口最大的区别。当时户口比较重要,现在就无所谓了。

王来东:您的户口是直接迁到厂里,您的家属呢?

赵绪忠:当时有农转非么,农转非是有条件的,如职工的工龄、厂离家的距离等,比如家和厂的距离超过 40 公里才可以迁到厂里面。由于我家在马坝,家离厂的距离不够 40 公里,我就把家人的户口迁到远一点的地方,然后就通过农转非把家属的户口迁到厂里来了。

王来东:您觉得家属户口转到厂里有好处吗?

赵绪忠:小孩子有好处。本来小孩子是农村的,户口转了以后军工局照顾职工子女,让小三线职工的孩子去淮阴念技校,念完技校以后就被厂里面收了,因为户口是工人户口么。国防科工办照顾小三线职工子女,小孩上三年技校回来就通过招工进厂,有工作做了。后来就没用了,工厂不行也没了工作,农村户口还有地可种,城镇户口既没有工作也没有土地。现在农民不仅有地可种,国家还给种地补贴,像我们这种农转非以后就失去了土地。我的孩子现在就在厂里干活,一个月工资几千元钱,比苏南工资低一点。由于我的孩子都有工作,所以农转非失去土地也并不可惜。我爱人没工作,她农转非以后就失去了土地,这有点可惜。

王来东:90 年代我们厂的改制情况怎么样?

赵绪忠:改成私人经营之后,厂领导用工就有权力了,他高兴就用你,不高兴就不用。私人企业就是这样,如果工人调皮捣蛋不干活,是不可能给他发工资的。私人企业和国营企业有区别,现在如果职工好好干不犯错误是不会赶他走的,如果职工自己想跳槽,觉得这里工资低想去南方,这样工厂也不会阻拦。自己想走就走,但工厂一般不撵人走的。

王来东:现在我们厂里职工的户口是什么情况?

赵绪忠:现在不是取消户口制度了吗?不存在农村户口和城镇户口的区别了。现在去哪里登记一下就行了,不像过去那样还需要拿户口本,现在不需要这些东西了。我们的户口现在还在厂里。现在只要不是黑户就行,户口在哪里没什么影响,没有意义了。现在户口不起多大作用,但不意味着取消户口,户口还是要的。现在粮站都关门了,大家买粮食可以去市场买。

王来东:改制对您的工作有什么影响?

赵绪忠:股份制和我没有关系啊。改制一开始老百姓都不知道的,解放后几十年过来了,什么叫改制啊,我们不懂的。我们还没明白过来呢,那里的改制已经结束了,过去几十年我们连改制的名字都没听过,谁懂啊。

王来东:改制后我们厂引进新职工是什么情况呢?老职工怎么处理?

赵绪忠：可能是需要签合同。之前的老职工有的退休了，有的自动放弃去其他单位干活，都分流了。通过下岗和内退等措施解决了一批职工去向问题。内退的话厂里面会发工资，不过发得比较少，仅仅够生活费。1998年内退的才拿三四百元钱的生活费。内退职工等到60周岁再办正式退休手续，那时候就和企业没关系了。减员增效就是为了减小企业负担。

王来东：您认为我们厂职工家属是不是给厂里带来负担？

赵绪忠：实际上没什么负担的。首先，职工家属如果要进厂需要符合一定的条件。其次，如果家属不在厂里工作厂里也不管不问的。如果职工家里有特殊情况，可能会有一点特殊照顾。职工家属没有工作就不属于厂里的人，厂里是不管的，没有任何补助。

王来东：从建厂到现在的吃穿住行有什么变化？

赵绪忠：现在我的生活不成问题，我有退休工资也能养活我爱人。我住的房子就是你看到的小平房，现在厂里几乎不问小平房的事情，就给我们住，等于是厂里免费分给我们的，厂里也不收钱也不维修。外面的楼房都是私人买的，或者是改制前工厂分给双职工的。改制前厂里的双职工可以分一套房，单职工不行。如果一个在厂里一个在农场也能免费分一套房，在农村的不行。

以前我们厂效益还可以，厂里面就去外面购买一点肉等物资回来免费分给小家庭，单身职工是没有的。厂里分的量比较少，不够吃的话还得自己去买。这个厂一直以来效益都很好，之前过年的时候我们厂派车到外面去拖肉、鱼等物资，小家庭过年几乎不用买年货，厂里面几乎配齐了。我们单身职工也会发一点，但没有小家庭发的多，单身职工总不能比小家庭发的还多啊，双职工本身待遇就高嘛。单身职工楼房捞不到，双职工可以分房，这就是差距。计划经济时代可以凭证在外面买一些东西。

王来东：您觉得我们厂职工的出行情况怎么样？有没有影响工厂生产呢？

赵绪忠：我们厂临近农场，属于平原，出行还方便一些。不知道你去过红光厂没，这个厂临着淮河，路就是顺着山爬上去的，不如我们厂开阔。盱眙天明厂周边都是山，车间就在山窝子里面，早上10点钟才能见到太阳。这些小三线厂是非常艰苦的。我们厂属于平原，交通情况好多了。像那种偏僻的地理位置也不影响工厂生产，原料都通过汽车运进去，运输成本也不太高，就是环境条件差一点。山区企业的路也有,不过需要过山,也没有那么宽,比起我们平原就没那么好了。盱眙五个厂就我们厂地理位置好一点,像天明厂在山窝子里面,空气不流通,污染气味不易散发,生活条件不好。

王来东:我们厂之前有什么娱乐活动吗?

赵绪忠:没下放之前,每年省里的文工团在春节等节日都下来慰问。现在没什么娱乐活动了,之前还放放电影,现在不放了,大家都有电视也不去看了。

王来东:现在和之前相比,您心里有落差吗?

赵绪忠:感觉肯定不如以前啊,以前多舒坦啊。以前人精神好啊,那时候人上班精神舒畅,过去都是铁饭碗,厂里面不敢怎么样职工,只要职工不犯错误厂里是不能开除的。现在的私人企业职工都有压力,受各方面的约束,做得不好就被开除了,精神没以前好。

王来东:您的子女在哪里上的学呢?

赵绪忠:在淮阴。原来我们厂很红火,后来一级级下放把我们厂害苦了。原来我们厂属于省国防科工办,国防科工办照顾我们小三线厂职工子女,让子女去淮阴上技校,等于厂里代培。职工子女念几年书毕业后就到厂里工作,也算是厂里面照顾。我子女的小学和中学在马坝和厂里上的。我们厂也办了一个初中,教学质量也是一般化。后来厂长把学校就交给了盱眙,连房子也给人家了。当时厂里面要求盱眙把学校老师接收过去,可以把学校的房子免费给盱眙。此外,我们厂医院也交给盱眙了,条件就是让盱眙县接受我们厂里的医生。厂办学校的教师都是厂里的职工,学校撤销后有的老师走了,有的去盱眙继续工作。学校交给盱眙后,老师问题由盱眙县解决。

王来东:之前我们厂年轻职工结婚有困难吗?厂里面有什么解决措施吗?

赵绪忠:有困难,因为三线厂女的少,很多职工都在外面找,在厂里找的不多。这件事厂里面不好出面,恋爱的事组织上不好干涉,顶多厂里面在住房上面给一点优待,例如双职工可以分一套房。

王来东:您感觉我们厂和当地关系如何?

赵绪忠:我认为小三线厂划给淮安对工厂没什么好处。淮安市主要还是想让我们交点钱给他,旁的什么不会考虑。下放到淮安后,我们的税收啥的都得交给淮安,我们的人事啥的淮安市不问的,其实淮安就是想要钱,其他不管的。

王来东:从江苏省下放到淮阴后,您觉得对我们厂有影响吗?

赵绪忠:那当然有影响了,工人思想就不一样了。原来我们企业属于江苏省国防科工办,牌子又大又红。我们厂下放到淮安这个穷地方有什么好处呢?职工心情当然不一样了啊。下放后我们的待遇和社会福利少了。

王来东:下放后有没有职工想离开这里?

赵绪忠:有,我们厂招的大学生蹲不住的,看着我们厂不行就跳槽走了。大学生觉得这里条件艰苦,一般一年多就走了,留不住人才。

王来东:我们厂的民品开发情况如何?

赵绪忠:没什么开发,大学生来了也没开发什么新产品。我们厂一直以来吃饭的产品就是靠六车间的硝基甲苯,其他车间没什么产品。1965年筹建这个厂,我们厂有个人叫单廷生,他文化程度不高,大约是中专程度。他就说那么大个厂应该有一个吃饭产品。他就住在招待所里面,吃饭就买点馒头啥的,坚持画图纸设计,最终上马了六车间。单廷生把图纸什么都弄出来,安装好后一次试车成功,现在我们厂还是吃人家的饭。虽然单廷生文化程度不高,但肯干啊。他要调走,厂长不同意,后来厂长又说走可以,但必须把六车间图纸设计好、设备安装好,投产拿出产品的时候可以走。单廷生寿命也不长,得了个癌症去世了。厂里面为了照顾他的家人,就在无锡给他家人买了套房子。现在还是这个产品,后来来的大学生也没有研究新的产品,留不住人才,半年就走了。

王来东:80年代我们企业面临的困难有哪些?

赵绪忠:我们厂没有什么困难,原料什么也不发愁,没什么困难,效益一直很好。六车间70年代就上马了,当时有TNT和化肥等产品。

王来东:"军转民"之后的销售情况您了解吗?

赵绪忠:当时还属于大锅饭,没有承包这件事。有专门的销售人员,把货物卖出去,把钱拿回来。计划经济时代上级会下达生产计划,后来就没有计划了,由自己决定生产数量。

王来东:承包经营责任制什么情况?

赵绪忠:我们厂没有承包的,一直到改制之前还是大锅饭。改制后就是股份了,董事长负责,有什么事股东们在一起开会,和下面没什么关系了。

王来东:我们厂有没有计划搬迁呢?

赵绪忠:之前好像听说过这件事。这都不容易啊,这个迁到其他地方环保不过关不行啊,到人家的地方随便放污水人家不干啊。本来人家那里水是清的,我们搬过去水就污染了,老百姓遭殃啊,谁让我们去啊。资金也是问题,建个新厂不容易啊。小家庭搬个家还不容易,更何况是个大厂啊。

王来东:国家停止拨款后,我们的生产资金哪里来呢?需要还吗?

赵绪忠:贷款啊。贷款肯定要还的,最起码得还利息。就算厂倒闭了,上级也会来查账审核,要审核贷款用到哪里去了。现在我们厂就是维持,还欠很多贷款呢。我们厂扩大再生产一下投入一两千万元,全都没用,资本下去了东西没出来,很多贷款都用到这上面了。我们厂安了很多设备,最终还是拿不出产品,浪费了很多资源。大家都是想把厂变好,但条件不成熟啊。

王来东:您认为什么因素导致我们厂发展不理想呢?

赵绪忠:没钱啊!如果有钱的话为什么要贷款啊,贷款利息还要还啊,银行是不管你的。

王来东:您是怎么进厂的呢?

赵绪忠:我是招工进厂的,当时我在村里面。厂里到马坝招八个人,县政府看我是当兵的,就到马坝点名要我,直接跑到我家,说我被招工进厂。我们进厂是厂里面把我们拉过去的,户口啥的都是厂里负责办理的。我们厂合同工很多,我一进厂就是正式工。合同工和正式工有区别的,加工资加不上去,正式工可以加工资。我们正式工有供应粮,厂里面发饭票,我们直接拿饭票到食堂吃饭。合同工没有供应粮,他们是从家里背米来食堂换饭票。

王来东:当时职工来源分几块呢?

赵绪忠:一个是上面分配,一个是招的学生,再者就是退伍军人。合同工一开始招,后来就不招了。

王来东:我们厂的污染情况怎么样?

赵绪忠:我们厂的污水排放是达到国家标准的,如果不达标盱眙不让我们生产的。市里面也经常来查,也安了探头和测量仪,实时监测,在家里就能看到我们的污水情况。

王来东:"军转民"后我们厂的管理有什么变化吗?厂长权力有什

变化?

赵绪忠:上面也不问我们的管理,反正我们厂还是那么多人,大学生也是上面分配的。厂长的权力还是管生产吧,也没什么变化。

(赵绪忠,男,1944年出生。1965年入伍,1969年退伍,1970年招工进厂,在TNT车间工作半年后申请做外勤。2004年退休。)

七、采访宗学高

采访时间:2018年6月3日
采访地点:江苏淮河化工有限公司招待所305室

宗学高:我1969年在江苏启东通信站服役,当时我们这里有个军工厂需要退伍军人。当时我是从南通调过来的。我1972年退伍,退伍后没有回家,部队直接把我送到了南通市电信局。我退伍的时候已经接近"文化大革命"的尾声了。1975年3月我进入淮化厂老二车间从事硝化工作。二车间生产TNT。80年代,我从二车间调到经营科。经营科负责销售,但我们七个人主要负责将从北京拉过来的甲苯通过虹吸送到地槽里面,地槽比较阴凉,用的时候再把甲苯压给生产线。我是2005年内退的,我来的时候我们厂是很红火的。

王来东:当时您来的时候是如何动员的呢?

宗学高:当时我们退伍军人七个人在南通,都是一个乡的,最后就剩我一个人在那里了。开始我想调回家,但领导不同意,后来我就调到南通狼山邮电支局。我调到狼山的时候领导给我说有个老领导要退休,让我去临时担任邮电支局的副局长。开始我想调回家领导不同意。"文化大革命"时期我们电信局的一个局长是南京军分区的一个政委,他跟我说:"学高你别回去了,我把你调到狼山去。"当时我跟局长说我这个人没有文化,局长就说不要紧,以后带我多学习一下。后来我们9395厂的一个叫胡方真的会计的妹妹在南通供应三厂,有时候有加急电报,送报员不在的时候我就开摩托车去送。我去供应三厂送电报的时候正好碰见在供应三厂看大门的胡方真的妹妹,她跟我说:"师傅你讲话好像于台人啊。"当时我们只说我们是盱眙人,哪里知道外面的人都说成于台。我说我是盱眙人,胡方真的妹妹接着说:"你们那里有个军工厂你知不知道?"我说我不知道啊。她说:"我一个姐姐在9395厂是个总务会计,你想不想调回去啊?"我说我不想回去。当时她就打电话给她姐姐:"电信局有个人姓宗,是于台人,你在厂里找个老职工和他对调。"那时候单调是不容易调回来的,都是对调。我们对调还有个困难,他们是会计,属于国家干部,而我是工人,工人和干部是不能对调的。最后他们找关系,电信局局长就给我打电话让我回去,说有个很好的机会可以调回盱眙。当时我也年轻,在1975年3月就调到9395厂。当时我也不想回来,但转念一想南通就剩我一个人了,领导也做我的工作,所以就决定调回来了。后来胡方真带一个叫严华辟的老办事员和我们劳资科科长交接好了,然后又做我三次工作,最终我就决定回盱眙了。当时严华辟给我承诺三个工作:第一,看总机。因为我在部队就是电工,有底子。第二,去警卫班看大门。第三,9395厂有个大礼堂放电影,电影放完了需要把片子送到盱眙,然后再拿新的片子回来,我可以开摩托车跑片子。我觉得这几个工作还不错,就同意回去了。那时候我们谈话不像现在有录音,那时候没有。我决定调回盱眙以后,南通市给了我一个月的休假期,让我回去报到和休息。休假结束后我又去找他,他就讲我一定要到二车间过渡一下。我的老乡也在这个厂,老乡说你怎么能下车间呢?二车间有毒有害的。我考虑一下就跟严华辟说我肯定不去二车间。严华辟当时有权利啊,他说你再回去休息一个月吧。我就说:"我老休息连工种都没定,再说工资怎么办?"严华辟说:"这不碍事,你回去休息,工资我照样发给你。"我回去休息17天后又去找他,他说话强硬得很,说:"你一定要去二车间,你的问题我们党委研究过了,你是退伍军人而且在南通还是骨干,调到我们厂一定要去二车间,军工车间需要你们,必须在二车间过渡一下。"最后我和他吵了一架,吵得很凶,当时年轻脾气暴躁啊,他拍桌子我也拍桌子。我说:"当时你是怎么跟我说的,你说三个工种任我选,回来怎么变卦了呢?"他说他一个人决定不了这件事,我说:"你当不了家就不该给我承诺这三个工种。我不在这里干了,要求回南通。"当时和我一起退伍的姓石的也安排在南通,他在部队是搞外线的,外面没事就在家看总机。我就给他打电话:"石师傅你给我挂一个局长办公室的电话。"当时严华辟和劳资科科长都在场啊,不到10分钟电话就通了,我就说局长我在盱眙安排的工作不好,想回去。局长说:"你先回来,把档案带回来就好,户口肯定不给你,后期局里去搞。"本来严华辟觉得南通不会再要我了,听到局长这样说,我让他接电话他也不敢接。最后他说:"算了啊,你去二车间过渡一下,我们再想一切办法把你调出去。"当时我也就相信他了,既然到了这个地方也没什么办法了,既来之则安之吧,我就去二车间了。我到二车间就搞硝化,还带了几个徒弟。在硝化岗位干了不少年,带的徒弟也出师了。当时从北京运回的甲苯怕高温,厂里面就抽调包括我在内的七个人去抽甲苯。甲苯都是油桶装的,太阳一晒就爆炸了,中午的时候我们一边洒水降温一边把甲苯抽到地槽里面,地槽里面阴凉就安全了。我工作大概的过程就是这样。

王来东:当时军品除了TNT还有其他的吗?TNT什么时候停产的呢?

宗学高:没有其他军品了,就是TNT。TNT大约是八几年停产的,当时"军转民"了,军工厂不存在了,企业性质也变了,军工企业变成民营企业了。我们盱眙有好几个军工厂呢,包括天明、925等好几个。这几个军工厂各干各的,有的生产炸药,有的生产炸药包,有的搞手榴弹什么的,后来全部"军转民",都不生产军品了。当时不生产军品是因为生产军品的技术跟不上了,国家的科学比较先进了,不需要我们了。比如,我们一天能生产2吨TNT就很厉害了,弄不好硝化岗位就会出废品。温度都是手工调试的,稍不注意就会温度过高。那时候设备的跑冒滴漏比较严重,气味非常大。我们一个班下来以后全身都被熏黄了,因为和酸苯打交道,而且密封条件不好。所以当时我们二车间有国家供应的糖和油,当时糖和油比较紧张,国家给我们特殊待遇用以加强营养。工作服什么的劳保用品都有的。后来国家认为手工操作太落后,有更先进的技术,就把我们改掉了。国家不支持我们也没有资金进行技术改进,也算是国家政策导致停产吧。

我们厂原来的厂长搞得蛮好的,在我们厂赫赫有名,真正为我们厂和工人做出了很大的贡献。他早就调走了,但我们淮化厂的老同志还是很怀念他的。他没有干部的架子,到哪里都是一身工作服,看到什么不合适的他都要去整理一下,设备乱放他也会亲自整理好,亲自到各个车间岗位巡视。他非常亲民,和工人谈得很投机,确实是为工人着想的,我们厂之后换了很多厂长都不如他。我们也不是讲一个领导干就好了嘛,有些事情本来不是领导干的。例如,夜班的时候他亲自到岗位上查岗,工人到三四点钟要睡觉,他就带警卫班的人到岗位检查,安全工作做得非常好。化工单位,稍微一疏忽就会出大事。说真的,查岗本来不是一把手做的事,但是他为了工厂安全和工人安全还是做了。厂长带着警卫班的主要干部下去查岗,车间的主要干部也会跟着去,一把手都去了车间领导当然也会以身作则。厂长去查岗,到岗位上看看仪表啥的正常不正常,他学历不低也懂这些仪表。军转民以后我们厂根据国家形势就变化了。我们厂六车间生产一种原料,化工、农药、医药等领域都能用。我们厂没有深加工的能力,只是把这种原料生产好卖出去。我们厂生产的这种原料销售很多地方,苏州等很多地方来拉货,那时候很吃香的,搞得很不错。化工单位红火起来半年的利润就能超过之前一年的量。这个工程是单廷生搞出来的,他死得早啊。他在我们厂是厂长的助手,他得肝癌的时候厂长说卖掉半个厂也要把他救回来,最终因为医疗手段有限去世了。我们厂的设备和技术都是他设计出来的。哪项东西怎么搞,投资多少,都是单廷生设计出来的。他没个技术员的架子,也是经常到每个岗位上去看。

王来东:六车间硝基甲苯啥时候开始生产了呢?

宗学高:大约八几年,"军转民"开始之后。因为那时候不生产军品了,一下子就投入到"军转民",六车间就开始组建一个新厂房生产新产品。开始的时候六车间产品供不应求,到处都是排队等货的,这段时间厂长也换了几个,但像丁承洪和单廷生这样的人没有了。

王来东:以前来了很多大学生,他们在民品方面有成就吗?

宗学高:本来我不该这样说,我们厂地方保护主义比较强,当地的领导干部比较多,大学生在这里用不上,厂领导不用他们。大学生有水平,但厂领导不用,保护厂里面原有的职工。有的大学生有才,但没有前途就调走了。

王来东:我们厂技术改造的资金来自哪里呢?

宗学高:主要是贷款,后来很快就把贷款还清了,还有大量的盈余。开始组建六车间的时候我们打报告申请贷款,国家就大量地贷款给我们,后来就把贷款还清了。"军转民"以后民用企业红了一段时间,后来国家政策发生了变化,厂可以卖给私人,给私人承包多少年。这段时间我们的销售不太理想,产品出去没人要。产品质量比人家好,但其他方面没人家私人企业好。讲个很现实的例子,有一次一个苏州女人,我亲眼看她在厂门口骂道:"你们厂还是过去的老作风,我们到其他地方办事,一个厅里面就办完事了。你们这里在大楼北面开票,南面交钱,有时候人不在我还得等两个小时,以后我坚决不到你们这里来了。"在人家私人厂40分钟就解决的问题,在我们厂两个小时都解决不了。两个小时可能拉货的车已经跑了好远呢,主要就是管理不行。

王来东:"军转民"之后厂里的管理有什么改变吗?

宗学高:我不太了解,但总的来说那段时间厂的管理不太理想,苏州女在我们厂骂就可以看得出来,就这件事之后我们厂的产品逐步销售不出去了。可以想象,为什么私人企业的产品不够销售呢?私人企业的质量不如我们的啊,他们买我们的产品回去挂他们的牌子就能卖出去,这是为什么呢?为什么我们销售不出去呢?关键就是管理不行,也是因为领导抓的问题。

王来东:改制对我们厂的发展有什么影响吗?

宗学高:影响就是工人有埋怨吧。

王来东:老职工走了会不会影响厂里的生产?

宗学高:这个几乎不影响,当时我们老职工是分批走的,这样可以过渡一下生产。我是最后一批内退的,也是比较亏的,少五年的工龄。工龄和退休工资有关,内退就没档案工资了。我要是再干五年退休的话,退休工资可以拿到三千多元了,而现在只能拿两千多元。档案工资就是我哪一年工作的,每年多少钱都在档案上记录,退休后就按档案上的工资发退休工资。我提前五年内退就没有档案工资了。当时国家有个政策,化工单位的职工可以提前五年退休,但是我们算了一个账,提前五年我们工资比较少,因为国家规定工龄超过40年工资可以翻一番。当时有的人提前退休比较高兴,可以再找一份工作挣钱。但总的来说提前退休还是亏的,少五年工龄档案工资就少了。

王来东:我们厂的民品有什么?

宗学高:我们厂的民品除了六车间还有四车间。四车间生产邻甲苯胺,大约是九几年上马的,也很挣钱,为我们厂出了不少力,后来这个车间搬到了淮阴。这个车间搬迁到淮阴是上级的意思,当时我们厂属于淮阴市,淮阴市可以管理我们。淮阴市说我们厂不能生产这个产品,设备什么的倒没拉走。淮阴这个分厂还属于我们厂管理,但这部分收入就不归我们了,这样的话我们厂的收入就少了,肯定影响工厂发展。

王来东:三车间生产什么呢?

宗学高：三车间造气，生产碳铵。老厂不是生产化肥么，化肥在那个时候很吃香，但做化肥不赚钱，国家每吨还得补贴几十元。国家规定必须生产化肥，农民种植水稻需要化肥。现在早已经不用化肥了，用尿素等代替了。化肥撒得很多对庄稼不好，是一下子把庄稼烘起来。尿素是慢性的，慢慢地释放肥料。我们厂生产化肥是亏本的，亏本由国家补贴，主要是照顾农民。

王来东："军转民"后我们厂的管理有什么变化？厂长的权利有什么变化吗？

宗学高："军转民"以后厂长独大，说怎么办就怎么办。"军转民"之前什么事情都需要党委坐下来研究。

王来东：当年TNT的生产任务多吗？

宗学高：当时都是有计划的，一年或者一个月生产多少吨都是有规划的。TNT一直比较红火，直到上级一纸文件说停就停了。

王来东：您觉得当时我们的生产生活在改革开放之后有什么变化吗？

宗学高：生活上面和改革之前来比的话是降低了。以前每年的年终奖相当多，因为有盈余的。厂里面在上交国家之后，剩下的钱都花在职工身上。我们每个月奖金有好几百元，甚至会超过工资的，这和领导没有私心有关，如果领导有私心拿不到这么多。七几年到下半年，车间就派我到总务科领东西，我就推个板车把车间的牛肉、猪肉等物资拉回去，这是工厂分给工人的。改革后水电煤方面没有什么变化，基本生活还是能保证的。我们厂原来下班的时候路上都是黑压压的人啊，现在看不到了，不过现在设备也先进了。现在我们厂有个总控室，几个人可以管理一个工厂，职工每一个小动作总控室都能看到。领导坐在总控室，有探头可以监控每个岗位，可以通过探头指挥工人生产。以前我们上班还想找个没有监控的岗位，现在不行了，总控室能看到整个厂区的。

王来东：我们工厂有没有想过迁出这个地方？

宗学高：这个没有。

王来东：您觉得我们厂民品开发的力度够吗？

宗学高：开始的时候力度还是比较大的。民品有一硝基甲苯和四车间的邻甲苯，这对民品有很大的作用，效益也非常好，后来因为管理不善，干部集中化导致厂里部分产品出不去。现在我看厂区路上拉货的车又多了,看来效益还不错。我们厂产品的质量一直是比较好的,永远保持超过人家。我们厂在国家手里也好,在陈怀标手里也好,质量都是响当当的,在江苏都是赫赫有名的。人家把产品买回去也要检验的,不是我们自己说出来的。

王来东:我们的吃穿住行是什么情况呢?有没有觉得这里生活不便?

宗学高:基本上还是满足的,没有什么困难,过得还可以。作为我来说还是满足的,也没有觉得偏僻。这个地方在前十年生产过程中会有很大的气味,一刮东风生活区都能闻到,后来国家对"三废"处理抓得比较紧,现在到生产区都闻不到气味。以前废水直接排到洪泽湖,现在是经过很多级的净化呢。现在要是还直接排到洪泽湖就得关门了,洪泽湖属于南水北调水源地,水是要送到北京的,如果我们厂有污染早就关门了。

王来东:我们厂的业余娱乐有什么活动吗?

宗学高:现在我们厂不如人家了,之前还是可以的。以前每年我们都会有下棋、打球等比赛,篮球赛也有的,不过近几年没有了。我们以前在生活区路北搞了一个小公园,搞得非常好,很有起色。在小三线系统包括农场在内我们是第一个搞公园的,面积很大,里面娱乐设施都有。后来厂里就不重视了,还不如人家晒场干净呢。现在我们晚上一般到三河农场活动,那里有游玩和锻炼身体的地方和跳舞的地方。我们厂的公园关门了,领导也不考虑职工的娱乐活动。

王来东:您的子女是在哪里上学的呢?

宗学高:我家孩子是在盱眙老家上的小学,"农转非"之后我的两个孩子在淮阴上的技校,一个电工,一个车工,毕业后到厂里工作。"农转非"也是国家提出的照顾老职工的举措,我们还是比较感谢的。刚进厂的时候,我家属的户口是地方户口,后来通过"农转非"把户口弄到了厂里。有的职工还达不到"农转非"的条件呢,合同工到厂里迟没转掉,最后一批厂里面照顾,户口都转过来了。

王来东:您觉得"军转民"对我们厂的发展有积极意义吗?

宗学高:总体上来说没有什么大的意义,但转向是有的,就像赌钱一样有输有赢。前一阶段来讲,对我们厂的经济收入没有什么影响。后一阶段来讲,对我们厂的经济收入还是有影响的,为什么?前面也说了,厂里的产品都卖不出去,而人家私人的小厂却可以卖出去。这件事和"军转民"关系不大,主要还是领导的问题,要不然到了人家陈怀标手里为什么会变得那么火啊。这就是一个领导抓的问题。

王来东:您觉得影响我们厂发展的因素是什么?

宗学高:主要就是我前面说到的领导管理问题,管理不善给我们厂带来了很多经济损失。领导不负责,就是这个问题。很简单一个例子,为什么私人企业到我们厂买产品,然后他们挂自己的牌子卖呢?这是很明显的嘛。厂里货物积压了,职工停产回家,一停停几个月,每月只拿几百元钱工资,职工生活肯定有困难。就像我家大女儿,她的小孩子上高中很花钱,而我女儿经常停工,那钱从哪里来啊,生活肯定受影响的。

王来东:"军转民"采取的一系列措施都没能挽救我们厂吗?

宗学高:都没有多大作用,最后企业到私人手里面才有改变,一下子就红起来了。过去农民种田不就是这样嘛,吃大锅饭产量低,后来实行家庭联产承包责任制后产量就提高了,原来亩产几百斤的地现在能出上千斤了,这就是对比啊,大家的责任心不一样的。

王来东:改制前后,您对自己小三线职工的身份看法有改变吗?

宗学高:这个有一定的改变。首先,工人的精神状态不一样啊。工人拿到钱拿到工资才高兴呢,后来福利慢慢减少,不给发了,但奖金提高了职工还很积极。但现在的工人就认为这个厂无所谓了,反正每月也就这几千块钱,就算去盱眙干活也是这些钱,被辞退就辞退吧,无所谓。之前工人如果被辞退是很难过的,现在工人都不考虑这点,让走就走,无所谓。现在留在这个厂的都是走不掉的,家里有孩子和老人的牵绊。如果能走的自己打报告走掉了,大家觉得我内退了厂里每月也要给我一千多,然后再出去找一份工作,钱更多了。有很多职工内退,也有很多职工直接离职,啥都不顾了。这几年这种情况越来越多,工人再也没有以厂为家的观念,大部分都是混的,说走就走。

(宗学高,男,1949年出生。1969年服役,1972年退伍,进入南通市电信局,1975年进入淮河化工厂 TNT 车间做硝化工,1980年左右调到经营科。2005年内退。)

八、采访曾再勤

采访时间：2018年6月3日
采访地点：江苏淮河化工有限公司招待所305室

曾再勤：我刚进入9395厂时在三车间做锅炉工，三车间属于碳酸氢铵车间。我来的时候厂长是丁承洪，他这个厂长是比较负责任的。平时他和工人一样穿个工作服在车间里来回忙。那时候工人朝气蓬勃，肯干啊。

王来东：当时您是如何从化肥厂到淮化厂的呢？

曾再勤：当时夫妻异地是可以对调的。比如说你是9395厂的，我是化肥厂的，经过申请我可以到9395厂，你就可以去化肥厂，对调嘛。那时候还属于大集体，上面领导还考虑这一点。夫妻离得太远职工工作不安心，上面通过一个政策，异地的职工可以把家属调到厂附近生活，离家属近一点，这样不就安心工作了嘛。当时很人性化的。

王来东：当时对调的时候，9395厂那个职工愿意和您对调离开吗？

曾再勤：他愿意啊，离家近了嘛。那时候他老婆那里是国营单位，我们这里也属于国营单位，只不过我们这里是军工单位，当时国家有个政策可以对调。

王来东：当时您爱人在厂里吗？

曾再勤：我爱人不在厂里，只是在厂里做临时工。我家就住在这里，家就是盱眙的。这个厂一般人是来不了的，因为我在部队待过，有这个条件才能到军工厂，没有这个条件还进不了这个厂。当时要退伍军人，因为军工单位嘛，要退伍军人，政治条件好。

王来东：当时我们厂还算不错的吧。

曾再勤：那个时候盱眙有五个军工厂，9395厂、925厂、滨淮厂、红光厂、天明厂，此外还有一个红旗医疗厂，专门做医疗用的钳子、镊子等工具。

王来东：您了解当时我们厂的军品有什么吗？

曾再勤：我们来的时候只有TNT炸药，还有就是六车间的产品。当时六车间的产品据说在全世界只有三家厂生产，主要是民用，也可以做炸药。我来的时候TNT基本上没有了，主要是化肥、六车间的甲苯和四车间的对硝。此外还有一个八车间,搞了不久就倒闭了,后来被拆建到了阜宁。

王来东:您工作时候的吃穿住行是什么情况?

曾再勤:那个时候上班是八个小时,三班倒。我住的是集体宿舍。我结婚后老太婆在农村,不是工人,后来来厂里包化肥还不属于厂里工人,还住在老家啊。

王来东:您爱人的户口没和您一起迁过来吗?

曾再勤:户口迁不过来,那时候你想迁个国家户口容易吗?后来是中央支持军工单位,实行了"农转非"才把户口迁过来。

王来东:吃的方面什么情况?

曾再勤:吃的方面还可以,就这么回事吧。那时候三个小孩子,生活比较困难。那时候工资也不高,一个月拿200多元钱,一家五口就我一个人拿工资,就慢慢生活呗。我上班在厂里吃饭,下班回家吃饭。在厂里吃饭的话一个月扣10元钱,当时饭便宜啊,一大块肉才一毛五分钱,现在肉多贵啊。那个时候一个月10元钱就够吃了,现在不行了。

王来东:您住在集体宿舍收费吗?

曾再勤:住集体宿舍不免费,扣2元钱房租费。当时三四个人一个房间,大约十四五平方米的面积。如果结婚了就自己想办法,厂里也分房子,后来改制了,几千来元钱就能把厂里分的房子买下来。改制前分到房子的也需要交房租,交得不多。改制后分到房子的人就把房子买下来了,后来不在我们厂干了就把房子卖掉,白白赚了两三万元钱。像我们这些没有参加房改的到现在也没有享受到一分钱。我现在还住在小平房里。小平房是用煤渣子盖的,吸水量高,一旦下雨天就吸水,一回潮墙皮就掉了,你再想弄起来一下雨又掉了。

王来东:出行情况怎么样?

曾再勤:厂里工人雇的车子,厂里面出一部分钱,职工出一部分钱,上下班有车接送。像我们这些退休的,到盱眙30公里5元钱,来回10元。

王来东:我们的医疗情况如何?

曾再勤:(现在)没有医务室,刚才还有个老工人找医生不在。医生名义上属于县医院分院派到我们这里的,今天礼拜天医生不上班。之前这里有个医务室好多了,医生有十几个啊,过去是军工单位,实力很强的,就是改制后医院被撤销了。

王来东：在集体宿舍住的话水电收钱吗？

曾再勤：住集体宿舍厂里面把水电费全包了。

王来东：您的子女是在哪里上的学呢？

曾再勤：我的孩子就在厂办学校上的学。

王来东：学校的教师哪里来的？

曾再勤：教师就是从职工中抽调比较有文化的人，干部也是我们厂委派的。后来学校在改制后被取消了，教师一部分回到了厂里面，一部分被盱眙县要走了。

王来东：您家属的户口是什么情况？

曾再勤：我的户口从当兵回来以后就在厂里。我家属的户口在农村，后期"农转非"，军工单位可以"农转非"上来的。当初如果不"农转非"我就可以在农村盖房子了，"农转非"之后房子没盖起来。这种情况我们厂里多了。

王来东：之前我们厂里的年轻职工结婚问题有困难吗？

曾再勤：在大集体的时候找对象还比较容易，但在厂里找比较难，双职工不好找，基本上都是在农村找，找不到媳妇的还没有。

王来东：小三线厂和周边的关系如何？

曾再勤：和周边居民的关系还不错。

王来东："军转民"您了解吗？

曾再勤："军转民"就是军品不生产了。原来我们属于省军工局的，现在属于县管。大约是1985年左右转为民营，下放到淮阴市盱眙县。1977年左右就不搞军品了，六车间生产的产品可以染布，可以制药等，有多种用途，其他民品就没有了。

王来东："军转民"的时候我们厂有什么困难吗？

曾再勤："军转民"的时候厂里的效益还是不错的。

王来东："军转民"资金来源是什么？

曾再勤：改造资金是这样的，如果厂里产品卖的钱不够的话可以办贷款，国营单位可以办贷款的，后期赚钱了再还给银行，不还的还是比较少的。

（曾再勤，男，1947年出生。1968年服役，1971年退伍进入盱眙县化肥厂，1977年调进淮河化工厂做操作工。2008年退休。）

九、采访裘正祥

采访时间：2018 年 6 月 4 日
采访地点：江苏淮河化工有限公司招待所 305 室

王来东：TNT 因为什么停产，人员和设备怎么处理？

裘正祥：当时是因为国家常规兵器压缩，不需要我们生产 TNT 了。人员都改行去六车间生产一硝基甲苯，我也是到六车间做操作工。TNT 是三硝基甲苯，这是一硝基甲苯，两个产品前半段都是一样的。TNT 三硝基甲苯就是一硝基甲苯的延伸产品。

王来东：您是在六车间干到退休吗？啥时候退休的？

裘正祥：是的，我是 2000 年退休的

王来东：退休后您一直就住在这里吗？

裘正祥：是的，我一直住在这里。

王来东：您进厂的时候是怎么来的，当时的待遇有什么说明吗？

裘正祥：当时我是招工进厂的，待遇就是普通工人待遇。

王来东：当时有没有相关的鼓励动员呢？

裘正祥：没有的，当时是计划经济，在农村的人能够进厂就算比较优越的条件了，一般人想来还不一定能进来。厂里面贴了招聘启事，没有招聘启事我也不知道厂里招工的。当时厂里把招聘启事放到公社里面，公社通过小喇叭宣传，想去的可以去报名，报名过后还得经过体检和政审。

王来东：当时的体检和政审要求严格吗？

裘正祥：我们不需要过分政审，因为我们当兵的时候就已经政审过了。如果是学生和社会青年的话就需要进行政审了。当时我们小三线职工找对象都要考虑成分问题的，就像现在的人找工作需要谈学历，当时招收人需要谈成分。

王来东：我们厂的职工来源分哪几部分？

裘正祥：第一部分就是建厂初期的知青，就是 1958 年"大跃进"大炼钢铁的时候大量招收的，后来就把相关人员下放，就是到农村当农民。小三线开始建设，就把下放的人和知青先招收进来；然后就逐渐在社会上招收退伍军人。

1969年下半年开始招收学生,称作学徒工。我们来的时候就不是学徒工,而是见习工。学徒工和见习工的工资待遇不一样,见习工的工资待遇好一点。除此之外应该没有其他的来源了。

王来东:我听说是三河农场需要我们厂生产的化肥,所以我们厂才建在了三河农场边上。这个情况您了解吗?

裘正祥:不是这回事。为什么其他三线厂都建在深山老林,而我们这个厂却建在平原呢?TNT生产主要是靠运输,酸、碱、苯等原料都是靠运输。当时靠陆路运输非常困难,在没有铁路的情况下,最大的运输车是10吨载重的解放牌卡车。这种情况下运输负担非常重,所以我们就靠河运。TNT在生产过程中还要用水,化工生产离开水不行。此外,化工生产还要排放污水,当时国家对废水治理还不严格,我们就直接排放到洪泽湖里面。洪泽湖水量大,我们排放的污水量比较少,很快就稀释了。

王来东:当时我们厂的污染严重吗?

裘正祥:可以这样讲吧,像厂门前那条河的河水,酸碱中和的水就是红颜色的水,洗手都不能洗的。当时河水的颜色是红色的,一旦沾到皮肤上根本洗不掉,只能靠皮肤正常蜕皮才能脱掉。当时"三废"处理都比较粗糙,建设初期只考虑成果,不考虑这个问题。

王来东:我们厂什么时候开始注意"三废"处理的?

裘正祥:主要是从改革开放开始的。之前是粗放经营,后来就是精细化经营,细化经营就逐步开始搞。原来的"三废"处理就是焚烧,挖池子把废水留下来让其自然净化,还有就是让虫子和微生物来吃这个污染物,这叫生物处理。现在又搞了一个东西,好像还是生物处理。当时清华、北大和上海的大学都来搞过的。原来我们厂是和南京炮工学院(现在可能叫南京理工大学)合作,现在这个学校可能还是研究物理这一块。南京炮工学院主要研究炸药,从技术上支援我们厂,要不然我们厂和大学挂不上钩的。

王来东:厂校联合大约是什么时候开始的呢?

裘正祥:厂校联合大约在1970年就开始了。那个时候我们厂稍微有点技术的工人都要到炮工学院培训,培训的时间最短是六个月。不是说所有的人都要去培训,就是说哪个技术或工程需要才让去培训。

王来东:这种培训会定期举行吗?

裘正祥：这都是分期分批的，不是固定的。需要的时候，学校有时间我们厂也不太忙的时候就适合去培训了。不是说我单方要求，是双方的协商联合。

王来东：这属于职工教育吗？

裘正祥：这不属于职工教育，纯粹属于技术问题。

王来东：职工教育有吗？

裘正祥：职工教育有的，当时属于政治教育学习。当时报纸要天天读，生产要天天练，还包含民兵等问题，民兵都配枪的。

王来东：民兵主要做什么呢？

裘正祥：护厂嘛，主要是防止阶级敌人破坏。偷盗的事情不属于民兵的管理范围，生产车间周围都有铁丝网，普通老百姓不能进来的。比如说二车间生产 TNT 的时候，三车间都不能进来的。二车间都被铁丝网围起来了，要进来的话也可以，私人通过工友可以进去，但光明正大的是进不去的。

王来东：当时有没有搞破坏的事情呢？

裘正祥：那怎么可能有呢，这都是意识形态的问题。平时的教育中我们也有提到防止破坏和不能泄露机密等。

王来东：我们这里的红光厂还在生产军品吗？

裘正祥：红光厂生产的是黑索金，和我们一起都属于省军工局管理。现在这个厂生产不生产黑索金我不清楚了，只听说要生产硝化棉，不知道最后生产了没有。我们生产 TNT 就比较稳定了，没有火源就不会爆炸，安全性高一点。我们也防静电，冬天穿的是离子工作服，夏天穿绸子工作服，普通化纤的工作服是不能穿的。棉质的工作服我们也穿，不过棉花遇到硝酸就产生硝化棉，也比较危险。我们都有特制的工作服，化纤的肯定有静电，不能穿。

王来东：TNT 停产之前产量有没有逐步减少呢？

裘正祥：不是这回事，当时产量不是我们想增产就增产、想停产就停产的。当时都是国家计划，要我们生产多少就生产多少，多了人家不要，少了也不行，必须完成国家任务。

王来东：有没有说国家任务减少呢？

裘正祥：对，当时常规兵器压缩了，所有小三线都压缩。国家计划没了，如果再生产也是转产民用产品，例如用 TNT 来开山。

王来东：TNT停产以后，设备是如何处理的呢？

裘正祥：TNT生产设备闲置了大约十年时间，大约十年以后，这些设备就被清理掉了，这些经过酸腐蚀的东西时间一长就锈掉了，氧化掉了。

王来东：我们厂的物资来源是什么情况？

裘正祥：每年年初都有一个物资进货计划会议，由省里或者其他单位主持。各个厂家需要多少物资就订多少物资，订过以后不一定全部给你，还有指标拨给你，比如说你订了10万吨只能给你8万吨，就假设的话啊。各种产品你需要多少指标报上来，报上来以后根据这个指标来分配一下，总共多少家，物资多少，大家都分配均匀一点，都没有意见才行。

王来东：听您这样说，在计划供应大背景下还是有一点灵活的情况。

裘正祥：也不完全是，得看什么物资，例如说黄金的话肯定是铁板一块，完全国家计划管理。煤炭不是十分紧张，国家计划也不是特别严格。副食品之类的也可以有灵活的情况，但都是微乎其微的。计划之外是否有灵活的情况得看是什么物资。

王来东：1985年左右是不是有一个"军转民"改革，开始市场化经营？

裘正祥：1985年没有这个改革的，"军转民"改得比较早，江苏省小三线撤销以后就开始"军转民"了，大约是在上世纪80年代初。

王来东：小三线撤销是什么意思呢？

裘正祥：撤销就是不要这些厂了，减轻负担，推向社会了，这个部门就没了，小三线不要了，只要大三线。小三线就划归地方了，我们就划归淮阴市经委了，后来经委也不管了，我们苏北几个小三线厂就自己联合起来管理自己了，哪家厂实力比较强就做公司总经理，下面的厂就是分经理，我们就是自己管自己，政府也不管我们了。其他企业我就不了解了，因为我们这个厂和其他企业隔开了，没有什么信息交往，要交往无非是在电视画面和新闻上了解一下，因为这个地方太偏僻了，没有其他厂，只此一家。

王来东：下放到淮阴后是不是还有一个淮阴市国防工办？这个您了解吗？

裘正祥：当时是临时成立的一个机构，淮安原来没得国防工办。省里面军工局取消以后，淮阴市才成立了这样一个机构管理我们苏北这几个厂。后来淮阴市国防工办也没有了，我们就划归经委管理了，毕竟国防工办属于临时机构。

王来东：股份制改革后物资来源有变化吗？

裘正祥：有变化，国家不分配了，需要各个厂自己到社会上采购。你家生产这个我就到你这里采购这些物资，这就有竞争了，哪家便宜我就要哪家的。

王来东：改制是哪一年发生的啊？

裘正祥：改制大概是在2000年左右，90年代还没完全实行股份制。改制之前物资已经放开了，厂长负责制，自负盈亏，国家没什么补贴了。计划经济下我们都是国家保的铁饭碗，改制以后就自负盈亏了，你厂里有钱了就多发一点，没钱了就少发一点。

王来东：改制前的厂长负责制和承包经营责任制您可以讲一下吗？

裘正祥：就是改革之后开始实行厂长负责制，1980年之前都是计划经济。1980年的改革主要是农村改革，城市几乎没有改革。

王来东：八九十年代我们厂经营是什么情况呢？

裘正祥：那个时候就是厂长负责制，并没有搞股份制。

王来东：那时候物资什么的还是国家计划供应吗？

裘正祥：不，当时已经可以自己采购了。计划经济是逐渐退化的，例如今年分配给你50%你自己采购50%，下一年分配给你40%你自己采购60%，不是说一刀切的。

王来东：我们实行厂长负责制后，经营资金哪里来呢？

裘正祥：主要是靠贷款。我们厂贷款的时候不太多，我们厂是有盈余的，贷款不多，真正贷款是最近几年才开始的。

王来东：您进厂之后的吃穿住行是什么情况呢？

裘正祥：我进厂后住集体宿舍，吃食堂。我们吃的粮食都是统一供应的，户口粮食计划已经送到食堂去了，和个人已经没关系了，一天三顿饭去食堂吃就是了。我们的粮食计划已经规划到食堂去了，由食堂集体去领取粮油等物资。

王来东：小家庭吃饭怎么处理呢？

裘正祥：我来的时候小家庭主要是干部，工人小家庭也有，极少极少的。小家庭就是自己烧饭吃，粮食计划也就交给个人了，自己去买粮油等物资。蔬菜不需要凭证,有蔬菜公司专门销售,有时候能放开,有时候不能放开。计划管理主要是粮油。

王来东:当时职工的穿是什么情况呢?

裘正祥:穿衣那时候还发布票,没有布票是买不到布的,直到1980年以后开始逐步取消布票,有的布要布票,有的布不要布票。例如化纤类,那时候叫的确良布,的确良就不要布票,供应比较充足。棉布就要布票。后来大家都适应了的确良化纤布了,对棉布的需求也没那么大了,不需要布票了。

王来东:我们的生活水平和周边的居民有区别吗?

裘正祥:区别还是有的,如果不好的话我就在家当农民了。

王来东:您对股份制的看法如何?

裘正祥:任何事物都有两重性,改革总会有好的一面和不利的因素。股东肯定拿的分红多,不是股东的人薪水才有多少呢?

王来东:我们厂建立之后,对周边的居民有帮助吗?

裘正祥:这看不出来。小三线比较封闭的,不像民用厂任何人都能来玩玩。国家会下达政策,我们把不用的设备给乡里面用,免费送给人家,这也有。这种事情也是相互利用的关系,例如我们只有一条砂石公路,农民可以不给我们的车子走,为了搞好关系我们就和乡政府搞好关系,他们需要什么东西就协调一下,解决一下,这样的情况还是有的。我们住在三河农场这块地,上级划给我们的,三河农场多一点都不给,想搞好关系只能出钱了,不出钱谁给你啊。我们互相谈,谈好了给钱给地,谈不好就一拍两散。

王来东:您来的时候住的什么房子呢?

裘正祥:当时一间房子住六到八个人,大约十几平方米,两边摆放双层床,中间是过道,四张床就住八个人了。我们洗漱的地方是露天公用的。

王来东:您之前住的房子还在吗?

裘正祥:集体宿舍的房子不在了,拆掉盖成楼房了。现在这些小平房是当时专门盖的,给小家庭住的。后来招收的工人年龄大了要结婚,逐渐需要房子了,一个小家庭一间房子,大约在15平方米以上20平方米以下。现在小平房住的人不多,本厂住的不到50%,如果加上外面进来住的能达到50%。外面来住有的是免费的,例如我的房子不要了你来住,我到外面买房子住,这是一种情况。还有就是外地人出去买房,房改了嘛,这里的房子不要了,我到外地买房,总共这两种情况。现在我们这个生活区的住户至少有五分之一是外地人。

王来东:您觉得我们生产生活交通方便吗?

裘正祥:现在出行主要是汽车和电瓶车。我刚进厂的时候,厂干部有一辆吉普车,自行车有一两辆,其他都是拉货的货车。职工出行不方便,例如三河去盱眙的车上午一班下午一班,到外地去的话就没得车,去外地得去维桥那里等车。维桥那里等车还不一定能等上,有时候客车在站里坐满了在维桥这里就不停了,有时候等一两天都上不了车。我们和厂里的货车司机商量一下,说我要去哪里,能不能带着我,如果和货车司机比较熟悉的话也能坐货车走。坐货车就是看个人交情了,货车司机没义务带我们的,货车专门为生产运输服务。我们转成民营之后厂里就不自己搞车队了,外面的车子来拉东西直接给车费,哪家买哪家给钱。原料我们给钱让车子拉回来,产品哪家买哪家付驾驶员的钱。我们的码头现在估计不用了,之前主要是运输酸、苯、煤。计划经济时代,我们厂的运输还是能保证生产需要的,计划中的物资还是能按时拉回来的,当时产量小,运输需要也不大。之前我们的物资运输也会出现运输困难问题,例如遇到大风了,洪泽湖干旱水位不满足通航了,这种情况下船就进不来了,船进不来就只能靠车子来转运。车子转运是计划外的事情,谁也想不到洪泽湖不能过船的,这就要耽误生产了。不仅是交通耽误生产,电力短缺也是影响生产的重要因素。

当时电厂号称电老虎,谁家都不敢得罪他们,哪年不送东西给他们啊,不给他们送东西就不送电给你啊。尤其是我们这个厂不属于盱眙县管理,但电是属于盱眙县管理的,这就不一样了。

王来东:我们的利润交到哪里啊?

裘正祥:没改革之前利润都交给军工局,后来搞了一个国防科工办。利润要年年上交,后来进行利改税改革,利润以税的形式交给税务部门了。

王来东:除了利改税还有其他的政策吗?

裘正祥:这个政策多了,哪能想起来啊。

王来东:利改税您可以介绍一下吗?

裘正祥:利改税就是不上缴利润了,把收益直接交给税务局了。

王来东:税是按多少比例征收的呢?

裘正祥：这得看生产什么产品，比如说生产化肥就不交税，因为它是支农产品，不交税的。生产化肥需要电，电费就便宜一点，支农产品都便宜。非农产品生产用电价格就贵一点，税收也贵，最高估计能达到20%。

王来东：当时您进厂的时候医疗情况如何？

裘正祥：医疗这个事情还是比其他单位优惠一点的，那个时候职工看病不要钱，只管拿药，看什么病需要什么药就拿，但剂量小一点，一般给三天的量，不像现在开三十天的剂量都可以，当时只能给三天的剂量。看病就是一分钱不要，无论挂号、门诊或者是治疗啥的。此外，直系亲属还可以报销50%，这报销只限于吃药，不是指治疗，比如说开刀打针这部分就不算。这种情况是地方所有企业都没法比的，这是比较特殊的，是任何单位都没法比的。我们厂的医务室只看常见病，真要是患了大病就去江苏医院。当时江苏医院不在南京，在我们盱眙县。当时江苏医院执行国家"626"指示，为工农兵服务，毛主席提出来的。当时全省六十多个县，把江苏医院下放到哪个县去呢？苏北小三线多就到苏北来，就放到盱眙县吧。我们的省医院就在盱眙，我们看病直接就到省医院。看病的时候厂里开一个记账单，然后把记账单交给医院，看完病直接走就行，医院花多少钱填在单子上，凭单子和厂里结账，和病人没有关系的。后来江苏医院回到南京去了，这个地方就变成县医院了。我们看病怎么办呢？南京有个附二院，我们就和他们联系，有什么病就去那里看病。我们有大病去南京附二院，小病自己解决。医疗条件还是不错的。改制之后厂里面就不管职工医疗的，厂里帮我们交医保费，每人按比例交。厂里就是交劳保费用、养老费用、医疗费用，厂里交好以后看病该怎么处理就怎么处理，其他事情厂里就不管了。

王来东：我们职工的娱乐情况如何？

裘正祥：每年春节期间有县级以上文工团会来慰问演出，县里来，市里也会来，省里也会来。因为小三线比较辛苦，都在深山老林里面，来慰问一次。我们的文化生活平时是非常枯燥的，那时候放电影是露天的。每到放电影的时候，吃过中午饭我们就把凳子放到那里占位置，晚上吃过晚饭再来坐这个凳子，如果你不放凳子的话就没位置可坐了。

王来东：有没有因为抢位置发生矛盾的啊？

裘正祥：这种矛盾比较少，人还是比较自觉的。这种情况也有，比如我把凳子放这里,你给我挪走了,我肯定找你啊,你为什么动我的位置呢?对方也会说这个位置也不是你租的。这都是小矛盾,反正坐哪里都能看,也不会多计较。我们这个地方放电影周围农民也来,但来的不多,因为我们这里有围墙围着,他们来也不方便。有电视以后大家都享受了,叫他们来都不来的。有电视我们厂都不放电影了,西边不是有个电影院嘛,电影院都不放电影了,电影院卖不出票它也就不放了。我家里有电视看你电影干嘛呢?大家不去买票它也就不放了。

王来东:我们业余有什么体育活动呢?

裘正祥:这个大概就篮球吧,一般在节日期间举行比赛,比如十一和五一啦,厂里举办比赛,车间和车间进行比赛。

王来东:您住的集体宿舍需要交水电费和租金吗?

裘正祥:不要钱,租金也不交,免费居住。

王来东:小家庭需要交水电费吗?用什么燃料做饭呢?

裘正祥:没水表的时候都不要钱的,电可能要钱的。一开始大家烧煤球做饭,后来就烧液化气了。

王来东:煤球哪里来的呢?

裘正祥:我们厂里有个大集体,自己生产煤球,专门打煤球供应给小家庭。煤球是要钱的。这个大集体就是五七农场,平时种种蔬菜,打打煤球,做一点劳保手套啥的。

王来东:五七农场的建立和取消是什么时候的事呢?

裘正祥:大约是在1979年建立的,那时候还是计划经济,五七农场不是城镇户口,是定销户口,也是靠买粮食吃,国家供应粮食的。这个户口性质不一样,不是农村户口也不是非农户口,它叫定销户口。当时我们有三种户口,分别是农业户口、非农户口和定销户口。五七农场占用的土地是国家拨的,是强制的国家政策,不是花钱买的。国家拨多少土地,安排一定的人,然后让这些人种菜。改革开放后需要用这些土地了,这些土地属于工厂土地啊,工厂里的职工的生活只能个人自理了,可以到厂里做临时工,也可以到外面找工作。职工的定销户口通过农转非转成非农户口了。现在没有什么农业户口和非农户口的区别了,都叫居民了。各有优劣了,当时那种社会没有户口的话很难管理的。例如吃粮的问题,大家都来买粮食,有没有户口都来了,这么多人来买,我到底卖给谁呢？这都乱掉了。如果有人做了犯法的事情跑到外地怎么办呢？你逮不住他啊。现在管理这块，比如说县一级，计划经济时代县里面是个中队，一个中队只有三十来个人，现在四五个中队，一个中队百十个人。管理的人多了，这都不一样了。那时候的人多纯啊，去哪里还会请个假，现在请什么假啊，直接就走了。

王来东：您进厂的时候是单身吗？

裘正祥：当时我已经结婚了。

王来东：您的孩子在哪里上的学啊？

裘正祥：我的大孩子在家上学，小孩子在厂办小学上学。

王来东：厂办学校的教师哪里来的呢？

裘正祥：教职工是从工人里面抽调的。

王来东：盱眙县不管理吗？

裘正祥：盱眙县管业务不管人，教学大纲啥的也会给我们下达。我们的教职工由厂里面的政治处负责管理。

王来东：我们的厂办学校只有小学吗？

裘正祥：我们厂有托儿所、幼儿园、中小学等机构的。我来的时候还没有这些机构。小学建立得早一点，初高中就晚了一点。高中大概两三年就关闭了，没有生源了，都考到外面去了。我们这个地方教学质量跟不上，我们这里是工人当老师，没有经过师范培训，没有教学经验，纯粹是当生产任务来完成的。

王来东："文革"期间我们的生产生活有受到影响吗？

裘正祥：我来的时候，"文革"基本处于晚期了，但那时生产还是想停产就停产，想开批斗会就开批斗会，还是有一定影响的，不过基本上处于尾声了。当时没有经过生产部门批准就停产的情况还有是因为什么事情和干部发生矛盾了就停产了，这个在现在来讲是不可思议的，当时就是可以的。我们厂大概有三五个领导受到了批斗，这个就不举例子了。

王来东：您对"农转非"的评价如何？

裘正祥：这个得从什么角度来看。如果纯粹从经济利益的角度来讲，"农转非"并没有带来多大的利益。就像我们这些人，年轻的时候属于下放，等到快老的时候变成了下岗。当然这不怪某个单位，这是国家政策。我们厂当时招收了很多下放知青,我虽然不是下放但赶上了下岗,像我这个年龄段的人多数都赶上了这两件事。

王来东:我们小三线职工不仅经历了创建时期的艰辛,还忍受了改革时期的阵痛,我认为小三线职工应该得到尊重。您怎么看?

裘正祥:这个问题不是有一种说法嘛:"奉献青春献子孙。"我们小三线职工应该得到应有的照顾,但说了又有什么用呢?比如说,理论上讲,城市里下岗的职工可以到其他工厂工作。我们三线厂在深山老林里面,出了这家厂就没饭吃了,要么你就跑几千里外的地方找工作。这和城里面可以自由择业不可比。

王来东:当时我们小三线职工的结婚有困难吗?

裘正祥:困难,首先就是我们厂男工多女工少。有一种说法,化工厂属于轻工,轻工不轻,钢铁厂属于重工,重工不重。钢铁厂重活不是靠人的,有机器的。化工厂完全是靠人体力劳动,看着是轻工业,实际上很累。那个时代找对象都要政审。职工自身不想找农村户口,这是个负担,想找城镇户口吧,人家又不来。我们小三线和城市不太有关系,和城里接触的时候不多,人家又不愿意来。职工又不愿意要乡下的人,后来年龄大了没办法只能去三河农场和周边农村找一个对象对付过日子。当时找一个双职工或者城市的很好,但厂里的女工比较少,十个男工对不上一个女工。

王来东:针对职工结婚困难的问题,厂里面有什么措施吗?

裘正祥:反正没有这个专门机构,好像没有什么措施。

王来东:我们厂有什么民品吗?

裘正祥:现在都是民品。之前除了 TNT 就是化肥,五车间还生产磷肥,一车间生产硝酸。八车间生产大红色基 G,主要用于印染。七车间主要生产煤球,不是用于生活的,而是用于造气的,化肥生产就离不开造气。我们生产的煤球自产自销,主要是生产化肥。

王来东:"军转民"之后,您觉得我们厂的发展情况如何?

裘正祥:"军转民"后还是国家统配体制,没什么大的变化。加工资有国家政策,厂里面没资格加,但可以决定给谁加,名额是国家下达的。

王来东:一硝基甲苯的销售情况如何?

裘正祥:开始国家也有订货计划,生产多了只能自己去推销。销售是从国家调配到自主销售逐渐演变的。

王来东：我们厂的民品开发力度大吗？

裘正祥：没什么研发，一开始还有几个民品，现在就剩下一硝基甲苯了。开始有磷肥、碳酸氢铵、大红色基 G、邻甲苯胺、对甲苯胺和邻硝基甲苯等产品。邻硝基甲苯和对硝基甲苯其实是一个产品，只是分开了，就是从一个产品里面拿出两个东西。这个过程主要是利用两者的沸点和比重不同通过真空蒸馏分离出来的。

王来东：您对厂长承包经营责任制了解吗？

裘正祥：就是厂长负责制嘛，国家计划经济结束后就是厂长负责制。厂长负责就是政府不太过问了，厂长自己负责。原料国家给一部分，自己解决一部分，自负盈亏。

王来东：车间管理您清楚吗？

裘正祥：车间管理属于生产管理。

王来东：我们厂有建设分厂吗？

裘正祥：淮阴有一个分厂生产袜子，改革后就把分厂卖掉了。

王来东：我们厂有没有想异地重建呢？

裘正祥：这个有，异地重建可能是个人投资，哪里有钱往哪里投。我们厂到阜宁建了一个分厂，把八车间调到了那个地方。

王来东：计划经济时代厂长可以控制职工的工资待遇吗？

裘正祥：计划经济是铁饭碗，我不犯错误你不能扣我钱。如果我犯法你可以处理我，不犯法是不可以随便处理的。

王来东：改制后厂长对我们职工的工资有权管理吗？

裘正祥：改制后就是能者上庸者下，能的就多加工资，不好的就减工资。这是政策上的事情，没办法谈太多。

王来东：改制后职工是不是更加依赖厂长了？

裘正祥：改制后我就下岗了，大约是 1998 年左右。我下岗是因为我年龄大，分期分批下岗。

（裘正祥，男，1943 年出生。1965 年入伍，1969 年退伍后进入淮河化工厂二车间做操作工，1980 年 TNT 车间停产后转到六车间。2000 年退休。）

十、采访李坤余

采访时间：2018年6月4日
采访地点：江苏淮河化工有限公司招待所305室

李坤余：我退伍后在家务农一年，1970年淮河化工厂到我们那里招工，我就进厂了。当时工厂到我们乡里去，我们把简历交上去，然后进行体检和政审，合格后就进厂工作了。当时招工全部是退伍军人，因为三线厂是军工单位，招工要求比普通单位严格一点，退伍军人的条件成熟一点。

王来东：您进厂的时候感觉这个厂如何？

李坤余：我们感觉非常好，在乡下没见过这样的世面。我能进入这个厂心里非常高兴，过上了城市人的生活。

王来东：进厂之后，您觉得厂里的生活方式和农村的生活方式有什么区别吗？

李坤余：两者相差的距离太大了。当时厂里包吃包住，工资一月36元，到时候就发，此外还有各种奖金。年终和节日会发很多福利，过去连肉、鱼、香烟、酒都发过。那时待遇太好了，什么都发。当时不但发放工作服和劳保服，另外还发一些皮夹克等衣服。在农村的话，一年只能做几件衣服，一件衣服穿一年就坏掉了。为什么呢？农村衣服少，一般只有一两件衣服，稍微穿一下肩膀和屁股那里就坏掉了。我进厂以后工作服一年一套，穿不完的。厂里面还发秋衣等贴身内衣。厂里待遇比农村好太多了，在村里连油都没有，厂里面每月还给我们补四两香油，我们吃不完就带回老家吃。

王来东：您的家属没和您一起转到厂里吗？

李坤余：开始没和我一起进厂，70年代"农转非"之后才转到了厂里。"农转非"以后，我的小孩子经过上技校，最后分配安排在厂里面了。现在我的孩子只有一个还在厂里，其他的都下岗了。

王来东：您进厂的时候，职工主要是由哪些人构成呢？

李坤余：除了退伍军人，还有学生、下放知青，普通民工是进不来的。

王来东：那时厂里的效益好吗？

李坤余：那时候我们厂生产化肥、硝铵、TNT、一硝基甲苯和磷肥。我们厂亏损几乎没有，一直都是盈余的好单位，每年到年终还有奖金，不像现在那样亏损。

王来东：军品除了TNT还有其他的吗？

李坤余：除了TNT，就是一车间生产的多孔硝铵和亚硝钠。此外还有磷肥和化肥。

王来东：后来为什么不生产军品呢？

李坤余：国家科技进步了，我们生产的产品用不上了，都"军转民"了。

王来东：当时我们有什么民品呢？

李坤余：当时就是磷肥和化肥，没其他的了。

王来东：当时我们的交通方便吗？

李坤余：我们家离这里五六十里路。白班下午4点钟下班我就跑回家，就是跑步，没有车的，五六十里跑步需要四五个小时呢。我也不是每天都回家，倒班的时候，白班下班了第二天中午才上班，我就跑回家。第二天要上白班了，我早上三四点钟就起床往厂里赶。当时我没有自行车的，厂长才有一辆自行车的。过去你拿钱都买不到自行车的，买自行车是需要厂里发票的。自行车票主要给班长和生产骨干，普通人想买还捞不到呢。当时办事情很不方便，过去我们家到盱眙县只有早上一班车，盱眙到三河农场的车只能到维桥，到维桥还得再跑一段路程到厂里。一天就一班车，上班的话得掐着点，错过了的话上班就迟到了，经常迟到的话需要做检查扣奖金的。家里有事情我就跑步回家，我上夜班晚上11点半上班，第二天早上8点下班。当时老婆孩子在农村，家里还有十几亩地，我跑回家还可以帮帮忙。现在和当时没法比了，当时年轻走起路来虎虎生风的。

王来东：您对"农转非"有什么看法呢？

李坤余："农转非"吃亏吃大了，老婆来没有工作，我的小孩好一点，还有工作。还有的老婆孩子都没工作，就靠一个人的工资。过去大家考虑转成城镇户口能吃到一毛二分钱的便宜大米，当时农村的粮食几毛钱一斤的，城镇户口吃的是便宜的供应粮。此外，转成城镇户口就不用在家种地了，那时候在家种地多辛苦啊。过去机械条件差，收粮食就是用肩膀挑，从地里一担担往家门口挑。过去还需要交粮食税呢，大约占到总收成的百分之五六十呢。过去不像现在,当时一个人一天还吃不了一顿干饭呢,一天三顿都是稀饭。如果吃得多了粮食就不够了。集体合作社的时候,一亩地只能收二三百斤粮食,现在一亩地都收到一千多斤粮食了。

王来东:当时的医疗条件如何?

李坤余:当时看病是不要钱的,有医务室,胃疼、肚子疼、头昏、头疼和感冒等病去医务室拿点药吃,不谈钱的。我们厂医务室规模不错,还有个救护车呢。改制以后医务室没了,交到盱眙县医院去了,看病需要到盱眙县医院去。大病到医院看的话厂里面几乎都报销的。

王来东:外面的车子来拉货,需要我们支付车费吗?

李坤余:运费都是我们厂出钱啊,人家来你这里拖东西,不给钱人家会拖吗?运费挺高,不过产品贵啊,1吨差不多万把块钱,拿点车费都是小意思。

王来东:您一直住的集体宿舍吗?

李坤余:过去我住集体宿舍。家属来了以后,一家只安排一间房子。我们在房子里面拉起布帘子,我们年龄大的住在里面,小孩子住在外面。很多人自己到市场上买砖头,自己在门前砌一间小房子。如果职工的子女结婚,厂里也会给一间房子。"农转非"的时候住的情况太差了。

王来东:当时住房子需要交租金吗?水电费需要交吗?

李坤余:那时候不要租金,中间交过一段时间租金,后期就不收了。当时水电也不收钱的,看电视也不收费的。改制后水电收费,看电视还得交电视费。水是我们厂自己供应,打了一个深水井。改制后还得交一个月5元钱的垃圾费,现在还在收。

王来东:您的子女在哪里上的学呢?

李坤余:我的子女学习成绩不好,后期在淮阴上的技校,毕业后厂里就分配了,中学是在厂办学校上的。过去幼儿园比较简单,也是免费的。小学和中学还是要收费的,不过比较优惠,都是象征性地收一点,不像现在那么贵,当时才几十块钱,因为当时收入少。

王来东:有外面的孩子来我们这里上学吗?

李坤余:好像没有,主要就是职工子女。

王来东:当时为什么要开办学校呢?

李坤余:过去我们这里的孩子要去三河农场上学,淮化这个学校是专门照顾职工子女的,去三河农场上学有点远。不过还是有一部分学生在三河农场那里上学,那里的教学质量好一点。

王来东:"文革"对我们的生产生活有什么影响吗?

李坤余:我们来的时候"文革"就没什么影响了,1970年以后厂里几乎不搞批斗等运动。"文革"对我们的生活没有多大的影响的。

王来东:我们厂的安全保卫情况如何?

李坤余:我们厂有专门的保卫科,保卫科属于厂里面领导,和派出所穿的都是一样的制服。保卫科负责全厂的安全,例如看大门、防止小偷小摸等行为。

王来东:您有没有听说过厂里面发生偷窃案件?

李坤余:过去盗窃有,都是小偷小摸的。当时外工生活比较困难,废铜废铁价格也比较高,铁块把钱一斤,铜几块钱一斤。外工有时会带一些铜铁出去,就是这些小偷小摸。保卫部门查到的话都要罚款的,大约罚款几十元钱。此外,保卫部门还会把小偷小摸的人用绳子绑起来,让其坐在大门口让上下班的人看,还打偷窃的人。

王来东:我们职工有没有找不到对象的呢?

李坤余:当时有人找不到对象,不过是极少数的。

王来东:我们厂职工找对象主要是去哪里找呢?

李坤余:职工在厂内部找对象是不容易的,去三河农场去找对象的比较多。我们去农场找对象,一方面是离农场比较近;另一方面是过去我们比农场条件好,被称为农场小开发区,改制后农场比我们条件好。农场属于国营单位,主要是务农,隶属于省农垦局,现在土地都承包到私人手里了。

王来东:小三线厂和周边居民的关系如何?

李坤余:过去我们厂里因为污染,所以和农场关系不太好。例如污水排出去,夏天下大雨污水就漫得到处都是,把人家的农田都污染了。农场把我们的排污口堵起来,不给我们排污。后来我们厂经过省里有关单位的帮助逐步解决了污染问题,和农场的关系也逐步改善了。过去水质不行,不适合人饮用了,三河农场的人来闹事,要我们把他们迁到厂部这里来,这都是我们厂出的钱。污染改善以后我们和三河农场的关系才好了起来,之前因为污染问题,三河农场的人还堵过我们的厂大门呢。改制的时候职工闹事还停产过两次,职工不加工资也全厂罢工停产要求涨工资。

王来东：改制前后的落差，您的心态有什么变化吗？

李坤余：改制后我不像刚进厂那样自豪了。我们这些老职工不仅看病难，住房也难，住的都是小平房。我们住的房子门窗坏了不修，屋顶漏不修。你家的门窗坏掉了，你自己找人去修。屋顶漏了工厂也不管，只能自己找人修。现在我们住的地方也没人问。我们职工的工资太低，我们刚来的时候感觉条件很好，现在我退休后只拿 2 600 元钱。现在和过去的生活条件是不能比的，过去三十几元钱能够维持一家的生活，现在拿 2 000 多元钱就不够全家的开支了。现在是比上不足比下有余，我和在农村的战友比条件好一点。我和条件好的人比，人家工资拿三四千，这样比我就觉得吃亏。你不能只和好的比，也得看到不如自己的人，你一直看着好的不看下面的就不好了。农村的人就靠子女给钱，我的工资虽然不多，但按月到账，给儿女减轻了很多负担，小病啥的都不用麻烦子女的。我这就是比上不足比下有余。我生活还是有保障的，1 000 元钱足够吃喝了，一年下来我还能结余 1 万元钱呢。年轻职工现在几乎全部去盱眙县住了，几乎没人在生活区居住，厂里对生活区也是不管不问。我们说事情得实事求是，和好单位比不行，和农村的比起来还是比较富裕的。现在逢年过节，厂里给职工发 100 元钱的东西，还给我们老职工 50 元钱的东西，这说明厂领导没忘掉我们这些老职工。这不错了，很多单位退休职工啥都没有的。我们厂的退休职工多啊，全厂有上千名退休职工啊。目前这个状况，我们心里还是比较平衡的。大家都想去大城市住，但毕竟资源有限。

王来东："军转民"您了解吗？

李坤余：当时军工没出路了，必须要改啊。现在部队装备科技含量高，过去我们生产的 TNT 炸药现在只能用于老百姓开山，技术落后了。高精尖的产品我们厂研制不出来，我们的规模也比较小。在淮阴市我们算是一个比较大的厂，但在全国甚至江苏省来看根本排不上号。

王来东：我们厂的物资运输有什么困难吗？

李坤余：我们厂的物资运输完全依靠陆运，没有水路。之前我们厂有个码头，从洪泽湖开了一个河道，是当时的劳改农场开辟的，专门用来运输煤炭。这个码头只有生产需要煤炭额度时候才用，别的产品用不上的。

王来东："军转民"之后我们厂的发展有什么变化吗？

李坤余：现在和以前肯定不一样啦,过去我们这里都是小石子路,现在都是高楼大厦,过去厂长住的也是小平房,也没有楼房。

王来东：我们厂"军转民"有没有资金困难呢？

李坤余：资金不困难,依靠六车间赚钱,现在全厂还是指着六车间吃饭。过去依靠二车间,二车间停产后就依靠六车间吃饭。

（李坤余,男,江苏盱眙县人,1944年出生。1964年入伍,1970年退伍后进入淮河化工厂,开始在二车间从事TNT生产,TNT停产后进入六车间生产一硝基甲苯。2001年内退。）

十一、采访张粉红

采访时间：2018年6月6日

采访地点：江苏盱眙县张粉红寓所

张粉红：我进厂的时候很辛苦,去山头上把石头运下来粉碎,把一圈圈的钢筋搬运到指定位置,相当于搬运工,非常辛苦。我还做过包装炸药的袋子,有黑色的,有灰色的,然后分装炸药,把炸药放在箱子里面。我们生产的袋子有搬运工送到车间,那些袋子实际上是木箱子的内衬。我爱人在部队时是侦察兵,后来做炊事员和采购员等职务,转业后进入红光化工厂,非常能吃苦。开始我是临时工,亦工亦农,工资也不多。当时我弟弟开刀住院,我只能给他寄80元钱,这就相当于我四个月的工资了,当时我一个月工资也才21元,后来到了包装车间工资才多了一点,大约三十多元钱。我做临时工大约一年,而后就转成正式工了。当时转成正式工也很麻烦呢,厂里面名额有限。如果一家里面有一个人在厂里做正式工,家属就先做临时工,以后慢慢转正,因为一家只要有一个正式工就能养活一家人了,其他人可以先做临时工周转。

王来东：当时在厂里住是收钱的吗？价格如何？

张粉红：收钱的,当时安有水表电表,有专门人查的,按度数缴费。关于价格是否便宜我就不清楚了,反正我们都是按表缴费的。

王来东：当时医疗情况如何？

张粉红：厂里有医生和学校，头疼感冒等小病就在厂里看，吃药打针都行。大病就去县里和南京看。当时盱眙县有一个江苏医院，我们有病就去那里看。

王来东：当时业余生活如何？

张粉红：看电影，球场上有露天电影，是我们厂里的工人放的，有个电影放映队。周边的农民也来看，篮球场上都坐满人了。当时没有电视，放电影都来看的，大家都带着凳子来看。除了看电影，还有文艺汇演，我们厂里也有文艺表演，都是工人自己演的。此外，过年也有地方上的人来慰问演出，还给我们送一点慰问品，有白糖、烟等物资。当时是盱眙县给我们粮票计划，粮管所在我们红光厂设了一个粮站，周边的人都来我们这里买粮。

王来东：当时交通如何？

张粉红：当时厂里有个厂车，我们去县里买东西就坐厂车去，早上集体去，买好东西再集体回来，每次都匆匆忙忙。过年的时候我们都要去县里买年货，食堂的物资供应有时候不够。当时买粮买油很困难的，有时候需要去县里买，很辛苦的。我们买菜很不方便，一般只有一两个菜，过年也没有什么吃。当时去县里买东西都是匆忙的，买到了就吃，买不到还得匆忙赶回去。大家都省钱在县里买个房子，再也不去那个偏僻的地方了。在盱眙县买菜啥的都很方便的，住在山沟里很不方便的。在山沟里食堂有什么我们就吃什么，一个月供应一点物资，有钱的买点肉，没钱的连肉都买不起。红光厂还是不错的，效益可以，不过工资不太高，小孩子工资多的四五千，少的两三千。我家儿子也辛苦啊，两个班算一个班，上一个中班和一个白班才算一个班的工资，工资也就两三千元。

王来东：厂里面有没有集中供应物资呢？

张粉红：食堂会供应，有钱的买一点，没钱的就买不起。食堂供应的菜比较少，主要是肉类，大约是一个星期或者一个月供应一次。我们需要什么菜就去食堂买一点，按斤给钱。当时也没有菜场，只有老百姓在厂门口卖菜，很多周边的村庄后来也搬走了。我来的时候儿子还小，不让上学也没人和他玩。过年的时候厂里会派几辆车带着我们一起去县里买年货，买牛肉和鱼等年货，看到什么就买什么。

王来东：您儿子在哪里上的学呢？

张粉红：上幼儿园人家不要，因为他个子比较大，怕他调皮捣蛋。后来就去上小学，学校是厂里办的，我女儿也是在那里上的学。当时我们这里没有高中，考上哪里去哪里上，一般是去县里面。我家儿子是高中毕业，高中毕业就考上工人干活了。当时进厂做工人还得考试呢，不考试咋做工呢？我们进厂做工也得考试的。考试主要考职工的责任心和纪律性及各种规章制度。当时有的人高中毕业去考大学，但我家没钱啊，工资很少，钱多的话肯定让他去考的。

王来东：您的生活什么时候变好了呢？

张粉红：开始的时候我做临时工，后来去做纸袋子，工资高了一点，一个月几十元钱。我们在厂里一直是跑到县里买东西，退休后才在县里面买了房子。当时来县城买东西的时候不多，一般厂里有什么我们就买什么。我们也会自己开辟一点菜地种菜，有时候人家也会给我们一点菜地种菜。这些地都是我们自己去种，种的不多，毕竟时间有限。我们种的菜也就是炒菜做汤，有葱等蔬菜，并且也不是一年四季都能种菜，有时候也没时间去浇水。有菜地之后我们吃菜好了一点。

王来东：我们工人的生活水平和周边农村的生活水平有差距吗？

张粉红：周边农民都是自己种粮食自己吃，稻谷啥的都是自己种。我们就是死工资，有多少算多少。农村地打多少粮吃多少吧，有花生、玉米、豆子和山芋等粮食。当时我们买斤把肉就不少了，切点肉丝炒白菜啥的。我儿子结婚就是在县城买东西，然后带到厂里办事，在厂里住确实有点不方便。

王来东：当时除了厂车，还有其他交通方式吗？

张粉红：现在有的条件好了，有私家车。出行还是跟厂里的车子走，要是跟外面的其他厂的车队走还得去王庄那个地方，还是坐自己厂的车方便一点。厂里车子多方便啊，要钱也好不要钱也好，一般都要买票，去南京也得买票，去县里也得买票。人家车队也是个单位，还要加油的，不掏钱哪里加油啊，钱该交就交，交过钱后坐车踏实一点，也不让售票员为难。当时钱比较值钱，车票大约是块把钱吧，具体记不清楚了。

王来东：当时我们厂周边的老百姓多吗？有人来我们厂做临时工吗？

张粉红：有村庄，有人来我们厂做临时工，做一天拿一天钱。现在我们厂里也有不少临时工，都是厂里找的，也是有一定的纪律性的。也有农民在我们厂门口卖东西,有卖苹果和瓜的,不是定点的,我们碰上就买。农村的也不容易,卖得贵了我们就少买点,便宜了就多买点。

王来东:您进厂的时候感觉如何?

张粉红:当时有点高兴的,有工作有班上了,可以拿点钱。有钱的话小孩子就可以上学了。当时也有一点害怕,毕竟是化工厂嘛。我们上班的时候也有很多规章制度,上班的时候不能睡觉,因为产品危险性大。

王来东:您当时住房情况如何?

张粉红:当时房子比较小,现在那些老房子估计不住了,应该都去王庄生活区住了。王庄生活区是我们来了之后才开始盖的房子,我们没有搬去生活区,一直在厂里的老生活区。我们住的老生活区不安全,离厂太近了。后来我们在县城买了房子就来县城住了,厂里的房子就交回去了。我们在县城的房子花了7万元钱呢。

(张粉红,女,1945年出生。其丈夫卢信玉1943年出生,在部队任司务长,1978年转业后进入淮河化工厂,已去世。张粉红从事搬运工及生产包装袋等辅助工作,卢信玉先在工厂食堂做管理工作,后任三车间书记及淮阴分厂相关工作。)

十二、采访李长富

采访时间:2018年6月7日
采访地点:江苏省盱眙县李长富寓所

王来东:您当时是分配过来的吧?

李长富:当时我是通过省里分配的,省国防科工办分配的,当时盱眙县三线厂,他们认为退伍军人素质比较好,小三线厂要求比较严格。

王来东:当时您的待遇如何?

李长富:当时待遇可以,一个月能拿八十多元钱。

王来东:我们厂的保卫部门分几个层次呢?

李长富:厂里面有警卫班、民警队和武装分队。民警保卫工厂,是有武器的。还有门卫执勤人员。我们保卫科也接受直管上级单位公安部门的领导,我们下放到淮阴市之后,公安方面就接受淮阴市公安局管理。

王来东:保卫科的工作分几个板块呢?

李长富:民警队负责产品押运,炸药嘛,需要武装押运。库房也是重点保卫对象,也需要警卫站岗。还有就是门卫,重点地点由民警站岗,次要地点由警卫班负责保卫。

王来东:保卫科有哪些权利呢?

李长富:保卫科是厂里的一个重要部门,军工厂爆炸危险品比较多,需要防止坏人破坏。

王来东:在保卫科您记忆最深刻的事情是什么?

李长富:就是安全保卫教育工作,这不同于一般工作,一旦发生危险不但影响厂里的安全,还影响周围群众的安全,这个担子很重的。

王来东:我们厂除了黑索金还有其他产品么?

李长富:主要产品是黑索金。黑索金主要用于军用,民用很少,国家管理很严格。我们在军转民时期搞过草酸,没有成功,效益不是很好,最后车间不小心爆炸了,本来质量效益就不好,爆炸后就彻底放弃了。草酸车间爆炸造成四个人死亡,三个男孩一个女孩。这几个孩子是操作工,是刚从学校毕业的学生,很可惜的。我们在淮安有个分厂,叫乙炔气厂。盱眙几个军工厂搞的分厂第二产业效益最好的就是我们厂的乙炔气厂,我家小孩就在那个分厂。盱眙这几个军工厂除了滨淮厂都有分厂,我们的分厂搞得最好。

王来东:我们厂的物资来源随着改制的进行有什么变化吗?

李长富:原料问题不大,我们在兰州有个很大的供应商。给我们供货他们也很高兴,这样的话他们的产品也能卖出去了。

王来东:我们采购原料有国家安排吗?市场化之后是什么情况?

李长富:有国家计划安排的,也有我们自己去采购的,他们也希望我们去买。市场化以后我们还是去那个单位采购,因为之前经常去买,用它的产品我们也放心。

王来东:我们产品的销售情况如何?

李长富:产品销售没有问题,国家管销售,通过火车运出去。我退休后我们厂和山东802厂合并了,802厂和我们厂生产的产品是一样的,全国就我们两家生产黑索金。802厂在临沂蒙沂地区,我专门去过这个厂调查情况,当时我担任纪委副书记。我们厂有一个人在产品交易上出现问题了,按道理他那样做是错的,我们纪委管这样的事,我就去那里调查了,对他进行处理。因为军用品是不允许个人交易的。

王来东:"军转民"情况下,我们厂的发展情况如何?

李长富:除了分厂也没有什么民品了,不过主产品还在,还能吃饭,就是产量不高,不过不会亏本,还有盈利,发工资后还有盈余。

王来东:我们厂民品开发的资金从哪里来的呢?

李长富:都是厂里的,厂里有这个钱。我们厂资金比较充足,从来没有亏损过。

王来东:淮阴市乙炔气厂您了解吗?

李长富:这个我不太清楚,不过效益还不错,没有亏损。管理方面也是由我们总厂管理的。

王来东:您进厂的时候您女儿是什么情况呢?

李长富:我进厂的时候我女儿还小,她和我爱人跟我一起调到厂里了。

王来东:您女儿上学情况如何?

李长富:我女儿先是在部队小学上学,后来来红光厂学校上学,之后考上了南京的学校。

王来东:我们厂办小学的师资力量是哪里来的呢?

李长富:县文教局分来一部分,厂里面派一些有文化的。学校由厂管理,属于厂办学校。

王来东:医疗情况如何?

李长富:小病去厂医务室,大病去南京附属医院看。以前看病全部报销,现在都是医保报销。

王来东:当时我们的业余娱乐有哪些活动?

李长富:业余生活很丰富的,看看演出,打打球赛。现在什么都没有了,大家都是上班挣钱了。现在工人没有那么高的积极性了,厂里只能招周边农民,他们的素质还是比较低的。

王来东:您来的时候,我们厂的职工来源有哪些?

李长富:主要就是学生,退伍军人比较少。现在转业干部都去好的单位了,谁还去那个偏僻的地方啊。

王来东:当时党组织在我们厂处于什么地位?

李长富:改制之前是党领导一切,所有事情都要党委批准。我们这几个军工厂都是县团级单位,我们厂长书记和县委书记平级的,党组织的作用很大的。

王来东:党委能够管理职工吗?

李长富:有啊,不是一个人说了算,是党委集体领导,执行民主集中制。

王来东:您到厂里的时候,我们职工和周边农民的生活水平有区别吗?

李长富:有区别,那时候农民生活水平不高,不如现在的农民生活水平,和我们工人不能比。我们军工厂的工人生活水平比其他普通单位的工人还要好。

王来东:当时有没有农民到我们厂做临时工的?

李长富:有的,都是临时的,不是长期的。

王来东:有没有农民在厂附近做买卖?

李长富:有,当时我们厂那里有个菜场,工厂也会管理一下。我们厂也给周边的居民提供了更多的经济来源。周边居民也很欢迎我们厂建在那里的。

王来东:我们厂和周边居民关系如何?

李长富:我们去了以后什么东西都给农民弄好了,每到年底的时候还要注意和他们搞好关系。我们厂也会把厂里的浴室免费开放给周边农民,仅限于周边的几个村子。我们也会帮他们修路,方便他们出行。

王来东:您在厂里的时候交通如何?

李长富:交通还比较方便,厂里有专车,一天有两三班,早中晚都有,礼拜天还有车去南京。我来之前厂里邀请我来看,就去南京把我接过来了。现在上下班厂里还有车来盱眙接送,从县城到厂里有二十多公里。

王来东:您觉得"军转民"对我们厂影响大吗?

李长富:我感觉影响不大,我们产品和其他厂不一样,其他地方用不了。9395厂生产化肥,哪里都需要。天明厂生产炮弹和TNT炸药,TNT炸药民用比较广,很多矿山都需要TNT炸药爆破。我们的民品只有乙炔气和草酸,这些比较安全可以做。

王来东:您觉得阻碍我们厂发展的因素有哪些?

李长富：主要就是工人积极性调动不起来，工厂要发展最根本的还是要调动工人的积极性。如果现在厂里再改变局面，安全就是大问题。原来厂里的职工安全意识很强，后来找的工人安全意识就不那么强了，基本素养不够。如果大家都以厂为家的话，看见危险问题都不放心的，必须处理好之后才放心的。现在主要就是这些问题。

王来东：您进厂的时候住房情况如何？

李长富：是分配的。我没确定来的时候提前来看看，不行就当回趟老家，其实镇江市已经给我安排好了。到厂里之后，厂里管人事的主任和党委书记说总算把我盼来了，直接把房屋的钥匙给我了，我看了还可以。当时是盱眙县组织部长跟我谈的，我当时提了两个条件，一个是住宿条件要好，我在部队还是上下四间房呢，住宿不好不行；第二，当时已经有企业发工资困难的情况，工资必须有保障。县组织部保证满足我的要求，所以我就去厂里看了，住的地方是三室一厅，房子住着还是比较好的，和党委书记一样的待遇。房改的时候厂里给我们盖了房子，仅收了很少的钱，我现在住的房子就是当时盖的。

王来东：承包经营责任制是什么情况呢？

李长富：这是国家政策，大约是1986年开始的，所谓责任制实际上就是厂长负责制。实际上厂长的权力不是特别集中，也没有那么大的胆子，厂长负责讲是那样讲，实际上是党委说了算，厂长还没有那个胆量。

王来东：车间主任和厂长能够控制职工的福利待遇吗？

李长富：在同等情况下，没太大差别，特殊情况下有一定差别。在奖励上肯定是幅度不大。

王来东：我们厂有没有想过异地搬迁呢？

李长富：原来厂里都有计划，我们的户口都在淮安，迁过去了。我孩子户口现在还在淮安，我的户口已经迁回来了。我户口留在淮安干什么呢？又不在那里住。小孩子想要在淮安发展一下，也方便下一代上学，所以就把户口留在了淮安。盱眙县的住宿环境还是不错的，环境很好，比南京都好，我去过南京的。当时厂里面跟我们讲，厂里重要干部的户口都迁到淮安。

王来东：我们厂为什么没有实现异地搬迁呢？

李长富：这个就是看厂的发展了，如果厂发展的规模大了就有条件去其他地方了，但现在厂里面只有几栋房子，规模较小，实现不了搬迁。我们厂规模比较小,主要搞黑索金,没有其他产品,也没有支柱产品,有产品的话还有希望。就是这个原因。

(李长富,男,1945年出生。1964年服役,1984年退役后进入红光化工厂,先后担任保卫科长、纪委副书记及厂党办主任等职。2005年退休。)

十三、采访张正平

采访时间:2018年6月9日
采访地点:江苏盱眙县张正平寓所

王东来:我们厂的军品包装箱车间是怎么关掉的?

张正平:当时我们厂的产品销量很好的,江西、山西等很多省都要我们生产的炮弹箱的。在军品占主导地位的情况下,国家有物资供应计划的。1990年以后军品没了,大兴安岭森林工业局就自己搞了一个工厂,就地加工炮弹箱等,他们这个就比我们要节约运费了,直接往外运输成品。我们这个兵器工业部的物资供应取消了,东北那里也不给我们木材了,所以我们的物资供应整个断掉了。我们最大的木工车间最多的时候有两个车间,大约二百个工人在那里工作,后来因为木材供应断掉以后,这个车间就倒闭了。我们厂先关闭的是军品包装箱车间,后来关闭了汽修车间。

王来东:当时我们厂的汽修车间为什么没有很快关掉呢?

张正平:没很快关掉是因为和金谷汽车修理厂联营了,我们出厂房设备带人,他们出流动资金和联系车辆货源,联系的车都来我们这修理,就这样一起生产修理了一段时间。第三个倒闭的是生产纺织配件和干粉灭火器的二车间。干粉灭火器连续搞了十四五年,当时江苏省公安厅和国家有关部门一直没有通过,原来允许我们搞七八个系列的灭火器,分大中小等,后来只允许我们搞两个系列,就竞争不过人家。在这种情况下,纺织配件垮了,干粉灭火器也垮了。

王来东:是不是还生产过小钢瓶啊?

张正平:对对,就是生产小钢瓶,加上干粉就是干粉灭火器成品了。我们和天津消防器材厂还合作过,我们生产的产品挂他们的牌子,类似于贴牌生产。后来因为我们总是受制于人,所以就自己生产组装了。我们厂有这样的技术,整个车间最多的时候有七八十个人,从小钢瓶生产到最后的装药测试都能做。消防器材是公安负责的,我们多次向省公安厅和国家公安部消防局申报,也开了好多次现场会,我们质量也很好,但就是通不过。

王来东:这是为什么呢?

张正平:竞争不过人家,因为江苏省有一个最大的消防器材厂,牌子叫合力消防器材厂。他们已经进行系列生产了,包含3公斤、5公斤或者泡沫等不同规格和系列,我们竞争不过人家啊。

王来东:那当时为什么给我们批文啊?

张正平:这还是省工办有个处长和省公安厅有点关系,从那个厂挖了一点计划过来。当时说先给我们两个系列,如果这两个系列弄好了再按计划给我们弄,谁知道最后竞争不过人家。

王来东:看档案我们1979年就开始研制了,最后放弃很可惜的。

张正平:我们这个厂有很多产品的,几十个啊。开始生产煤气灶上的减压阀,现在买也要三十多块钱一个呢,不过我们厂慢慢就丢掉了。那个时候还是厂领导班子和职工不在乎,开始我们是百分之百的民品,占主导地位。当时我们搞这些民品,也搞出来了,慢慢就丢掉了,当时军品充足大家不在意。这是上世纪七八十年代的事情,一直到1990年我们都还有军品计划的。我们搞了很多民品但都没重视起来,像专门锯钢材的弓锯机,当时我们做得很好的,最后放弃了,现在有个华东机床厂利用我们的图纸专门生产系列的弓锯机。如果当时我们把这个产品留下来多好啊,但我们弄弄就丢掉了。现在大家用的煤气表,之前我们也生产了七八年,鉴定也合格的,华东地区,包括河南、山东和天津大港油田都需要的,因为这些地方都需要使用煤气啊,当时用得也很好,但最后我们还是竞争不过人家。当时我们做的是牛皮式的壳子,现在都是铸造的壳子。煤气表不像水表,煤气有腐蚀性,用到一定的时候煤气表不准了,一个煤气表能用三五年,不行了就要淘汰,换一台得一两千啊。本来我们改造一下煤气表技术就可以了,我们有这个技术的,后来我们放弃了。我们放弃以后,苏州一家给我们生产煤气表壳体的厂看我们不生产了就接着生产煤气表了,人家已经注册了商标。

王来东：我们厂何时开始注重生产民品呢？我们厂对生产民品的态度如何？

张正平：我们厂从1982年左右就开始注重生产民品了，起步蛮早的。当时军品已经在慢慢减少了，从80%到60%一直慢慢减少。我们厂有几百个职工呢，包括退休工人有六七百个人，在军品减少的压力下，我们从1982年左右就开始注重民品生产了。我们的民品有煤气表和纺织配件，纺织配件就是纺织机上的滚轴，好粗的，用来卷布的。后来军品减少到20%，民品占到百分之六七十，但民品没形成气候啊。当时我们生产家用多功能煤气灶，这个技术是从湖南引进的，生产出来销路也可以，后来慢慢也不行了。这里有很多原因，关键还是厂领导班子。主要是领导班子计划经济的心思太重，一直觉得靠军品吃饭就不需要民品生产。第二就是领导班子更迭太频繁，到这一届就是三五年，三个人就是十几年，这个厂总共才有几年啊！

王来东：我们厂1982年就开始重视民品了，我们采取了哪些措施呢？

张正平：有啊，当时开发的有纺织配件、变速箱、拖拉机壳体、煤气表、灭火器、净油机。净油机就是把油里面的杂质分离出来，一台1万多元呢，当时市场很好，包括天津、河南、山东、江苏等都用的。此外，还有多功能燃煤灶具等产品，但都没有形成气候。究其原因还是质量问题，大家不认可。此外就是市场竞争力上不去，就像上面说的多功能燃煤灶具是从湖南那里引进的。我们看中和他们协商的时候，人家已经是规模上千人的规模化大厂，我们只有一个车间在生产这个产品，我们起步晚了。我们的干粉灭火器，开始有七八个系列的，到时候公安厅只批给我们两个系列，人家要使用就用系列的，型号多了方便选择啊，但我们只有两个型号，没有选择余地啊，所以这个产品到最后就淘汰了。干粉灭火器淘汰以后，我们就给湖南和天津消防器材厂生产小钢瓶。我们自己也组装成品灭火器，后来产品积压了，厂里面就抽调二三十个人去推销，积压在仓库里那都是上百万的资产啊。当时推销灭火器是和工资挂钩的，推销一台灭火器可以拿奖金和工资，如果推销不了就要从工资里扣钱，到最后就这么弄的。如果不这样干，积压一二百万元的资产，我们去哪里弄流动资金呢？

王来东：我们从湖南引进技术需要掏钱吗？

张正平：买的，大概花了4万元钱。

王来东：当时我们开发那么多民品是买进技术吗？那得花不少钱吧？我还以为是上级部门直接分配的技术呢。

张正平：人家都是有偿服务，技术也是有偿的。在大力开发民品的时候，省工办基本就不管我们的事了，只负责军品生产。比如说原来军品占80％，后来军品降到40％，省工办只负责这40％的军品生产，民品不管的。等到军品投产的情况下，需要生产鉴定的时候，生产处来了，质检处也来了，甚至工办的副主任也会来，类似于专家组一样来这里进行鉴定。我们江苏军工厂反反复复下放过几次，我们厂1970年隶属于省国防工业办公室，包括江苏省其他军工厂，1985年下放到淮安市，1995年又上收到省国防科工办，2000年又下放到淮安市，一直到2003年改制结束。由于体制的变化，一会省里一会市里，造成不稳定管理混乱。名义上是省市双重领导，因为军工厂涉及军品生产嘛，实际上还是以市为主。省工办只是检查军品生产进度和质量问题，会打电话或派人来检查，但是其他事情省里不管。体制的两次下放两次收回，前后弄了三十多年，我们盱眙五个厂都受影响。

王来东：如果我们一直属于省里管理会不会好一点？

张正平：那当然好了。2000年以后，江苏省第一个执行省一级工办取消，我们盱眙五个厂就划归了淮安。其他军工厂也就近下放，在无锡的划给无锡，在镇江的就划归镇江。31个省市自治区国防工办开会的时候只有江苏和另外一个跑得最快，回来以后大约一周就全部撤销了，全部下放到所在市的经委，市里面的国防工办也取消了的。江苏省还有大三线的，例如307厂、金城集团、303厂和熊猫集团，当时江苏的军工厂很多，改革后全部下放到南京市等市里面。熊猫集团隶属于电子工业部的，和南京平起平坐的，根本不理会南京的。像我们小三线这种一两千人的厂规模还是比较小的。

王来东：我觉得小三线规模小也限制了企业的转型，承受不了转型过程中的失败。

张正平：这是一个原因。第二，当时是计划经济，人员太多。例如我们厂最多的时候大约800个人，在任务减少、企业经济效益下滑的情况下，一年下来除了人员工资和福利以外也就是几十万元的利润，再养活那么多人，包袱太重。

王来东：我们厂几百人包括职工家属吗？

张正平：不包括，厂里的人只包括在职职工和退休工人。退休工人也得报销医药费啊，那个时候不像现在社会统筹，当时他退下去以后发生的医药费都是厂里实报实销的，职工的工资也是厂里发的。我们厂有 493 个职工，退休的就有 303 个，这负担太重了。我们厂机关和后勤的人员太多，真正处于生产一线的太少，两者比例大约各占一半。后来车间和机关没事的时候，就让职工待岗，一个月给他们发 200 元钱。当时人员不精简不行啊，人员要是在这里一个月就得上千元钱了，不止 200 元了。我们厂没那么多事，就把这部分人精简了。这部分精简掉的人可以自己做小买卖，因为在县城比较方便。有的人摆摊做买卖，有的人载客拉人，有技术的修理自行车、进行机床修理加工。我们厂有个优势就是处于县城，人员下来以后只要不偷懒都会有饭吃，开三轮拉客也能赚钱的。当时我们这里还没有公交车，从城南到城北十几里路呢，开个小三轮拉客也很受欢迎的，这就是地理优势。

王来东：我们对职工家属有什么照顾吗？

张正平：我们厂基本上都是双职工，家属没有工作的就安排在厂里做临时工或者安排到幼儿园。有的职工家属没事就到木工车间搬运木屑到仓库，也算是一种照顾吧。

王来东：我们从哪一年开始不负责退休工人的管理了呢？例如发放退休工资和医疗报销。

张正平：大约是 1998 年，当时工厂改制实行承包。原来这些都是厂里负责发放，后来由社会保险处统一发放。

王来东：当时我们厂民品开发的资金哪里来的呢？

张正平：自筹资金，凡是民品都是自筹资金。就是军品挣的钱，除了工资和奖金之后的资金。盱眙五厂之中，从建厂到 2003 年我们厂的工资是最低的，2003 年都没有突破 1 000 元的，同期其他厂都能拿到两三千元的啊，奖金都有我们工资那么多的。我们厂的工资在五个厂中水平最低，就是退休工资也低，因为当时盱眙县交养老金有三个档次，我们交的是第三档次，就是一个月交 60 元钱，一年总共 720 元钱，别的厂一个月交 500 元钱的。这能和人家比吗？现在人家厂的退休工资每月最起码比我们高几百元钱，人家交得多退休工资也多。

王来东：我们厂的民品销售是什么情况？

张正平：我们自己组织人员去推销。

王来东：原料购买有专门部门吗？

张正平：有啊，是经营科负责的，专门负责购进原料。技术引进是技术科负责，分管技术的副厂长到湖南去和人家洽谈，但买技术要花钱，该挂靠就挂靠，该怎么样就怎么样。销售有销售科，有二三十个从各个车间抽调过来的比较精明的、有经营头脑的人负责灭火器、钢瓶、净油机、煤气表等产品的销售。但是工厂对他们实行大承包，就是说你的出差费回来是不报销的，等到推销产品收回资金给相应的提成，肯定高于出差费，提成标准也蛮高的，有的人提成甚至高达1万多元钱。有个小伙子承包河南和阜阳地区，占领了广阔的市场，年终奖励了万把块钱。这些前提是必须把资金回笼，然后按销售额提成。

王来东：除了大承包还有其他措施促进销售吗？

张正平：其他就是鼓励非经营人员进行推销，推销一个灭火器提成10%。当时一个灭火器要不少钱的，3公斤的150元钱，9公斤的300元钱。盱眙的商场、企业、粮食部门，就动员盱眙县本地的关系，想方设法推销。本来我推销不出去，我的战友后来调到另外一个团做政委，营区就在安徽滁县。他这个团办了一个家属的服装厂，我就利用这个关系，一下子推销了四十多个灭火器。正好他们也需要，那个随军家属厂有二三百个人呢，还有个仓库，做衣服的不需要防止失火吗？此外，团里后勤仓库、办公室都要灭火器啊，要不失火了怎么办呢？利用专业队伍和职工集体推销相结合，这样就把二三百万元的产品解决了。这还有一个问题，比如说放在某个地方代销的，到最后烂账不少，改制的时候钱收不回来，账面还有一百多万元的欠款呢。东西给人家了，钱没收回来，暂时那些产品也没用掉。例如，团里面把灭火器配置到服装厂和后勤处，他们直接把钱给我了。但如果把灭火器放到消防队代销，消防队卖多少台只能给我们多少钱，卖80台只能给我们80台的钱。产品没销售掉是一个原因，其次，灭火器三年就要换一次粉，过期后就喷不出来了，没有灭火的功能了，再加上企业当时已经不行了，也没能力更新。当时销售很多都是打电话联系的，后来去联系消防队的联系人，发现之前的联系人调走了，接任的人也不了解具体情况。以上多方面原因导致很多烂账，钱收不回来了。工厂当时进行大承包，划到谁头上都是有具体人的。我们让相关销售人员赶紧去联系，能卖的就卖掉，卖不掉就当废品卖掉。我们有个职工就这样，他在河南郑州推销了一部分灭火器,当时还有一百多部就是处理不掉了。灭火器小钢瓶都是几个毫米厚的钢板啊,外面的喷漆都是我们自己做的。由于在郑州的一百多部灭火器卖不掉了,厂里面同意将这部分灭火器当废品处理掉,然后就在郑州找了个废品收购站处理掉了。如果把这批灭火器拉回来连运费都不够的,只能当废品卖掉,多少还能换点钱。

王来东:是不是当时的销售不够规范导致这些问题呢?

张正平:也不能说不够规范,当时也有专门的销售科和经营科,也有二三十个人的专业销售队伍,还有发挥个人的销售积极性。但当时产品积压得比较多,而且没有占领市场,产品不够系列化,导致销售出现困难。

王来东:我们生产军品包装箱的设备对我们的民品开发有用吗?

张正平:有用啊,我们生产包装箱的大带锯和炕房等设备都有用。木料放在太阳下容易腐烂,我们把木料泡在水里,需要用的时候用吊车把它吊起来。木料很粗的,直径都是七八十厘米的。木料吊出来以后用大带锯开成板子,然后放到炕房烘干。木料烘干后到车间进行刨,然后钉成箱子。这个搞完以后,我们后来又生产新的东西了。当时每家每户装潢不是要铺木地板么,一家最起码要铺一个房间,一般是主要房间。我们这个车间留下几个人到车间收集马尾松,开成板子后就拼接成木地板,要不然这个设备没得用啊。

王来东:我们多余的军品设备是如何处理的呢?

张正平:基本上没有多余的。比如说我们有个专门的维修车间,各个车间进行承包的时候它有自主权,就是只要各个车间上交前三年利润的平均数,其他的钱车间自己处理,多了厂里也不要。维修车间加工能力很强,别人机床上的零件坏了就来这个车间加工。铸工车间除了生产军品跳雷以外,还为常州拖拉机厂生产配件,还生产阀门,这都是铸件。铸件浇铸出来不是很粗糙嘛,通过车床加工成光滑的。这不仅是铸造车间的优势,还把另外一个机加车间给带动起来了。机加车间把铸造件加工成成品,成品就是钱啊。铸造车间接多少活,然后按照规格铸造出来,浇铸好以后必须到机加车间进行精细加工,加工光滑后再涂上黄油用牛皮纸包装起来装到箱子里。

王来东:我们厂是不是还有租赁经营?

张正平:这就是我们和金谷汽修厂合作。我们厂有个汽车修理厂,里面设备很好。大锅饭的时候,盱眙五厂的车都来这里修车。后来改革了,各个厂都有自己的修理班，自己买零件工具修车，不来我们这里了。我们处在县城，可以发挥县城的优势。县城各个单位也有车子，且县城的汽车修理厂很少。我们是县城第三家汽车修理厂，当时除了粮食局车队修理厂和供销车队修理厂，我们就是第三家修理厂。当时盱眙不像现在修理厂那么多，好多县里的车子都来我们这里修。后来各个厂自己修车的时候，我们厂的业务就小了，并且县里面来我们这里修车的也少了。当时除了我们自己的几十台车子以外，其他外面的修理任务不重。后来就决定把我们的修理车间租给粮食局车队，粮食局有个车队，有几十台车。我们租赁给粮食局，他们每年给我们15万元租金。我们厂有二十多个人，粮食局有二十多个人，加一块五十多个人呢。当时是我们提供车间设备和部分人员，联系车辆修理业务都是粮食局车队负责。我们这个汽修厂成员1970年刚进厂的时候都是学生，还有退伍军人。

王来东：这部分人后来都在咱这定居了吗？

张正平：大部分定居在这了，1990年左右还有一部分职工因为厂里效益不好找关系先后调到南京、六合和扬州等地。我们这个军工厂和其他军工厂还不同，我们厂在县城，交通方便，文化娱乐条件也很好。下面的厂晚上只有厂区的灯亮，通往厂区的路上连路灯也没有，都想往城里面来。其次我们为什么有优势呢？当时省军工局在我们这里盖了一个盱眙五厂中最好的电影院和最好的五层楼招待所。

王来东：这就是我们厂的第三产业吧？

张正平：我们利用招待所和电影院开展第三产业。当时盱眙就两家电影院，一个盱眙电影院，一个就是我们。当时不像现在都有电视，最红火的时候这两家电影院白天黑夜连续放电影，一天放几十场呢。所以我们就利用上级给我们盖的电影院和招待所开展第三产业。后来我们利用招待所多余的房子搞了一个餐厅，县里好多人开会都吃住在我们这里，有看电影的，有舞厅，有卡拉OK，有浴室。本来我们厂就有职工的浴室，我们厂职工家属也有几百人的，这个浴室也对外开放。第三产业专门成立了一个滨淮服务中心，在工厂经济不如意的时候，它给工厂创造了可观的收益，也安置了很多车间里面下来的年龄大的和身体不好的职工。如果一个职工连在电影院检票的工作都不能干的话就只能回家休息了，我们就把老弱病残的职工安置在这里。第三产业既创造效益，又安置了多余劳动力，最多的时候我们厂第三产业有七八十个人呢。

招待所、卡拉 OK 和餐厅都需要人，光餐厅就有十几个小包间，大餐厅承接各种红白喜事招待。这个招待所从 1983 年实行大承包，厂里面的招待都在这里，一直到 2003 年结束，这个第三产业都干得很好，经济效益一直很好的。

王来东：后来这个第三产业是怎么处理的？

张正平：工厂改制以后就随着工厂结束了，因为这些资产属于工厂的。现在招待所卖给东边一个开发区了，电影院的房子拆掉了，招待所的房子还在。

王来东：您如何看待"军转民"对我们厂的影响呢？

张正平："军转民"是个好事情，因为之前厂里面总是有一种依赖军品的思想，没有创新精神。在计划经济情况下这样可以，但是在市场经济情况下，如果老抱着眼睛向上"等靠要"的想法是肯定没出路的。所以实行军民转换还是很有必要的，只不过我们没有形成气候。我们开发了一二十个产品，但最终都没形成气候。我们还生产冰箱压缩机的，跟南京 924 厂合作。南京 924 厂是大军工，生产冰箱，我们为他们生产压缩机。

王来东：承包经营责任制是什么情况呢？

张正平：这是 1983 年开始的，当时国家有政策规定，搞市场经济。邓小平南方视察以后就开始搞市场经济，开始承包。过去一直是厂里面靠军工局吃大锅饭，车间靠厂里吃大锅饭，都没有积极性。过去厂里的工资调资还是平均主义，反正大家一起调，调多少都一样。为了打破这个情况适应市场经济的需要，从 1983 年开始对各个车间进行承包。滨淮服务中心等大部分部门都实行了承包，包人员工资，上缴利润，此外还得承担各自的水电费，因为厂里把资产给他们了。资产给各部门后由他们独立经营、自负盈亏，给厂里上交一定的资金。这个资金是如何定的呢？这就是前三年的平均数，各个车间也会和厂里讨价还价的，精明得很，后来我们就按前三年的平均数来算。自负盈亏就是自己保本，超过比例的有奖励。

王来东：改革前后厂长的权力有什么变化吗？

张正平：这也是随着国家政策变的，这套系统厂里面是不敢对国防工办说个不字的。只要中央开个什么会议，是党委负责制还是纯粹厂长负责制，只要中央开会了，省市国防工办也会开会的，厂里面是不敢不执行的。当时我是党委成员，党委还是支持厂长工作的，厂长负责制了嘛。行政上的事情全部由厂长管理,党委负责政工系统,包括职工教育和安全工作。经营等工作由厂长负责,但党委又不是不管生产经营工作,比如说随着经济调整,原来是一个销售科,后来销售和经营分开了,经营科这块由厂长负责,生产的东西销售不掉了我们党委开会协调。比如动员职工销售灭火器,这不是厂长一个人能做到的,必须靠全厂职工大会,党委书记做动员,这不是对厂长的支持嘛。党委顾大局,在人事上坚持原则,抓一些不正之风。在产品销售遇到困难的情况下,就像刚才我说的灭火器销售,就发动全厂职工,党委书记带头推销灭火器啊。第一,支持厂长工作。第二,回笼资金,要不然职工发不到工资啊。第三,谈业务党委书记也会跟着去考察。例如我们党委书记一起跟着去天津考察和消防器材厂联营。我们党委副书记也跟着到湖南考察多功能煤气灶。党委和厂长既有分工也有紧密配合,不是截然分开的。

王来东:相对于之前,当时厂长权力是不是增加很多呢?

张正平:这个都是从中央到省市层层开会贯彻下来的,就算是个人有创造性的发挥,在军品任务重的时候总要想方设法完成军品任务,当时经常加班加点。生产民品的时候厂长有自主权,但生产军品一点都不能拖的。

王来东:改革前后车间管理有什么变化呢?

张正平:车间过去也有依赖思想,后来实行承包就有自主权了。车间里面都是小年轻,但每个车间都有主任和副主任,还会配一个书记,不然这些年轻孩子很容易出事的。车间经营自主了年轻职工会胡来,搞一点外快私分。当时我兼任纪委书记,开纪委会和政工会的时候会提到这个问题,要求中层干部抓好这项工作,要不然年轻职工胡搞啊。当时有三种情况,一是私分财产,不上账。这都是车间主任、书记和会计等三四个人搞的名堂,但工人知道啊,工人干事情知道具体情况啊,没入账的话我去了解一下就知道了。二是吃喝成风,拿公家钱吃喝。今天请车间内部人员吃饭,以后请厂里面有关领导吃饭,还有的请外面来我们厂联系业务的人吃饭。这种吃喝风气必须刹住,我们就找书记开会,要求该查的就查。二车间不是生产钢瓶嘛,钢瓶上面有个铜的阀体,这个阀体是纯铜的,生产过程中出现不良品后就漏气不能用了。按照要求这些不良的纯铜壳体需要回收的,但他们就把这些废掉的铜阀体浇铸成火锅,每个职工发一个。这个问题发现后必须要查的,这是厂里面的资产啊,这个车间以福利为名就给瓜分了。这种事情得管啊,不管不行。他们希望厂里面完全不管,但他们做事情得把握方向,不能胡来啊,他们私自瓜分、吃吃喝喝就是不行。我们的承包不是放开一包到底的,承包合同里面也有几条要求的,要按照政策规定,不能徇私舞弊,不能搞歪门邪道,不能瞒报私分,这些合同上都有规定的。另外也要发挥党委支部书记的作用,出了问题反映到纪委就去查。基本上每个车间都有这样的问题。

王来东:车间承包经营责任制对生产的激励大吗?

张正平:作用当然大了,有激励作用。这有助于发挥两个积极性,过去是厂里有积极性,厂里面干着急,车间主任不急。后来放开了车间积极性上来了,我们只要管理一下。在管理上,我们要求不能私分,这个要求严一点。吃喝因为牵涉到厂里面的领导,我们睁一只眼闭一只眼,但也会提醒一下。正常的吃喝可以有,但要少吃点,总不能一天三顿吃吧,哪有那么多钱呢。从厂里来说,车间大量的吃喝说明我们的承包基数低了,要不然哪有那么多钱吃喝啊。第二个,车间业务量大了,联系的业务多了,加工业务多了,就挣到钱了,车间的积极性多了。就像铸工车间为自来水厂生产阀门,这都是自来水厂需要的啊,这就是车间和自来水厂联系的结果。六车间给供电局生产电表箱,这个很简单的,把铁皮弯一下,用螺丝上一下就行了,这是给供电局配套的。如果我们厂里直接管理的话他们会偷偷摸摸地干,例如我们厂的汽修车间,职工上班时间磨洋工,别的单位急等着用车他们修理得磨磨蹭蹭。下班以后职工去给私人修车,干私活了。他们上班时间也不耽误时间,但不是特别卖劲,下班以后厂里管不了,他们就去给私人干活。自己承包以后厂里就不管了,交了钱只要不拿厂里的设备干私活或者把外面的东西拿过来加工就行,因为电费和设备损耗是厂里面的啊。

王来东:1983年以后职工管理有什么变化吗?

张正平:职工管理上,大体上要控制,小的方面得放开。比如说搞一点福利或者逢年过节买一点东西,不敢明着分钱了就分东西,例如买一些呢子大衣分给职工。

王来东:之前职工是国家职工,改革后职工的身份有什么变化呢?

张正平:1985年之后不是实行全员合同制嘛,包括厂长和书记都要签这个合同。1985年之前是固定工,之后是合同制职工,但我们也不敢真正把职工处理掉,除非公安部门抓住判刑了,我们可以把他开除掉,一般的有问题到厂长书记面前掀桌子摔茶杯啥的我们也不能开除他。企业用人制度不灵活就是吃大锅饭的时候,一直到 2003 年,只要不触犯法律没有谁敢开除职工。厂长有人事制度的权力,但棒子举得高高的,最终没有打下来。有个职工调到保卫科当门卫,他不想在车间受苦,厂里面不同意,他就去办公室闹,把水瓶茶杯都摔了。按现在的规定早就开除了,但当时就是没敢开除他。后来他带着老婆孩子到厂长书记家,一天三顿饭都在厂长书记家吃,你说窝囊不窝囊。

王来东:当时我们为什么不敢开除呢?有什么顾虑呢?

张正平:第一,大家都是本厂职工,都住在一个生活区。第二,撕不开情面。把他开除后他家没了收入来源,肯定会找厂领导麻烦啊。第三,有的人跟县里面有关系,县里面给我们领导打招呼,这个问题批评一下就算了嘛。除非一个职工犯法了,我们厂也开除了好几个犯法的。有些职工的错误不足以开除,我们厂里就判他监督劳动一年,一年之内被监督的人不能再犯事情,不然就按规定进行处理了。后来还不错,那些被监督劳动的人都正常退休了。那时候不敢随便开除的,不像现在进行公司制改革后,之前的人都有依赖思想,现在好多了。

王来东:上世纪 90 年代我们厂工人来源有什么变化吗?

张正平:大部分都是退伍军人。1995 年以后,盱眙县民政局退伍军人安置办公室会安置相关的退伍军人到各个厂,例如盱眙县有 100 个退伍军人,盱眙县退伍军人安置办公室会相应地给五个军工厂安排一定的人数,都是硬性指标。

王来东:这些人进厂的时候签的是长期合同还是短期合同呢?

张正平:这得看哪一年了,如果他是 1985 年以后当兵的就是合同制了。合同也是履行一下仪式,当时签的时候说是三年五年,其实一直到 2003 年倒闭都没有续约这回事,按道理是应该有续签合同这回事的。1990 年到 1995 年期间,厂里面职工子女通过上技校培训招工进厂。职工子女在技校培训两三年,学习的专业包括车床、会计、电工、化工等。这些接受培训的纯粹是职工子女啊,是厂里面和淮安市照顾职工子女就业的,通过这个渠道进了五六十个职工。之前没有这种情况,都是按招工指标走的,退伍军人是必须要的。之前招工都是有指标的,那就是计划经济了,省工办人事处讲一个厂多少个工人,我们就按计划招工。如果招工的时候正好有初高中毕业的本厂职工子女符合条件,就趁机招收进厂。还有一个就是1990年到1995年期间,职工子女基本上都初中毕业了,也不能干什么,就去技校培训一下回来,学完回来后进工厂做学徒工,到厂里一两年工厂就不行了。这也算一个职工名额,也得给他交养老金到2003年,买断的话五年就按五年的利息算,十年就按十年的利息算,一次性买断。

王来东:当时我们厂有建设分厂吗?

张正平:分厂没有建设,但车间实行分厂制。原来是车间主任,后来就变成分厂厂长了。那个时候是成立公司,但我们厂没有成立公司,下面几个厂就成立公司了。就在要成立公司的时候,我们厂就破产了,没过渡到那个阶段,就是车间实行了一个分厂制,其实还是一个车间、一个车间的。

王来东:我们对职工的生产激励有哪些措施?

张正平:就是奖励政策,就像我说的,推销灭火器和净油机都是有奖励的。一线职工和机关职工加班都会给相应的报酬。

王来东:我们厂股份制是什么情况?

张正平:我们没实行股份制。下面的几个厂实行了,他们改成公司制了,我们厂没实行这个政策。其他几个厂最早的从1995年就开始改革了,不再是厂长负责制,而是董事长和经理负责,我们就没有过渡到这个阶段。我们厂1990年就不行了,已经处于停产半停产状态。市里为什么把我们厂定为改制企业?因为挽救不了的,一个是欠养老金太多,一个是企业负担太重,另一个是军品彻底没得了,民品也没有形成气候。但我们厂里面的第三产业还是比较红火的,其收益挽救、补贴了一下厂里面,比如,我们靠马路两边的厂房出租,靠和金谷汽车修理厂进行联营。此外,就是六车间的机加,一直在搞阀门和拖拉机铸件,这个一直搞到2003年,常州拖拉机厂蛮大的。西边的几个厂全部都倒闭了的,经济不景气的。

王来东:我们江苏省小三线有迁厂的措施吗?

张正平:有啊,我们不是江苏省的互相迁。在安徽省广德县有940、971、9449三个厂,属于江苏的军工厂,坐落在人家的地盘上,必须迁回来。940厂现在在南京江宁区。971厂迁到无锡。建厂的时候在人家的地盘上,我们属于江苏省国防工办,但也不能得罪安徽省国防工办,关系还得搞好。后来为了统一管理就决定迁回了,当时江苏大约有93个厂从那里迁回了。开始搬迁的时候,当地老百姓到厂区里面抢东西,当时厂里面房子多啊,职工宿舍都是楼啊。当地居民不住家里的房子了,都住到厂里去了,能占多少占多少。我们也是无偿给人家,本来我们就在人家的地盘上,我们拍拍屁股走人就行,还能指望安徽省补偿我们钱啊?当地老百姓把路都堵住了,意思就是把东西都留下来。这可不敢把东西留下来,军工厂是生产枪支的。还有货币厂的模具,比如为生产一元钱专门刻的模具哪能留给他们啊。我们把厂房留给安徽已经不错了,按说安徽还得给我们补偿的。国家国防科工局协调一下,让我们把东西拿走,厂房和地皮留给地方。这个地皮是江苏省国防工办和厂里面花钱买的,我们厂的地皮也是自己买的呢。我们厂小农场现在还有 193 亩地呢,1978 年我们花了 6 万元钱买的,现在一亩地划到了几万块钱啊,现在这些资产还属于我们厂呢。这个小农场是什么情况呢?当时为了解决家在农村的职工夫妻两地分居问题,为了照顾这部分职工,经省国防工办批准,按五七指示办了小农场,把优秀职工的家属从农村迁过来,给他们弄点地让他们种。当时我们花了 6 万元买了 160 亩地,当时盱眙县哪里有好地给我们啊。我们的小农场原来是个山地,上面长满了茅草,后来慢慢开发到了 193 亩地。

王来东:我们盱眙五个厂有没有异地重建的问题呢?

张正平:这个我就不太清楚了,因为涉及省里面领导的布局。再者,这个厂不是那么好迁的。我们厂不是火爆炸药厂就没有这个问题了,下面的红光、淮化和天明等厂只能在山沟,不能出来,出来以后不安全啊。

王来东:如果我们厂一直属于江苏省管,不下放的话会不会发展得好一点?

张正平:那样就会好多了,多次下放影响我们发展。如果属于省管的话我们厂的日子就好过多了。下放的时候,9479 厂生产子弹,很好的一个项目,就因为我们下放,省里面把这个本来该给我们的项目让给了其他单位。本来这个项目应该留给我们,我们去山区建厂生产。这个项目年产上百万发子弹啊,军队和公安都要用子弹啊,需要各种型号的手枪、步枪和机枪子弹。省里最后把这个项目给浙江了。我们下放后不属于省里管了,所以省里就给其他单位了。9479 厂是从广德迁回的江苏小三线,本来最有可能迁回到我们这里,但后来交给了浙江。这大概也是在国家国防工办开会的时候决定的,当时决定江苏省国防工办撤销,同时把在安徽的三个江苏小三线厂迁回,可能就在那个时候决定把9479厂交给浙江了。当时我们厂也去争取了,最后没有争取到,要不然就不是现在这样的了。当时全国没有几家工厂生产子弹啊,像造币厂全国就两三家吧。这个项目有各种系列的子弹啊,而且我们厂还生产配套子弹箱。如果这个项目给我们厂,光吃这个饭就够了。

王来东:您认为是什么原因影响了我们厂的调整呢?

张正平:第一,主要还是计划经济阻碍了军转民。第二,虽然我们也生产了一些民品,但都没形成气候,市场竞争上不去。第三个原因就是领导班子像流水一样更换。第四,职工思想有问题,依赖思想重,再加上技术含量不高,包括铸工都是流水线作业,木工也是流水线作业,每个岗位都有特定的工作,技术含量不高。第五,我们厂先天不足,本来就是为下面几个厂配套的,汽车修理和机床维修。后来放开了,人家自己搞了,就把我们这里丢掉了,我们的业务就需要自己去找了。

王来东:当时我们的党组织在工厂中的权力有多大?

张正平:开始时是党委领导下的厂长负责制,1983年以后就改成了厂长负责制。

王来东:我们党组织有多少层次呢?

张正平:垂直领导是有的,最高的是厂党委,党委下面有党委办公室,就是现在的政治处。政治处里面有宣传科和组织部。再往下各个车间有支部书记和党小组。包括机关里面,几个科室只要有三个以上党员就可以成立党小组。每年都会有七一表彰,经济效益好的情况下,各个厂和工办系统都会组织演讲和比赛的,都要进行观摩演出和比赛的,搞得很好的。我们的党组织生活都是按程序的,包括三会一课、特殊党员的表彰、困难党员救济,还包括思想工作、组织生活和党课。我们还创办了党校,专门负责党员教育。之前我们的党组织生活一直很正常的,1995年以后就不怎么正常了,党委班子还在,就是没有换届,当时经济效益不好,也没人顾及这个事情。

王来东:我们党组织工作分为几个板块呢?

张正平:党员教育和党员发展。我们党委就可以直接批准发展党员,但一定要经过考核和教育,还要指定党员对他进行一对一的培养,然后在开支部会的时候讨论通过才能报厂党委批准。程序是很严格的,并不是随便发展入党的,必须满足相关标准才能发展入党的。党组织生活、党组织关系和党组织机构都是健全的,我们会搞一些教育培训、比赛表彰等。每年企业表彰优秀党员、优秀政工干部和优秀党小组,这都是有奖励的。厂党委侧重于思想教育,但是生产也得管。例如发动职工搞销售,生产遇到问题的时候要纠正,有的车间胡来的时候要提醒。厂党委要求厂领导尽量减少参加相关吃喝,特别是严禁私分资金。厂党委也要把关厂的经营活动,经营活动也得在法律的范围内啊。厂长负责制也不是党委放任不管,放任自流。不干涉不意味着放任自流,党委要教育厂长按照政策办事。纠正不正之风就是纪委书记的事情,我当时兼任纪委书记,我发现一些不正之风就找相关负责人谈话。

王来东:1983年厂长负责制的情况下,厂长对职工的工资待遇有决定权吗?

张正平:没有,1998年成立公司制的时候才有权决定工资。1983年到1998年期间还是国家调资,国家说调资就调资。

王来东:厂长负责制时厂领导对职工的惩罚有哪些手段呢?

张正平:主要就是批评教育,还有处分,如果犯法的话就报到公安部门。虽然厂长权力大一点,但一般都不会动职工的,除非他犯法了。其他事情厂长不会找人讲的,万一打起来怎么办呢?一般是支部书记先去了解情况,然后汇报给党委书记和副书记,最后再报给厂长。解决问题是以做工作为主,一般不给开除,严重的就留厂察看,再严重就报警了。

王来东:当时职工及其家属的户口是什么情况呢?

张正平:职工的户口是招工的时候带来的。职工家属的户口基本没有问题。职工来的时候是单身,很多找的都是盱眙县的对象。盱眙县棉织厂等厂的人找到滨淮厂的已经不错了,军工厂嘛,解决住房和洗澡问题。当时福利条件很好,用水用电不要钱,又有房子住,谁不愿意啊。新招的退伍军人直接就上户口了。

王来东:职工的住房问题如何?

张正平:1985年之前职工的住宿很好,之后就不再招那么多人,除非招一些大学生。大学生来了没有房子就安排在招待所,两个人一间,都是单身嘛。1985年以前,凡是小家庭的都解决一间房子,福利条件好。单身职工有集体宿舍。当时为什么大家都往军工厂跑呢?就是看到福利好。那个时候不像现在房子那么宽裕,当时厂里房子很紧张。如果要招大学生的话,结婚的时候必须得给一套房子。

王来东:我们吃穿住行方面是什么情况呢?

张正平:小家庭自己做饭吃,单身职工吃食堂。我们厂在城里面,买菜啥的比较方便。我们不像下面那几个厂条件艰苦,他们都是后勤派车来县城采购物资。我们就是用三轮车,总务科司务长带几个人去菜场买东西。我们有浴室和食堂,住宿也不错。宿舍有单身宿舍,两人或四人间。后来成立小家庭以后能分出来的就分出来了,没有房子的话就在招待所分一间房子。

(张正平,男,1949年出生。1968年服役,1978年转业后进入滨淮机械厂任政治处干事,1980年任六车间支部副书记,1981年到厂纪委任专职副书记,1987年任厂工会主席。2002年担任厂主要负责人。)

十四、采访姚祥英

采访时间:2018年6月10日

采访地点:江苏盱眙县淮河风光带公园

姚祥英:刚建厂的时候进的那批人苦啊,就是本城的小孩子星期天都不回家的,就是离得很近都不让回家。他们在厂里干吗呢?在厂里劳动造房子,抬土、抬砖头。有的小孩子都抬哭了,都是十几二十岁的学生啊,哪能吃得消啊!当时苦啊,生活条件又差。当时都是学生,有的家庭条件还比较好。当时军工招工和当兵的要求一样,当兵什么条件招工就是什么条件。很多人想进进不来,进来的却受苦了。1970年我在扬州没回来,这里已经宣布成立7061信箱,代表1970年6月1日滨淮厂成立了,是五机部批准下来的。大概等了大半年,9489厂的番号就出来了。当时有个规定,写信写一个名字,写滨淮机械厂、9489厂和7061信箱中的任何一个都行,都能送到,如果写两个以上名字就不送了,这就是泄密了。1970年以后,原来的老农机厂就分出去了。分开之前县里派了一个工作小组来和军工厂协商撤出农机厂事宜。当时说的是双方分家的,从经济角度上来看一天都没谈过。军工方面表态,什么设备县里要,每样东西多少钱,要多少钱省里给多少钱,关键就是抓几个关键力量。县里来的目的第一个就是抓骨干力量,家产分割上就没有谈什么。双方谈了三个月就宣布了结果,军工总共留下一百多人,其中原来农机厂的时候以军工名义招了84个人,后来以农机厂的名义招的人县里可以拿走。以农机厂招收的工人里面军工提出要23个人,农机那里只同意十几个人留下来,后来经过争取农机厂又给军工一个医生、一个炊事员和一个教师,最终给了军工23个人。后来加的这几个人可以说是没什么用的,炊事员哪里找不到啊,后勤嘛,学校撤销了教师也没什么用了。农机厂分出就是这个情况了。1965年我就开始给军工服务了,我的工资已经是军工发了。虽然还是农机厂的人,但我做的事情都是军工厂的事情,和农机厂没有一点关系。后来,军工局在这个地方盖了一个招待所和电影院,叫工人俱乐部。这个俱乐部的目的就是服务于五个军工厂职工,职工有什么活动都来这里。当时电影院的名字就叫滨淮工人俱乐部,不是单独为滨淮服务的,是为五个厂服务的。招待所和我们职工食堂是分开的,招待所吃住有一个食堂,工人有一个食堂。招待所是省军工局投资的,由我们经营,招待所收费多少由县物价局核准。没分之前这个招待所属于农机厂,分开后就交给了滨淮厂。下面厂的职工来这里住一晚该交多少钱就交多少钱,吃一顿饭该交多少钱就交多少钱,这很方便。此外,那个时候县里没有像样的招待所和食堂,我们经营的这个招待所还高档一点,省军工局在苏北开会啥的都在我们这里开,规格比较高的,省军工局局长等领导来的话也住在我们这里。省军工局也换了好几个地方,开始在南京,后来去了镇江,最后又回到南京。一开始军工局在省委大院办公,叫江苏省国防工业办公室。我们要去办事的时候要凭介绍信的,因为军工局在省委大院办公,部队站岗的,没有介绍信谁知道你是谁啊。后来省军工局搬到了镇江,过了几年又回到了南京。

我们厂的生产就是为下面几个厂配套,没有拳头产品。木工就是做手榴弹柄、步枪托、子弹箱。手榴弹壳体就是在我们这里进行铸造加工,然后拿到925厂进行总装的。包装箱、手榴弹柄和手榴弹壳体送到925厂总装,装入火药和引信的话就是成品了,因为925厂有个靶场比较方便。我们原来想在山后面弄个靶场,但测量了一下发现长度不够,容易打到别人,后来925厂就搞了一个靶场。但是手榴弹生产出来以后是在我们厂鉴定试爆的，当时做了一个大的铁箱子，在里面试爆，试爆合格后就去925厂总装，总装出来以后的整体爆炸就去925厂实验了。后期我们又生产了440跳雷，壳体的生产和试验还是在我们这里，也是在大箱子试验的。我们这个厂没有拳头产品，后来军工任务越来越少。此外，原来军工是铁饭碗，有计划的。例如我生产一个凳子10元钱，你这个厂原来除去成本一共10元钱。现在生产供不应求，也生产凳子，这里有个规定，大家把自己的成本都报上去，由上级审核。如果审核符合市场价格，但规定是15％的利润，哪怕你的成本是1元钱我的成本是10元钱，最终的利润都是1.5元。当时上面只要保证质量和供货时间，只要求这两条，别的没有要求。这种情况下，领导职工有依赖思想。当时主要就是想如何把产品质量搞好，不用担心生产产量和成本利润的问题。当时每年年初都会去北京拿计划，必须按计划生产，多了不行，少了也不行，年初我们就知道一年的任务是多少了。以前我们厂还不错，后来盱眙五厂里面就我们厂最穷，职工最苦。1990年到2003年一直都是几百元钱的工资，没超过一千元的，很多职工都下岗了，留下来的都是想走都走不掉的，门卫和食堂的人总不能离开吧，毕竟厂还在啊。我们临近公路的厂房都改成门面房租出去，赚点钱补助厂里面。那几年就算是厂长书记也是几百元钱。下面几个厂虽然是军工，但工资都比我们高。为什么比我们高呢？因为我们厂很早就是亏损单位，当时国家有规定，凡是亏损单位一律不给调资，所以我们厂就错过了前后三次调资，也就是说下面几个厂调三级工资，我们厂一级不调。后期国家可能也觉察到这个问题了，就规定转亏为盈单位可以参与调资，不过调的是档案工资。例如，这次调资增加100元钱，档案里就写上本次调资增加100元，都在档案里面。这个好处就是退休的时候按照档案工资办理退休。但是后来国家又改口了，办理退休一律按照实际工资办理，档案工资一律不认，所以我们和下面厂的职工工资差六级。我到现在退休工资还不到3000元，下面厂里和我一起进厂的退休工资比我高1000元左右呢。所以有时候我们讲笑话说不留在滨淮厂还好，之前其他厂的同事还羡慕我们是红人，说我们在城区还是军工。现在我们真的是被坑了，我们这个厂最苦了，真正红就红了十几年。真正红火的时候下面几个厂的职工都想往我们这里调，在城里嘛。下面的厂都在偏僻的地方，到晚上一片漆黑，买东西也很不方便。

王来东：厂成立以后您担任什么职务啊？

姚祥英：一开始我担任车间主任，两年后担任车间主任和支部书记，1981年就调到厂部后勤总公司。当时我是按照副厂长培养的，省工办定下来我做后勤副厂长，还要报到省里面。这时候正好赶上干部年轻化、知识化、革命化，我的文化程度达不到要求，就没批下来。省工办干部处处长来滨淮厂找我谈话，让我不要对厂里和省里有看法。虽然没做成后勤副厂长，我进了党委，且滨淮厂没编制管后勤的副厂长，上级以后再给我安排，这哪里还有以后啊。我进了党委，做了公司经理和支部书记，等于身兼三职。

王来东：江苏省对我们盱眙五个厂有什么政策照顾吗？

姚祥英：军工单位职工的家属是有照顾的，解决骨干职工夫妻两地分居的问题，只要国家国防科工委有的政策我们都享受的。从招人、征地到盖房都是我去做，后勤嘛。别的厂不会有正厂长加一个书记去征地，只有军工厂是。总体来说，军工厂比地方厂要好一点。此外，我们军工厂的物资计划都是专门的，例如家庭用的缝纫机和自行车，每年厂里都有计划，每次都是我去省工办拿来。在盱眙五厂来看，我们都是一样的。和地方厂比起来，我们的条件还是好一点。另外一点，从县里到市里对我们军工厂的看法都不一样，政治待遇高于地方厂。例如县里开会，安排座位的话我们都坐在第一排的，这是不一样的。还有一点，在厂职工的子女一点负担都没有，没有后顾之忧。例如今年各厂初中升高中有多少人，省计划局就让各个厂统计了，各厂的名额报上去以后总共有100个，省军工局就下100个劳动指标，除了身体有缺陷的职工子女，正常情况下职工子女都能进厂工作。当时一家好几口都在厂里工作，有的高中都不上了，先进厂工作。

王来东：军工厂建设发展时期职工的生活情况如何？

姚祥英：吃喝还是可以的，都是有供应的，粮食供应不比其他单位多。另外，厂里面后期经济困难，一开始经济效益好的情况下，省里要求搞好工人福利。我们厂就去洋河和双沟酒厂买白酒分给职工，还会买一些水果和大豆啥的分给职工，这都是省里提倡的。工资我们不能随便改，但我们可以给职工多发一点福利，发的福利也都是职工需要的东西，吃的喝的用的都有。地方对军工很重视，军工对下面的职工也很重视。我们厂谈起来怨言多一点，因为长期以来工资很低，下面其他厂的怨言相对就少很多了。

王来东：当时我们的粮食有专门的供应渠道吗？

姚祥英：是按照计划供应的，居民就是按照居民的购粮证，招待所专门有供应证，煤球啥的都是按证供应。比如说招待所计划住一百个人，最后住不到一百个人也不会有问题，只要按照正常的标准报上去粮食局就批准了。再一个，每到大的节日，省里的粮食局和商业局以及物资局都要来军工厂慰问，省里的领导都来了，县里的领导也要来厂里慰问啊。

王来东：计划经济时代招待所的物资供应是怎么处理的？

姚祥英：也是核定的。来招待所吃饭的时候直接买就可以了，我们招待所会去粮食部门申请粮食计划。比如说本来我们招待所能住 80 个人，我们就报 100 个人，县里面粮食部门也是睁一只眼闭一只眼。

王来东：我们厂的职工生活水平是不是比盱眙县普通居民好一点？

姚祥英：要好很多，首先就是住房条件好。那时候我们的宿舍是一流的，是两层半或五层的楼房。我们厂的住宿还是比较好的，不过有个缺点就是低洼容易积水，每年涨水都会淹掉。

王来东：我们厂的"军转民"情况如何？

姚祥英：我们厂是逐渐减少军品计划的，任务少了利润就少了。以前不管成本多少，利润是一定的。现在是和军火商商谈，例如我们定价是 10 元钱，军火商说 8 元，我们不干的话他就会去找其他厂订货。过去不给滨淮厂就不行，任务是五机部定的。925 厂的炮弹箱一直是我们厂供应的，后来江西鹰潭山区有个木箱厂生产该产品，他就直接去那里订货了。货比三家，人家也要计算成本啊。天明厂本来使用木头的炸药箱，后来人家改用塑料的箱子，这也断了我们的一部分生产任务。天明厂属于民爆总公司的，一年的生产量很大的。就这几方面断把我们断掉了，唯一的就是红光化工厂的 TNT 炸药箱子用的还是我们厂的，其他两个厂都不用我们厂的箱子了。这就是市场经济啊，军工局作为顶头上司也多次协调，天明厂和 925 厂说去其他地方订货更便宜一点，为什么要订滨淮厂的呢？滨淮厂也不能把价格降低一点。降低价格的话我们也会亏损的啊。最后大家都不管了，军工局也只是开个会讨论了下。我们军工厂前后下放收回了好几次，最后一直下放到盱眙县。我们职工开玩笑道，以后如果能下放到那个农村或街道就不错了。

王来东：这种管理体制的频繁更迭对我们厂的发展有什么影响吗？

姚祥英：那肯定有影响。第一，待遇不一样；第二，计划和产品联系等方面也有影响，放到市里面只是代管，也是个名字，其实市里面不管的，省里面也不管，等于让我们自生自灭了。1985年"军转民"以后，基本上是各个厂自己干，自己顾自己。国家文件都是这样说的，自负盈亏嘛，和地方厂一样了，后期军工厂没有特殊性了，上面没有优惠政策了。1988年，最早生产军品包装箱的木工车间就垮掉了，产品订不到了，货源也没有了。这个车间有七八十个人呢，最早垮掉了，后来就把这个车间靠近公路的一面改成门面出租，人员全部下岗回家，只发给五六十元钱的基本生活费。

王来东：我们厂有没有专门开发的民品的部门呢？

姚祥英：有啊，我们开发了很多民品，最小的连哑铃都生产过。

王来东：为什么很多民品都失败了呢？

姚祥英：没有市场竞争力啊，我们本来可以生产组装灭火器，但省公安厅这道关始终过不去，后来只能给人家生产钢瓶，并且和我们合作的厂还是民营厂，我们国营厂都弄不过人家，其实我们产品的各项指标都比他们好，但就是过不去省公安厅这关。我们生产的净油机，他们说我们的精度太高，国家生产的油达不到这个要求。我们生产的煤气表也是这个毛病，当时的煤气杂质比较多，煤气表的齿轮精度比较高，一旦进碳就不转了，说到底就是质量问题。

王来东：我们厂职工的户口是什么情况？

姚祥英：职工户口是县里管的。

王来东：我们厂的医疗情况如何？

姚祥英：医疗很方便，这里有卫生所，有三个医生一个护士，小病可以看看。后期在省里面弄了一个挂钩医院，我们军工厂有什么病人都到那个医院去，因为各个厂都拿钱了的。每年那个医院都会上门给我们职工检查身体。我们厂在县城，离医院比较近，有什么大病直接送去医院就可以了。

王来东：改革前后车间管理有什么变化吗？

姚祥英：没有什么变化，因为汽修办的时候就是为了江苏全部三线厂服务的，包括在安徽的小三线厂车子坏了也会来我们这里修的。

王来东：职工心态在我们厂改革过程中有什么变化吗？

姚祥英：改革的时候没有什么变化，后期由于经济效益不好，福利越来越少,工资也只能发基本工资,怨言就比较多了。1990年以后开始下岗,怨言就更多了,上班的人也只拿250元钱,一直到2003年倒闭。

王来东:当时有没有跳槽到其他厂的呢?

姚祥英:有,不少呢,厂里面允许的。当时就是人多,包袱太重。有的人去天明等其他小三线厂,有的去县里面的劳动局等部门,能走的都走了,留下的都是没用的,留下来干嘛呢,也发不出来工资。

王来东:我们厂职工的婚丧嫁娶,厂里有什么帮助措施吗?

姚祥英:假期啥的都按照规定执行的。职工去世以后工会会给丧葬补助的,结婚的时候厂里会安排房子和假期,晚婚的还有晚婚假,独生子女一年还给一定的钱,都按照当时计划经济的规定执行的。当时我们厂形势稳定是因为大家都知道不是厂里造成这样的,是国家政策,厂里扭转不了的。我们厂职工顶多就是在谈话的时候发发牢骚,牢骚最多的就是六级工资没拿到。我们厂在县城,就算下岗也可以找生计,不至于发生集体事件。

王来东:您感觉什么因素阻碍了我们厂的发展?

姚祥英:因为小三线不是哪一个地方独有的,全国都是这个情况。小三线生产设备跟不上,产品比较落后。小三线生产的军品落后了,现在哪个还用手榴弹去摔啊。产品没有技术含量,现在部队应该没有手榴弹和跳雷了,现在都是导弹啥的。925厂的炮弹还有,他们生产的炮弹是打坦克和碉堡的,现代的战争最终也还得步兵去清理战场的。我们生产的产品没有技术含量,也没有技术和人去更新产品。我们木工和铸工车间都是粗加工,任何人培训一下都能干的。你看部属三线厂,南京307厂和熊猫机械厂卖高科技电子产品的也都关掉了。不光是小三线,大三线也存在这个问题,都属于设备和技术力量和现实不适应,总之就是科技含量不高。

(姚祥英,男,1938年出生。1957年于江苏省盱眙县铁木联社工作,1958年到无锡动力机厂培训,1958年铁木联社更名为农机制造厂,1960年回农机制造厂负责农机修理,1964年被派到南京从事物资采购,1965年被召回扩大木工车间,负责军工招工工作,1969年开始筹建滨淮机械厂,任筹备组副组长,负责后勤基建,筹建完成后负责汽车修理车间,任车间副主任,1981年调厂部后勤总公司。1998年退休。)

十五、采访蔡志忠

采访时间:2018 年 6 月 11 日
采访地点:江苏盱眙县格林豪泰酒店(盱眙华夏店)603 室

蔡志忠:1962 年我大学没考上,当时全县光头,一个考上的都没有。当时全国好多大学都不办了,学校里面大一大二的学生都入伍到部队。1964 年部队来招人,我就考上了重庆军校,学习的是无线电专业。入伍后我做的是防化兵,后来做无线电通信兵。

1992 年党政合一,我们几个小三线厂都是这么搞的,几乎所有三线厂都是这样搞的,由厂长兼任党委书记。1988 年是厂长负责制了,厂长说了算,党委只负责政治工作了。之前是党委领导下的厂长负责制,一切事情由党委集体讨论,然后由厂长负责执行。我们天明厂从建厂到现在没有一年是赤字的,年年都向国家上缴利润。

王来东:天明厂的建设背景是什么情况?

蔡志忠:1964 年 6 月份,毛主席在中央工作会议上提出:不但要注重大三线建设,还要注重小三线建设,各省要在战时能够独立作战。中共江苏省后方建设指挥部为了贯彻这个指示,于 1964 年秋天由省委副书记包厚昌带领有关厅局级干部先后到苏南、皖南和苏北进行小三线工厂的选址布点,并决定将盱眙县定为苏北后方建设基地,兴建一批小三线企业,其中包括盱眙硝铵炸药厂。盱眙县硝铵炸药厂就是我们天明厂,过去第一厂名叫盱眙硝铵炸药厂,第二厂名是江苏天明化工厂,代号为国营 9305 厂,通信地址是江苏盱眙 2093 信箱。2093 信箱的来历是由于我们厂筹建于 1965 年 9 月 3 日,当时正好是抗日战争胜利 20 周年,就依据此用 2093 作为我们厂的邮政信箱,9 月 3 号也作为我们厂的建厂纪念日。

王来东:工厂筹建工作是什么情况呢?

蔡志忠:我们厂是 1965 年 9 月 3 日进行筹建的,经过九个月的选址设计,于 1966 年 6 月份破土动工,1967 年 5 月 1 日建成投产,开始生产第一产品硝铵炸药 84♯。为了解决我省的产品配套问题,于 1970 年 5 月份开始增加第二产品工业导火索,1971年6月份建成,1972年6月份正式投产。之后又围绕这两个产品开发了其他系列产品,例如3#煤矿炸药、乳化炸药、铵松蜡炸药、2#抗水炸药、震源药柱、手榴弹导火索、塑料导爆管、锅炉化学清灰剂、固型燃料成型机、乙炔气等配套产品。我们这个厂是县团级的地方军工企业,是国家原兵器工业部民用爆破器材定点生产厂家,原来隶属于江苏省军工局,后来也叫国防科学技术工业办公室,现在合并到省经委军工处。1985年1月起,我们厂下放到淮阴市,实行以市为主、省市双重领导的体制,行政上属于淮安市领导,军品业务上还是属于省里管辖,民品市里可以管理。在改革大潮的影响下,我们实现了三个方面的战略转移:一是由军品转向民品;二是从山沟转向城市,滨淮厂为什么在城里呢?它属于配套厂,生产各种箱子和炸弹壳体;三是由计划经济转向市场经济。1995年7月1日又恢复了原来的管理体制,被省里收回去,实行省直管。建厂这么多年,我们厂经历了艰苦创业、坚持生产、整顿提高、转轨变型、转换机制这五个发展阶段,目前已经成为以生产民用爆破器材为主,生产其他民用产品为辅的江苏省民品行业的骨干企业。"七五"以来工厂注重提高素质,以企业升级为中心,加强了各项企业管理工作。1986年,两个主产品双双获得了江苏省优质产品的称号,获得了省国防工业质量管理奖。工业导火索采用了国外先进标准,经验收合格。两个主产品在全国民爆器材生产许可证发放检查评比中总成绩分列第一、第二名。1989年,硝铵炸药获得了国家部优产品称号,计量、档案、人员、设备均达到了国家二级,其中档案在1995年被评为江苏省档案管理标兵企业。国际档案大会江苏省去了19名,我代表我们厂参加会议。财务为省级财会特级信用企业,被财政部授予财务管理先进集体。企业从1987年起连跨三大步,连续上了三个台阶。现在企业属于国家二级企业,荣获兵器工业总公司先进企业,被淮阴市命名为明星企业,被评为淮阴市思想政治工作优秀企业和市先进基层党组织,被评为省国防系统模范职工之家和江苏省文明单位,工厂的知名度有一定的提高。

王来东:我们厂职工的来源分为哪几部分?

蔡志忠:一个就是建厂时招收的,主要就是劳动部门到各个地方招工,经过体检然后招收进厂。1970年为了扩大生产,我们又招了一批工人,大部分是退伍军人。一开始招工对政治条件很严格,社会关系复杂的,家庭成分不太好的都不要。1970年招收的退伍军人条件都是很好的。基本就是这两种来源,学生是后来才招收的。1982年从南京理工大学找了很多学生。我们和南京理工大学关系很好的,厂校合一,它研制的新产品在我们厂里进行试验,我们需要什么技术它帮我们研发,我们两家的关系非常好,我们厂生产的新产品很多和南京理工有关系。

王来东:我们厂招收职工的时候是如何动员的呢?

蔡志忠:这属于正常招工吧,应该不需要什么动员,按照招工条件招工就行。大家也都愿意来我们这里工作,军工单位在大家印象里还是比较好的,比一般的单位吸引人,说实话厂里的条件还是比较艰苦的。

王来东:当时职工的心态如何?

蔡志忠:职工的素质蛮好,虽然文化素质偏低,但政治素质很好,都是以厂为家。按照过去讲的:献了青春献终身,献了终身献子孙。我们那个厂的位置以前叫狼窝,是狼经常出没的地方,三面靠山一个口子朝外,像个椅子一样,当时选址是很好的。以前我们进厂的路都是弯弯曲曲的,敌人在空中轰炸的时候不好瞄准的。

王来东:当时为什么要选址在那个地方呢?

蔡志忠:我们生产炸药啊,属于危险品啊,就像坐在火山口上,一旦爆炸不得了的,所以安全要求很高,选址就应该远离城市。

王来东:我们厂生产生活交通情况如何?

蔡志忠:交通不太方便,只有一条路出去。平时我们厂里就像一个小社会,吃喝拉撒睡都在厂里面。

王来东:我们的生活问题如何解决?

蔡志忠:蔬菜啥的到县城里面去买。我们有食堂啊,食堂有专门的采购的。我们厂有粮店,县粮食部门派人来我们这里卖粮食,一周大概来几天供应粮食。

王来东:我们小三线职工的粮食供给和普通居民有区别吗?

蔡志忠:没有什么区别,当时就是按照企业职工的标准供应粮食,没有特殊照顾。

王来东:我们的肉蛋奶供应如何?

蔡志忠:反正当时有计划就按计划走,后来放开了就自由了,也没有什么特殊的。

王来东：蔬菜问题如何解决？

蔡志忠：我们靠近山区嘛，附近有居民和林业职工，他们种植的蔬菜啥的都到我们生活区卖。此外，1978年我进厂的时候还有杀猪的，还可以买猪肉吃，计划经济时期的情况我就不清楚了。

王来东：我们厂是不是有一个"五七"农场？

蔡志忠：我们厂没有专门组织，"农转非"以后，职工家属到厂里来了，子女在18岁以下的都可以转成城镇户口，根据上面的政策通过农转非转成城镇户口。这部分家属有时候在厂里面做做工，之前厂里的临时工还需要到附近农村去找，职工家属来了就让他们做了。我们厂没有专门种菜的，没有专门搞农场。

王来东：我们厂职工及家属的户口问题如何解决的？

蔡志忠：正式招工的就属于城镇户口了，不管之前是农村的还是城镇的。后来根据省里面"四二八"条件解决了一批农村家属的户口问题，其中职工子女的年龄必须在18周岁以下。"四"代表职工达到40周岁，"二"代表工龄超过20年，"八"代表在天明厂超过8年。通过这个途径我们招了不少人，小孩子上学毕业以后可以进技校培训两三年，培训毕业以后可以正式招工进厂。职工子女还不一定进我们厂，哪个小三线厂需要就进哪个厂，不是说我们厂想要就要，是上面军工部门根据各厂申请，再根据各厂的招工条件进行考试，然后根据需要进行分配，所以我们厂的职工子女也可能分到盱眙其他小三线厂，也可能分到苏南和皖南我们的小三线厂，当时小三线厂很多的。

王来东：职工子女去哪里上技校呢？

蔡志忠：淮阴市就有，可能就是职工技校和化工技校。这个政策还不错，给各个厂培养技工。学生在学校学一点理论知识，然后来厂里实践一下。这些学生接受得很快的，比我们在各个县招收的职工来得快啊，理论素养好啊。

王来东：江苏省有关部门是如何支持我们盱眙小三线厂发展的？

蔡志忠：上级领导部门对我们厂的建设是相当重视的，从人才方面、产品方面、政策上面都有照顾。当时为了我们搬出山沟，上级给我们的政策很优惠的，当时的增值税都留给各个厂搞搬迁，像我们在外面搞的分厂都属于我们的搬迁范围的。我们在外面征地建厂，就是为了使工厂逐步走向城市。此外，我们在其他地方建分厂，省里面在选址征地等方面也会进行协调。当时我们厂准备迁到江阴去啊,就是张家港市嘛,最终没去成。其实我们把地方都定好了,市里面也同意了。对方也来我们厂考察过了,认为我们厂还不错,职工素质也不错,也同意了。最后对方县里面开会的时候,下面提出了不同意见,感觉炸药厂危险性大,靠近城市不太好,最后因对方考虑到安全问题拒绝了。当时我们选址的地点离他们市区很近的,一方面对我们厂的安全要求更高了,另一方面对方承受的风险也很大,最终就放弃了。

王来东:盱眙县其他小三线厂还有大规模的调迁吗?

蔡志忠:盱眙县其他厂基本上都是总厂不动,在外面建设分厂。当时我们讲的是总厂不动,把手伸出去建分厂,在外面挣钱拿回来发展。在外面建分厂职工也可以出去了,小孩子可以进城读书了,各方面都不一样了。如果都在总厂山沟里,我们需要办学校,办医务室,一般的病在厂里就解决了。此外,我们还得有粮店和大小食堂,小食堂属于营养食堂。我们生产硝铵炸药的原料硝铵在夏天要化水,不能生产,一般我们在夏天高温的时候就不生产了。停产期间我们一方面进行设备维修。另一方面职工进行政治学习和身体保养,身体保养就是吃营养小食堂,把职工生活各方面搞好一点。

王来东:我们在计划迁往张家港的时候有没有遇到资金不足的问题?

蔡志忠:我们的资金还是比较宽裕的,建厂以来盱眙五厂里面我们厂和红光厂对国家的贡献最大,缴纳的税最高。流动资金和研发新产品需要到银行贷款一点,但我们产品效益上来以后立马就还了。当时我们厂在资金上面还是比较宽裕的,从建厂开始从来没亏过本,年年都有利润,利润最少的一年也有百十万元。

王来东:我们厂的军民品有哪些?

蔡志忠:真正的军品就是工业导火索,手榴弹导火索也是军品。硝铵炸药属于军民两用,开山和打仗都需要的,后来开发的新产品大多属于民品了。民品主要有3#煤矿炸药、乳化炸药、塑料导爆管、锅炉化学清灰剂、固型燃料成型机、乙炔气和木材分厂等。我们在淮安的三合板厂最后卖掉了,具体啥情况不清楚。淮安那个木材分厂占地40亩,全部是现代化的设备,有锅炉房啥的,可以在那里生产的。这个厂是与台湾合资的,台湾投资设备,我们厂投入了一千多万元。

王来东:我们厂的军品任务是不是有一个逐渐减少的过程?

蔡志忠：实际上后来我们厂就没有什么军品了。1978年我到厂里的时候已经全部是民品了。我们厂的产品是军民两用的，真正打起仗来拿去就能用。硝铵炸药也好，工业导火索也好，都可以军用的，没问题的。硝铵炸药就是军民两用的，要是打起仗来，硝铵炸药早就拿到战场上去用了。

王来东：改制前后我们厂的物资来源有什么变化吗？

蔡志忠：我们厂生产的硝铵炸药里面包含11％的TNT，TNT属于军品，由国家调拨，不是在市场上随便买的，硝铵等原料由省里面去南化公司统一购买。我们厂有驻南京办事处，负责采购，省里面批好计划以后采购员就去厂家具体联系运输事宜。

王来东：改革前后产品销售是什么情况？

蔡志忠：产品销售由省军工局物资部门统一调配，不能随便卖的。我们厂的供销科主要负责供应材料和销售，每年省里面都会统一召开有关会议，会议上都会签署销售合同，都由省里面出面，销售到哪里都是有计划的。我们厂生产的产品属于管制产品，销售需要准购证和准卖证，没有准购证和准卖证是不能买卖的，否则就违法了，要负刑事责任的。具体产品卖给谁、卖多少每年年末或者来年年初的时候都会召开有关会议，在会议上签署合同，我们厂没有销售权的。即便是改制以后也需要两证齐全的。

王来东：如果有多个单位都有相关证件，我们可以选择买家吗？

蔡志忠：如果证件齐全是可以买卖的。我们不仅仅卖到省内，还会卖到省外。卖到省外的话得获得其他省的允许，因为每个省都有类似的军工厂啊，人家也生产类似的产品。如果我们的产品卖过去挤占了人家的市场人家也不愿意的啊，这种情况下其他省也会干预一下。如果某个地方的军工厂发生了事故，不能正常生产或者产品短缺了，可以通过省里面协调从我们厂调拨一点，这个是可以的。我们往外运输的时候都有危险品标志的，行进的路线都不是随便可以更改的，哪个地方能走，哪个地方不能走都有规定的。我们的产品运输都是有专门的运输车，这方面要求不像民用产品那样随便，我们这个不行的，我们的产品生产、销售和运输都是管制的。由于我们厂的产品比较好，几次都出口了。江苏省和国外搞挂钩，国外工程需要这个产品我们就用国外的标准生产，从生产开始国外的人都要来验收，每次试验的时候都要按照人家的标准走。最后运输的时候都是警车开道，公安部门派警车全程护送，送上轮船之前全程保护。我们虽然是民用产品,但是属于特种民品,要求相当严格,不是厂里面随便弄的。如果你到厂里买产品,必须出示两证,不然是不可能卖给你的。

王来东:我们厂有军代表吗?

蔡志忠:开始是有军代表的,"文革"期间就有军代表。军代表顾名思义有军品才行,没有军品就没有军代表了。军代表在厂里负责产品质量监督和联系,因为需要和部队联系,相当于受部队委托来厂里进行监督。军代表受军方领导,军方有什么要求军代表就传达到,厂里面必须按照军方的要求走。

王来东:公安部门有没有在我们民爆企业驻点监督的?

蔡志忠:没有。像我们厂属于小三线军工厂,归内保部门管理。公安局下面有一个内保股,他们就负责我们厂的内保管理,经常来厂里检查,但不驻厂。内保股属于公安局专门设立的,专门负责我们几个厂的安全工作。我们有什么情况就和他们联系,例如我们厂保卫科站岗放哨就归他们管了。

王来东:上级批准销售之后,我们产品出厂的时候还会有检查管理吗?

蔡志忠:这个可能有抽查吧,具体我就不太了解了。但是我们运输的时候厂里会派人跟车的,除了驾驶员还会派一个跟车的,车子开一段时间就会停下来看一下有没有什么丢失的。货物送到地方以后还要和接货人进行交接,根据清单当面点清,这也是供销科的任务。产品的销售都是一环套一环的,环环都有责任制,哪一环出问题哪一环负责。有一次我们厂运输的时候丢了一包TNT,就惊动了两个省的公安厅。

王来东:我们厂的医疗情况如何?

蔡志忠:我们厂里面有医务室,里面有医生,可以看普通的疾病。如果有大病的话,我们厂有自己的救护车,可以直接送到县医院。我们厂和县医院都是有联系的,一旦有问题联系一下直接送过去了。

王来东:我们的住宿情况如何?

蔡志忠:我们厂有建好的房子,有专门的厂区和生活区。厂区和生活区需要保持一定的距离,大约是3公里。车间外面还有防爆墙,起到一个缓冲作用。平时上班都是骑自行车,如果步行的话需要提前出门。

王来东:交通问题对我们厂的生产生活影响大吗?

蔡志忠:后来到县里面有班车的,现在还有,一天好多班的,因为我们有县里面的职工。我们的厂里面不搞大夜班,下半夜职工比较疲劳容易出事,除非特殊情况,一般情况下不上大夜班,只有早中班,早班稍微早一点,中班稍微晚一点,必须在晚上 12 点钟之前停下来。

王来东:交通不便有没有影响我们的生产销售呢?

蔡志忠:基本上还可以。我们的产品几乎是车子送去的,也有船运的。船运的话在县城边上有个港口,可以用船运输的。生产运输基本没问题,我们厂车子多,光运输车就有三十多两呢,再说我们也不是时时刻刻都在运输。我们的车子都是统一调度的,如果车子不够了还可以到县里租用人家的运输车,一般不影响。

王来东:我们职工的住房具体是什么情况?

蔡志忠:我们的住房问题也是逐步改善的,开始的时候比较紧,单身职工住集体宿舍,小家庭才能有成套的住房,但面积也很小。当时人口多的家庭住房面积多一点,人口少的住房面积就小一点。最后房子宽裕了,大部分人家都能住到独家独院,有单独的厨房和院子,住房是楼上楼下,面积大概是七八十平方米。后来我们就走出山沟了,县里面成套的房子可以买了,一方面是考虑职工进城,另一方面是考虑职工子女上学,不管怎么说厂里的教育还是差一点。当时我们厂办学校有小学和初中。教师我们自己培养一部分,县里面派一部分,也会从其他学校抽调一部分。学校管理和资金都是我们厂负责,师资培养方面县教育局帮了我们大忙,我们的教师可以去县里有关部门培训。但是教师的管理都是由厂里负责,我们这里就像一个小社会。后来老师有点情绪,县里面的老师属于事业单位,企业的老师属于企业单位,企业单位的待遇和事业单位的待遇相差很大,包括现在在我们厂的老师还是有想法的。现在县里面教师的待遇不低于公务员的待遇,公务员的待遇高于企业待遇。

王来东:当时我们厂在偏僻的地方,年轻职工找对象有困难吗?

蔡志忠:结婚一般没有问题,因为我们三线厂互相都有联系。其次我们本厂也有一千多名职工,有好多个家庭,后来"农转非"也来了很大子女,我们内部也可以消化一部分,我们三线企业也会交流,干部职工调动也会解决一点问题。我们职工和地方的人结婚也有,和县里面的人结婚的也有,这方面没有什么困难。结婚后家属的户口也可以调到厂里的。

王来东:我们厂和地方的关系如何?

蔡志忠：和地方的关系总体来说是好的，特别是我们厂和周边居民的关系是不错的，和盱眙县的各个部门关系也不错。当然矛盾也是有的，因为当时我们的场地是林业部门的，1965年建厂的时候国家把这块地调拨给我们，让我们建厂，这是军工需要的。后来由于土地手续上不太齐全，留下了后遗症，和周围有土地纠纷问题。林业部门和我们的问题比较大，因为地的问题也惊动了县里面多次。我们说我们的土地是国家调拨的，他们说是他们的，他们的目的就是要钱和安排自己的职工。在土地的问题上矛盾多一点，有时候把我们的路都堵了，不让我们生产。不可能一点矛盾没有，有问题就请县里面协调，后来问题基本上都解决了，因为后来帮他们解决了一部分职工就业的问题和其他方面的问题。我在位的时候我们的关系还是不错的，像我们现在在县里碰到林业部门的职工也是蛮客气的。

王来东：我们去的时候当地还是比较落后的吧？

蔡志忠：那时候很落后的，是狼窝啊。林业站的职工也是从外县来的，有的都是逃荒要饭来的，搭个棚子过日子。建厂初期那个地方很差的，很苦的。

王来东：我们去了之后当地的生活水平有变化吗？

蔡志忠：现在当然好啦。我们厂里面有粮店，他们买粮食方便啊。我们厂里有液化气站，他们不用烧柴火了。他们也可以在我们的市场买东西，小孩还可以来厂办学校上学。他们除了不是我们厂的正式职工，其他和我们厂里享受的基础服务没有什么差别。我们生活区的浴室也对外开放，他们可以去洗澡。

王来东：我们厂的污染严重吗？

蔡志忠：污染主要是TNT。因为我们这个地方离淮河比较远，水源上没有什么影响。经过环保部门测试，我们厂的环保还是达标的，其他污染没有什么。

王来东：改革前后我们小三线企业的领导体制有什么变化吗？

蔡志忠：有军代表的时候军代表说了算，后来建立"革委会"由"革委会"集体领导，后来就是党委领导下的厂长负责制，1988年实行厂长负责制，厂长说了算。

王来东："军转民"是什么情况呢？

蔡志忠："军转民"就是从计划经济转向市场经济，但是我们属于特殊产品,军品转民品,从山沟转向城市。我们建设了三个分厂,分别是南京一个、淮安市一个、连云港一个,现在分厂基本没有了。

王来东:我们厂有贷款吗?都还清了吗?

蔡志忠:有贷款,后来我们大部分都还了。资金主要就是通过银行解决,我们和银行的关系还是比较好的,贷款也比较方便。除了开发新产品和流动资金需要贷款,其他方面贷款不多。流动资金贷款一旦盈利很快就还了。银行对我们的信任度还是比较好的,我们的财务工作可是属于省部级的优秀单位啊,这方面还是不错的。在我负责时期,我们和银行这方面都把问题处理好了,后来的情况我就不清楚了。

王来东:工厂办社会问题有没有影响我们厂的发展啊?

蔡志忠:这牵制了我们很多的精力啊,这是肯定的。我们有一个专门管理后勤的副厂长,后勤的摊子相当大,包括房子问题、水电问题、教育问题、医疗问题、生活问题、民事纠纷、婚姻问题等都要解决。因为我们坐落在林业站的土地上,有很多矛盾,这都牵扯到后勤问题,扯皮很多。

王来东:职工在生活上有没有困难呢?

蔡志忠:生活基本上是可以的,生活区有个市场,粮食有粮店,蔬菜有地方老百姓来卖,杀猪卖肉的也有,需要大量的东西厂里也会出面去采购。我们厂里面还有小卖部,小卖部还有一个省级劳动模范啊。

王来东:我们厂上了那么多民品效果如何?

蔡志忠:我们厂的制炭机销路好像差一点,因为制炭机销售是全国性的,全国好多地方都有。例如,黑龙江如果要制炭机的话我们也得发货,但如果运输费用太高的话人家也接受不了。一台机子本来价格不高,再加上运费人家就接受不了了,这样的话销售上就要受点影响了,如果只卖近距离的又没有那么多的市场需要。其他产品的销售主要是在省内,乳化炸药和硝铵炸药主要是在省内,有固定的销路。我们的竞争还是有的,因为炸药厂多了,哪个都想往里面挤,这就看谁家的质量好了。价格上面一般是没有浮动的,可能在销售上有一些其他的手段。我们的产品竞争力比较强的,因为我们的质量好,我们厂还是江苏唯一一家全国二级企业。我们厂的能源、财务和档案等方面全部是国家二级,知名度高,人家信得过。同样的产品,价格同样或者稍微高一点,人家要我们的不要其他厂的。我们的服务态度也好,买家随要随送。当时的路不像现在,很不好走的,很多地方坑坑洼洼,后来县里出面把这条路修理了一下还好一点。从大范围来讲,交通不便也影响了我们厂的经营。这个不像其他民品,销售比较严格。同样的产品,我们厂的销售就没有其他厂运输那么方便了,多少有点影响,总体也还可以。

王来东:民品技术是引进的吗?需要投资吗?

蔡志忠:技术是引进的,肯定掏钱啊。搞新产品都要掏钱的,投资成本还是比较高的,得好多年才能收回的。这些民品不属于流水线生产,不像炸药和导火索流水线生产。制炭机只是单机组装,很多零配件我们厂里都有加工条件,我们厂专门有个机加车间,什么设备都有的,毕竟我们是一个专业的厂啊。我们有设备方面的条件,生产新产品的成本就低一点啊。

王来东:是不是由于我们对新产品的销售市场不太熟悉导致发展不良呢?

蔡志忠:这个不存在,我们的质量很好。例如,我们的制炭机在试验中效果很好的,所以这个不存在问题。

王来东:为什么我们的制炭机销售上不去呢?

蔡志忠:一方面是运输麻烦点,第二方面可能是价格上高一点,没有竞争力。此外,地方上很多地方都用秸秆啥的喂牛烧锅,对制炭机的认识不到位。人家可以直接烧掉,为什么非得用制炭机呢?农村生活上的燃料取之不尽用之不完,不需要买这些设备。后来生活水平提高了,农村就不烧大锅了。制炭机只是一般化的销售,没有大批量的销售。我在位的时候还继续生产销售,最起码那一摊子还在,还有盈利,保本没问题,还能养一部分人,不过这个车间的盈利肯定不能支援其他车间了,因为规模没起来。

王来东:承包经营责任制您了解吗?

蔡志忠:年初的话有计划,我们厂部和上级签合同,上级给我们生产任务、销售任务和利润目标,达到目标怎么样、达不到目标怎么样都有规定的。作为我们厂里面,上级给我们下达的,我们再层层下达,每年和各个车间和科室签合同,有的车间叫分厂了,就这样一级保一级。在我的记忆里年年完成,而且都超额完成,上面给厂里面有奖励,厂里面给下面也有奖励。

王来东:一般来说这奖励是给个人还是整个集体的?

蔡志忠:上级把奖励给我们领导集体,然后根据厂里的政策具体分配,职工奖励稍微有区别但差别不大,数量也不大。上级把奖励给我们以后,厂长拿奖金分配方案。当时奖金不多,我记忆里获得奖金最多的是万把块钱。车间科室层层都有奖罚。惩罚的话只是罚职工的奖金,奖金数额远远达不到工资水平。扣钱的话就是拿不到奖金呗,扣奖金不是扣工资。平时我们生产也是很辛苦的,一般我们都保证工资的。那时候分岗位工资和基本工资。基本工资足额发放,岗位工资如果你不在岗位就稍微少一点。

王来东:承包经营责任制对我们厂的发展有帮助吗?

蔡志忠:肯定有帮助啊,有促进啊,每年都要下达目标啊,激励机制有啊。开始的时候我们厂的奖金很低的,三五块钱,就这都能调动积极性,更何况后来奖金数额增加了。我记忆里目标全部完成,基本上没有完不成的。

王来东:车间管理的变革您了解吗?

蔡志忠:厂级实行厂长负责制。车间实行车间主任负责制,有大的事情也会找车间主任研究一下或者决定以后再征求一下车间支部书记的意见。由于我们本身是国家二级企业,在管理的路数上也比较广,当时我们到省外参观大的企业,学习人家的管理方法回来用。虽然我们厂属于一千多人的中型企业,在管理上基本上是按路数走的,比如,车间里都是画好线的,工具摆放、产品摆放等都不能乱的,属标准化管理。

王来东:"军转民"之后,我们厂的生产管理有什么变化吗?例如标准化管理我们一直都在执行吗?

蔡志忠:标准化管理我们一直都坚持的,有企标、部标和国标。后来各项管理标准也随着市场化的进步水涨船高。

王来东:改革前后职工管理有什么变化吗?

蔡志忠:生产上按照生产标准进行管理。生活上实行社会化管理,职工家里有什么事情,工会都会出面调停。此外,党组织、妇女组织、团组织也会进行管理。我们生活区有武警等安全部门,还有篮球场等基础设施。

王来东:人事管理制度应该也有变化吧?

蔡志忠:人事管理有变化,砸烂"三铁"嘛,铁饭碗、铁交椅和铁工资等。后来改革了。从工资来看,过去不管怎么干工资不变的,只是奖金多少。后来工资改革了,分成了两部分,一种是基本工资,另一种是岗位工资。岗位工资就是不同的岗位拿不同的岗位工资,厂长就拿厂长的岗位工资,一般的职工就拿一般职工的岗位工资,分级别的。干部也一样啊,干部实行聘任制,需要的话即便是工人也可以做干部,报到人事部门备案就好。即便是干部也不一定一直干下去,中层干部干得不好随时可能下去做工人。开始实行的时候矛盾也挺大,我们也是下了决心的,慢慢就好了。岗位也是这样,不是说一个人在一个岗位上不动的,随时可以调整,哪里需要去哪里。工人在一个岗位上工作如何我们会进行评议,最差的那个我们会给他调换岗位。在这些工作的实施过程中还是有不少矛盾的,后来慢慢就解决了。

王来东:你可不可以讲一下"军转民"改革对我们厂的影响?

蔡志忠:资金政策的转变很好的,原来都要上缴的现在都可以自己用了。增值税原来都要上缴的,现在可以用来发展生产和改善生活。军工企业各个方面都有控制的,不是说想怎样就怎样,而是说在一定的范围内进行适当的改革。厂长有一定的权力,但不是说厂长想怎么花钱就怎么花,改善生活支出也有一定的比例的。

王来东:"军转民"对我们厂的经济效益有什么影响呢?

蔡志忠:经济效益上升了,"军转民"促进了我们厂的发展,所以我们厂上了很多新产品,基本都成功了,没有失败的。

王来东:党组织在工厂里的权力有什么变化吗?

蔡志忠:1988年厂长负责制之前是党委领导下的厂长负责制,党委一把抓,党委书记说了算的,但党委书记说了算是建立在集体讨论的基础上,不像厂长负责制那样厂长一个人说了算。1988年之后就是厂长负责制,厂长为主。厂长决定之前会听一下党委的意见,如果党委的意见比较大可能会影响厂长的决定,一般来说都按照厂长的想法走。

王来东:不同时期我们党组织的工作内容有什么变化吗?

蔡志忠:1988年厂长负责制之前,书记是比较累的,因为他什么事情都要管。实行厂长负责制以后厂长就比较累了,党委书记好一点,因为党委书记主要负责党群工作,行政上一般尊重厂长意见。当时党委有党委办公室、宣传科、组织科、共青团、工会和妇女组织,这都属于党委系统的,后来又增加了纪委监察,地方党组织有的我们都有。我们厂的党员数量多,因为退伍军人多。我可以负责任地讲,我没退下来的时候组织活动非常正常,每周的政治学习一直坚持,干部劳动一直坚持,退休后的事情我就说不清了。

王来东：我们厂党组织能够对职工进行奖励惩罚吗？

蔡志忠：党员违纪都需要党组织负责，处理了很多事情的，包括赌博，社会上成风的，我抓得比较好。计划生育工作我们抓得也比较好的。

王来东：我们厂有没有职工离开厂另谋出路的？

蔡志忠：转入市场经济以后，有一部分人为了更好地发展就走出去了，那叫停薪留职，有少量的。后来不是职工个人要求了，企业就有这个要求了，搞内退了。厂里不需要那么多职工，就减员。职工超过一定的年龄就先退下来，保留一定的待遇，减轻厂里负担。

王来东：改革期间我们厂有没有发生过集体事件呢？

蔡志忠：有一个时期，厂里面职工对招工意见比较大，向军工局进行反映，但是不太厉害。当时厂长说了算，厂长的亲戚和朋友啥的想进厂，厂长都让进来了。普通职工家里人想进来进不来，他心里不平衡么。厂长有用工权力，但上面又没有给他用工的规定，完全靠厂长自律。厂长用自己人不犯法，但引起了职工的不满，就小范围上访了，后来这个厂长就提前退休了。

王来东：我们厂职工的婚丧嫁娶厂里会有什么特殊照顾吗？

蔡志忠：办理丧事由工会出面，职工之间也会帮忙。老职工过生日啥的，厂里面出面在食堂办一桌酒席大家庆祝下，也是小范围的，不是大范围的。婚丧嫁娶啥的我们不建议大家走大礼，因为有的家庭比较贫困，这样的话负担比较大。

（蔡志忠，男，江苏省盱眙县人，1943年出生。1962年高中毕业，1963年服役，曾任司令部参谋，1978年退伍进入天明化工厂任两委秘书，1979年做厂办主任，1982年任党委副书记，1990年任党委书记，1992年淮阴市党政合一后任副书记，1998年退居二线。2003年退休。）

十六、采访刘荣先

采访时间：2018年6月11日
采访地点：江苏盱眙县刘荣先寓所

刘荣先：后勤服务公司就是工厂内部做一点小生意，那时候什么东西都有，布、糖以及其他生活用品，这些东西都有。这些东西主要卖给工人和周边农民，也算是公司的第三产业，也给工厂创收一点。后来我们工会也办了一个下属公司搞第三产业，这次失败了，被广东汕头的人把我们的产品骗走了，后来通过司法途径，又走了不少弯路，我们把本钱拿回来了，但利息肯定没有了，对方只给了80%的本钱，就这样结束了。

王来东：筹建时期是什么情况呢？

刘荣先：我们厂是1965年5月中央批准筹建的，当时人员都到位了。1966年开始在工厂附近招工，国家有个政策，我们不是占用当地土地了嘛，必须就地解决一点就业问题，分别从胡桥、桂五等附近乡招收一部分职工，靠近厂的招得多，外围的招得少。最后我们又从各个县招了一部分，因为这个厂属于三线企业，省企划厅要求从淮阴地区各个县招收一部分退伍军人。我们就是第一批到厂里来的，到这里来的时候可是一片荒凉啊，真正是个狼窝啊，草木长得非常旺盛，晚上确实有很多狼的。那个地方是一个林业站，上世纪60年代国家很穷的，林业站更穷，只有一个小路通到那里去，其他的也没有什么路。我们进厂后第一步就是修路，招我们的时候叫亦工亦农，我们的户口还不在厂里。我们的工作时限原则上是四年，四年以后我们出来再换其他的人来，当时是这么个政策。1965年"文革"开始了，1966年盱眙县就进入"文革"高潮了，各个派系就出来了，县里面的部门都瘫痪了，四年以后也没有人来说我们轮换的事情。当时三线企业的书记都是部队来的，厂都是按部队管理，我们这些人从农村来的，虽然当时很艰苦，但厂里比农村好很多呢，我们吃饱了，教育也是正规教育。在这种情况下，我们都非常能吃苦，抬石头、修马路等都是纯体力活啊，一块石头都好大的，经过一年的奋战，我们就修造了很多路和房子。当时毛主席要求深挖洞广积粮，要求靠山分散隐蔽，按照农村化建造工厂，房子墙是石头建的，生活区的屋顶是草盖的。车间的房顶都是用漆刷出草的颜色，上面还有烟囱，看着好像民居。这些工作很苦的，全是干打垒盖起来的，当地开石头，我们把石头运过来盖房子，经过一年时间就把厂盖起来了。当时就建好了一车间，一车间的产品就是民用开山炸药，不是军用的。当时讲我们厂根据祖国建设需要生产民用炸药，一旦打仗就转军用产品，过去的炸药就是从TNT搞起来的。

1966年以后84#产品开始生产。1969年我们就开始申请生产第二产品——三车间导火索,这和炸药是联系起来的。为了配合以后的两个车间生产,专门设立了一个修理二车间。该车间车钳铣刨电都有,专门为工厂生产服务。1983 年第三个产品固体燃料成型机开始生产,这个机器主要是将燃料炭化,同时还生产炭。

王来东:您在车间工作的时候,车间管理工作是如何展开的?

刘荣先:当时我们一车间工人有生产 84♯ 炸药的,有做辅助工作的,半机械化作业下需要的人比较多,总共 183 个人。我们装药都是手工装的,机子只是把药输送到纸管里去。火工产品要求不开三班,夜里都是停止作业的,主要是从安全角度考虑。我们车间分两个班,早上 7 点钟上班,下午 3 点钟下班,然后下一班接替,直到晚上 11 点半下班。一般 12 点钟之前职工全部下班,工厂完全关闭。我们车间出来的产品随时要到转手库去,要进行隔离。例如 TNT 本来是片状的,我们需要粉碎成粉状。硝铵加工和 TNT 加工需要隔离,一个是靠山,距离也有一定的要求。等到炸药出来以后,要及时放到转手库,转手仓库存货达到一车的量的时候立马就装车运到工厂的总库里面去了。我们这里炸药余量很少的,就算出事也没有大的问题。我们这里管理严格没有出过事,其他地方炸药厂出事的多了,一旦爆炸房子掀没了,人也会牺牲的。我们的劳动纪律非常严格的,工作期间要集中精力操作,要按照操作规程走。职工穿戴啥的也都有要求,必须戴口罩,必须穿工作服,更不能喝酒上班。我们上班的时候必须换专门的工作服,要不你把炸药带出去咋办,现在都有摄像头啥的,当时可没有啊,通过换衣服你啥都带不出去的。曾经我们厂有职工偷过炸药粉,他觉得可以回家炸鱼,结果被发现了。由于没偷出去,当时就制止了,所以没有开除,作严肃处理。我们厂的管理非常严格,抓思想非常严格。本来我们厂就是按照部队的标准来管理的,更何况生产的又是危险品,思想上一点不能松,思想教育抓得很紧。职工的思想素质还是比较高的,能吃苦,上面任务下来以后工人非常高兴,没有完不成的。我们厂不允许加班的,更没有加班费,厂长都是上去阻止工人加班的,甚至都停电机了,工人非得干,都说有问题大家一起负责,这种情况下干部也得和工人待在一起,也睡不了觉了。这种情况下,我们就向上级反映,上级说这是个好事情啊,得正面引导,不能打击工人积极性,不能给职工泼冷水。

王来东:改革前后生产销售有变化吗?

刘荣先：我们这个产品始终是计划性生产销售,改革以后只是体制上变了,国家还是控制我们的产品的,不是随便弄的。我们的生产数量公安机关都要掌握的,销售必须有销售计划,公安机关还得认可,这样才能上路跑。我们运输的时候县城啥的不让停,路线都是公安机关规划好的,一般都是往偏远的地方绕,中途不让停的。这种情况下驾驶员和押运员也比较辛苦,吃饭都是问题,因为很多地方不让停啊。天明厂管理很严格,1966 年以来只是第二个产品发生了一次事故,炸死了四个人,不知道是静电的原因还是摩擦的原因,厂房都掀掉了也调查不清楚。我们车间的筛子是半自动的,导火索里面的黑索金在筛子筛的时候就起火了。黑索金比我们的硝酸铵炸药还烈,敏感度很高,比TNT 还敏感。TNT 在密闭的空间里会爆炸,一旦敞开就不会爆炸了。黑索金不行,太阳晒都能晒炸,一点火星都不能见的,所以我们厂区是无烟工厂,绝对不能抽烟的。职工穿鞋只能穿胶鞋,不能穿带钉子的。职工穿衣服不能穿化纤的,必须穿纯棉的,防止静电。我们厂的管理还是比较严格的,全部按照部队的方式管理,按照产品性能要求来管理的。

王来东：车间对职工有生产激励措施吗？

刘荣先：开始也没有什么激励,也没有奖金。当时按照部队那样教育,大家的思想境界都到了一定的程度,劳动光荣嘛。从工厂的角度来看我们那时候工作很辛苦,但是和农村相比我们的工作还是很舒适的,农村干活是靠肩膀挑的,除草也是靠锄头一锄一锄做的。我们工人一天工作八个小时,下班后就是玩和学习,生活待遇也不错,我们工人感觉还可以,所以没有激励。一个月下来,一个班里的人坐下来评论一下,看有没有消极怠工情绪的,看思想上有没有波动的。如果有这种情况,班长需要向上面反映,车间也要研究相关对策,对个别同志进行帮助,找他谈话做工作,沟通思想。车间到月底开个大会,例如十个人里面挑一个表现好的鼓励一下,就是口头的,也没有什么物质奖励。到年底可能发个奖状,也许能发个小杯子,都不值钱的,主要是精神激励为主。对于个别思想波动大的,我们车间就要注意了,因为我们生产的是炸药啊,防止有人想不通,那就不好弄了。我们就和班长、排长交代这个事情,要讲究方法,不要过于刺激他,要慢慢转化过来,保证生产正常进行,保障安全不出问题,这是前提。总的来说各方面都是轰轰烈烈,没有什么问题。

王来东：经营管理科主要负责什么工作啊？

刘荣先：当时企业整顿以后，把工厂的整个生产销售都拉到这个部门去了，生产、供应、销售、运输、节能等问题都由这个部门来抓。我在这个单位的时候，下面设立了两个科长，我是正职抓全面，但主要负责供应，要保证生产用的材料。其他的还有一个副部长抓生产，还有一个副部长抓销售。抓销售的负责管理车队，因为销售需要用车，保证正常销售，车子动态性大，交给这个人统一管理，好指挥。

王来东：分管销售的人需要联系业务吗？还是只负责运输？

刘荣先：这个也是分阶段的，1982年左右有一段时间需要工厂出去联系，去矿山联系走访。当时江苏炸药厂不多，南京那里有个7317厂，徐州那里有个煤矿办的炸药厂，其他的没有听说过，后期又多了几个。那个时候我们需要去矿山上落实销路，联系好以后厂家出申请，申请过以后还要一家家签订合同，签好合同以后还要到省国防工办办理总手续，然后再下生产任务给我们，我们生产好以后上级再下销售任务，都是省工办统一安排的。我们出去联系，用户要才好下计划，不要就没办法下计划，上级只认我们和用户定的销售合同。每年不是都要开一个销售会议吗？开会就把各家请来签订合同，明确每家用多少。有的工厂用的不是一家的产品，可能用好几家的，信誉好的、质量好的人家就多定一点，信誉不好的、质量不咋样的就少定一点。还有的时候用户直接上门要货，那就紧张起来了，供应不上了。这个时候买家就会过来求我们，会问我们能不能生产出来，设备能不能达到这个产量，当时也不让加班，只能看生产线的产量了。为了提高产量，我们的生产线也在不断改革，逐步改成管道化生产，安全性更高了。后期我们的产量还是不够大，继续改革生产线。我们也利用社会的力量，例如后来出现了全自动的装药机，人在旁边看着就行。前面是管道化，后面是自动化，现在连包装都是自动化。以前包装箱子是人工拖过去的，现在都是输送带自动送过去的，从装箱、封口到运输全部是自动化，直接送到车上，到晚上转手库里面一箱炸药都没有，全部被车转走了。下班以后要求机器全部要打扫得干干净净的，如果打扫不干净的话，一只老鼠都能将黑火药引燃造成事故的。买家要求增加产量的时候，如果我们能生产出来也需要拿我们增加的合同到省里面备案，然后上面下达追加计划。例如上面原来下达的计划是一万吨，后来买家需要一万两千吨，多出的两千吨不是自己说生产就生产的啊，上面不给计划是不能生产的，一根炸药对不上都要抓人的啊，不是自己想咋样就咋样的。

王来东：我们厂的原料是怎么来的呢？

刘荣先：TNT 和硝酸铵是国家分配的，原料几乎全部是国家分配的。我们用的主要是南化公司的硝酸铵，TNT 用的是兰州一家工厂的。大概到了 1983 年，9395 厂也生产 TNT，TNT 污染很大啊，污水都是红色的，鱼虾都死了，对农场都有影响的，后来老百姓都起来闹了，有关部门协调下就停止生产了。炸药后来也进行改革了，炸药里面不再添加 TNT 了，TNT 有毒，对人体不好，现在天明厂生产的炸药就不含 TNT 了。以前炸药殉爆距离要求达到 5 厘米以上，后来我们做的产品殉爆距离达到了 20 厘米以上。例如在地上放两个炸药条，中间距离 20 厘米以上，点燃其中一个药条，前面的爆炸以后能把另外一个硬生生撞爆炸，这就是殉爆。以前国家要求殉爆距离达到 5 厘米以上，我们能达到 20 厘米。现在国家不要求那么大的威力，殉爆距离能达到 3 厘米就行，就把 TNT 裁掉了。实际上在矿山操作的时候药条之间并没有距离，一点燃整体就爆了，民爆行业也不需要那么大的威力，不像部队要求那么高。现在全部机械化了，需要的人也少了，过去一车间 183 个人，现在只需要二三十个人，就这样国家要求还要减员，最终要减到一个车间十几个人。现在几乎看不到什么人了，在监控室就能看到整个生产线，监控室和车间还有一定的距离，中间还有个土包子挡着呢，就算车间发生了事故监控室一般也没问题。现在我们这个行业的趋势是人越来越少，将来可能管理人员比操作工还多。干部是一个岗位一个干部，一个岗位的工人却可能从二三十个降低到三四个，将来可能出现这种情况。

王来东：我们厂的军品啥时候没的啊？

刘荣先：我们厂的硝酸铵本来就算是民品，基本上没搞什么军品。本来我们准备生产雷管，但由于导火索和炸药都在我们这，上级考虑都在我们厂搞的话比较危险，所以就没同意。

王来东："军转民"时期我们厂采取了什么措施呢？

刘荣先：在体制上江苏省把我们放在民爆公司，按照军用管理的。一开始我们厂属于省里的小三线企业，后来国家渐渐就把这个体制变掉了，把我们下放到淮阴去了，淮阴市经委下面也成立了一个国防工办。现在这个体制又变了，淮阴市经委可能只管厂里的厂长，其他不管了。按道理厂里的厂长应该是职工选的,但实际上是市经委和市委组织部任命的,以前是省工办人事处任命的。干部都是要分批培养的,要有第二梯队,每年相关部门也会来考察第二梯队干部的群众基础和工厂对他的评价。大约是90年代末,我们小三线企业被国家甩包袱了。其实我们厂一直是不亏的,一直对国家有贡献的。随着政策改变就被甩包袱了,然后就进行改制了,改成股份制了。股份制改革就是把天明厂原有资产由市经委进行评估,具体操作我就不懂了。

我们厂生产的部分产品后来也被淘汰了。例如导火索就被淘汰了,因为矿山开矿,国家从安全方面考虑也有要求。导火索这种产品有速燃效应,要求1秒钟燃烧多远,比如说1秒钟燃烧5厘米,结果超了半厘米,这样的话点火的人就跑不掉,或者是燃烧慢了,比如说规定是5秒钟爆炸,但它10秒钟还不爆,操作员去看的时候一旦爆炸就产生了事故。以上的情况经常会导致事故,后来就改成电子起爆了。电子起爆只要把电路接好,然后去安全的操作间起爆,非常安全。电子起爆代替了导火索,我们厂的生产计划越来越会少,后来干脆就停掉了。

王来东:我们其他品怎么样?

刘荣先:制炭机现在应该也不生产了,一是上不了规模,二是国家没有那么多木材用来炭化。此外,现在谁还用炭啊,吃火锅都是用电气了,没人用炭了。过去烤火用煤炭,现在谁还用炭啊,山里面的人都搬出来了,都是用电取暖的。过去睡觉是火炕,现在睡觉都是电热毯和空调。现在这种生活情况不需要制炭机了,所以就停产了。

王来东:在您的记忆里我们的产品供应过部队没?

刘荣先:我们应该生产过一部分供军队打坑道,过去打坑道不像现在,现在都是用机器钻的。以前都是用炸药炸的,遇到石头了人力弄不动,就钻眼用炸药炸。现在都是机器钻的,机器把四周挤得结结实实,后面有做好的混凝土模子,边钻边建设,钻透就建好了。现在技术很先进的,以前好久才挖1公里,现在一天能钻一个山头的。我们的产品应该没上过战场。

王来东:我们厂研发新产品的资金从哪里来的呢?

刘荣先:一部分是我们自己的利润留成,一部分是银行贷款解决问题。我们厂规模比较大,银行也不怕我们还不起。银行也有贷款的任务啊,银行贷款给我们他也要扣钱的啊。银行按照规定,看我们是什么项目,需要多少钱,能自筹多少,能够贷多少都是有规定的。我们生产产品以后再从利润里面慢慢还银行贷款。

王来东:乙炔气分厂建设什么情况?

刘荣先:乙炔气分厂已经卖给当地工厂了,当时是和人家合搞的。

王来东:我们那个分厂有专门的销售部门吗?采取了哪些促进销售的措施呢?

刘荣先:我们那个厂生产的民用产品,首先是要做宣传和广告。原来电焊是用电石放到筒子里,比较危险,还有就是比较脏,电石的渣滓不好处理。我们经过加工将电石里面的气取出来装在钢瓶里,用起来比较方便。举个例子,用 100 元钱买电石来进行电焊加工,然后再买 100 元钱我们厂生产的瓶装乙炔气来进行电焊加工,对比之下我们这个产品干净无污染。我们就利用环保的优势来推销我们的产品,宣传的话就是利用幻灯片和电影,或者用书面资料发给人家。买家进行对比,然后到现场观看试验,试验过以后再进行谈判。推销很艰苦的,不是说送过去人家就要,有的就是白白让人家用了。

王来东:我们厂对销售人员有激励措施吗?

刘荣先:这个有,比如说你搞推销的,如果你能达到销售目标就有奖励,年终的时候会统一算奖励。当时的奖励还是很少的,那时候改革开放刚开始,奖金一个月 5 元钱就感觉不错了,之前都没有的,所以年终奖给个一二百元就感觉不得了了。

王来东:我们在连云港做乙炔气,红光厂在淮安也有一个乙炔气厂,这有竞争吗?

刘荣先:有一点竞争,但竞争不大,我们是兄弟厂嘛。淮安这块就交给红光厂了,我们大致划分了销售市场,如果有个别厂非得跨区域上求购我们也都不计较了,这种情况非常少的,量也非常少。我们主要销往山东、盐城、连云港和徐州等地,淮安这里就交给红光了。红光这里是独家经营,所以效益比较好。我们那里是两家生产,所以效益没有红光分厂好。为什么我们的效益没有红光好呢?一个是红光这个项目上马早,我们上马迟。我们这个项目还是陈怀标搞的,本来陈怀标是红光厂的,后来他调到了我们厂,他有做乙炔气的老思想,就想着我们厂也可以搞一下。当时我们厂考虑到土地问题,就和连云港的一个化工厂进行联营。我们那个分厂属于连云港那个化工厂的一个车间,创收的效益可观。当时连云港那个厂的上级单位叫皮塑公司,公司下面有化工厂,有塑料厂。我们那个分厂是我们天明厂和当地一个化工厂共同成立的,双方共同组成董事会管理,体制上交给当地的皮塑公司。我们厂的职工也会去那个分厂,双方都会派人参与分厂建设生产。分厂的技术都是我们厂提供的,连云港当地那个厂非常信任我们。当时连云港那个厂效益不好,而我们厂效益好,所以人家也很欢迎我们去办厂,人家以地皮入股。利润分配上,我们去掉成本和工人工资,留下一部分利润组织生产,其他的按比例分掉。

王来东:您进厂的时候是亦工亦农,什么时候转成正式职工了呢?

刘荣先:"文化大革命"结束以后我的户口还没有解决,当时我已经是车间副主任。当时可能全国都是这种情况,很多人已经成为技术工或者领导,如果这部分人流失了可能对工厂造成影响,而且这些人表现不错,都是骨干力量。鉴于这种情况,国家就下了一个政策,把我们的户口转成了城镇户口。户口没放开之前,为了照顾两地分居的职工,国家把职工家属户口都转到厂里了。

王来东:"文革"对我们厂的生产生活有影响吗?

刘荣先:"文革"期间我们厂的职工比较抱团的,看起来我们厂领导好像被反对派停职了,实际上领导还在行使权力,不像有些厂彻底瘫痪了。开什么批斗会,批斗过以后领导还继续工作,没乱起来。县里面的造反派冲击天明厂的时候,我们厂里的职工一起把路封掉,不让其他人进来。我们厂有炸药啊,可以生产土制手榴弹啊。天明厂在当地威信还是比较高的,还是军工企业,反对派也没敢对我们这里动手。当时有枪啊,有机枪和几十支步枪,还有土制手榴弹,是按营级单位配置的啊,最终也没敢用。当时厂里的领导首先冲上去堵路,不让他们进厂,后来经过做工作反对派就走了。当时我们厂和当地部队有联系的啊,一旦有问题部队肯定要来稳定局势的。我们这里当时没乱起来,但其他地方有乱起来的。当然我们这里不能说没有一点问题,但问题不大,生产基本没有问题。

王来东:我们厂和地方关系如何?有没有互相帮助?

刘荣先:有,以前不是生产队吗,种田就是集体的。我们工厂有劳动力和车子,每到农忙的时候我们厂就下去支农,和地方搞好关系,不要钱的。我们厂有什么建设,村民也会来几个人帮忙,当时不要报酬的,后来慢慢给钱了。

王来东：改制期间我们厂的效益如何？有没有下滑呢？

刘荣先：效益总体不错，没有下降。

王来东：我们厂改革后有没有职工跳槽的呢？

刘荣先：这种情况有，改制过以后实行股份制了，有一部分干部参股了，有股份收入就多了。例如，干部的正常工资和职工的有距离。此外，干部到年底还可以拿股份分红又能拿一部分。还有就是干部奖励这块，干部奖励得可能多一点。从以上几点来看职工和干部的收入差距还是比较大的，有些职工觉得去社会上可能得到更多，所以就跳槽了。还有就是工厂也在不断减员，因为自动化程度高了，用人少了。这种情况下年龄大的职工就得内退了，如果愿意买断的厂里直接买断，这也分流了一部分。

王来东：改革开放以后职工的心态有什么变化吗？

刘荣先：变化还是有的。现在人的思想和以前不太一样，现在以金钱为衡量标准的多。比如股东的工作积极性就要比普通工人高，因为他们还能拿股份分红，积极性肯定高啊，而工人现在只拿两千多元钱。

王来东：我们厂的生产管理方面和之前的最大区别是啥？

刘荣先：区别就是人少了，好管理了。岗位的技术提高了，劳动强度降低了。还有就是信息化管理上来了，厂里到处都是摄像头，坐在办公室就能监控全厂。省里能够直接通过监控看我们厂的生产情况，现在省工办估计合并到省经委了，他们可以看到我们的生产情况，有什么违规情况他们都可以看到，出了事情通过视频也可以详细调查。厂领导通过视频监控可以直接管理职工，如果有人思想跑小车可以直接远程喊话的，安全管理比以前好很多了。还有就是产品自动化了，人离得距离远了，距离远了安全性更高，过去都是手工直接接触的。以前我们炸药生产是不编码的，现在都是像生产火腿肠一样，用塑料管装着，全部编码，哪条线哪天生产的都是清清楚楚，资料全部存档，一旦出问题有据可查的啊。以前出问题只能去后面查具体哪一箱，查批号，现在连哪一条都能查出来，谁监管的也能查出来。

王来东：当时我们厂为什么要选址在那个地方呢？

刘荣先：第一，那个地方离县城超过15公里，有要求的。第二，靠山隐蔽，它四周都是山头，只有一条弯弯曲曲的路进去，备战备荒为人民嘛，这样的话比较利于隐蔽。第三，那个地方有个山泉，可以供应我们厂里用。这就是我们厂选址的原因。

王来东：我们厂有军代表监督生产吗？

刘荣先：这个没有监督，我们厂全部生产民品，不像925厂。925厂生产的产品有的属于部队，需要部队监管。比如说检测这块，地方检测过以后必须让部队再检测，部队检测过以后才能进入军队使用。

王来东：我们厂没有军品为什么叫小三线厂呢？

刘荣先：因为我们厂可以临时转产的，需要TNT我们就生产TNT，需要炸药就生产炸药。如果发生战争，我们可以全部生产军品，是这么弄的。

（刘荣先，男，1948年出生。1966年进入天明化工厂一车间任操作工，1972年任车间副主任，1974年任车间主任，1982年任经营管理科书记兼主任，1986年任后勤服务公司经理，1987年任乙炔气厂副厂长，负责供销工作，1992年回到本厂，负责工会下属公司的管理工作，1997年工会公司注销后转任后勤服务公司经理。2002年内退。）

十七、采访赵怀元

采访时间：2018年6月12日

采访地点：江苏淮安市锦江之星酒店（淮海西路店）201房间

赵怀元：我是1970年进厂的，9305厂是1965年开始办的。1964年毛泽东同志提出全国要加强战备，准备打仗，三线厂不仅国家要建，各个省也要建，这样打起仗来可以各自为战，这对打仗有很大的便利。在备战备荒为人民的号召下，我们江苏省就展开了小三线建设。当时江苏省成立了一个江苏省后方建设指挥部，指挥部经过讨论将我们盱眙作为后方小三线建设的基地，省委就派了省委副书记包厚昌带了一班人来盱眙县进行选址勘探。小三线建设要求靠山、分散、隐蔽，房子建设还要贯彻民用化、村落化、乡土化的标准。我们盱眙县的地形以丘陵为主，符合建设要求。我们厂建设的第一方案并不是按照上级的要求走的，第一方案比较奢侈，盖房子的砖头都运到了我们的码头，职工宿舍都是瓷砖贴墙的二层小楼房，厕所都是抽水马桶，后来中央在济南开了一个会议就改变了这个政策,要求我们贯彻民用化、村落化和乡土化的政策,所以我们的第一建设方案就被废除了。我们厂区的老房子都是干打垒的,都是石头垒起来的,房子屋顶上有烟囱用来防空迷惑敌人,这在现代化航空侦查的条件下都是没用的,但在当时那个条件下,有个烟囱就像个村庄一样,用来迷惑敌人。我们的工房都是沿着山建的,把山掏成洞建设工房,房子上面再堆一两米厚的土,用来防导弹和原子弹。现在这些老工房都不要了,跟不上形势啊,因为山洞里的工房不通风,光线也不足,人在里面工作很潮湿的,但在当时是很先进的。我们厂对外是2093信箱,天明化工厂,代号9305厂。我们厂第一个产品的第一个投资方案是178万元,济南会议后削减到165万元。我们厂发展分以下几个阶段:艰苦建厂、坚持生产、全面整顿、转轨变型和改制创新。

建厂的时候我们都是血气方刚,首先我们要盖房子,厂区、生活区的道路也都是我们一点点开出来的,需要把山体挖下去1.5米,路宽大约20米,长300多米。第一个产品是老工人弄的,他们比我们早五年进厂,我们是1970年进厂的。我们的第一任厂长书记是从泗洪调过来的。当时成立了一个筹备处,筹备处设在林场的牛棚里面。牛棚里面有一张破桌子和椅子,吃饭的时候就趴在电缆盘子上,上厕所就找个偏僻的地方解决。当时有个顺口溜:树林当饭堂,湖塘当澡堂,带着干粮进工厂。当时环境很艰苦的,就这样把厂建起来了。我们的工人没有怨言,干起活来汗流浃背、废寝忘食,因为我们职工的政治品质好。当时我们职工大都是退伍军人和知识青年,都是经过严格政治审查的,要审查好几代。我们厂的退伍军人大部分都是党员,都有这个觉悟,因为这是国防建设,到兵工厂还是脱了军装的战士。我们的第一产品硝铵炸药大约是1967年5月1日开始生产的,对外称为84♯产品。第二产品导火索是1970年开始生产的,大多为民用导火索,也有一部分军用导火索,对外称为86♯产品。我们的产品都是有代号的,例如我们的手榴弹就叫510♯产品,不说手榴弹,军工企业都是有代号的,保密嘛。硝铵炸药大多是民品,军品很少,还有一次出口到国外了呢。六七十年代没有什么大的战争,我们生产的硝铵炸药大多属于民用,部队也会用一部分来爆破、施工、炸碉堡、打坑道等。我们江苏省有十五六家炸药厂,我们厂是老大,此外还有7317厂和常州的一个厂。后来我们厂被评为国家二级企业,财务管理、设备管理、计量管理和档案管理都被评为国家二级,进步很大,这和我们干部职工的不懈努力有关,大家都奋不顾身,把军工当作大事来干。我在职期间,我们年年盈利,没有亏损过。我们工人有一句话:天明厂没有完不成任务的习惯。有一年发山洪,煤被冲走了,电力也不正常,这就造成生产不正常。当时我们离完成任务还有20天,但还是没电,我们厂领导到盱眙县反映,经过多方协调解决了电力的问题。后来我们在当年12月31日提前两个小时完成了生产任务,我们就睡在机器旁边,为什么呢?电一来我们就赶紧开机,如果在宿舍的话就耽误时间了。大家有句口头禅:宁掉一身肉,少活几年寿,也要完成国家计划。我们建厂的时候提出:建厂先建人,建人先建心。大家从政治高度来要求。当时提倡勤俭艰苦建厂,大家到各个山头弄茅草和石头建厂,土法上马。开始我们厂招的都是合同工,后来都转正了。第一个产品建设的时候是从盱眙附近和南京、常州等地招来的合同工,后来转正了,从第二个产品开始招的都是正式工。我们厂在80年代是很风光的,利润很多。我们厂的第一产品经过技术人员的攻关,建成了一套气流工艺生产设备,是完全自动化的,从硝铵炸药的碾碎到输送等十几个工序全部是气流工艺,非常先进。气流工艺建成以后,我们的生产能力达到年产万吨,以前一年最多生产3 000吨左右。我们厂的技术力量还是比较强的,成立了全质办和总师办,机构更加健全了。"文革"的时候我们只有生产组、政工组和后勤组三个部门,"文革"期间,我们厂的生产没有停过,没有一次武斗,没有打砸抢,没有明显的派系斗争。因为我们是1965年筹建的,来的工人都不熟悉,没有什么矛盾,初到工厂大家都是埋头工作,为国家创造财富。此外,我们工人的成分好,政治要求高,共产党员多,退伍军人和干部多。职工的政治思想素质高,没有打砸抢,也没有批斗干部的事情。后来全国有一个揪516分子,我们厂也走了这步棋,其实是错误的,这一段受了一点影响。总体来说,"文革"期间我们厂还是比较稳定的,没有搞串联,没有停产。我们工人回家探亲的时候都不好走的,其他地方武斗严重,交通不通,只能从明光绕一百多里路赶回厂按时上班。还有一些年轻工人生病了,车间主任都把他们关在宿舍里让他们休息,但他们都跳窗户跑出来上班。在外面枪林弹雨打砸抢的情况下,我们厂依然坚持抓革命促生产,没有一天停产的,晚上我们学习党中央的政策,进行政策学习。我们这代工人不忘初心,为三线建设做出了一定的贡献。当时我们是"献了青春献终身,献了终身献子孙",我们职工的小孩子全部被招收到军工厂去了。我们一直工作到退休啊,干了三四十年,退休后工厂为了照顾我们,就把我们老工人安排在市区,毕竟我们在山区待了那么久。我们出来的时候才知道外面有这么大的世界啊,因为当时我们那里是个小社会啊,有医院、俱乐部、大礼堂、小卖部、粮食点等,是个完整的体系,很少和外界联系,最多到盱眙县玩玩,其他地方也去不了,消息很闭塞。开始我们军工产品保密相当厉害,外面的人来我们厂进货都是我们厂的驾驶员开他的车到仓库提货,不允许外人到厂区仓库提货的,后来逐步允许外面的人开车进厂提货,慢慢淡化了。我们的厂区、库区和生活区是分布在三个山沟里的,厂的选址第一个是选址在方港,但那个地方比较狭小,占的良田比较多,隐蔽性不好,后来在上级领导的勘察下才选到了严港我们现在这个地方。我们这个厂东南西三面被郭港、严港和大金港包围,便于隐蔽。我们的生产区建在严港,生活区在郭港,库区在大金港。我们的库区和生活区中间隔着一座山,因为库区里面放的都是炸药,爆炸的话不得了,所以得和生活区分开。1960年上级批给我们厂的土地有17.2公顷,其中生产区11公顷、库区1公顷、爆破区0.2公顷。

王来东:我们厂的产品除了硝铵炸药还有什么呢?

赵怀元:还有导爆管,是作为技术储备产品的。还有震源药柱、乳化炸药等,都是硝铵炸药的系列产品,乳化炸药现在还在生产。改革开放以后,我们在连云港和南京都建立了联营厂,现在回忆起来是在当时时代背景下形成的,搞得不怎么样,最后都解体了。连云港分厂是乙炔气厂,南京的记不清楚生产什么了。当时山沟比较小,大家觉得没有发展前途,所以出去建设分厂,这方向是对的,但操作过程中不够成熟,亏本的多,盈利很少。连云港分厂盈利一点,后来解体了,因为联营双方心不容易走到一起,大家都是为了自己,不容易形成一个整体。我在连云港乙炔气分厂做过党务工作,人家排斥我们,根本连不起来。比如,联营厂里面选先进,连云港分厂的人就不可能选我们的人。分福利的时候,连云港分厂的人也是挑肥拣瘦,对我们这边的人也是挤压。职工当中万一有一个地方出了问题,往往得不到很好的处理,弄得人心里不舒服。本来我们全家都过去了,后来全部回盱眙了,做不下去啊,得看人家脸色,就是双方关系不融洽。我们这个连云港分厂是连云港电化厂主导的,乙炔气是我们厂提出来的产品,对方权力大一点。红光厂在淮安的乙炔气分厂是自己投资自己建设的厂,独立经营,盈利比较大。我们厂和连云港电化厂联营是以连云港电化厂为主,把人家养肥了,现在人家还在干着,还在盈利呢。人家就想自己干,因为这是盈利的东西。当时联营对方出厂房和设备,我们出资金和技术,管理上是双方轮流管理。轮流管理都是各自为各自,不可能管理好。

王来东:您对承包经营责任制了解吗?

赵怀元:我在工作的时候没有实行这个制度,陈怀标调到9395后才实行承包经营,我们厂实行承包经营的时候已经改制,成为私人企业,那时候我们已经提前退休下来了。我们那时候的承包经营就是上级把一年要完成多少产值、产量和利润,把这个指标给我们,一定要完成。我们之前的承包经营不像以后的承包,以后的承包是盈利以后归承包人分配的,我们那时候的承包不存在这种问题。

王来东:改革开放以后我们厂已经逐步开始改革,那时候我们厂的"军转民"是什么情况呢?

赵怀元:那个时候我们对产品开发非常重视,我们成立了一个产品开发办公室,专门从事产品开发。当时我们开发了制炭机、乳化炸药、震源药柱等产品。我们的总工程师办公室也是在这个时候成立的,主要负责技术革新工作。气流工艺改造也是在那个时期慢慢起步的,提高了生产效率,产量大了,省了很多劳力,增加了效益。当时生产任务直接下到车间里面,例如导火索一年多少产量必须完成,这跟车间班长等管理人员的奖金和工资挂钩,包括安全问题,这也跟车间和班组工作人员挂钩的。安全问题很重要的,具有一票否决权,安全出问题一切都没得了。维修车间也是承包的,电工跟车间生产走的,过去不是这样的,过去都是在我们二车间。当时我们重点抓企业各项工作升级,设备、计量、档案和企业都要升级。例如,档案要升级为国家二级,这都是有具体考核指标的,每一项工作都有指标的。

王来东:"军转民"期间,我们厂的效益有变化吗?

赵怀元:我们厂一直是生产民品的,效益一直不错,后来因原材料紧张导致效益受到影响,实际上我们年年盈利,只不过盈利有多有少,在我的印象里,只有两三年亏本。硝铵炸药一直在提价,当时有句话,只要是化工产品,狗屎都是香的,化工产品特别吃香。

王来东:改革以后我们厂的销售是什么情况?

赵怀元:销售就需要我们去找客户了,不像以前那样有订货会了。以前我们一年生产多少吨,给谁多少,在上半年的订货会已经确定了,我们的产品是皇帝的闺女不愁嫁。改革后就需要我们上门推销产品了,这就不一样了,就像卖鞋子一样,需要我们去竞争,产品都是送货上门,运费都是我们自己出。过去不是这样,都是买家自己来拉货,现在都是我们免费送货上门。我们江苏省的竞争很激烈的,其他厂生产什么新产品都不对我们透露的。有时候我们去人家厂参观,人家不让我们看产品开发办公室的,我们厂也是这样的,我们都是冠冕堂皇地谈话,关于新品都不会聊的。如果新产品信息泄露了对我们不利啊,还没有形成生产力啊,不能对其他厂讲。当时我们还有军工两个字保护,改革后我们厂就被放到经委管理,军工性质就弱化了。我们厂很重视新品生产的,这涉及工厂在市场经济中的生存问题。我们的销售计划不再是国家下达的,我们需要自己去推销,能卖多少卖多少,现在更是这样子。现在工厂被深圳人买走了,利润是四六分成。为什么要卖给深圳人呢?如果不卖给深圳人的话,我们厂肯定会倒闭的,依靠深圳人的经济实力能够解决我们厂的生存问题。现在天明厂的情况也很危急的,过去我们厂的日子是唱着过,现在的日子是愁着过。市场的竞争太激烈了,我们厂在连云港和徐州的市场都被别人挤掉了,不知道别人是咋做到的。苏南的市场过去就不好进入,现在更不好进了,市场竞争太激烈。

王来东:我们厂新产品的开发资金哪里来呢?

赵怀元:自筹资金。如果项目比较新颖,对国家来说有用,国家会拨一点资金。如果能和国家挂上钩还是可以拿到钱了,如果挂不上号就不行了。

王来东:我们的分厂建设失败是因为是条件不成熟吧?

赵怀元:也不能说是条件不成熟,主要是当时的发展形势所迫,是对形势认识的不足。现在不主张这样搞了,但在当时的背景下,只能跟风去做了,我们看别人在做,自己也忍不住去做了,怕比别人落后啊。我们厂自己在淮阴市做过一段时间的分厂,后来这个分厂土地被市政府征了,只好下马。这个淮阴天行木业分厂就算不被市政府征用也经营不长久,因为管理不好。为什么我们军工厂都在淮阴建分厂呢?因为改革开放的时候,我们几家从原来由省军工局管理下放到由淮阴市国防工办管理。我们厂、红光厂和925厂等都是盈利的国营企业,淮阴市看我们都是盈利企业就让我们去淮阴办分厂。实际上我们在南京已经和江宁谈好了,准备在江宁办一个分厂。此外我们还准备在连云港和常州办厂,主要向南发展。我们不愿意向北发展,因为我们知道苏北的情况。淮阴市市政府极力劝说我们,跟我们说小孩子可以到淮阴中学读书,户口可以迁到淮阴,条件是我们不能到南方办厂,淮阴市和淮阴市国防工办不同意我们南下办厂。在这种情况下,我们把南京已经谈好的项目毁掉了。我们分厂就是这样建到淮阴来的,我们领导层的意见就是往南,不想在北边。苏北的经济基础差,交通也不方便,当时也没火车,都是汽车,我们的原材料都是火车运的啊。淮安市专门下文把我们的户口迁到淮阴了,我们的孩子也是安排到淮阴中学上学,硬卡进去的啊。我们几个军工厂的职工户口基本上都在淮阴,就是这样弄过去的。我们在连云港的分厂已经建成了,所以没办法停下来。我们淮阴工业基础很薄弱,之前我们的利润上缴给省国防工办,下放后就缴给淮阴市国防工办。为什么省国防工办最后要把我们收回呢?国防工办把江苏的小三线企业下放到地方后,原来上交给省国防工办的各种款项都交给地方了,这样省工办就收不到钱了,甚至连工资都发不出来了。这种情况下,省国防工办知道下放是错误的,又把企业收回去了,临时成立了一个部门。我们已经在这办起来了,所有的资金得交到省里去。

(赵怀元,男,江苏省涟水县人,1943年出生。1964年洪泽中学毕业后服役,历任战士、班长、支部委员,1969年3月退伍后历任村民办教师及大队书记等职,1970年进入天明化工厂,起初担任库管员和车间工人,1975年起进入机关担任科员、业务员等,1980年起担任档案员、厂志主编、机要员,并承担省军工志有关章节主编,1986年后从事行政秘书直至内退。2003年正式退休,退休后发挥余热从事公益活动十余年,多次受到省市嘉奖。)

十八、采访丁洪奎

采访时间:2018年6月13日
采访地点:江苏淮安市锦江之星酒店(淮海西路店)201室

丁洪奎:现在的机械化程度比以前好多了,以前需要几十个人,现在可能只需要几个人。过去完全靠人海战术,一个班几十个人,现在只需要几个人就可以了。原来我们几个厂是配套的,红光厂生产黑索金,淮化厂生产 TNT。天明厂生产铵梯炸药需要 TNT 炸药,铵梯炸药又称为 2♯ 岩石粉状铵梯炸药,用途是 2♯ 岩石的爆破,不能用于煤矿,成分包括硝铵和 TNT,现在这个产品都淘汰了。原来我们厂知名度很高的,全国四百多个定点厂,我们厂在兵器行业还算是比较有名的。我们厂归属省管,实际上归口于兵器工业部。我们厂生产的产品属于基础工业,各种生产活动都需要这种炸药爆破。人家会说我们这种厂是被人们遗忘的,说起天明化工厂来大家也知道,但是了解得不详细。我们生产的产品太简单、太单一,说我们生产的产品是老黄牛炸药,有的人不了解,觉得我们厂很容易爆炸。实际上现在我们厂的生产也在改善,原来生产的原料 TNT 是有毒有害物质,进入眼睛后直到死亡都排不出来,很多人视力模糊看不清楚,职业病比较严重,"三废"也很难处理。现在都不用 TNT 了,原材料包括氧化剂硝酸铵和可燃剂石蜡和凡士林等,现在生产代替了 TNT,就没有毒性和"三废"了。过去用的硝酸铵是粉状的,现在用的是液体的,省去了软化的过程,这样就便于运输了。

以前厂里有一千多人,现在才有几百人,大部分职工买断工龄后就去苏州、常州或者上海打工了,走出去后大家的生活还不错。

王来东:改革开放之后我们厂的生产经营管理有哪些变化?

丁洪奎:改革开放以后工厂变化比较多一些。首先是以经济效益为中心,为用户服务。当时我负责工厂的技术工作,每年我都要去用户那里了解需要什么样的产品,然后我们就根据客户需要生产产品,满足客户需要。因为我们三线厂一般在山沟里,先天不足的是运输路途比较远。例如,徐州有一个客户,但徐州本地也有一个炸药厂,我们产品从盱眙运到徐州需要运费,人家本地的厂运输就比较方便,所以跟人家竞争比较困难。在这种情况下,我们工厂就需要采取一些措施。此外,我们生产的产品质量和品种适销对路,对方工作环境有水,我们就生产抗水炸药,如果对方工作环境没水,我们就生产普通炸药。现在生产的粉状乳化炸药和膏状乳化炸药都是抗水性能比较好的,2♯岩石炸药是不抗水的,爆炸性能很好,但原料包括 TNT,生产和使用过程中会产生有毒有害的"三废",现在产品里面不添加 TNT 就好多了。我到过很多地方,东海蛇纹石厂是我们一个大的用户,是在地下开采蛇纹石,应该是宝钢使用的。当时只有一个地方产蛇纹石,宝钢炼钢的过程中需要加入这种原料,这样就不会产生硬的块了。这个蛇纹石只有东海有,开采的话都是露天开采。我们一看这个基础工业确实厉害,这个矿场离不开我们的炸药。这个矿场用过去的铵梯炸药就不行了,必须使用现在的乳化炸药。过去我们专门给他们生产一点抗水炸药,就是在几个小时以内炸药不会进水。如果进水的话,炸药内部的硝酸铵就化掉了,不会爆炸了。现在生产的乳化炸药市场也很好的。每年工厂都会组织一次到用户那里走访的活动,通过开座谈会看我们的产品有什么问题,然后我们针对问题来进行技术改造和新产品研发。那时候我们生产了工业导火索,产品还不错,是根据苏联标准生产的,跟苏联生产的差不多。这个产品有什么问题呢?就是燃烧时间比较慢,万一产生拒爆排除的时候比较危险。导火索生产是由四根线拉下来的,如果断了一根,生产出来的导火索性能变化不大,如果断了两根就会出现燃烧时间变短的问题,如果四根线全断了就没有黑火药了,容易出现断火。针对我们生产的导火索出现的断药细药问题,就跟南京理工大学联合研制了一个断药细药监控装置。本来这个装置准备在全国推广,后来国家一刀切,全国停止生产这个产品了,因为这个产品的燃烧效率比较低,1米长需要燃烧100—120秒。我们去现场看人家爆破,导火索燃烧需要等很长时间。有时候人还没走远那边就响了,这就要发生事故了,有的是不会爆炸,排除哑炮的时候也容易引起事故。现在全部搞成电爆装置或者塑料导爆管,这代替了导火索。我在的时候和客户的关系比较好,了解客户需要,生产的产品满足客户需要,效益也很好。后来产品需要越来越少,原来我们生产2#岩石炸药、2#抗水炸药、铵松蜡炸药、乳化炸药等,现在只有膏状和粉状乳化炸药两个产品,这两个产品性能很好,但产量有点低。现在自动化程度高了,人越来越少了。我们厂的气流生产工艺在全国只有三四家采用,生产的产品质量很好,经常有人来参观。后来2#岩石粉状铵梯炸药就被淘汰了,因为里面有TNT,容易造成污染。当时生产的时候要戴防尘口罩和穿专门的工作衣,工作完以后衣服都变成黄色的。这个产品使用的时候也容易产生污染。这个产品需要装成32毫米的条状,是在装药机里面加工的。我们的装药机也是不断进步的,由于我们自己的技术有限,听说哪里有好技术就去人家哪里改装。当时我们那里有二十多台手工装药机,后来我们改成了三条自动装药机。自动装药机是去北京矿务局加工厂改装的,前后花了几万元钱,是气动式的,比较安全,可以连锁化生产的。接下来的工序就是包装,标准是20个药条一包,32毫米每条的规格是150 g左右。

我曾经负责企业档案升国家二级,当时我也没学过档案,不懂档案如何管理。领导就派我去其他厂考察,学习其他厂的管理经验,有一次在无锡参加一次会议,到559厂技术科看了下建档规范。学习过以后,我认为我们必须按建档规范来搞企业档案,后来在市档案局的指导下,我们的档案管理逐步入门了。后来我就担任企业档案主任兼技术科科长,档案管理升国家二级就由我负责。在这个过程中,我有什么需要都可以跟厂长提,我负责技术档案的归整,赵怀元负责文书档案的整理。

王来东:我们厂的原料来源是什么情况呢?

丁洪奎:物资局、民爆公司和生产厂家坐在一起开会,最后江苏省会统一协调。棉纱等一般原料可以自己去买,TNT等大件产品还是需要国家统一调配的,现在估计也还是国家计划的。现在硝酸铵等一般都是南化的,石蜡和凡士林等原料可能还有订货会。

王来东:"军转民"时期的政策对我们厂的发展有什么影响吗?

丁洪奎:当时我们也有几个产品的,一个是利用导火索的原材料和设备生产社会上需要的锅炉化学清灰剂,锅炉在使用的时候会产生烟灰影响热效率。我们就利用导火索的生产原料硝酸钾、木炭和硼酸等生产清灰剂,利用清灰剂和烟灰垢进行反应,将其变成疏松的物质,方便清理,提高锅炉热效率。开始这个产品的效益还可以,后来由于物价上涨,工厂觉得不划算就停掉了。这个产品用处不大,电厂的锅炉热效率很高,不屑于使用这个东西,小的锅炉国家不让办了,所以最后就停产了。锅炉化学清灰剂是兵器工业部转给我们的技术。还有一个是利用花生壳、牛粪、树叶等废弃物加工燃料,叫作固体燃料成型机。这个机器可以通过螺旋、高温和融化将废弃物变成为可用燃料。这个产品还不错,在其他地方展销也收获了不错的评价。但是这个产品的螺旋杆耐磨性比较差,在高温和摩擦的情况下十几天就要拿出来维修,所以这个机器寿命比较短。原来我们第五车间有十几个人,他们自己生产自己推销,卖了之后解决那十几个人的工资问题。这个产品后来也停掉了,因为生产出来的燃料棒比较多且内部温度很高,容易自燃产生危险,此外螺旋杆的质量问题一直难以解决,只能停产。由于我们在山沟里面,过去我们天明化工厂在连云港、南京和淮阴都有分厂,分厂也开始扩大规模生产了。由于分厂比较多,领导管理也跟不上，人家让我们投资我们却拿不出钱。在这种情况下，人家就逐渐把我们甩掉了。例如，连云港和南京都办了乙炔气分厂，由于我们派过去的技术力量有限，资金投入也不足，逐渐人家就不和我们合作了。在淮阴我们还办了一个宝丽板生产线，宝丽板就是在三合板表面贴上一层宝丽纸。宝丽板蛮漂亮的，品种也不少，但生产了一段时间就停产了。

王来东：我们厂上了这么多新品，最终失败的原因是什么呢？

丁洪奎：主要就是领导管理跟不上，原来我们在连云港和南京有分厂，开会啥的都需要来回跑，管理质量跟不上。我们派了十几个人去分厂，这些人连家属都带去了。人家分厂需要的是技术人员，但我们派去的就是工人，素质还是有限的。淮阴的分厂生产的宝丽板销售出现了问题，销售不出去。例如，我们生产出来的宝丽板销售到湖南，人家来拉货的时候没交钱，最后联系不上，搞推销的人去联系也找不到人。由于被人家骗了，产品连货款都收不回来，慢慢市场就萎缩了。我们盱眙小三线几个厂办的分厂搞得最好的就是红光厂的乙炔气分厂，淮化厂搞的丝袜厂现在也不生产了。

王来东：我们厂的"军转民"是什么情况呢？新产品研发是什么情况呢？

丁洪奎：我们厂在山沟里面，对外面的信息也不了解，大的项目我们也上不了，没有那么多钱。此外，还有历史遗留问题呢。例如，我们这个地方建起了工厂，但土地问题没解决。我们的厂区分为生产区、生活区和库区，库区占地少比较容易解决。生产区的土地属于一块土地两家用，本来这块地属于林业系统，两家都在用，我们盖房子需要林业部门同意，人家不同意我们就不能干。土地问题一直都存在，要我们把这块地买下来我们也没那么多钱，我在县人大会上多次提议政府出面解决，最后解决了这个问题。我们厂的信息也不灵。开发什么产品？开发方向是什么？这些问题比较复杂。我们的人员素质也跟不上去，之前都是手工生产的，如果改成自动化连锁化生产，我们的职工可能就操作不了了。我们在外面搞分厂失败的原因主要是领导精力有限，难以顾及。我在的时候也想搞一点新产品，但比较难。火化工生产产品需要上级定点，想挤进这个盘子很难的。

王来东：车间管理方面您了解吗？

丁洪奎：车间管理还是不错的，当时车间都有书记、车间主任和统计员等，机构还是比较完善的。

王来东：改革之后职工都是签合同吗？不再是以前那种铁饭碗了吧？

丁洪奎：没有铁饭碗了，现在都是厂长说了算，说辞退就辞退。我家小孩在无锡工作，母亲去世后老板不给三天的丧假，只能按照事假来算，这我们能有什么办法呢？

王来东：我们厂的标准化和计量管理是什么情况呢？

丁洪奎：标准化是针对产品的，过去我们是技术科具体负责管理的。标准化是负责所有产品原辅材料标准的收集，然后制定企业标准。标准分为国家标准、行业标准和企业标准。企业标准就是国家没有的自己做，或者做一个比国家标准更高的。如果企业标准高于国家标准，无论何时国家来检查我们都能通过，因为国家标准是照顾面上的，不是特别严格。计量就是国家有计量法，企业根据国家标准淘汰那些东西，或者根据国家标准改进某些方面，例如过去我们都用公分，后来全部改成厘米。像我们过去使用的秤还需要每天校正准不准，如果秤不准测出来的结果肯定不准。有时候化验室和生产车间也有矛盾，化验车间秤不准就来化验结果肯定不准的，要想化验结果准确，计量必须准确。现在很多设备都要及时检查矫正，保证计量设备准确。

王来东：我们厂偏僻的地理位置有没有对我们厂的交通运输造成困难呢？

丁洪奎：这个也没什么影响，但和大城市比就难一点了。比如说乳化炸药生产需要乳化剂，我到上海买过乳化剂的，怕别人听不懂我说的话就把东西写在纸上，需要多少就去销售部门开单子，交钱后去找人家提货。我提货后有人说我拿错了，提货的时候那个人给我拿错了。到火车站后火车也不让我上，说必须办托运。去托运时，人家说我太老实，就这几公斤的东西不需要托运，买个包装盒就行了。如果我在上海工作，就这点东西骑个电动车就可以送到了，哪里还用跑这么远啊。研制新产品的时候，我们需要自己去采购原料，也不知道哪家的原料好，国家也没说明哪家的好，还需要自己去调研，在这种情况下，严重影响开发的进度。以上因素确实影响我们的发展。

王来东：我们厂有很多后勤保障部门，这个是不是影响厂里的生产呢？

丁洪奎：因为我们厂离县城17公里，是一个独立的单位。平时我们看病只能到医务室去，一般头疼感冒可以去看，万一遇到事故啥的就必须到大医院去了。原来我们最早用液化石油气，当时连盱眙县都跑到我们这买液化气。

我们的液化气是不对外的,通过关系才可以买。

王来东:当时我们小三线厂的生活水平还是可以的啊,连盱眙县没的液化气我们都有。

丁洪奎:我们天明厂还是不错的,我们的厂长是北方人,喜欢吃饺子,大家吃饱为止,保证供应。有一次放电影《刘三姐》,很多职工刚下班没看,厂长就让再放一遍。逢年过节的时候,厂长喜欢发一些带鱼等吃的,待遇不错。我们天明厂还有一点比较好,就是夏天会停产一段时间,因为夏天潮湿,硝酸铵容易化水。在停产期间,我们厂里会办小食堂,免费供接触有毒有害物质的工人吃饭,因为接触有毒物质身体比较弱。小食堂吃饭的时候是八九个人一桌,就像办喜事一样,只有炸药车间有这个待遇。通过夏季的营养补充,职工的身体就很好了。后来小食堂就停掉了,为什么呢?有些人看有菜了就买酒喝,有的人喝醉后头往地上碰,厂里一看这种情况就停止办小食堂了。

王来东:我们厂址偏僻,生活应该有不方便的地方吧?具体表现在哪些方面呢?

丁洪奎:出行还是不方便的。现在厂里都有班车,私人也有小轿车,随时都可以走。原来有班车的,早上8点钟大客车去县城,大概11点钟从县城回来。如果买菜等事情比较多的,坐这个车正好。如果临时有事或者去看病的话坐这个车就不方便了,我们经常走十几公里走到厂里啊。

王来东:厂里生活买菜买东西方面有困难吗?

丁洪奎:买小东西的话有商店,还是不错的。如果买电视机就必须去县城,想要好的就得去淮阴和南京了,山沟里没有大商场的。最让人头疼的就是子弟学校,不办不行,小孩得有上学的地方啊,办的话生源不足,一个班就几十个人。子弟学校学习好的也能考几十分,但统考的时候就不行了,教学质量还是不行。

(丁洪奎,男,江苏省涟水县人,1944年出生。1964年于太原机械学院(现中北大学)炸药制造专业读书。1968年任四川省西昌化工车间副主任,1978年调天明化工厂,历任车间副主任、技安科科长、技术科科长、副厂长、总工程师等职。1987年任盱眙县第十届、第十一届、第十二届人大常委会副主任(不驻会),2000年任盱眙县第十三届、第十四届人大常委会副主任(驻会)。2007年退休。)

十九、采访费月东、贾桂香

采访时间：2018年6月13日
采访地点：江苏淮安市锦江之星酒店（淮海西路店）201房间

费月东：1985年淮阴小三线生产经营出现问题，效益下滑很厉害，主要原因是产品结构问题。当时毛主席号召"备战备荒为人民"，开始小三线建设。我们这几个小厂都是生产民用产品的，例如炸药啥的，这都是控制产品，国家管制的，我们也不好去卖。滨淮厂就是为整个江苏的小三线厂服务的，主营修理汽车、生产包装箱和铸件。925厂生产手榴弹和跳雷，现在两个产品都不生产了，这种情况下滨淮厂就没事干了，效益普遍下滑。这样一来，省国防工办就把盱眙五个厂下放到盱眙来，交给地方管。省里面来人和市里洽谈，下放到地方，但生产计划依然是省里管，我们淮阴市国防工办的宗旨就是掌握政策、服务基层和组织生产。1995年左右，省里面又要把体制上收，但盱眙小三线厂不想被上收。为什么呢？因为原来省里管的时候管得比较死，什么都要管，下放到淮阴市国防工办之后，基本上就是组织生产、掌握政策和服务基层，所以各厂都想留在淮阴。后来市国防工办的领导更换了，领导人变了指导思想也就变了，就要把五个厂交到省里去，但五厂都不愿意啊。后来我们市国防工办和各个厂的领导人说这个事情，单独会面问是否愿意归省里管理，最后五厂的领导写了个材料，表示愿意回归省里管理，于是体制就上收到省里了。体制上收以后，淮阴市国防工办的人就没事干了，机构暂时也撤销不了，于是省国防工办就想办法把我们当作省国防工办驻淮阴办事处，并且把我们的东西都拿走了。省里把我们的东西拿走后市里面就不管我们了，后来省国防工办也架不住了，这个机构也要撤销并入经委，我们淮阴市国防工办这些人就没人要了，就挂在这个地方了，挂了大约20个月，最后把我们这些人分配到其他单位，我们十一二个人分配了五六个单位。基本情况就是这样，淮阴市国防工办撤销，办事处也没有了。

费月东：作为产品机构的话，925厂原来生产手榴弹和跳雷，还生产82无后坐力破甲弹，在500米之内可以打穿15厘米厚的钢板，主要是打坦克的。

我们的技术来自福建的313厂,这个厂是大厂,也是生产82弹的。313厂的82弹弹体是一次铸造成型的,但不如925厂用铝柱掏出来的质量好,所以就给925厂一部分生产任务,也就是维持生计。后来开始了"军转民",925厂搞液压马达,实际上就是减速器。原来天明厂生产硝铵炸药和导火索的,导爆管没形成气候,后来上了一个乳化炸药,在水里用好一点,不怕水的。滨淮厂是个配套厂,已经倒掉了。红光厂是生产黑索金的,是兰州一个厂援建的,老人都是从兰州来的。红光厂没有替代性,原来不属于军工的,属于计委。黑索金的威力比硝铵炸药大,现在红光厂还在生产。1985年红光厂在淮阴搞了一个乙炔气厂,现在还在生产。9395厂原来生产化肥和TNT,由于化肥效益很差,废水也解决不了,后来就开始生产硝基甲苯。硝基甲苯这种很重要的化工原料好多地方都要用的,效益还可以,现在还是依靠这个产品。后来9395厂也搞过一些小东西,但都没搞起来。生产比较稳定的是天明厂,因为开山什么的需要炸药,其生产的炸药质量也不错,而且客户都是固定的,不能随便换的。红光厂还可以,还在生产军品,就是任务少一点,还有饭吃。9395厂现在依靠硝基甲苯。925厂现在还有一点82无后坐力破甲弹。滨淮厂现在已经没有了。

王来东:我们作为国防工办,采取了哪些措施鼓励各厂"军转民"呢?

费月东:在鼓励"军转民"方面。第一,我们肯定要讲"军转民",实际上我们军品并不多,基本不存在转民的问题。各个厂本来就生产民品,平时生产民品,战时转产军品。红光厂也不存在这个问题,生产过包装箱、铸铁和煤气灶架子等民品,后来都完了。9395厂生产化肥,现在生产硝基甲苯,本来没有军品,现在还没有军品。要说真正有军品的就是925厂,这个厂生产手榴弹和82无后坐力破甲弹,再有就是红光厂生产的黑索金。只有这两个厂有军品,其他厂谈不上军品。小三线厂下放到淮阴以后,我们发现山沟里确实艰苦,建厂那些老人太艰苦了。我们做的第一件事就是把各个厂往城市转移,因为那里交通根本不方便,大城市肯定不行,主要是往城镇转移。1970年我们去的时候,厂里到县城18公里,到厂里就没有公路了。当时没有俱乐部、图书馆、篮球架等设施,我们的业余生活为零。刚去的时候,我们在厂里吃不到饭,就跑18公里到县城吃顿饭,然后再跑回厂里,这样一天就没了。基于这种情况,我们鼓励各个厂来外面办分厂,其中滨淮机械厂就在县城,不用管。925厂准备到张家港办分厂,张家港还不错的,最终因为厂领导意见不一就没去成。我们国防工办就有十个人，指导思想就是掌握政策服务基层，各个厂有充分的自主权，只要不违反政策都可以。925厂准备到张家港办集装箱厂，最后没搞成，后来到淮阴办了一个液压马达分厂，现在也不太理想，有一段时间基本不行了。

贾桂香：我对"军转民"不太了解，当时已经退休了。当时改制嘛，有"军转民"试点，一共有30家，其中有天明化工厂一家。

王来东：在1985年以后改制过程中，各个厂经营管理有什么变化？是不是由各级承包呢？例如各厂和淮阴市国防工办承包，车间和厂部承包，班组和车间承包。

费月东：这个我讲句真话，1985年淮阴市国防工办没有和各个厂承包，讲的是承包，说老实话，每年各厂把生产计划报上来，计划产量多少和利润多少，年底我们就按照计划考核，这不叫承包的。这就是按照你的计划来考核你，很多生产计划都是上级控制的，但是生产管理属于内政问题，利润多少需要审核。我们没有规定多少利润，只是按照各厂上报的计划来考核。我们淮阴市国防工办就是掌握政策服务基层，其他基本不管的，当时我们管得很宽松，比省工办宽松得多，基本不问的，各厂有充分的自由。9395厂在淮阴办分厂，要生产指纹锁和袜子，最终都没成气候，全部倒闭了，主要原因就是打不开市场的。指纹锁和袜子人家专业生产的早就有了，我们后来做就不行了。产品上马的时候没有考虑销路问题，人家专业生产指纹锁和袜子的都有专门销售渠道的，市场由不得你，销路也不是你随便能打开的，你想得很美，但产品卖不出去还是不行。各个厂上马的时候我们并没有进行调查考核，一般我们和各个厂进行讨论，会提出我们的参考意见，各厂可以听也可以不听。我们市国防工办从来不强制各个厂做什么，厂里的新产品讨论我们会参加，我们也会表达意见，但不强制厂里执行，只是参考意见。925厂当时准备去张家港做集装箱，我们也很想他们去，但最后厂领导意见不一去不了，我们也不做强制要求。除了滨淮厂五个厂在淮阴都有分厂啊，当时想的就是"军转民"。天明厂搞了一个宝丽板厂，最终也是因为销路问题倒闭了。当时"军转民"没有几个军品，就是在原有的民品范围内扩大品种，办分厂以后扩大品种不理想，最后很多都不行了，现在还有925厂的液压马达和红光厂的乙炔气分厂，其他都没有了。9395厂的分厂在90年代就没有了。我们几个厂本来军品就少，"军转民"就是扩大本来的民品品种，后来品种扩大了，但销路不行，最后还是没成功。

王来东：我们国防工办负责销售问题吗？

费月东：各个厂负责销售，我们国防工办就10个人，管不了那么多。原来到淮阴市哪个主管局都是几十个人，当时我们淮阴国防工办就10个人，日常事务我们就忙得够呛，根本忙不过来，只能是把握政策服务基层，厂里需要什么我们帮助厂里一点。

王来东：资金问题呢？

费月东：资金由各厂自己解决，我们工办一分钱没有。

王来东：我听说淮阴市国防工办系统内部各厂有互相拆借资金的情况，是真的吗？

费月东：这个我们工办只能是协调，互相拆借是有的，但是很少。比较有钱的是天明厂和9395厂，但这两个厂基本上没有拆借资金的。

贾桂香：天明厂不仅在淮阴的分厂失败，在江宁和连云港的分厂也失败了。为什么失败呢？例如江宁的乙炔气厂，我们去的管理人员太少，用的都是当地人。我们在人家地盘上，去的人还少，最后人家就接管了厂，没我们什么事情了。江宁的分厂失败以后，我们又去连云港搞，当时也去了一部分人，在人家那个地方，管理等方面也存在问题，最后也撤回了。

费月东："军转民"方面收效不大，说失败不好听，最起码是不成功。1985年小三线厂的效益都不好。

王来东：为什么1985年小三线厂的效益不好呢？

费月东：这个原因是多方面的。第一，产品销路不好；第二，没有什么新的东西，像天明厂原来不交税的，后来要交税了，交税的话效益就不一样了。

王来东：我看档案记载当时成立了一个淮阴市国防工办供销公司，这是什么情况呢？

费月东：这个是下面的公司。那个年代机关成立公司很多，一阵风一样，都开公司。当时成立最早的是供销公司，是为企业服务的，但当时市场已经放开了，企业自己也可以买到了，不需要经过供销公司了。如果经过供销公司还得加价格，公司本身就是加价的嘛。后来还有新时代公司、国防供销公司等好几个公司。

王来东：当时成立公司的目的是什么？完全是跟风吗？

费月东：我们办里也不主张这样，大家都这样成立就成立吧。按照政策是不允许成立的,上级不鼓励也不支持,而且很多公司也没有钱。例如我到你那里借点钱注册公司,然后就还给你,注册后再去购买物资,把物资卖掉以后再把货款还给人家,空手套白狼,基本上都是这样。当时的公司可以说很多都是皮包公司,没有实体,买空卖空。一开始供销公司想为厂里做点服务,但厂里不想要这些东西,这种服务是多余的啊,材料啥的厂里自己都能买到,因为市场放开了。这种情况下厂里还要供销公司的东西干什么呢?所以后来这些公司基本上都倒闭了,建设之初也没有什么指导思想,就是一阵风,成立了就成立,不成立就拉倒。当时经委下面也有公司啊,机关下面都有公司的。注册关系上供销公司和我们没有什么关系,但是在人员任免上还是有点关系的。供销公司的经营和我们国防工办没有任何关系,公司自己经营,只要不违法就行。当时成立公司和改革没有什么大的关系,公司想帮助厂里做一点事情也没帮上,因为厂里不需要那种服务。后来我们工办下面的三个公司都不了了之了,倒闭后工人买断工龄就算啦,都下岗了,现在连这些人都找不到了。

王来东:1985年以后的人事制度是什么情况呢?

贾桂香:原来中层干部啥的都是省里管的,厂里也没有什么人事制度啥的。

王来东:我的意思是不是由原来的铁饭碗转成了合同制了呢?

费月东:没有,大约是1992年才开始签合同的,后来都变成合同制了。

王来东:签合同和铁饭碗区别大吗?

费月东:区别不大。1997年我开始负责劳资,当时职工调动还需要审批的,不是想来就来、想走就走的。

王来东:当时招工是怎么处理的呢?

费月东:厂里招工是这样的,一定指标就去招人。后来厂里职工子女没办法安排,就是考大学考不上上技校的,厂里就去工办问这部分考不上大学的怎么处理。我们工办就问厂里能不能自己消化吸收,如果能够吸收就让这部分人进厂,也就是自产自销。如果外面有什么人才,厂里想要就要,不想要的话工办帮忙挡住。不像以前那样,只要工办不同意想来来不了、想走走不了,现在只要厂里能够消化吸收,你就可以去厂里工作,如果厂里放人你就走,不像以前不让人走,一卡就是十天半个月乃至两三年的,这种情况没有了。虽然合同制在1992年就签了,后面我们管得还是比较松的,总人数我们掌握着,但具体招收哪些人就是厂里决定了,只要厂里同意我们就办手续了,这就变成了程序问题而不是我们卡不卡人的问题。厂里来问我们自己厂的人考不上大学也没有工作,到哪里去呢?到厂里做工人,那就回来吧,基本上就是这么个情况。领导方面,下放前中层干部是省里管,下放以后中层干部都是厂里管,厂里可以任免的,副厂长厂里就可以任命的,我们市国防工办不管的,厂里觉得谁行谁就上。各个厂的厂长有一段时间是市里负责的,由于双重领导,省工办也会管,不过省工办管得比较少了。

王来东:1985年以后厂长的权力扩大了是吧?厂长负责制是什么情况呢?

费月东:实际上市国防工办就不管了,一切都由厂长说了算。

王来东:当时党委就是监督吧?

贾桂香:对,就是讲到什么也是空的。

费月东:厂里的厂长调工资了,书记就不行,因为书记不负责这个东西。天明厂就有这个问题,天明厂的厂长调工资了,书记就是不调,后来做了很多工作,书记也调工资了,但这也说明了一定的问题啊。这个问题就是厂长负责制啊,书记只能监督啊,监督在很多情况下也管不了的。

贾桂香:例如职工分房子,厂长说了算,书记说了没用,大家都去讨好厂长。其他方面就不用说了,职工福利、生产权、人事任命权等都是厂长独揽。

王来东:改制之后职工的精神面貌有变化吗?

费月东:我说句不太好听的,我认为改制后的精神面貌不如以前的。我去的时候正在建导火索车间,当时车间还没影子啊,都是十几二十岁的小年轻啊,都是学徒工啊,拿14元的学徒工资,抬石头肩膀都破了,我看着都心疼,但大家建厂毫无怨言,干活不谈钱的。后来物质条件不一样了,想的东西也不一样了,满足不了需要,所以精神面貌就差了,待遇也差了。厂里有段时间也定指标承包,实行计件工资,天明厂也搞过的,大约是70年代后期搞的计件工资。工资是按件算的,产品上游是固定的,下游分包装就计件了。一车间炸药车间搞过计件,但很短时间就结束了,因为这个东西比较难办,炸药生产是流水线,上面来的多下面就多,上面来的少下面就少,后来就没实现计件工资。滨淮厂根本搞不起来,因为它没有任务啊,想计件也没办法。红光厂和9395厂都是化工厂,上面的原料不来下面就生产不了,所以不能实行计件工资。后来奖金问题,一个月5元钱的奖金,大家也要坐下来评一下,看看谁怎么样谁能得这5元钱。年终奖金就是个脸盆一条毛巾,或者一个奖状,这样大家还是拼命干。后来渐渐这种奉献精神就淡薄了,把金钱看得比较重了。职工干得再多还是得那些钱,大钱都被股东拿走了,奖金啥的厂长想给就给,不想给职工就拿不到。

王来东:我们厂有没有职工因为不满改革现状而离职的?

费月东:这个也有,但是很少。在城市里走的多,例如南京的小三线厂老职工走得比较多,到城市里去了。盱眙的基本上都不走,都是本地人,没地方去,只能在这个地方,厂里给多少就是多少,不给也没办法。职工没地方去啊,不能跑到外地去啊。职工的技能也比较单一,只会干一件工作,特别是化工厂技术含量相当低,职工别的都不会。

贾桂香:化工厂的技术含量很低,例如铵梯炸药就是TNT、硝酸铵和木粉的混合,大家称之为"蛋炒饭",很简单的。

王来东:听您说除了红光厂和925厂外,其他厂的技术含量都很低吗?

费月东:低,基本没有什么技术含量。各厂上的新品也不是什么高档的,都是大众化的东西,但大众化的东西效益差,销路也是问题。关于改革,我的看法是成效不大,基本上还是原来的老套路,唯一的变化就是实行股份制了,职工的积极性差了。改革这个东西在三线厂体现得不明显,地方军工本来就是民品多,再上新民品也没有什么手段,也没有技术,现在基本上还是老套路,还是依靠老的产品吃饭,新的都没有。天明厂分厂都没有了,925厂的分厂还能养活几个人,红光厂的乙炔气分厂也还有几十个人,其他的全部靠原来的吃饭。"军转民"在我们小三线厂的效果不明显,也没有什么产品。如果说我们"军转民"失败也不好听,大家也都想搞东西,但是一下子搞不出来东西,因为厂里面本来技术人员少,而且技术含量也低。工厂的技术科没有人啊,开发什么东西呢?没有。红光厂的指纹锁还有点技术含量,但负责指纹锁锁的人也不懂,这个负责人去调研一下感觉能搞就开始搞,也没有详细的市场调研与分析,到最后还是不行。当时都要转民,而且市里面对我们国防工办有考核。考核什么呢?考核资金引进,一年引进资金多少到年底有奖励。我们也鼓励企业去引进资金开发产品,例如你有钱,你来投资我来生产嘛。

王来东:我们小三线厂引进资金多吗?

费月东：天明厂引进资金的情况不明显，最明显的是9395厂的九峰针织厂，最后也失败了。

王来东：这个厂为什么失败了呢？

费月东：销路不畅啊，卖不出去。这个厂生产的袜子只有贴上别人的牌子才能卖出去，自己卖就卖不出去了，这不是销路问题吗？袜子本身质量也不错。从体制上来讲，小三线企业比较封闭，技术人员比较少，技术也比较单一。几个化工厂除了化工也不能生产其他的东西。

王来东：我看所有厂失败都是销路问题，具体是哪方面导致销售出问题了呢？

费月东：就是对市场考察得不够细致，占领不了市场。

贾桂香：就像搞宝丽板，当时已经有人讲到这个产品已经走下坡路了，不能搞了，但是为了在这里占一个地盘，最后还是搞了。当时贷款100万美元，买宝丽板需要资金嘛，都是从马来西亚进口的。后来这个产品销路越来越萎缩，原来做椅子啥的都是宝丽板，现在看不到了。当时计委也提醒说这个项目不能搞，但是为了在这里占一块地皮还是搞了，后来失败了，钱也没有了，据说贷款也没还。

（费月东，男，1944年出生。1970年从南京工学院分配到天明化工厂从事电工，1972年任生产科计划员、绘图员、科长等职，1983年进入淮阴市广播事业局，1985年进入淮阴市国防工办，1997年任淮安市军队离退休干部第二修养所负责人。2004年退休。贾桂香，男，1933年生，1956年入伍，1970年进入天明化工厂任政治处主任，1983年任厂办主任，1987年任供销科支部书记。1996年退休。）

二十、采访秦士英

采访时间：2018年6月13日
采访地点：江苏淮安市秦士英寓所

秦士英：军工厂招工很严格的。我们刚进厂的时候就是搬石头建厂，很累的,现在好多了。我是1965年8月份进厂的,我属于学徒工。

王来东:当时您是如何进厂的呢?

秦士英:我是招工进厂的,当时经过调查,查成分,成分好才行。我是连云港灌云县人,当时每个县都招人,有人专门去招人的。我曾经在公安局派出所工作过,派出所推荐我来盱眙小三线的。

王来东:招工的时候有没有说待遇的问题呢?

秦士英:说什么待遇啊,我们到这里就是学徒,一个月就14元钱。

王来东:户口问题怎么样?

秦士英:我的户口直接带过来就行,我一直是城镇户口。1969年开始招农村合同工。我们属于正式工,总共招了108个。我的第一年月工资是14元钱,第二年月工资16元钱,第三年转成一级工拿28元钱。从1965年到1985年,20年间我总共拿了1万元的工资。当时的东西也非常便宜,鸡蛋2分钱一个,一个月14元钱我们还能结余一点。

我们先是生产200手榴弹,后来生产440跳雷,还生产炸药包,以后还有82一型弹和二型弹。计划经济的时候当然好啊,因为我们生产炮弹,所谓大炮一响黄金万两,都有钱。军代表签过字了,打过靶以后钱就到位了。1992年以后,有一阶段我们四个月没发工资,就是因为厂里生产的产品销售出现问题了。现在厂里面效益不行,军品计划太少了。现在下放到淮阴管理了,不行。

王来东:现在我们厂里有什么民品吗?

秦士英:我们厂在淮阴有个分厂,叫液压马达,原来还可以,后来就倒掉了,人就散掉了,只剩下几个人在看厂。

王来东:进厂的时候您在厂里做什么工作?

秦士英:先是在三车间干手榴弹压火,都是机器压的,后来又干了440跳雷,再后来又做了炸药包,干的事情多了,后来岁数大了调到了生产科。

王来东:您进厂的时候心态如何?

秦士英:心情很好啊,那时候条件比我们好的想去还去不了啊,政审要查三代,很严格的,进厂不容易。那时候搬石头很辛苦,一个月才吃38斤粮,男同志都不够吃的。从前买饭都是一起吃,很团结,女同志还照顾男同志,没有什么心机。那时候的人没有那么多心机,都是为了国家建设,现在的人不行了。当时我们也没有什么奖金,一月就拿14元钱,一年就拿22元钱的服装费。当时待遇很低,但大家过得很好。

王来东:当时吃饭是怎么情况?

秦士英:当时吃饭去食堂,一月八元钱吃得饱饱的。粮票是自己拿着的,买多少饭给多少票,饭票不就是粮票嘛。当时鸡蛋两分钱一个,猪肉七毛二分一斤,米一毛三分一斤,煤是一毛六,一碗面条才八分钱,一块红烧肉才六毛钱,绿豆饼五分钱一盘,一天下来才花两元钱。当时大家生活水平一样,也不觉得苦。那时候的人比较单纯,虽然山沟里的生活很枯燥,但大家很团结。开始两年不让我们回家的,过年过节都在厂里,两年后才有探亲假。当时一年才有12天的探亲假。我是1995年退休的,当时我的退休工资加起来才四百多元钱,现在我的工资才两千多元。当时厂里没钱,调工资都是档案工资,有一阶段厂里面没调整档案工资,所以我的工资比较少。退休的时候我们又定在了盱眙,比淮阴市又少一点。

王来东:当时您在厂里住宿情况如何?

秦士英:开始的时候住的是上下铺,一间房放四张床,大约20平方米。当时公家供应热水,有茶炉房。我们进厂的时候住的都是平房,开始我们的人比较少,后来随着招工人就多了起来。当时城镇户口的合同工一个月24元钱,农村的亦工亦农一个月26元钱,具体为什么有差别我也不懂。当时城镇户口就是合同工,就是订合同,24元钱一个月。

王来东:山区出行方便吗?

秦士英:不方便,出来需要转车,先从厂里到盱眙,然后从盱眙到淮阴,在淮阴住一晚上,第二天再回连云港,一天都到不了家。我们过年回家的时候厂里会把我们送回家,也会去家接,我们坐的车就是解放牌大卡车,后面是敞篷的。当时我们砌墙用来抵挡洪水和狼,还有獐子等动物,厂里还宣传如何防止狼的侵害。

王来东:我们厂为什么要选址在那个地方呢?

秦士英:当时不是说要隐蔽么,为了应对战争。以前我们有保密制度,家里父母都不让去的,有保密手册的。

王来东:具体有什么产品呢?

秦士英:手榴弹、跳雷、炸药包、82♯弹等十几种产品呢。

王来东:1994年左右军品减少了是吧?

秦士英:对。

王来东:医疗情况如何?

秦士英:厂里有医务室,挺大的,有八九个医生护士呢。我们厂里有一千多个人呢,除非是大病看不了的,其他病在厂里都能看,连接生孩子都可以。看病不收钱的,厂里全部报销,一直到2000年才不全部报销了。

王来东:周边农民有去我们医务室看病吗?

秦士英:农民有自己的医院,我们一般不给他们看。那时候也不觉得苦累。现在我们厂经过改制都变成私人的了。干部都有股份,我家孩子在厂里工作,还是个会计师,但拿钱很少。以前大学生和会计师拿的工资和干部差不多,现在只能拿两千多元,差别比较大。

王来东:职工找对象有问题吗?

秦士英:有的回家找,有的在厂里找。

王来东:您爱人和您同时进厂的吗?

秦士英:他1979年进厂了,当时他是定销户口,后来转成城镇户口了。

王来东:子女教育是什么情况?

秦士英:当时厂里有小学和中学,现在很多都在县城上学啦。

王来东:您现在的住房是厂里分的吗?

秦士英:这是房改时分的房子,是我们买的,这一套房子大约1万元钱,60多平方米。

王来东:房改是什么情况?

秦士英:原来我们住国家房子不要钱的,房改后才收钱了,但收钱不多,一套房子几十元钱。原来厂里的房子千把元钱就卖掉了,有的坏掉了。如果一个男职工在厂里,爱人在农村的话就不能分房子啦。当时厂里的待遇很好,我们孩子上学有车接送,考上高中的还有几十元的补助。

王来东:当时周边农村的生活状况如何?我们建厂后他们的生活有变化吗?

秦士英:很穷的,我们建厂对他们有好处啊。我们厂会去周边找临时工,他们可以来做工。我们的浴室等服务设施他们也可以使用,也算是借光了。

王来东:"军转民"什么情况呢?

秦士英：我们老厂一直生产军品，建的分厂是生产民品的。我们厂生产军品效益还可以，退休之后我就不了解了。

（秦士英，女，1945年出生。1962年于江苏省灌云县饭店工作，1965年进入永丰机械厂做装配工，1985年转到生产科工作。1995年退休。）

二十一、采访廖寿华

采访时间：2018年6月13日

采访地点：江苏淮安市廖寿华寓所

廖寿华：我进厂的时候厂里生产手榴弹，后来还生产跳雷和炸药包等产品。我们进厂的时候啥都没有，都是抬石头盖房修路。当时我们都是从学校刚毕业的学徒工，进厂的时候连宿舍都没有，男职工都住在车间里，女的可以住在小房子里。我们不仅要工作，还要排班挑水做饭，因为当时没有自来水，1966年开始有水井了。当时也没有澡堂，就是用盆子接点水放在太阳下面晒。

王来东：您是被分配过来了吗？

廖寿华：永丰机械厂原来在兴化，因为那里有个永丰公社而得名。由于兴化那里比较潮湿，不适合手榴弹生产，后来就搬到了淮阴，再后来就搬到盱眙桂五林场，也就是今天925厂所在地。我们盱眙有五个军工厂，9395厂生产化肥，9305厂生产硝铵炸药，这两个厂主要是生产民品。5315厂生产黑索金炸药，滨淮厂是为我们几个厂生产箱子和弹体的。1965年毛主席提出来要把国防搞上去，因为和苏联关系比较紧张。当时提出"山、散、隐"的政策，每个山沟里一个车间，就算是被袭击了也不至于全部被摧毁。当时大三线在四川那一边，小三线就是在各省办。当时省里有个国防工办，省里面非常重视。我们的对口厂就是山东的732厂，他们生产手榴弹我们也生产。9352厂是我们的对口厂，他们也生产手榴弹。上海526厂是生产木柄手榴弹的，过去都是这种手榴弹。我们厂主要生产武器，包括地雷、炸药包、跳雷和爆破筒。1969年我们开始生产跳雷，这个武器美国在朝鲜战场用过的。跳雷一旦拉响会跳起来爆炸，主要是杀伤步骑兵的。最近几年我们厂的

82#破甲弹停止生产了,改生产其他东西了。苏北五个军工厂后来进行"军转民"改革了,我们厂准备转型,但由于盱眙县的职工多一点,所以我们厂就在盱眙没走,还是坚持火工生产。当时三线建设是响应主席号召,到山沟里去。人员构成像部队一样选拔,家庭成分、文化程度和政治立场都是按部队的标准走的。当时人员比较穷,但思想比较健康,家庭成分比一般的好,有为党的事业奉献的精神。我们在盱眙山里面,但盱眙县连煤都不供应给我们,因为我们属于省里管,人员任命都是省里安排的。我们平时上班,闲时上山弄草。当时条件很差,现在山里的条件也不行,我们就是"献了青春献终身,献了终身献子孙"。改制后,我们和地方企业一样,退休之后我们和盱眙县一样,工资还不如盱眙林场呢。

王来东:这样的话您内心有落差吗?

廖寿华:当然有落差啊,一般来说重点企业职工的生活条件好,像我们的生活水平就是最低水平,还不如林场的职工。一开始我们厂属于县团级编制,我们的党委书记就是县里面县委副书记调过来的,厂里的中层干部就是由县里面的科长调过来的。"文革"以后,我们厂的干部任免就不按县级单位走了,慢慢和地方企业一样了。

王来东:"军转民"您了解吗?

廖寿华:我们是搞火工的,搞民品的话比较困难,盱眙几个军工单位干来干去还是哪几个产品。化肥厂还比较适应地方,化工厂一旦不生产军品就没产品了。

王来东:我们厂有民品吗?

廖寿华:有啊,我们还生产过液压马达,干了多少年,最后还是失败了。失败原因一是技术跟不上,我们之前都是火工生产,没有这方面的技术。此外,地理位置也很偏僻,没有城市那么方便。

王来东:除了液压马达还有其他民品吗?

廖寿华:还有配电柜、救生小火箭等产品。救生小火箭市里面不让我们生产,要我们去山里面生产。

王来东:我们的民品生产资金哪里来的呢?

廖寿华:原来军工是不交税的,这样就有钱了。我们生产的82#弹很挣钱的,但经过折腾钱都没了。军品生产上面会补贴一点资金,民品生产没有补贴的。

王来东：军品计划啥时候减少了呢？

廖寿华：大约是1992年开始计划减少了，当时国家减少军备了。

王来东：当时我们厂重视民品开发吗？

廖寿华：一开始重视的，但是技术跟不上，一直没发展起来，我们建设的分厂也卖掉了。

王来东：承包经营责任制您了解吗？

廖寿华：1985年那时候是厂里面盈利多少，厂长就可以得到相应的奖励。

王来东：在山区的业余娱乐如何？

廖寿华：我们自己建设篮球场，我们经常打篮球，打得还不错。

王来东：当时医疗情况如何？

廖寿华：有医院，对外开放，周边居民看病收钱。我们自己看病还得掏钱呢，不过后期会报销。

王来东：小孩教育如何？

廖寿华：我们的孩子就在北京路上学，厂里派车子接送，还有专人管理。

（廖寿华，男，1944年出生。1964年于江苏省灌云县供销社工作，1965年到永丰机械厂做徒工，1967年于一车间做副连长，1980年任三车间支部书记，1990年任五车间党支部书记，1994年调淮阴分厂任厂长及支部书记等职，1996年调回三车间做主任、书记。2004年退休。）

（王来东，上海大学文学院历史系2016级研究生）

江苏淮安小三线口述采访日记

王来东

为了了解江苏淮安小三线建设更生动鲜活的历史资料,我的硕士生导师、上海大学历史系徐有威老师安排我前往淮安市盱眙县开展田野调查。从2018年5月30日出发到2018年6月14日安全返校,历时半个月。本次口述史采访共涉及22位老职工,涵盖淮安市5个军工厂。在紧张的田野调查过程中,既有访谈收获的喜悦,也有长途奔波的劳累。每个采访的日子都有新的收获,按照徐老师的反复嘱咐,特通过日记的形式来记录每天的点点滴滴。

初 次 到 访

时间:2018年5月30日
地点:淮河化工有限公司招待所305室

2018年5月30日,根据徐有威老师的安排,我踏上了去往淮安盱眙的路途。为了在上海早高峰的情况下按时赶到虹桥长途汽车西站,我6点多起床收拾行囊。虽然按时登上了去往盱眙的长途车,但随后长达七个小时的长途旅行才是最大的噩梦。车上混杂的气味和狭小的空间让人窒息,还好熬到了下车的那一刻。

顶着骄阳踏上了盱眙县的土地,准确说是盱眙高速路旁的一个路口。长途车为了尽快赶路将我们扔在一个远离市区的路口,还好司机免费找了一个接驳的面包车,最终到达淮阴市汽车客运站。站在淮阴市街头,我发现到处都

盱眙高速路口的龙虾雕塑和盱眙街头龙虾雕塑

是龙虾的影子,各种龙虾塑像,深深感受到盱眙小龙虾不愧是名扬全国的小龙虾品牌。

正当我臆想如何大快朵颐的时候,淮河化工厂李玉春老师的一个电话将我拉回了现实。原来我还要继续赶往一个 20 公里外的地方。随着出租车的快速前进,盱眙市区高耸的建筑慢慢消失在车窗外,取而代之的是一片片农田。经过大约 20 分钟的车程,三河农场的牌子映入眼帘。在我的记忆里,农场就是大规模耕种的地方。正是在这个偏僻的地方,赫然出现了一个规模较大的工厂,我终于到达了江苏省淮河化工有限公司。由于我不太能听懂李玉春老师的口音,在找李老师的过程中遇到了一点问题,幸而最终到达了李老师指定的地方。

李玉春老师将我安排在淮河化工厂的招待所,虽然条件很简陋,但毕竟是免费的。关于吃饭问题,李老师将自己的餐卡给我,让我中午吃饭用。早、晚餐是私人承包的,我可以付现金。此外,我和李老师约定第二天早上 8 点正式开始访谈,尽快开始工作,李老师表示一定积极帮助我联系老职工。安顿好后我准备去购买洗漱用品。经过对周边的探索,我发现周边甚是荒凉。离厂区大约 1 公里远的地方有一个很小的商业街,饭店极小且饭菜单一。我终于明白李老师给我餐卡的用意了,因为除了厂里的食堂,我很难去其他地方吃饭。看着厂周边荒凉的环境,我深刻感受到小三线职工数十年如一日坚守的不易和付出。虽然之前在档案里面了解了盱眙小三线企业的偏僻,但身临其境才深刻地理解了这种偏僻的感觉。读万卷书行万里路,只有亲身体验才能深刻理解历史上的点点滴滴。想到这里,我很期待明天和老职工的深入交流。为了更好地进行口述采访,我根据周升起师姐的建议趁着晚上短暂的休息时间做了一个访谈大纲,希望对明天的采访有帮助吧。

非常感谢徐有威老师给我这个外出考察的机会,使我不仅从干枯的文字了解了盱眙小三线建设,更接触到了一个个鲜活的小三线职工的生涯。

初 次 采 访

时间:2018 年 5 月 31 日
地点:淮河化工有限公司招待所 305 室

2018 年 5 月 30 日晚,我迟迟难以入睡,不知是初到一地的生疏还是对来日采访的担忧。伴随着内心对采访的各种设想,我昏昏沉沉地进入了梦乡。

随着 6:45 闹钟的响起,我匆匆起床洗漱,准备采访用品和吃早餐。然后尽快赶到淮化厂门口等待李玉春老师。见到李老师后我们一起到了党委办公室,李老师介绍了这次采访的大致情况,并承诺提供一部分档案资料,这对我来说是莫大的喜讯。作为小三线历史研究团队的一员,第一手资料的重要意义我一直铭记于心。李玉春老师还给我介绍了老生活区干打垒的房子,建议我有时间去看一下当初建的房子,感受下历史的气息。非常感谢李玉春老师的热心帮助。在介绍完相关事项后,李玉春老师将我介绍给工会主席李康。在和李康老师的交流中,他给我看了一份国营 9395 厂厂志,这是非常重要的史料。经过请求,李康老师同意我将这本厂志拍照。随后在李康老师的协调下,我和第一位受访者鞠九连老先生在工会办公楼三楼会议室开始了一对一的访谈。

鞠九连老先生是淮化厂的老职工,他本是淮安人,开始在淮阴市拖拉机厂工作，后来根据政策进入淮河化工厂从事筹建和设备维修工作。在交流的过程中，我深入了解了鞠师傅在工厂筹建、投产和后期调整过程中的点点滴滴，特别是关于他和他家人的户口归属问题、生活问题、子女教育问题等方面。在厂的生产管理方面，鞠先生认为该厂在20世纪80年代的收益还是比较好的，因为该厂上马了比较热销的农药原料生产线。这个项目可以说是撑起了整个厂的利润。后来由于盲目投资，导致新上马的设备不能正常生产，从而导致严重亏损，给厂的发展带来了巨大的包袱。在交流中，我还了解到淮河化工厂曾被卖给个人。

经过上午和鞠九连师傅的成功交流，强化了我继续进行采访的信心。经过中午短暂的休息，下午2点我匆匆赶往工会三楼会议室。我看到庄建章老先生已经在会议室等我。我的迟到使我深感愧疚，感觉对不起老职工的等待。老先生却没有一点点生气的意思，还不断安慰我。随后我们针对相关问题开展了深入交流。经过交谈我得知庄建章是江苏南通人，开始在南通一个驾驶员培训学校学习，后来由于各种原因那个学校不办了，更不会分配工作。在那种情况下，他面临两种情况，一是回家待业，二是去盱眙小三线厂。虽然他知道小三线厂比较艰苦，但相比于回家待业，他还是积极响应号召参加了小三线建设。他同样参与了工厂筹建和投产时期的建设，正式投产后从事维修工等工作，属于机动人员。庄建章给我提供了一个比较重要的消息，就是该厂在70年代末已经停止了军品生产，生产碳酸氢铵、邻甲苯胺以及邻硝等民品。这是我之前没有了解到的。此外，该厂在上世纪80年代还是盈利的，这也是我所未了解到的。关于上午鞠老先生提出的企业卖给个人的情况，庄建章说其实那是试行股份制，整个厂的资产按领导的职位高低进行了划分，领导都分到了相应的股份。相对于领导干部，普通职工却分不到一点利益，这也是导致职工内心不满的原因，部分职工因此离职。

经过这一天和两位老职工的交流，我了解了更多档案里没有的东西。尽管在档案里，上世纪80年代的调整改造非常重要，但在老职工记忆里，那一段改造的年代并没有给他们带来更多异样的感觉，他们没有看到厂里的实际改变。也许这就是该厂难以长远发展的深层次原因。但由于两位老职工均是生产一线工人，不了解管理层的详细情况，关于小三线调整改革难以提供更多的资料。我试图和李康老师交流，尽量找一些管理干部。但李康老师表示，管理层的老干部都已经离开,难以找到他们,这不得不说是本次采访的一个巨大遗憾。不过一线职工提供的信息也是非常珍贵的,我也十分感谢今天这两位老师傅的热心帮助和无话不说的交流,致敬!

模式化的生活

时间:2018 年 6 月 1 日
地点:淮河化工有限公司招待所 305 室

今天又是个晴朗的日子。来盱眙县的三天里,都是阳光明媚的日子。相比于南方其他地方的阴雨,淮安不失为一个福地。告别了初来时的盲目与不适,我适应了和老职工的聊天生活。昨天是让工会主席李康帮我联系老职工,今天早上李康老师惊讶地问我:你没让昨天的老职工给你介绍今天的聊天对象么?是啊,我多么幼稚!李康主席工作繁忙,能帮忙推荐已经是帮我大忙了,怎能天天麻烦他呢。所以今天下午是我自己联系的访谈对象,也十分感谢今天上午老同志对我的支持。

经过两天四次的采访,我发现老职工说的情况大致一样,都对八九十年代军转民的情况不太了解,或者说是淮河化工厂本身对保军转民不太重视,这颠覆了我之前对淮阴小三线调整的印象。在我的印象里,淮阴小三线在 80 年代因军品取消、民品不足而陷入困境。没想到淮河化工厂一直以来都生产民品,且在 80 年代中期,该厂的工程师单廷生还研发了硝基甲苯,一直以来都是该厂的支柱产品。这和我的印象完全不一样。而在单廷生之后的所谓大学生工程师都没能将硝基甲苯的衍生民品开发出来,严重制约了该厂的民品发展。正是由于管理和研发方面的不足,导致该厂陷入困境。如果说盲目投资将企业带入了困境,那么改制就将该厂带入了更加艰难的境地。个别领导利用改制的机会,通过各种手段,将国有财产低价占为己有,导致工厂人心涣散,失去了发展前景,这是最大的损失。

让我比较暖心的是,这里食堂的工作人员对我比较好,给我介绍食堂的餐品以及营业时间,没有排斥我这个陌生人。这让我在这个陌生的地方感受到一丝友好。

纠结的一天

时间：2018年6月2日

地点：淮河化工有限公司招待所305室

经过两天四人的采访，我已经适应了采访的节奏，但慢慢感觉到疲惫。老职工都是一线工人，访谈内容大同小异，还有部分内容互相有偏差，不同的人回忆的时间和事情也不尽相同。这给我带来了很多的困惑。

说到收获，最大的就是能听到一线真实的声音。在档案上看，淮河化工厂为"军转民"付出了很多，但现实却是一直依靠一硝基甲苯来维持生计。虽然曾经来过一些大学生，但都没有取得好的民品项目，还有就是个别厂领导不考虑职工利益的做法等，我逐渐感觉到这个厂存在的问题不仅仅是市场化的不

淮河化工有限公司原职工生活区街景

足,更多的是管理问题。

说完工作,今天最不幸的事情就是我竟然把房间钥匙落在了招待所房间里,周六中午也没有工作人员值班,联系李玉春老师也是让我自己试试能不能用卡片捅开。虽然经过努力,我还是没能打开。当时我的心情是绝望的,恨不得马上背上背包离开。本来采访已经很累了,每天听着基本相同的内容,还得想着怎样获取更多的信息。还好后来李玉春老师亲自来了,联系服务员帮我打开了房门,非常感谢李老师的帮助。作为我个人,不想休息时间麻烦李老师。但在连续采访的情况下,昏昏沉沉的脑袋已经难以兼顾所有的事情。这也是我这次出差最大的一个失误了。

下午采访完成后时间还早,我顺便到淮河化工厂的生活区看了一眼。相对于路边的楼房,低矮的平房显得有点破败,不过平房是免费居住的。

据了解,这些老房子的主人很多已经不是原来的老职工了。一些老职工退休后就离开了生活区去盱眙或者淮安等比较好的地方。留下来的空房子就被租给了周边的农民。

今天为止已经采访了六个工人,再有四个人就完成了目标。最后还得找李老师要资料,希望一切顺利!采访真的很累。

有计划的采访

时间:2018 年 6 月 3 日
地点:淮河化工有限公司招待所 305 室

今天是我来到淮化厂采访的第四天。这几天的采访对象几乎都是在我自己联系下进行的,我喜欢这种自由的采访。如果一直在厂领导的安排下进行,反而觉得很受约束。当然,李玉春老师和工会主席李康老师也给我很大的帮助。

今天采访的宗学高老先生非常随和,不仅一口答应我的采访,还积极为我联系采访人员。更让我感动的是,今天下午他把曾再勤师傅亲自带到我的住处,此外还问我需要多少老职工。我看得出老先生腿脚并不是特别方便,还这么尽心地帮助我,连我的一杯水都没喝。我的心里全是感恩。经过四天的采访,不大的生活区很多人都认识了我。昨天我不慎将钥匙锁在了屋里,经过李玉春老师联系,一个负责钥匙的女士在休息日顶着烈日为我打开了房门,没有一点不悦,并说是自己的工作。今天我和曾师傅去看生活区老房子,正好是这位女士父亲的家。虽然我第一时间没认出她,但这位女士倒是第一时间认出了我,并关切地问了我的工作情况。

淮河化工有限公司原职工生活区住房内景

在和曾师傅去生活区老房子的路上,大家纷纷说:他是干什么呢?看老房子难不成要维修了?听到这些我心里有点纠结。经过和老职工聊天,我了解到他们居住的平房已经年久失修,一下雨还担心倒塌。我作为一个无能为力的到访者,似乎给他们带来了某些期望。我不想让他们误会,但也不能解释。很心疼当年为国家奉献的小三线老职工,在本该安享晚年的时刻还担心这些问题。

这些老职工处于这样的境地不是一种因素造成的。从国家层次来说,当年减员增效政策的实施确实减轻了工厂的负担,改革的方向是对的。但政策细化不够,没能考虑到职工的安置问题,导致职工怨气很重。从企业领导层次来说,个别企业领导趁着改制的潮流,利用国家政策的漏洞,侵吞国家财产,这种情况直接导致职工和企业的对立。从职工个人层面而言,在市场化的潮流下,原来那种大集体的生活生产方式确实不适合经济快速发展的要求,国家改革肯定会让个人觉得收入的减少和福利的降低。在大集体时代,企业盈利就会大规模发福利,甚至三天两头发钱,这当然让职工感到幸福。不过这样的高福利对企业来说是一种负担,不利于企业的市场化发展。所以职工也应该慢慢适应这种竞争的经济状况,积极通过努力改善生活。另一方面,职工的抱怨也不是毫无道理,就像前面说的,厂里个别领导利用政策漏洞侵占职工利益,这也是职工所十分厌恶的。在采访过程中,我感觉到部分问题企业领导做得不一定违规,只是没有把相关政策及时宣传到位,导致职工误解。这就证明加强职工和领导的交流多么重要。市场化经营并不排斥职工和领导的交流,相反,深入的交流能够减少矛盾和问题。这也是当今领导需要注意的地方,领导不能把自己和群众隔离开。

淮化厂的采访已经完成大半,希望能顺利结束。接下来还会去红光厂和淮安市。前路漫漫,希望一切顺利。

淮 化 收 官

时间:2018年6月4日
地点:淮河化工有限公司招待所305室

随着第十位老职工李坤余师傅采访的完成,我躺着招待所简陋的床上深深地舒了一口气。作为我第一次外出采访,无论是和厂领导的联系还是采访对象的选择都是让我头疼的事情。作为一个突然到访的客人,我在淮化厂是个非常吸引人的存在。李玉春老师将我推荐给工会主席李康。李康老师让我自己联系老职工。在联系老职工的过程中我主要依靠上一位介绍下一位的方式。每次采访完成我都会请求老职工带我去认识新的老职工,亲自见面约好下次访谈的时间和地点。还好大多数职工都配合我的工作,特别是宗学高师傅,很热情地帮我介绍访谈对象,今天的两位访谈对象都是他介绍的,非常感谢他。

关于采访的心得。大部分职工都比较配合,但有极个别职工不知出于什么原因,有些话题不想多说,特别是一位老人有点抵制我的提问,虽然没有直接拒绝,我还是不好深入了解。我也试图给他解释我这次采访的目的,但还是不能消除他内心的怀疑。也可以看出这些老人在过去的生活中或许经历了很多类似的事件,给他们带来了相应的伤害,导致他们缄口不言。对此,我表示理解。在采访中我看到很多老职工都居住在低矮的平房中,很多采访对象也在抱怨厂里不关心他们,甚至直接针对某些领导。但今天一位老师傅给了我新的观点,他认为他的生活比上不足比下有余,相对于大厂退休职工的生活,他们的生活确实比较艰苦,但相比于他村里面没有进厂的人,他的生活还是比较富足的,每月将近3000元的退休金也还算可以的。他的孩子都在盱眙买了房子,自己又有退休金。他感觉自己的生活还是不错的。其他抱怨的职工和他的情况也差不多,只是相对大集体时代那种三天两头发福利的时代,他们还没有适应市场化不断深入的现状。综合来说,可能厂里对老职工的关照不是特别到位。在新的时代下,这也是正常现象,毕竟淮化厂也是一个不算大的企业,并且在节日的时候还是会给退休职工发放一些福利的。正如这位先生所说,他们是

淮河化工有限公司食堂的早晚餐

既赶上下放又赶上下岗,也许这是命运的捉弄,但毕竟是时代的因素,也不能过分怨天尤人。

关于生活经历,从开始的不适应、蚊虫叮咬、钥匙锁屋里等情况,我一直坚持到现在。作为一个在农村长大的孩子,我还能接受这些状况。但在这个陌生的地方还是让我感到不悦,特别是简陋的餐食,早晚餐都是包子稀饭,中午米饭,偶尔我也会去1公里外的小商业街吃一份面。总的来说还是非常艰苦的。这也反映出当年老职工在这里生产生活的艰辛。向他们致敬!

自从我来到盱眙,徐有威老师经常关心问候,非常感谢老师给我这个实践机会!

淮化印象

时间:2018年6月5日
地点:淮河化工有限公司招待所305室

今天早上,我按照约定去李玉春老师办公室商谈关于企业档案的情况。徐有威老师也非常急切地想知道企业档案的情况。可惜的是最终并没有获得相关资料,只得到一本1986年以后的淮河化工厂厂志,这也算是个不小的收获了。后来又计划采访一下在职的党委副书记,但最终没有成功采访。到此为止,我在淮化厂的工作正式结束,取得了丰硕的成果,包括采访10位老职工,获得了2本厂志。

虽然完成了淮河化工厂的任务,但由于去盱眙县城的行程还没有完全安排好,我只得在淮化厂宿舍休息一天。趁着休息的时间,我到淮化厂周边实地看了一下,了解了周边的情况。在淮化厂的大门边上挂着一块块象征辉煌的牌匾,诉说着淮化厂往日的荣耀。看着关闭的破败浴室,才知道往日这里是多么喧嚣。可惜都已经成为过去,往日的淮河明珠已经蒙上了灰尘!

淮化厂的周边除了一条河就是大片的农田。三河农场的麦田是十分震撼的,类似于河南大平原的大规模耕种,这在湖河密布的盱眙是不可多见的,可

淮河化工有限公司原生活区剪影

见三河农场具有多么重要的地位，尽管目前农场土地已经承包给了个人。相对县城而言，淮河化工厂还是比较偏僻的，附近也没有像样的商业，生活比较麻烦。我每次购买商品都需要步行约10分钟到三河农场的一个十字路口。

在淮化厂采访的过程中我也认识了很多人，最主要的就是食堂的阿姨。淮化厂食堂的早、晚餐都被私人承包了，且我住的招待所周边没有吃早、晚餐的地方，所以我经常和承包食堂的阿姨打交道。阿姨非常好奇我的工作，问长问短。有一次阿姨主动少收我5角钱的饭钱，其实总共也才3元钱。但这个微不足道的举动让我感受到了人情温暖。今天是最后一天在食堂吃饭，阿姨问我啥时候走，我说明天上午就走了，然后又和阿姨聊了一点我采访的事情。更让我难以忘怀的是，我在食堂吃饭的时候，采访过的宗学高师傅也来吃饭了，他热情地和我握手打招呼，好像亲人一般。虽然萍水相逢，却收到了满满的善意，这令我非常感动。

看着已经有些破败的生活区，内心有一丝感慨。当初人丁兴旺，每到下班时刻生活区的主干道上熙熙攘攘。而今天，路边的家犬整天安睡。虽然现在更显宁静，但破败之感不免令人神伤。

新 的 征 程

时间：2018 年 6 月 6 日
地点：盱眙县格林豪泰(华夏店)603 房间

  随着早晨第一缕阳光射入房间的窗户，我知道到了该离开的时候。起床洗漱，收拾物品，仔细地将垃圾打包扔进垃圾箱，将床铺收拾整齐。虽然要走了，我还是把住了将近一周的屋子收拾干净，不能给别人留下不好的印象。本来还想在楼下食堂吃一顿早餐，无奈已经早早地关门了。我只好饿着肚子去找前往盱眙的车。本来我想找一辆出租车，后来我发现三河农场有通往盱眙的班车，半小时一班，每人 5 元钱。由于我不赶时间，且出租车太贵，我就耐心地等待班车的到来。这期间还有个小插曲，我刚到路边的时候，有一辆去盱眙的班车，司机师傅招呼我上车。我拒绝了，因为当时我身上没有零钱。错过这班车后，我抓紧时间去兑换零钱，然后开始了漫长的等待。虽然按规定该车是半小时一班，但我发现平均一小时一趟。在这个偏僻的地方，也不能太过计较。到了市区，我又打了一辆出租车前往已经预定好的格林豪泰酒店。
  到盱眙县城离不开徐有威老师的朋友盱眙县档案馆汪玉奎局长的帮助，来之前汪局长已经帮我问好了红光厂老职工的居住地点，并给了我具体的住宿建议，所以我很顺利就到达县城办理了住宿。由于汪局长上午去南京开会，趁着这个机会，我走到淮河边上，欣赏淮河的迤逦风光，看到了渔民的船上生活和淮河水运的繁忙。淮河并不像我想象的那么宽，但还是让我十分震撼。作为南北方的地理分界线，以前我只是在课本上了解淮河，今天亲眼看到，十分激动。在淮河边有第一山景区和象山国家矿山遗址公园。第一山景区有孔庙和米芾的石刻，由于收费我就放弃了观赏。象山国家矿山遗址公园里面利用旧的矿沟做了一个人工湖，且建了一些休闲设施，第一次看到这些美景，美不胜收。盱眙是个有山有水的好地方，比我老家发展要好很多。

盱眙境内的淮河风光

盱眙第一山景区和象山国家矿山遗址公园一瞥

下午 2 点左右,汪局长给我打电话,让我去盱眙县总工会门口找他。见面后,他带我去了总工会隔壁的一个居民区。在二楼的房子里,我们见到了昨天汪局长约好的王师傅。昨天王师傅愿意接受采访,今天他女儿十分抵制我们的采访,一直质疑我们的身份和此行的目的,并一直拉着王师傅进屋。在这种情况下,我和汪局长只好另外寻找采访对象。还好另外一个张阿姨最终接受了我们的采访。开始张阿姨也在质疑我们的身份,经过解释最终放下了戒心。张阿姨年龄比较大,普通话说得也不太标准,很多话得靠汪局长翻译,回忆起以前是事情也是零零碎碎的。但作为第一个成功采访的对象,我还是很感激她的。特别是在采访期间,张阿姨的儿子下班回家。他也例行地问了我的身份,虽然也很警惕,但没有像王师傅女儿那样粗暴拒绝我的采访,还客气地给了我一瓶水,看我没喝还主动帮我打开。最后他只是叮嘱我不要给他们带来麻烦。采访完成后,我求张阿姨帮我推荐一个访谈对象,阿姨热心地帮我找了一个干部,他就是李长富。在张阿姨的带领下,我们到了李师傅的家。李师傅爱人在家,一口答应接受我的采访,约定第二天上午9点采访。

晚上,汪局长盛情邀请我吃小龙虾。除了我和汪局长,还有汪局长的爱人和一个档案馆的同志。这位陪同的档案馆同志和我年龄相仿,我们相谈甚欢。席间这位同志多次为我夹菜倒水,让我受宠若惊。汪局长看我不会剥小龙虾,还教我如何吃小龙虾,从揭开虾头吃虾黄到拧下虾尾剔除虾线。作为一个吃小龙虾新手,我算是手足无措。汪局长还主动和我谈天说地,整个气氛十分和谐。非常感谢汪局长请我吃这么丰盛的饭菜。

新 的 开 始

时间:2018年6月7日
地点:盱眙县格林豪泰(华夏店)603房间

由于今天的采访约到了上午9点,所以我就睡了个懒觉。醒来后在餐厅吃了早餐后就赶往李长富师傅家里进行访谈。昨天去的时候李长富师傅不在家,今天有幸见到了本人。李师傅是1945年出生的,但看着非常年轻,没有实际年龄那么大,可能和李师傅常年从事行政职务有关。刚开始李师傅也比较谨慎,也在问我采访的目的,我把徐有威老师主编的书给他看了下,才获取了他的信任。李师傅比较健谈,给我谈了一些厂里的情况,关于民品开发介绍了草酸的发展情况,说明了最终失败的原因。对于企业改制他也表达了自己的看法。李师傅觉得之前的改制有不完善的地方,并且认为现在习总书记强调党抓一切非常好,有助于调整以前在缺乏监督情况下企业发展中存在的问题,帮助企业走上新的充满朝气的道路。李师傅的爱人多次提醒李师傅不要谈及太敏感的话题,还给我水果,邀请我在家吃饭。采访完成我照例央求李师傅帮我介绍新的访谈对象。介绍的人也比较谨慎,他的女儿也在质疑我们的目的,经过李师傅和我的耐心解释才最终约好明天上午访谈。

下午由于没有访谈任务,经过请示徐老师,我在宾馆整理录音资料和撰写日记。此外,我积极联系天明厂人事科施文江老师和9489厂的厂长张正平,试图采访更多的人,获得更多的资料。

来到盱眙两天了,我主要是吃面。盱眙的面还是不错的,不过价格也是非常可观,这应该和盱眙的发展水平有直接关系吧。总之,来到盱眙后的采访并不顺利,可以说到处碰壁,希望在以后的采访过程中能顺利一点。

郁 闷 一 天

时间:2018年6月8日

地点:盱眙县格林豪泰(华夏店)603房间

正如之前所说的,在红光厂老职工家的采访并不顺利。昨天下午在李长富师傅的介绍下找到了一个新的采访对象。今天早上7点我起床收拾吃饭,就是为了按时赶到那位职工家。意外的是,昨天约好的老职工没在家,他爱人开门说一天都不会在家了。我知道这只是拒绝采访的一种借口。由于我的采访要充分考虑受访人的意愿,所以我也不太在意。只是已经约好的事情随便取消,这让我很不愉快。虽然内心不悦,但我还是礼貌道谢,走出了走廊。这时我看到了之前采访的张阿姨,我热情地打招呼。这位阿姨也不寒暄,直接说怀疑我的身份,怕我是坏人,要求我写一份证明作为保证。为了让老阿姨放心,我按照要求写下了证明,并把我的学生证和身份证给她看。这时阿姨竟然要去复印我的身份证件,甚至还说要去派出所证明。这是我完全没有想到的,当时我内心非常气愤,但还是很耐心地解释。这时,李长富师傅也正好过来,帮我说了几句话,但还是无法消除阿姨的戒心。最终我按照阿姨的要求,去复印了身份证件。我知道身份证复印件也十分重要,于是我要求在身份证复印件上注明:此复印件仅用于证明本次采访的合法性,不用于其他用途。经过深入的了解,老人也是怕我的录音会给他们带来麻烦。虽然这合情合理,但阿姨这种粗暴简单的做法还是让我很受伤。经过这件事,红光厂的老职工不会再接受采访了,我内心也彻底放弃对这部分老职工的采访。没想到田野调查这么困难,即便是有盱眙县档案馆汪玉奎局长的介绍也还是困难重重。

回到宾馆,我向徐有威老师详细汇报了遇到的问题。为了能利用时间做更多的采访,我接着联系9489厂原厂长张正平。经过沟通,张厂长让我立马去找他。随后我打车赶去约定地点,并顺利见到了张厂长。张厂长很热情地接待了我,并表示他手里还有一些纸质资料。但他突然发现那些资料找不到了,并说找到后再接受采访。临走之际,我请求张厂长为我介绍老职工接受采访。由于其他职工住得较远,张厂长表示采访过他以后就带我去。

下午,经过这么多天的奔波,我也是身心俱疲。特别是今天上午这个小插曲,使我十分消极。趁着下午无事的空档,我在宾馆休息了一下午。总之,本次采访确实存在一些问题,例如相关证明没有拿到。更重要的是,老职工生活也都不太好,能维持一般生活已经很满足,不想惹事,所以戒备心理特别重,这是我没有料到的。经过本次采访,我对出差的认识又提高了,这不仅需要加强自身的交际能力,还要注意对未来困难的预期,做出完善的预案。

采 访 厂 长

时间:2018年6月9日
地点:盱眙县格林豪泰(华夏店)603房间

昨天联系好的张厂长因为没找到资料暂推了采访。昨天下午在宾馆休息了一下。由于张厂长没有明确表示何时接受采访,我本来以为今天还是在宾馆等待,所以昨天晚上睡觉就没有定闹钟。今天早上7点,一阵急促的手机铃声将我叫醒,接电话后是张厂长说找到了资料,让我尽快赶过去。我抓紧时间洗漱,打了个车前往张厂长的寓所。很不幸,今天竟然下起了大雨,给我的出行带来了极大的困难,但我必须赶过去,时间不等人啊。

  冒着大雨,我按时赶到了张厂长家。看见张厂长拿出的资料,我有点失望,两页手写的内容,提供的信息肯定是非常简单的,但我还是十分感谢张厂长的支持。在这种情况下,我知道只有在采访中多问问题了。经过了解,张厂长也是退伍军人。在这将近十天的采访中,我发现很多老职工都是退伍官兵。这一方面是安置退伍老兵的需要,另一方面也是由于老兵素质较好,比较适合兵工厂的要求。在长达将近两个小时的采访中,我着重问了关于调整改制的问题。让我意外的是,9489厂的军品直到1990年才正式取消,在这之前厂里面主要是依靠军品来维持生存。其实自从1983年以来,军品任务已经逐年减少了。关于民品开发,在建厂之初已经有了民品生产,但干部职工觉得军品已经能够保证厂的发展,开发的民品大都放弃了。到了1983年,由于军品减少,厂里开始注重民品开发,但由于之前开发的产品大都被其他企业抢占市场,很难利用。无奈又从其他地方引进了一些新的民品技术,但由于技术落后和规模小导致难以赢得市场竞争,民品开发始终没有形成气候。张厂长说厂长多次更迭也是该厂发展不良的原因。据了解,该厂自上世纪80年代以来,频繁更换厂长,平均三四年一个,频繁地更换厂长导致该厂民品开发难以有长远的规划。其次,在说到灭火器上马失败时,张厂长说他们已经做好了批量生产的准备,但由于江苏省消防部门偏向江苏的一个大型消防器材厂,导致他们已经开发的民品难以占领市场。在说到领导体制改变时,张厂长说盱眙小三线厂领导权的频繁下放和收回也是导致五厂发展不良的重要因素。

  在访谈中,张厂长还举了很多生动的例子,使我深入了解了关于盱眙五厂发展的大致情况。这是在档案里看不到的,也是我这次采访中最大的收获。虽然这次田野调查我遇到了很多的困难,但看到取得的收获,我感觉是十分值得的。希望在未来几天的采访中继续保持这份好运气。

探 访 滨 淮

时间:2018年6月10日

地点：盱眙县格林豪泰(华夏店)603 房间

由于昨天和张厂长约好了今早 8 点到滨淮厂住宿区找老职工访谈，且我对滨淮厂住宿区的具体位置不太清楚，所以我 6 点半早早起床吃饭，争取按时到达约定地点。张厂长在 7 点半给我打来电话，说他已经到了目的地。这让我很紧张，因为我还没吃好饭。情急之下，我匆匆吃了几口饭，坐上查好的 1 路车赶往约定地点。由于对具体地址不是特别清楚，我跑了很多冤枉路，问了很多附近的商户，最终看到路边等我的张厂长和老职工。老职工在路边开了一个百货商店，由于没有人替他，为了采访只能将店面暂时关掉，这一举动让我非常感动。为了更好地录音，张厂长就建议我们去淮河边的一个公园里，并主动搬了一个长条凳。看到两位老先生这么热情，对比采访红光厂老职工的种种猜忌，简直是天壤之别。

今天采访的老职工叫姚祥英，1938 年出生的他身体依然健朗，说起话来中气十足。他是原来盱眙县铁木联社的成员，就是后来的农机厂，在小三线建设时，农机厂被作为小三线进行改造，姚师傅就留在小三线厂工作。由于老先生是建厂元老，讲了很多关于建厂时期的事情。从他的言谈举止中，可以看出他对自己工作中的表现非常自豪，并举出了很多自己优秀的例子。

采访完后，我看上午时间还比较充足，决定到周边的都梁山公园去看一下。都梁山公园建在一座名副其实的山上。经过查访，我在大路边找到一条上山的阶梯。经过我步测，该阶梯将近四百阶。登上山后，有一条隐蔽的休闲步道蜿蜒伸入丛林深处。寂静的山顶让我有点紧张，但我还是走入了丛林深处。经过大约 10 分钟的跋涉，一个三层亭子出现在眼前，记忆中好像叫将军亭吧。让人意外的是这个亭子是可以登上二层和三层的，站在亭子的最高处，远处的景色尽收眼底。

特别是远处一个类似塔的建筑，非常吸引眼球。为了近距离看一下那个塔，我继续踏上了前进的道路。经过林间水泥路的跋涉，终于到达那座雄伟的建筑。

这个类似塔的建筑名为"都梁阁"，是盱眙县历史文化博物馆的所在地。"都梁阁"更高的海拔为我提供了更好的视野，远处房屋依山而建，随山势起

盱眙都梁山公园美景

伏,更远处淮河和丘陵交相辉映,山水映衬间是盱眙县的建筑。不得不感慨盱眙的确是个人杰地灵的好地方。

下午,为了更深入了解滨淮厂,我独自前往滨淮厂旧址进行探访。看到了档案里记载的滨淮招待所、滨淮厂生活区以及后山大片荒芜的土地。在淮河北路边上,有一个长长的斜坡伸向旁边的小山。据上午的姚师傅所说,临近淮河的地方还有 40 亩的土地属于滨淮机械厂所有,后来盱眙县政府修建淮河大堤就征用了那部分土地。由于淮河边的土地被征用,今天剩下来的就只有半山坡上破旧的建筑。走上斜坡,第一个映入眼帘的是滨淮招待所和滨淮餐厅。

紧接着就是滨淮机械厂的生活区,一栋栋老旧的建筑矗立在山坡平地上,偶尔出来的居民证明这里还有一点生机。其实很多房间已经空掉了,主人去了更好的地方居住,留下空荡荡的房间来展示往日的喧嚣。

滨淮招待所和滨淮餐厅旧址

滨淮机械厂原住宿区

在我拍照的时候,一间破旧宿舍里面出来一位老先生。我感觉这是个了解情况的好时机,于是主动和老先生攀谈。据了解,老先生提前退休,让儿子接替自己进厂工作,后来工厂倒闭,儿子靠骑三轮车拉货维生。此外,老人还有两个女儿,也住在这个破旧的生活区里面。我感觉老先生生活条件一般,不过老人说他的退休工资在三千元以上,这样的月收入也算不错。可能是年龄大了,不太在意生活质量的好坏,所以一直住在这个地方吧。在谈到军品生产时,他指着门口的两个木箱子说这就是我们之前生产的军品包装箱。在我请求拍照时,老人拒绝了。我没有强求,并请求进老人屋子里看一眼。老人的屋子里除了床和吃饭的桌子,没有多余的家具,生活简单朴素。简短的采访后我和老人道别,临走的时候我想记下老人的姓名,同样被婉言谢绝。我理解老人的顾虑,他能陪我聊我已经很满足了。此外,和老人的聊天证实了我的猜测,滨淮厂职工内心也有很多不满,但大家似乎已经默认了命运的安排,过上了安稳的日子。

了解天明

时间:2018年6月11日

地点:盱眙县格林豪泰(华夏店)603房间

滨淮厂的采访结束了,我请求天明厂人事部施文江老师推荐几位天明厂的老职工。包括原厂党委书记蔡志忠,原女工主任马云兰,原供销科长刘荣先。按照顺序,我先联系了原厂党委书记蔡志忠。

打通了蔡老师的电话,得知我住的地方和他家紧挨着。这不能不说是个巧合,之前我住在这个地方是因为要采访红光厂的老职工,但是红光厂老职工排斥我的采访,现在却意外发现周边就有天明厂老职工。打完电话,我到宾馆楼下接老先生,然后回到我的房间进行采访。蔡师傅非常热情,身体十分硬朗,也十分健谈。采访初始,他根据自己写的材料进行了大致的介绍,对厂的发展脉络进行了大致的梳理。在访谈过程中,我试图深入了解一下"军转民"的情况,但蔡师傅说该厂军品很早就已经没有了,生产的硝铵炸药也是军民两用型,所以该厂"军转民"的问题并不明显。在"军转民"政策的推动下,该厂也积极研发民品,也生产了很多,大部分产生了效益。其中制炭机和固体燃料成型机由于技术原因导致最终没有形成规模。总体来说,天明厂的效益还是很不错的,直到今天为止没有哪年亏损过。说到职工在小三线厂生活方面,蔡师傅反映的情况和其他厂职工差不多,主要生活资料计划供应,其他副食品可以小范围流动。更巧合的是,淮河化工厂接待我的李玉春老师竟然是蔡师傅的女婿,这不得不说是个巧合。说到这里蔡师傅更加兴奋了,好像我们之间的距离又拉近了很多。

  下午,我约了原供销科刘荣先师傅。到了约定好的地点,我等着师傅出现。看到一个精神奕奕的老者向我走来,我知道就是我要采访的对象。意外的是刘师傅并没有带我去他家,反而问我去哪里采访,这是我没有想到的。今天烈日炎炎,在户外站着确实不是好的想法,但老师傅也没有带我去家里的意思。关键时刻,老师傅指着面前的三轮车说,我们去我的电动三轮车车棚里说吧。烈日下,电动三轮车车棚里温度可想而知。经过询问,我得知老先生先后从事多种岗位,有很多的经验。由于我对"军转民"比较感兴趣,所以着重询问了这方面的东西,意外的是老师傅觉得厂里就没生产军品,全都是民用产品,更不存在所谓的"军转民"。这种情况完全打破了我的预想,所有关于"军转民"的问题都将无解。听说老先生曾经在连云港乙炔气分厂干过,我针对分厂的销售问题进行了询问,得到了相关的信息。此外,由于老先生入厂比较早,我们较多地了解了一下关于建厂早期的事情。

  总体来说,和这两位老同志的聊天使我深入地了解了各厂发展的特殊性,特别是该厂作为爆炸品工厂,生产的产品军民通用。虽然很多产品不是军用,但由于产品易燃易爆的特性,还是要接受安全部门的监督和管理,并不能和普通商品一样随市场变化流通。这从一个方面说明了为什么该厂职工对"军转民"没有太多的感觉,因为生产的产品一直接受相关部门的管理。这带给我新的思路。

初 到 淮 安

时间:2018年6月12日
地点:淮安市锦江之星(淮海西路店)201房间

  上午,我多次联系应该采访的老职工,可对方始终不接电话,为了不耽误淮安的行程,我只能放弃这次采访。我尽快收拾行装,打车前往盱眙汽车站。

一切顺利我登上了最近的一班客车,望着车窗外不断闪过的风景,我知道要和这里说再见了,也许以后再也不会到这个县城,但这几天的记忆将会永恒。

随着汽车进站,我到达了淮安市,按照地图导航,乘坐12路公交车前往住宿地点。安顿好后,想起来自己还没吃午饭,然后在淮海西路附近找饭店。很不幸,附近没有吃饭的地方,冒着烈日我走了大约20分钟,终于在一个小巷子里找到一个小饭馆,真可谓艰难。

吃完饭回到了宾馆,想着尽快进行采访,我就赶紧联系老职工,由于时间已经接近下午4点,老同志时间不便,只好约到明天。幸运的是有个叫赵怀元的老师傅说晚上可以访谈,我就在宾馆等待老师傅的到来。

晚上,一个熟悉的身影走进了宾馆,我热情地接待了老师傅。赵师傅对《口述上海:小三线建设》这本书非常感兴趣,大致翻阅了目录并简单阅读了部分内容。他表示我们的研究非常有意义。在访谈部分,老师傅先介绍了厂筹建时期以及"文革"时期生产生活的事情,然后我们针对建设分厂和民品开发销售等情况进行了深入的交流。经过交流我了解到其实该厂并没有生产多少军品,所生产产品大都供应民爆市场,所以军品对该厂影响不大。但该厂还是十分重视民品生产,因为只依靠极个别支柱产品,在市场经济情况下,一旦销售受阻,企业就会陷入困境。此外,其他很多厂都在研制相关产品,且各厂之间的新品研发高度保密,不会相互交流。在这种市场竞争的压力下,该厂也是积极上马新产品,取得了较好的效益。这些情况是我之前没有了解到的。

今天来回奔波感觉比较累,采访完后已经十分疲倦。为了及时保存感悟,我还是顶着倦意写下了这篇日记,就这样吧,晚安!

忙碌的一天

时间:2018年6月13日
地点:淮安市锦江之星(淮海西路店)201房间

经过昨天的奔波和联系,今天开始了正式的访谈。正如昨天联系好的,今天上午本来只约了天明化工厂副厂长丁洪奎师傅,后来赵怀元师傅赶到,又积极帮我联系了淮阴市原国防工办的费月东老师。临近中午之际,赵怀元师傅又帮我叫来了八十多岁的原天明厂供销科支部书记贾桂香老师傅。在赵怀元师傅的大力支持下,我一上午采访了三位老职工,创下了新的纪录。

丁洪奎老师在访谈中详细介绍了天明化工厂在技术改造方面的情况,并就硝铵炸药生产线的改进进行了深入的解释,还绘制了简单的示意图,这让我非常感动。随后淮阴市国防工办的费月东老师赶到,得知费老师曾经在淮阴市国防工办工作,我着重问了关于淮阴市国防工办的情况。在看档案的过程中,我看到许多淮阴市国防工办对各厂领导和管理的文件,所以我向费老师请教了这个问题。费老师说淮阴市国防工办总共才十个人,级别上和淮阴五厂一样都是县团级,所以本质上并没有领导职能,只是给五个厂做服务工作,只要各厂决定好的不违背政策的事情,淮阴市国防工办都会批准,并没有相关的审核和监督。这一点倒是出乎我的意料。在说到淮阴五厂被下放到地方的时候,费老师说下放就等于是让淮阴五厂自谋出路,闯不出道路的就自生自灭,也就是甩包袱。江苏省国防科学技术工业办公室重视的是部属的大型三线企业,但部属的三线企业并不配合江苏省的领导,在这种情况下,江苏省国防科学技术工业办公室又将淮阴五厂收回。正在此时,贾桂香老人也赶到了我住的宾馆。看着老人拖着年迈的身体来我这接受采访,我心里很不是滋味。为了节约时间在午饭前完成采访,我对两位同时进行采访,相对来说贾桂香老师傅说的不多,仅提供了几个例子,这对我的也是非常有帮助的,非常感谢两位老师傅的帮助和配合。临近中午,我结束了对两位老先生的采访。在我的采访历程中,大多受访者都是这样积极配合的,虽然也有少数不了解的老职工质疑我的身份和目的,但我认为这种质疑也是正常的,老职工辛勤半辈子,好不容易安享晚年,生怕我的采访会给他们带来什么不好的影响,我十分理解。当然,我更感谢配合我采访的老职工,谢谢他们的信任和倾诉。

经过上午紧张的工作,我成功完成了对天明化工厂的采访工作。下午,我约好了永丰机械厂的老职工访谈。由于永丰机械厂的职工不知道我的住处,我只好上门采访。作为第一次来淮安市的路盲,我也只好依靠地图导航,还好比较顺利地找到了北京新村。北京新村是个老旧的小区,建于90年代,模糊的楼号让我难以找到相关的号牌。经过艰难的目视搜索,终于在一片大树后面的墙上找到了目标。经过电话联系,永丰机械厂的秦士英阿姨出门迎接了我。秦士英阿姨建厂时进厂,当时从事筹建工作。她说当时的生活条件非常艰苦,女工住在八人间的宿舍,男工就在刚刚建好的厂房里打地铺,并且作为学徒工的前两年是不能回家的,后来能回家也是非常不便,到盱眙县城都需要一天时间。此外,我们还聊了关于军民品生产等情况,可以说取得了较大的成果。在完成对秦士英阿姨的采访后,在她的介绍下,我来到了对门的廖寿华师傅家,看着屋里桌子上的麻将就可以知道老职工退休后日常的娱乐是什么。廖寿华师傅不用我提问,轻车熟路地介绍了永丰机械厂的建设、生产以及调整的过程,由于时间有限,廖师傅没有接受我深入的提问。由于采访需要尊重受访人的意愿,所以我并没有进一步追问。看着时间马上就到5点,我决定剩余的一个采访对象放到明天。晚上,赵怀元师傅再次来到我住的宾馆,非常热情地陪我聊天,并表示愿意帮助我们搞研究,由于上海距离淮安较远,这也是不可能实现的,但还是很感谢赵师傅的支持。

截至今天,我的采访覆盖了五个厂,实现了完全覆盖,这让我非常兴奋。此外,我还得到了一本永丰机械厂的厂志,这也是个意外的收获。今天之所以能够取得这么大的成果,主要是赵怀元老师傅的鼎力相助,在此再次向老师傅道谢,谢谢他的帮助。

最后的告别

时间:2018年6月14日
地点:淮安市锦江之星(淮海西路店)201房间

今天的任务是把最后一位老职工的访谈做完,鉴于昨天一上午完成三人的采访,所以今天我准备睡个懒觉,昨天实在太累了。但在早上6点半,我房间的门铃响了,我很意外竟然有人大早上来找我。打开门,我发现是赵怀元师傅。原来赵师傅昨晚又将自己的简历做了修改,特意给我送过来,并督促我起床。我甚是羞愧,当然这都是次要的,关键是今天我又要早起准备采访了。经过几个电话的联系,最后一位老职工说自己不在家,不能接受采访。经过请示徐老师,我决定今天下午返回上海。在返回之前,我还得将昨天拿到的永丰机械厂厂志送还。很不幸老师傅不在家,我也不能在烈日下等着。趁着这个空闲时间,我决定坐12路公交车到周恩来纪念馆看一下。

去周恩来纪念馆的路程是那么远,足足走了一个小时。下车后我又找了一会大门,总算顺利进入了纪念馆参观。走进周恩来纪念馆,映入眼帘的就是巨大的水面,也许淮安本来水就多吧。再往里面走,湖水环抱之中就是周恩来总理的纪念馆,纪念馆并不多么宏伟,里面的陈设也比较简单,除了周总理的坐像,并没有其他装饰。走出纪念馆,后面是周恩来生平展览馆,展示了周总理从小到建国后的点点滴滴,通过参观我了解了更多关于周总理的事迹。展示馆的后面是1:1仿制的周总理在中南海工作居住的西花厅,虽然我没去过中南海参观,但这个仿建的西花厅也让我直观地了解了中南海的情况,也算是开了眼界吧。由于时间有限,匆匆地参观后,我只好踏上归途,下午2点我还得赶去淮安汽车南站乘车。回到北京新村,我将厂志还给老师傅,匆匆吃了一份面,然后回宾馆收拾行囊打车到达淮安汽车南站。就这样,我在淮安的行程完美结束。

在将近半个月的访谈中,我感受到了老职工对往昔岁月的怀念和热情,也感受到大部分老职工对今天境遇的不满和抱怨,毕竟改革总是伴随着阵痛。老职工们的付出不应该被忘记,我们的研究也是对小三线往昔历史的抢救性保护,因为很多老职工已经逝去,我们又能留下多少老职工的足迹呢?面对大量的鲜活事例,我们能做的就是砥砺前行,做好我们的小三线建设研究!最后,感谢徐有威老师能够给我这个实践的机会,让我了解了一个生动鲜活的小三线。

(王来东,上海大学文学院历史系2016级研究生)

后小三线时代研究

上海小三线企业对安徽贵池工业结构调整和工业经济发展的影响

夏天阳

20 世纪 60 年代末,我国因战备需要,在皖南山区兴建一批军工厂和配套企业,时称上海小三线,贵池境内有七个小三线工厂,主要包含八五钢厂、325 电厂和火炬、永红、五洲、胜利、前进等五个机械厂,共有职工 1.09 万人,固定资产原值 1.72 亿元,净值 1.12 亿元,为贵池县当时全部工矿企业固定资产总值的 2 倍左右。1988 年,上海小三线移交地方,二十多年的经营以及对地方的移交,对贵池工业结构调整和工业经济发展产生了重大影响。

一、基本情况

1967 年起,上海后方基地在贵池建小三线工厂和辅助单位,这些三线企业大多位于东南部山区,从事军工生产,1980 年后转产民用品。上海后方基地在贵池山区建桥铺路,通水通电,对贵池的经济发展和山区开发做出了积极的贡献。

三线企业选址设厂时,是根据战备的要求,远居深山,交通不便,车间分散,生活设施小而全,综合经济效益较差。1985 年,根据国务院办公厅指示精神和沪皖二省市关于皖南小三线的调整、接交协议,贵池县境内的小三线企业,全部交贵池县经营管理。同年,县人民政府成立小三线接交办公室,开始接收上海后方小三线企业。

接交工作自 1986 年开始正式进行,根据企业的规模、性质分别采用动态交接(八五钢厂、325 发电厂)和停产交接(火炬厂、永红厂、五洲厂、胜利厂、前进厂）。1987年,接收后改造利用的原三线企业产值达2 100余万元,创利税629.5万元,并解决了1 200余人的就业问题。1988年1月26日,交接工作全部完成。

二、对贵池工业经济发展的影响

（一）发扬老325电厂"大庆"精神,成功推动新325电厂节能技术改造

1. 遥望老325电厂辉煌历史

老325电厂生产经营管理水平在同行业中名列前茅,发电标准煤耗达到全国同类型机组447克/度的先进水平。在全国工业学大庆的活动中,连续两次被评为"大庆式企业"（这是当时企业管理的最高荣誉,在70多个上海小三线企业中,仅有325厂和七一医疗器件厂两个企业获此荣誉）。

从1986年元旦开始易名贵池发电厂,由望亭发电厂承包经营,是贵池七个小三线企业中第一个边生产、边移交、动态接收的企业,当年发电4.02亿度,创建厂以来最高纪录,实现利税762万元。通过三年承包跟班培训和引进人才,1989年开始自营,到2000年累计发电35.77亿度,上缴国家税款8 033.5万元。

2. 展望新325电厂美好未来

2004年企业改制后组建新的325发电有限公司,几次对老锅炉进行改造。2012年,生物质发电锅炉技术改造项目正式实施,生物质发电机组已于2014年10月15日顺利并网发电。生物质发电投产以来,年发电量1.6亿kWh,产值1.5亿元,税收1 000多万元,每年还可为当地林农和运输业带来7 000余万元收入。项目的经济效益和社会效益十分显著,获得联合国气候变化执行理事会（EB）注册,成为清洁发展机制（CDM）项目,同时还被国家林业局和安徽省政府分别列为"国家林业生物质能源示范项目"和安徽省"861"行动计划项目。年消耗生物质燃料约25万吨以上,年节约标准煤8万吨,减少二氧化碳排放12.5万吨,二氧化硫排放434吨,为贵池区争当绿水青山与金山银山有机统一排头兵提供了成功样板。

（二）加快火炬、永红、五洲、胜利、前进等五个机械厂转型升级,推动贵池区白鹰集团等一批机床产业发展壮大

为进一步加快火炬、永红、五洲、胜利、前进等五个机械厂快速发展,利用

搞活现有设备和人员,发挥应有作用,采取对口接收和分步走的办法,先利用接收的设备,扩大适销对路产品的生产能力,再走出去、请进来,开展横向联合、开发新产品,逐步提高设备利用率。

1. 成功推动火炬电器厂转型升级

火炬电器厂1970年建成投产,位于棠溪乡曹村,生产"57"高炮电器装置,后转产单项电度表。1987年7月14日,由贵池起重工具厂接收,移交的固定资产净值400.6万元,改名贵池火炬机械厂,与武汉起重设备厂联营生产电动葫芦、链条、锚链。火炬电器厂由县起重工具厂接收后,实施了整体搬迁,一方面加强与武汉起重设备厂的协作关系,利用接收设备,扩大现有链条、葫芦的生产能力,一方面积极寻求新的合作伙伴,最终与上海缝纫机工业公司联合,新上了缝纫机配件加工项目。企业改制后,一方面充分利用厂里设备继续从事缝纫机配件生产,另一方面利用在学习培训的生产技术和管理经验,外出闯市场创业,2009年回市开发区设立旭豪机械有限公司,专业从事特种工业缝纫机的研发、生产、销售,现有员工110多人,主要产品有10个系列28个机型,具有进出口自营权,产品在高效节能、智能控制等方面的水平处于国内领先地位,是中国缝纫机械协会会员单位、行业标准制定单位之一,并被认定为省高新技术企业、市优秀民营科技企业,成为"凤还巢"典型案例;同时鼓励坚守在企业第一线的管理和技术人才继续创业创新,如创立了安徽九华机械有限公司,继续从事轻小型起重机械的生产、销售和维修,主要产品有手拉、手扳、电动葫芦等8个系列、25个产品,年产20多万台,产品远销欧美、中东等几十个国家和地区,广泛应用于矿山、仓库、码头等行业,深受用户好评,公司的产品广告语是:"优良品质、源于军工。"

2. 推动胜利等其他四个机械厂转型升级

(1)胜利机械厂1970年建成投产,位于棠溪乡百安村以东。原为"57"高炮总装厂,后转产90挤塑机、1米塑料薄膜辅机、塑袋机。1988年1月26日,由池州家用机床厂接收。

(2)前进机械厂1970年建成投产,位于棠溪乡百安村。生产高炮炮架,后转产胶带输送机、货梯、混棉机。1987年11月25日由通用机械厂接收,移交的固定资产净值1 100万元。

(3)永红机械厂1969年建成投产,位于刘街乡七爪哇山冲。生产"57"高炮瞄准具,后转产 P2 型单体液压支柱。1987 年 7 月 14 日由贵池银河机械厂接收,利用部分设备生产金属纬纱管。永红厂移交的固定资产净值 434 万元。

(4) 五洲电器厂 1969 年建成投产,位于刘街乡五洲村栗坑,生产"57"高炮配套电机,后转产民用电机。五洲电器厂的设备一部分调配给江南轴承厂,用于扩大部优产品 204KA 轴承的生产能力,1987 年由年产 70 万套提高到 200 万套,实现利税增长了 219%,另一部分由安子山硫铁矿负责接收,并与芜湖电机厂联营就地办了一个模具厂,还将大部分设备搬迁到县城,办了池州电机厂,1987 年生产分马力微型电机 1 000 台。

3. 成功创立白鹰集团

通过不断改制、重组,先后整合家机、通机、银河、铸造等几个机械厂的设备、资产,于 2006 年成立安徽白鹰集团,辖三家精密机床生产制造企业、两家贸易性公司和九华数控机床研究院,成为池州市重点骨干企业、安徽省优秀民营高新科技企业。2010 年落户贵池区省级高新科技工业园,占地 500 多亩,规划建筑面积 18 万平方米,已建成厂房等 10 万平方米,拥有各类生产设备 500 多台,除多年来更新改造、包括进口高档先进设备 40 多台外,仍有一半左右生产设备是从上海小三线接收的。现在集团生产的产品除原来开发的多功能工具机、木工机床等普通小型机床外,新开发出的主导产品有立式、卧式加工中心,数据车床、铣床,钻铣加工中心,台式车床、仪表车床等。产品先后获 ISO9001 质量管理体系认证证书和 CE 证书,白鹰牌商标在获安徽省著名商标后又荣获中国驰名商标。企业集团是国家出口机电产品出口基地、国家出口工业产品一类生产企业。产品销往世界五大洲 120 多个国家和地区,广泛用于航空航天、汽车、船舶、电力、纺织、模具制造、信息产业、通用机械等各个领域。产量位居全省机床行业第一位,最高年产达 15 000 多台,效益最好时创利税近 2 000 万元。

(三) 深入挖掘八五钢厂资源,推动贵航金属、皖宝矿业崛起壮大

八五钢厂 1969 年建成投产,位于梅街山区,是当时安徽省仅次于马钢、合钢的第三大钢铁企业,生产特殊钢。有炼钢、锻造、轧钢、拉管等主要生产车间,年生产能力为钢 5 万—6 万吨、钢材 7 万—8 万吨。1987 年 12 月 28 日移交贵池,改名贵池钢厂,由马鞍山钢铁公司承包经营,承包期三年,以生产碳素

钢和轧钢为主。皖宝矿业股份公司改制时,整合了钢厂下属507专用码头的资产,吸纳钢厂150多名职工。现在码头又与池州港务局重组为贵池港埠公司,码头装卸量近百万吨,2011年达104万吨,实现营业收入601.7万元,利润68.6万元。皖宝矿业公司前身熔剂石灰石公司组建初期,在开办资金和产品开发等方面都得到过三线厂和回沪职工的支持。现在皖宝公司已成为贵池的骨干企业,2004年以来,年销售矿石百万吨以上,销售收入5 000万元以上,利税总额1 000万元以上。2011年,公司资产总额达17 757万元,销售量236万吨,销售收入14 780万元,缴纳税费3 076万元,实现利润528万元。在利用钢厂无形资产方面,前些年贵池利用电厂的电力资源,招商引资在临近电厂的公路旁办起了贵航金属制品厂。根据国家淘汰钢铁落后产能、上大压小、节能减排等产业政策,池州市和贵池区将原八五钢厂和境内的十多个小钢铁企业的落后产能整合在一起淘汰,集中支持贵航技改上大项目,经上报批准,将年产300万吨特种钢项目列入省规划和市重点工程。2008年,贵航公司搬迁至贵池牛头山江边的前江工业园,占地面积3 000亩,一期100万吨特钢项目总投资26亿元,主要生产以轴承钢、齿轮钢、低合金钢为主的特种钢材。2010年8月在金属制品技改项目完工投产后,正式开工建设特钢工程,2012年6月第一台高炉正式点火。一座转炉、两个3 000吨级泊位码头、厂区变电站、制氧站等相应设施都已建成使用。

在贵池境内的上海小三线工厂过于分散,藏匿山区,交通不便,生产车间分布在不同方向的几个大山冲里,水电煤气和原材料的运输成本太高,加上计划经济转为市场经济之后,原材料价格上涨,流动资金紧缺等原因,造成后期连年亏损,同时因人才战略眼光滞后,转型升级理念较苏浙地区落后,一些珍贵的资源未得到有效开发,导致损失了较多有形和无形资产,下一步将引导贵池区工业企业继续发扬上海小三线精神,充分利用现有比较优势,乘势而为,形成产业集群,为贵池区经济发展提供强大动力。

(夏天阳,安徽省池州市贵池区经信委产业规划科科长)

安徽贵池在上海小三线企事业单位建设生产经营中的作用与贡献

余顺生　武昌和

20世纪60年代,我国周边环境风云际会,1969年4月28日,毛泽东主席在党的九届一中全会上发出"要准备打仗"的号召。在战备形势下,国家搞"大三线"建设,地方开始搞"小三线"建设。上海市国防工办着手在贵池县山区建设"上海后方基地",即上海小三线。贵池人民在参与上海小三线建设过程中,发挥了重大作用,做出了重要贡献。

一、全力以赴参与基础建设

1969年,在特定的战备形势下,上海小三线建设选址,要求"山、隐、散"。山,就是要进山,上海后方工业基地必须建在深山老林;隐,就是要隐蔽,越隐蔽越好;散,就是要分散,不能集中一处,一切从有利于战备出发。12月,上海在贵池梅街成立了有贵池县领导参加的"507工程指挥部",领导贵池的小三线建设。随后,贵池县成立了"小三线建设办公室"。小三线建厂、修路需要征用土地,就通过贵池县"小三线建设办公室"协调解决。当时土地征用都是无偿的,要田地给田地,要山场给山场。"507工程指挥部"在贵池建的工厂主要是造"57高炮",专打敌人飞机,因此绝对保密,其工作有南京军区军代表压阵。贵池县由县武装部全力支持、协调。贵池县及公社、大队各级领导班子对小三线建设十分重视,在田地、山场征用方面,无条件支持,要哪里给哪里。在修路、开山、挖地基方面,上海来的都是技术工人,一些粗活、累活干不了。贵池县"革委会"党的核心小组和县武装部领导就组织动员各公社、大队民兵,全力以赴参与基础建设工作。贵池县还专门成立了"507工地民兵团",设政委、团长各一人,下设政宣、后勤两组,组成公社民兵连、大队民兵排参战。来自全县各地的上万民兵在施工战斗中,住草棚,吃咸菜,迎雨踏雪战天地,风餐露宿抢时间,不畏艰苦劳累,不怕酷暑严寒,披荆斩棘,日夜备战,逢山开路,遇水架桥,修通了齐山至石门高的齐石公路和通往各个山沟的厂区道路。同时,民兵们还承担了建变电所、架高压线、修水库、打深井、接自来水及平整山地、修建厂房中的脏活、累活、粗活、险活。

总之,当时的贵池举全县之力支援小三线基础设施建设。在此举一例子,足见力度之大。1970年9月13日,县"革委会"生字(70)97号文件《关于组织第四批民兵抢建五〇七工程的通知》指出:遵照伟大领袖毛主席"三线建设要抓紧,就同帝国主义争时间,同修正主义争时间"的教导和南京军区抢建"五〇七工程"的指示,县"革委会"及时进行研究部署,迅速组织第四批民兵,大力抢建"五〇七工程"。文件中决定:全县抽调4 270名民兵,共同负担"五〇七工程"中四厂、一库、一院、两局的道路开辟、场地平整,并配合上海工人建筑安装、架设高压线、埋设电缆等项工程。县里根据公社大小、就近方便的原则,从各公社抽调民兵。关于小三线建设需要的砖、瓦、灰、砂、石等地方材料,各公社要积极组织人力加工供应。

从这份文件可以充分看出贵池人民当时是不遗余力地支持上海小三线基础建设的。风光秀丽、民风淳朴的贵池为技术先进、能力卓越的上海建设者们,提供了大显身手的用武之地。

上海小三线的干部、工人、工程师、技术人员和贵池人民共同怀着建设中国战备后方基地的历史使命,克服重重困难,顽强工作,在短短的一年多时间里,在山高林密、交通通信闭塞、条件艰苦的贵池山区盖起了一座座厂房,装上了一台台机器,开通了一条条生产线,使八五钢厂、五个机械厂等小三线企业,在不到两年的时间里都先后点火投产。

二、积极主动支持生产经营

小三线贵池七厂在生产经营中,仍然需要贵池人民的大力支持。因为刚建成的小三线厂在生产经营中还有许多亟待解决的问题。首先是人力不足,急需补充。"507工程指挥部"就及时与贵池县商量,就地就近招工。一来解决各厂的人员不足,二来解决因建厂征用土地、农民失地又失业问题。县党的核心小组、县"革委会"根据各厂的实际情况和具体要求,与小三线"507工程指挥部"一道,认真研究,及时招工。部分新工人进厂进车间,跟上海师傅学习技术,很快上岗顶班,使生产经营有序运转。部分新工人从事食堂、环卫等服务工作,使各厂的生活管理走上了正轨,为工人们搞好生产经营助力。各厂初期招收补充多少工人,未一一统计,仅举一例,可见一斑。八五钢厂建厂初期,一次就在厂附近的大队招收新工人100多名。这些新工人土生土长,朴实肯干,有不少人逐渐成为业务骨干,在小三线厂的生产经营中发挥了很好作用。

小三线厂地处深山,人员聚集,小厂几百人,大厂几千人,在贵池的小三线单位职工和家属,合计1万多人。因此,生活方面出现蔬菜奇缺等重大问题。肉、鱼、油等高档食品可以从县城、从上海调运,而日常吃的大量普通的新鲜蔬菜却无处调运。一开始县委及各公社发动大队、生产队社员献送新鲜蔬菜,但如杯水车薪,无法满足。后派人到安庆、芜湖、江苏、浙江等地采购,暂时解决一点困难,但远水解不了近渴,仍然不能从根本上解决问题。特别是职工家属吃菜更是困难,离贵池县城路远,当地又没有蔬菜供应,向社员买,社员私人也没有那么多蔬菜。对此,小三线单位反映强烈,迫切要求解决蔬菜问题。为此,贵池县委及时研究,落实小三线企事业单位附近的公社、大队,就地就近安排蔬菜种植。1972年3月15日,县委组织县粮食局、食品公司和地区国防工办参加的专门小组深入到刘街、棠溪等社队和三线厂进行具体落实工作。落实七个生产队,共拿出三百多亩土地种菜。小三线蔬菜供应实行厂社直接挂钩,就地就近生产供应,逐渐解决了蔬菜问题,缓解了小三线职工的生活难题。

当时,贵池县与小三线交往频繁融洽,除县层面外,社乡之间也多有交往,过年过节相互拜访,征求意见。为了加强与上海的联系协作,贵池县在上海买了房子,成立了办事处。这是皖南地区第一个在上海成立的县级办事处,为支持小三线工作发挥了很好的作用。

三、竭尽所能实现传承搞活

随着形势的发展,特别是1978年改革开放以后,国家经济战略进行了调整,党中央、国务院和中央军委决定,小三线企业要进行调整。上海在贵池的小三线企事业单位从1984年8月起到1988年初,先后相继撤出贵池,小三线在贵池的企事业单位的资产和部分人员移交给贵池县。贵池县委、县政府把交接工作当作贵池的一件大事、实事,县委书记姜宗良、县长顾国籁亲自挂帅,并专门成立由副县长钱让友任组长,政协主席许怀琨为顾问的交接工作领导小组,先后配备八位交接办公室正副主任,抽调百余名由科局领导干部、工程技术人员和财会人员等组成的工作组,派驻各三线单位开展交接工作。

首先是部分人员的安置问题。按当时的政策,从上海来的小三线职工返回上海安排。但在小三线建设、发展时期各厂还招收一些征地工和从外地分配、调来的工程技术人员,不能回上海,需要贵池接收、安排。如永红、火炬两厂移交时,尚有留皖职工22人由贵池县负责安排。贵池县委、县政府认真做好这批人的思想工作并精心安置,使小三线移交工作进展顺利。

其次是移交的资产如何发挥作用问题。上海小三线各厂移交的固定资产都是国有资产,不能一交了之。按上级要求,要发挥这些资产的作用,就是要利用小三线资产传承、搞活地方经济。如何搞活发挥作用?县里做了大量工作。就拿八五钢厂、五个机械厂和325电厂等七个小三线企业来说,县委、县政府逐个研究,逐个落实,都安排县属企业对口对专业接收,尽最大努力发挥现有资产作用。

县委、县政府决心摒弃"守摊子""捞浮财""吃老本"等故步自封意识,树立开放、搞活的全新观念,加快了接收的小三线企业改造、利用、发挥作用的步伐。一方面请国家、省、地等有关部门领导和专家,参与接收后的经营决策,并制定了一系列优惠政策、措施,吸引大批人才进驻接收企业工作。另一方面,通过多种渠道,同沪、苏、京、鄂等省市的10余家公司、厂校结成新型经济联合体,共同开发和大量生产各种适销对路的新产品,使每一个小三线企业交接后都能及时地复产、转产,迅速发挥经济效益。贵池境内的八五钢厂是皖南小三线的最大企业,是一座初具规模的中型钢铁厂,在安徽省是仅次于马钢、合钢的第三大钢铁企业。根据党中央、国务院关于小三线企业交接要保护、发展生产力和发挥作用的方针,贵池县调整交接领导小组,在交接过程中坚持"唱好三部曲,走活一盘棋",即调整好、保护好、交接好,同时搞活经济。移交时八五钢厂改名为贵池钢厂。在省政府的支持下,暂由马钢公司承包经营三年,并为贵池县培训人才,与贵池钢厂的同志一道疏通产供销渠道,为贵池县自主经营做好准备。1991年7月1日,贵池钢厂由贵池市(1988年贵池县撤县建市)独立经营,经过20多天的整顿清理和机构变更,于7月26日下午正式点火生产,当天即出钢37.2吨,到8月10日,已生产钢1 779.89吨,占月任务的55.6%。更为可喜的是,在这半个月的生产中,基本上没有出现废品,而且电耗、物耗比规定指标都略有降低。10月14—19日,中国纺织物资总公司与贵池钢厂联合在杭州召开纺织行业专用线材供需座谈会,会上把贵池钢厂确定为纺织部专用线材的定点生产基地。自主经营半年来,到1991年12月底,贵钢生产电炉钢16 000吨、矽铁430吨、冷拔无缝钢管590吨、轴承钢丝270吨,完成工业总产值1 643万元,销售收入1 600万元。1992年年初,贵钢领导至上钢五厂参观学习,考察市场行情,得知目前市场上不锈钢管紧俏,每吨钢管价在3万元以上,效益可观。因此,厂里决定,以市场需求为导向,积极开发新产品,从9月份起开发不锈钢管生产。为了开发不锈钢产品,贵钢白手起家,自己开挖浇铸,自己安装调试。1996年11月,贵池钢厂生产的新产品不锈钢钢带20吨,如数按期交给浙江省一厂家使用。

接收后的五个机械厂都已利用、搞活,有的发挥很大的经济效益。如小三线五洲电机厂改造成池州电机厂后,成为贵池的骨干企业之一。1987年9月,贵池接收后,为了尽快地改造利用,该厂与芜湖微型电机厂本着互惠互利的精神,达成产销和技术协作协议。池州电机厂先后派出40名学员分别到芜湖微电机厂和上海电机厂学习,并从芜湖厂聘请八位技术骨干来厂把关。接收后的几个月时间,就生产出五种型号的分马力电机和耐氟电机。电机各项性能均达到优质标准。前进厂、胜利厂、永红厂分别由贵池县通机厂、机床厂、银河厂对口接收,组建成贵池机械工业总公司。贵池县起重工具厂接收小三线火炬厂后,更名为贵池市火炬机械厂,分别与武汉起重设备厂、北京机床厂、上海工业大学、上海缝纫机工业公司等单位取得了联系,承担了机械葫芦、链条、电磁钻、电磁灶、缝纫机配件等产品的开发、加工业务。主产品机械葫芦,即手拉葫芦,年计划生产2.3万台,其中2.1万台签订了出口合同,出口率达91.3%。该厂1993年完成工业总产值1 206万元,销售收入1 044万元,利税78.9万元。县银河机械厂利用小三线永红电机厂的部分设备,与江苏昆山金属纬纱管厂联合生产金属纬纱管,县建材公司也利用原永红电机厂厂房,与中国非金属公司联合开发贵池的大理石资源,均取得了较好的经济和社会效益。325电厂没有对口企业,县委、县政府就专门成立领导班子,及时招收、培训人才,并努力疏通煤炭供应、电力销售、电价核准等渠道,使325电厂很快被贵池电厂取代,从原承包经营三年的望亭电厂手中接过一切,生产没有停顿,经济效益一直很好,成为贵池当时的纳税大户。325电厂是贵池七个小三线企业中第一个边生产、边移交、动态接收的企业。从1986年元旦开始,易名为贵池发电厂,由望亭发电厂承包经营三年。贵池招收的新工人和引进的技术人才为接班跟班学习。1989年,贵池发电厂开始自主经营。到2000年,累计发电35.77亿度,上缴国家税款8 033.5万元。2004年,贵池发电厂改制后,组建新的325发电有限公司,几次对老锅炉进行改造。2012年将机组改成生物质发电,此项目成功获得联合国气候变化执行理事会(EB)注册,成为清洁发展机制项目。同时还被国家林业部门和安徽省政府分别列为"国家林业生物质能源示范项目"和安徽省"861"行动计划项目。近几年来,年发电量1.5亿kWh,产值1.5亿元,税收1 000多万元。每年可为当地林农和运输业带来7 000余万元收入。该生物质发电项目的经济效益和社会效益十分显著。

贵池发电厂在抓生产的同时,在省、地、县的大力支持下,抽调人力、物力、财力,积极筹建新电厂,即池州电厂,也称池州大电厂,2005年8月,两台30万千瓦发电机组正式投产运营。后来通过资产重组,组建神华神皖池州九华发电有限公司,即现在的安徽池州九华发电有限公司,为池州为贵池的经济和社会发展继续发挥作用。

总之,贵池人民在上海小三线企事业单位建设、生产、经营中的作用与贡献是巨大的,是有目共睹的。正如上海大学徐有威教授等人在调研文章中说的:上海小三线建立、生产与职工生活离不开当地各级政府和人民群众的支持帮助。在建设用地、劳力参与、建材供应、安全保卫、职工生活等方面,当地人民都做了大量的切实有效的工作。真乃是:党发号召为备战,上海建设小三线,贵池人民齐上阵,踵事增华作贡献。

(余顺生,安徽省池州市贵池区委党史研究室、区地方志办公室主任;武昌和,《池州日报》原副总编)

改革开放以来河南前进化工科技集团股份有限公司的发展纪实

牛建立

河南省前进化工科技集团股份有限公司(军工代号9645)是由两个军工企业河南省前进化工厂(军工代号：国营9654厂)和河南省工农机械厂(军工代号：国营9645厂)合并组成,始建于1966年,是集爆破器材、工程爆破、工程安装、商贸物流、金融投资、房地产、旅行社、农业科技、园林绿化等为一体的综合性企业集团。

一、奠立基业(1966—1978)

(一)20世纪60年代初期中国国际生存环境的恶化是三线建设的根本原因

三线建设指20世纪60年代中期至70年代中期,我国对西南、西北等内陆地区开展的大规模国防工业建设。它作为当时中国经济建设的中心环节,投资之集中、地域之广大、持续时间之长,为新中国建设史上所罕见的。它与战略前沿建设(即一线建设)和战略纵深建设(即二线建设)以及各省的小三线建设共同构成我国国防工业建设的整体。三线建设的划分主要取决于所处地域的战略地位及建设项目的性质。一般认为,京广线至东南沿海和三北(即东北、华北和西北)地区为一线;西南地区(云、贵、川)、西部地区(陕、甘、青)及豫西、鄂西、湘西为三线;第一线与第三线之间的广大地区为二线。大三线工程一般是由国家统一组织实施的,小三线工程则由各省组织实施。

1. 20世纪60年代初期美国的威胁

1949年10月1日中华人民共和国成立,毛泽东主席在天安门城楼上向全世界宣布,中国人民从此站立起来了。然而,刚刚取得独立的民族,距离真正的强大,还有很长的路要走,正如毛泽东所指出的,夺取全国胜利,这只是万里长征走完了第一步。当时,国际上被划分为两大阵营,以美国为首的资本主义阵营对新中国经济上封锁、政治上孤立、军事上威胁、外交上不承认。新中国选择了一边倒的外交政策,全面倒向以苏联为首的社会主义阵营。1950年2月14日,《中苏友好同盟互助条约》在莫斯科签订,中国得到了苏联的援助,开始工业化建设。

然而,仅仅几个月后,在中国东北边境地区传来了隆隆炮声,新中国的安全受到严重威胁。1950年6月25日,朝鲜战争爆发,美国在联合国通过谴责朝鲜的决议,并组成以美国为首的联合国军,开进朝鲜战场。同时,美国总统杜鲁门下令太平洋第七舰队开进台湾海峡,武力阻挡中国的统一,公然侵略中国。虽然美国在朝鲜战争中失败,但它一直没有放弃敌视中国的政策,到20世纪60年代初期,美国又侵略越南,威胁中国的安全。

2. 20世纪60年代前期苏联的威胁

新中国成立以后,中苏结盟,苏联帮助中国开展工业化建设和其他建设,但它始终不能以平等的态度对待中国,总是以"老子党"自居。1953年斯大林去世,1956年2月苏联召开苏共二十大,在会议的最后一天,赫鲁晓夫做了《关于个人崇拜及其后果》的秘密报告,全面揭露了斯大林在20世纪30年代领导苏联社会主义建设过程中犯下的严重错误,在西方世界引起了一股反共反苏的浪潮。在如何评价斯大林的问题上,中苏两党产生了分歧。1958年,苏联提出中苏在中国共建长波电台和潜艇舰队,遭到毛泽东的严词拒绝。中苏矛盾已经涉及关系中国主权的重大敏感问题。毛泽东后来说,中苏闹翻实际上是在1958年,他们要在军事上控制中国,我们不干。1960年7月16日,苏联政府突然照会中国政府,单方面决定全部召回1390名在华负有重要责任的专家,撕毁全部援华协定,使中国蒙受巨大的经济损失,严重伤害了中国人民的感情,给中苏关系造成难以弥合的创伤,直接导致了中苏同盟的破裂。此后,苏联不断制造事端,还在中苏、中蒙边境陈兵百万,严重威胁中国的安全。

3. 20世纪60年代初期中印关系的恶化

新中国成立之后,中国政府一直主张通过友好协商解决边界问题。但印度政府在1959年以后,不与中国政府合作,向中国提出大片领土要求,并且派军队深入中国境内,不断挑衅,还打死打伤中国边防军民多人。1962年10月12日,印度总理尼赫鲁下令把中国军队"清除掉"。毛泽东和中央军委决定自卫反击,10月20日,中国决定全线反击,在西段一举扫除了印度军队在中国的一切据点,在东段控制了"麦克马洪线"以南的大片土地。但中国政府为表示和平解决边界问题的诚意,单方面宣布停火、军队后撤20公里、遣返俘虏的印度官兵和归还缴获的武器物资。中印边界问题一直没有解决。

在中印边境紧张的局势前后,美国介入越南战争,苏联在新疆边境地区挑起纠纷,在国际上偏袒印度一方。中国国际生存环境趋于恶化,毛泽东、周恩来等领导人提出加强战备和三线建设。1964年6月在中央工作会议上,毛泽东主席作出加强后方建设的指示,提出调整兵器工业布局、进行"三线"建设的战略部署。6月6日,毛泽东特别强调:"只要帝国主义存在,就有战争的危险。我们不是帝国主义的参谋长,不晓得它什么时候要打仗。要搞三线工业基地的建设,一、二线也要搞点军事工业。有了这些东西,就放心了。攀枝花钢铁工业基地建设要快,但不要潦草。攀枝花搞不起来,睡不着觉。"这反映了毛泽东对三线建设的重视和紧迫性。1964年8月中旬,中共中央书记处讨论三线建设问题,列入第三个五年计划的编制,决心要在10年至15年时间内把三线建设起来。中央成立了西南三线建设委员会和西北三线建设委员会,四川是三线建设的重中之重。

(二)河南省前进化工厂和河南省工农机械厂成立

豫西重镇洛阳也是三线建设的重点地区。1965年5月河南省国防工业办公室根据中共中央和中南局的要求,拟定了《关于河南省战略工作和后方建设规划初步方案》,对河南地域作了一、二、三线划分,划定豫西及豫西南山区为"三线"地区,确定建设13个军工企业。河南省前进化工厂(军工代号:国营9654厂)是国家大三线建设项目,选址在洛阳地区宜阳县,1965年由省国防工业办公室牵头进行前期筹备,1966年开始建设。来自辽宁、云南、山东、江苏、浙江、上海、湖北、安徽、河北、黑龙江等地区投身三线事业的第一代建设者,进入偏僻的山沟,先生产后生活,自力更生,艰苦创业,1971年全厂进入试生产阶段。工厂设计生产规模为年产雷管2 700万发,导火索4 000万米,小黑粒炸药50吨。出任工厂第一任"革委会"主任、政治处主任的是《敌后武工队》中魏强、汪霞的原型李凯清、王霞夫妇。工厂实行军事化管理,按部队连、排、班建制,工人们发扬"艰苦奋斗、只争朝夕"的革命精神加紧生产。在抗美援越战争期间全力供应前线。先后隶属于河南省军区国防工业办公室、河南省国防工业办公室、河南省国防科学技术工业办公室,是驻宜(阳县)八大省市营厂矿之一。

河南省工农机械厂是河南省小三线项目,按照国家计委和国防工办下达的建设规划,于1966年9月开始建设,1968年12月建成投入生产。河南省工农机械厂原名硝铵炸药厂,军工代号为9645厂,位于宜阳县城西9公里处、莲庄乡陈宅村南沟,先后隶属于河南省机械厅二局、河南省军区国防工业办公室、河南省国防工业办公室、河南省国防科学技术工业办公室,是驻宜八大省市营厂矿之一。

在"文化大革命"时期,虽然受到"左"倾错误的影响、工人停产闹革命和派性斗争的影响,但企业大部分干部职工抵制"左"倾错误,在曲折中能够坚持生产、不断发展。建厂初期,按照国家计委和国务院国防工业办公室下达的建设规划和生产计划,前进化工厂生产规模为年产雷管2 700万发、导火索4 000万米、小黑粒炸药50吨。河南工农机械厂主导产品是硝铵炸药,原设计产能2 000吨,后发展为年产6 000吨具有较高生产水平和应变能力的中型企业,产品销售至河南、山西、陕西、湖北、四川、辽宁等15个省的广大地区,在中原地区生产同类产品的厂家中居于重要地位。

二、改革发展(1978—2002)

1978年12月,中共中央召开具有重大转折意义的十一届三中全会,决定把党和国家的工作重心转移到经济建设上来,全国开始进行拨乱反正,开启改革开放和社会主义现代化建设的新时期。此时,国家对国民经济提出"调整、改革、整顿、提高"的八字方针,军工企业也进行调整,1979年停止部分军品生产,1980年,军品生产全部退出,转为民品生产。在这个转型时期,因为一时难以生产出适合市场需求的产品,企业一度陷入亏损状态。1984年起,十二届三中全会召开,提出我国是有计划的商品经济,为国有企业改革指出了方向,就是要走向市场。工厂开始实行经济责任制,打破企业吃国家的"大锅饭"、职工吃企业的"大锅饭"的局面,调动各方积极性,采取生产适销对路的产品、开发新产品、用活营销手段等措施,经济出现扭亏增盈、稳步发展的局面。为使企业进一步做强做大,1999年经河南省人民政府批准,前进化工厂和河南工农机械厂合并改制成立国有独资公司——河南省前进化工有限责任公司(军工代号:9645),以生产民爆产品为主。

前进公司在计划经济向市场经济转型的过程中,与当时不少国有企业一样,存在着结构性矛盾突出;管理体制还没理顺,缺乏有效的激励和约束机制;思想观念转变滞后,不能适应改革和发展的需要;经营机制不活,管理水平不高,技术进步迟缓,缺乏市场竞争能力;企业负担沉重,经营艰难,效益下降和职工生活困难等问题。尤其是存在着体制不顺、机制不活的通病,导致企业逐渐失去了在市场上的竞争优势。产品销不出,工人工资发不了,人心浮动。前进公司虽然经过历届领导班子的积极努力,但始终没能走出困境。资料显示,截至2002年底,前进公司已严重资不抵债,濒临倒闭破产。

三、二次改制跨越发展

2003年4月17日,中共河南省委、河南省人民政府按照党的十五届四中全会和十六大确定的国有企业改革方向,审时度势,提出了"积极推进股份制,发展混合所有制经济,建立规范的现代企业制度,努力实现企业体制、机制和管理创新,从整体上搞好国有经济。"印发了《关于进一步深化国有企业改革的决定》(豫发[2003]6号)文件,进一步明确:"国有企业应通过产权转让、收购兼并、合资合作、债转股、规范上市及职工持股等形式,吸引境内外资本,改造、改组成投资主体多元化的股份有限公司或有限责任公司。对有净资产的企业,可通过出让净资产进行整体改制;对资产负债率较高,但局部优势尚存的企业,可以局部剥离盘活,分立经营;对资不抵债的企业,可实行零资产转让,也可给予优惠政策转让。"

2003年4月30日,为进一步深化国有企业产权制度改革,根据中共河南省委、河南省人民政府 6 号文件的精神,河南省经贸委印发《关于深化国有企业产权制度改革的意见(试行)》(豫经贸企改〔2003〕372 号),对国企改制提出明确意见:对适宜股份制改造的企业,可由经营者和企业职工共同入股全部购买或部分购买国有资产,使国有资产全部退出或部分退出。

2004 年 3 月,由省国防科工委副主任王宇燕带队,省国防科工委相关处室和前进科化集团公司组成的联合考察小组,专程赴湖北凯龙集团进行考察学习。之后,借鉴湖北凯龙集团的成功改制经验,结合前进公司实际,经多次讨论研究,形成了《河南省前进化工有限责任公司改制初步设想总体方案》,并于 2004 年 9 月 30 日经省国防科工委审查,同时报送省国有企业改革领导小组办公室集体研究论证。同年 10 月,根据省国有企业改革领导小组的要求,省国防科工委成立了河南省前进化工有限责任公司改制领导小组,公司也成立了以董事长彭立任组长的改制工作领导小组,下设清产核资工作组、职工安置工作组、宣传报道组、注册换证组四个专业小组。

2004 年 11 月 8 日,河南省国有企业改革领导小组办公室正式行文,批准《河南省前进化工有限责任公司改制初步设想总体方案》。至此,产权制度改革的大幕正式拉开,开启前进公司的二次改制。

按照省国企改革领导小组办公室批复的改制总体方案,集团公司改制工作领导小组扎实开展了各项前期准备工作:

一是完成了学校移交工作。对公司的两个子弟学校进行分离,在 2004 年 11 月全部移交宜阳县,共移交在职教师 75 人、离退休教师 14 人,移交资产 130 万元。

二是完成了加入医疗保险工作。公司在反复论证的基础上,先期拿出了医疗制度改革方案,并于 2004 年 8 月 22 日召开了职工代表大会进行讨论,并形成了加入社会医疗保险的决议。当时,针对绝大部分离退休人员的生活费太低,加入社会医疗保险后,此部分人员医疗费负担过重,公司出于人性化考虑,就没有启动。直到 2005 年,在公司内部广泛深入宣传后,再次成立了医疗制度改革专项领导小组,将各项工作进行详细分解和落实,从 2005 年 5 月 20 日开始,停止内部报销医疗费,正式将职工加入社会医疗保险。

三是摸清资产家底。首先顺利完成了清产核资。按照改制工作程序,公司以 2004 年 10 月 31 日为基准日,组织完成了清产核资工作。2004 年 11 月

16日,河南公正联合会计师事务所进驻公司,开始对清产核资情况进行专项审计,到2004年12月21日,专项审计报告报请省国防科工委,并经同意后报省财政厅,省财政厅于2005年1月11日正式下文批准。

四是进行资产评估。在经省国防科工委选定和报请省国资委核准后,河南九都清源资产评估有限公司于2005年1月13日对公司的资产进行评估,土地评估工作于2005年1月10日正式开展。

五是完成了工商银行借款债务重组。2005年4月29日,原公司拖欠多年、无力归还的宜阳工商银行的借款3 148万元处置方案,获国家工商总行批准,公司组织广大职工集资2 000万元一次性进行了偿还。

针对工行借款归还后国有资产增加1 148万元的实际情况,省国企改革工作领导小组办公室决定将公司的改制基准日调整到2005年7月31日,并按照新的基准日重新进行了资产评估。调整后的资产评估结果,经中介机构审核后,河南省国资委于2005年正式确认。

扎实稳妥的准备工作,为前进公司改制打好了坚实的基础。尤其是职工安置工作,公司改制领导小组严格按照省政府改制政策规定进行,使职工利益依法得到保障,更让改制工作顺利推进。职工安置工作准备上,公司坚持走好了四步棋:一是清理劳动关系。2004年,公司开始全面清理劳动关系,对长期挂靠人员进行了清理。二是逐人核实基本信息。2005年,公司组织对每一名员工的出生时间、参加工作时间、个人收入等信息逐人进行了签字确认,为全员身份置换计算经济补偿金做好了准备。三是安置费用测算。按照国有企业改制职工的安置政策,公司改制工作领导小组严格按照"政策宣传到每一个人、问题解决到每一个人"的原则,逐人进行了对照,并于2004年12月带着有关问题,专程到省劳动厅主管处室进行了对接,在吃透有关政策的基础上,制订了成熟的职工安置方案。四是确定职工安置方案。2005年10月15日,公司召开职工代表大会,审议通过了职工安置方案。这四步棋,从政策宣传、信息核对,到职代会讨论通过,让每一名职工都明明白白。

确定股权设置方,是一个很严肃的课题。对此,省国防科工委改制领导小组和前进公司改制领导小组慎之又慎,反复调研论证,严格办理。

为避免在改制后形成新的大锅饭,2005年,省国防科工委主任杨海平专门带领两级改制领导小组主要成员到湖北卫东机械厂进行调研,参照湖北卫东机械厂改制后的股权设置模式,确定了"国有不控股,经营管理层持大股,职工自愿参股"的股权设置原则。

2005年,针对评估后的资产严重不足以进行职工安置、安置职工后没有国有资产的实际情况,国防科工委再次召开会议,确定了"经营管理层控股,经营者持大股,职工自愿参股,不搞人人持股"的股权设置原则。在组织公司全体员工逐人填写入股意愿调查表后,根据职工参股意愿情况,确定了总股本3 000万元左右的股本募集方案,最终形成《产权制度改革实施方案》。

2005年4月21日,产权制度改革实施方案经公司职工代表大会通过。2005年,省国防科工委批准产权制度改革实施方案,并正式将方案提请省国企改革工作领导小组办公室批准。2005年,省国企改革工作领导小组正式批准产权制度改革实施方案。改制工作每一步,严格按照国家法律法规进行,也赢得广大职工的拥护。退休老干部杨卫东说这次改制,避免了过去的平均主义大锅饭,并且与《中共中央关于全面深化改革若干重大问题的决定》精神相吻合,我们很支持、很拥护。退休老干部曲春山说整个改制过程,合情合理合法,大家都信服!

实践也证明,这次改革,沿着国家政策的方向和社会主流价值规律行进,就不可能出错,就永远有成功的可能,扑面而来的种种风景,就是蕴藏着无限机会的发展空间。

2005年,河南省人民政府正式批准设立"河南省前进化工股份有限公司",公司名称已被工商局核准。2005年,自愿入股的张立贵等178名自然人完成在省产权交易中心国有资产的受让工作。并严格按照《企业国有产权转让管理暂行办法》(国务院国资委、财政部令第3号)和《企业国有产权向管理层出让暂行规定》(国资发产权[2005]78号)等有关政策,对公司改制基准日的净资产883.35万元,在省产权交易中心进行了挂牌交易,办理了产权出让手续。2005年,完成验资账户开设,资金于2005年年底到位。2006年1月20日上午,"河南省前进化工股份有限公司"创立大会隆重召开。

省国防科工委政治部主任盖伟作为出资人和河南省民用爆破器材行业协会的代理人,以及股份公司的177名出资人参加了会议。河南省国防科工委吴巍薇副主任、杜珍珠调研员和公司改制顾问、省产权交易中心侯根强副总经理、国是律师事务所王凡照律师列席了会议。

在这次会议上,表决通过了公司改制后运营的内部规章《河南省前进化工股份有限公司章程》,全体出资人逐一在章程上亲笔签名,并选举产生了董事会、监事会。省国防科工委副主任吴巍薇同志在讲话中特别强调:"在省国防科工委的直接领导下,在中介机构的帮助下,通过改制工作领导小组全体成员卓有成效的工作,按照要求、平稳推进,完成了法律规定的各项程序,实现了机制的转换,圆满完成了省委、省政府下达的改制工作任务。"2006年2月,工商局正式核发了"河南省前进化工股份有限公司法人营业执照"。至此,公司按照新的运营机制运转。

在前进公司改制过程中,宜阳县在党建、招商引资、贴息贷款、消防安全、人员培训、社会保障、医疗卫生教育、土地、绿化、环境保护等方面提供大力支持,为前进公司成功改制创造条件。

改制最大的好处就是能最大限度地发挥大家的聪明才智和积极性、创造性,彻底克服了过去国营企业中存在的"拿别人钱办别人事"的问题,企业发展的责任,实实在在地落到了经营者身上,"不用扬鞭自奋蹄",彻底解决了国企中普遍存在的"出工不出力"的问题。改制让公司得到了前所未有的快速发展:

一是主要经济指标大幅度提高。2015年,实现主营业务收入12.36亿元。

二是企业发展后劲充足。改制以来前进公司技术改造和基本建设资金投入近5亿元,技术装备达到国内先进水平,生产生活环境大幅度改善,公司连续四年被评为"河南省优秀民营企业""洛阳市优秀民营企业",还有国家级的、省市级的,大大小小奖牌数十块,综合实力和外部形象显著提高。

前进集团公司改制后,在现代企业制度引领下,重新凝合一起,开创出新的事业。经过十多年的滚动发展,已从昔日名不见经传的小厂,一跃成为集爆破器材、危险品运输、工程爆破、工程安装、商贸物流、金融投资、房地产、旅行社、农业科技、园林绿化等为一体的综合性企业集团。现在集团下辖12个子公司,拥有省级技术中心、河南前进爆破技能职业培训学校、国家级示范性职业技能鉴定站——河南省民用爆破器材行业职业技能鉴定站。所辖的民爆产业,集多品种的爆破器材生产、销售、运输配送、现场混装、爆破服务为一体,产品涵盖工业炸药、工业雷管、工业索类火工品等三大系列一百多种规格,工业雷管、工业炸药均为河南省名牌产品,具有8.5万吨工业炸药、1 000吨起爆具、1.15亿发工业雷管、1 200万米工业导爆索、5 000万米塑料导爆管的年生产能力,是目前中国爆破器材行业规模最大、产品品种最为齐全的生产企业之一。爆破产业具有公安部颁发的一级爆破、拆除资质,服务领域涵盖大型矿山开采、水利施工、城市拆除爆破、隧道开挖等。公司拥有多项自主知识产权和国家发明专利,整体技术水平处于全国领先位置。

改制使企业得到巨大发展,员工福利大幅度提高,从衣食住行,到柴米油盐生活所需;从"一个蛋糕一顿饭,一本好书读一年"的企业文化,到公司每年全员乘飞机或高铁到海南、新疆等地参观学习;从员工的节日福利发放,到每月为退休困难老职工帮弱扶贫;从前进子弟暑期兴趣班的举办,到吹拉弹唱的文化活动开展;从帮助当地政府修路架桥,到资助当地群众发展产业脱贫致富,等等,企业赋予了员工越来越多的获得感。

山绿了,水清了,每年投资数千万元的绿化美化工程,让一座座荒山荒坡,成为前进集团公司未来的金山银山。一座座拔地而起的厂房,一条条先进的生产线,正强有力地推动着前进的快速发展。还有青山绿树掩映下的文化广场、运动广场,为动力强劲的前进描绘出一道道亮丽的风景。

改制给予前进的,不仅仅是机遇,更多的是思考:

启示之一:依法规范进行改制。改制中涉及的清产核资和资产评估、职工安置等工作,集团公司均在政府主管部门的组织领导下,严格按照法律和有关政策规定规范进行,保证了各项工作的合法性,是经受历史检验的前提。

启示之二:科学制订改制工作方案。集团公司在制订各个改制方案过程中,充分听取职工意见,既通过有丰富经验的中介机构对公司改制实施方案制订、产权交易、法律顾问等方面提供咨询意见,又对所有员工做到公开透明,保证了各项工作科学开展。

启示之三:充分发挥领导班子、技术骨干的主导作用。集团公司严格按照省国防科工委确定的原则方针,通过借债、现金入股等方式筹集资金,既让经营管理层、经营者所承担的风险、责任与利益紧密结合,避免了重新形成新的大锅饭,又积极鼓励生产、技术骨干入股,从根本上调动他们的积极性,促进企业发展。

启示之四:让职工成为改制的主人。坚持将职工安置政策宣传到人、去向落实到人、问题解决到人、困难帮助到人的原则,通过开办改制宣传专栏,对股份制有关知识进行了宣传,及时通报改制工作进度,既让"改制不是政府要甩包袱,而是要建立一个有利于企业长期健康发展的机制,通过改制把企业搞活搞好了,职工的工作岗位才能保证、收入增长才有可能"的理念,深入人心,又使全体员工实现了由不了解、不愿意改制,到理解支持改制、盼望早日改制的思想转变。

启示之五:一切为了员工。企业的发展,必须依靠全体员工的共同努力;企业发展的成果,一定让员工共同分享。一直以来,彭立董事长始终把"我们所做的一切,都是为了所有的前进人活得更有尊严,都是为了让前进的每一名老人有一个幸福的晚年,都是为了让前进的每一名孩子都有一个幸福的童年"作为工作的出发点和落脚点。正是因为这一点,才使全体前进人不断确立新的发展目标,并围绕目标共同努力奋斗。

四、改革创新促进企业发展

(一)解放思想转型发展

邓小平指出:"解放思想,是指在马克思主义的指导下打破习惯势力和主观偏见的束缚,研究新情况,解决新问题。"改革开放以来,国家的每一次跨越发展都是解放思想的结果。企业发展也是如此。2003 年企业改制成民营集团公司以后,遇到 2008 年世界性经济危机,2015 年才开始有复苏的迹象。2012 年,中国经济开始由高速增长转变为中高速增长,进入经济新常态,与民用爆炸产品相关的产业增长乏力,或产能过剩而亏损。民用爆炸产业作为基础工业的基础,面临经济下行压力,2012 年前进化工科技集团公司的各项年度指标均出现下滑。

面对困境,如何发展?公司董事长彭立明确指出:"思想落后一步,发展差之千里,转型升级就需要有壮士断腕的决心,步履蹒跚、瞻前顾后,在这个时代注定要被抛弃;既不能幻想等待,寄希望经济形势马上好转,也不能消极悲观,随波逐流,更不能被别人的议论和看法牵着鼻子走。"集团公司董事会提出解放思想转型发展,引起上上下下共鸣。在半个多月里,集团公司决策层梳理出转型升级中遇到的二十多个矛盾和问题,并以发展的眼光,具体问题具体分析,哪些是思想滞后造成的,哪些是与时代和市场经济发展不合拍的,哪些有悖于经济规律的。找到了病因,就能对症下药,决策有的放矢。从实际出发,集团公司提出了主业上市、辅业上"新三板"、"培训+"、"实体+资本运作"四个子命题,称为"前进四题"。

"当前和今后一个时期我国经济发展的大逻辑,要求我们观念上要适应、认识上要到位、方法上要对路、工作上要得力。"董事长彭立的一席话,雷响了前进人思想解放的鼓点。基于此,前进化工科技集团公司坚持"谁的问题谁领走、谁解决"的原则,做到四个破除:

一是破除错误的绩效标准:在集团公司内部自上而下开展作风纪律整顿活动,向"乱、松、散、混"亮剑,取消"业绩就是一切"的评价标准,制订"德、能、勤、绩、廉"综合标准,积极营造风清气正的大环境,打造一支令行禁止、奋发向上的员工队伍,为攻坚克难、破浪前进打下坚实基础。

二是破除无关的任务标准:重新审视了企业发展的目标、方向和路经,取消各种不合时宜的任务目标,重新签订了《年度目标责任书》和《安全生产目标责任书》等,着力提升企业的核心竞争力。

三是破除消极的安全标准:引导员工切实认清科学发展与盲目扩张的本质区别,精准定位,明确目标,找好路经,突出财务、投资流向,从实从细做到风险可控,坚定不移地走"产销爆一体化"的转型升级之路。

四是破除片面的发展标准:在做实做强民爆主业的基础上,用发展的眼光汇聚前进的梦想,充分发挥培训、鉴定的优势,化危为机,调整结构促转型,把培训搭台、爆破唱戏作为核心推动力,助推前进发展。

思想的解放破解了发展过程中的一个又一个难题,推动了集团公司新一轮的大发展。集团公司拥有丰富的资源,点石成金、盘活资源就是思想解放的一大成果。

盘活培训、鉴定资源:把培训、鉴定的立足点向北京转移,面向全国开展培训、鉴定服务,拓展培训服务范围,实现"培训+",做大做强培训产业规模。

盘活爆破工程资源:加强与央企、省企的对接合作,实现靠大联强、借力发展。集团公司并购河南现代爆破公司、调整前进永安爆破公司,实现产业链联合重组,形成产业集聚效应,支持产品升级,提高附加值。在此基础上,还采取"走一步看三步"的办法,成立了爆破工程部,提早储备爆破专业人员。

盘活辅业资源:集团公司总部有 37 平方公里的区域,是一座"金山"。公司围绕做好"山、水、地、绿"四篇文章,全面实施农业科技和园林绿化提升工程,实现经济效益、社会效益和生态效益的有机统一,共同提高。

(二) 技术创新促进企业快速发展

2013年5月4日,习近平总书记在同各界优秀青年代表座谈时指出:"创新是民族进步的灵魂,是一个国家兴旺发达的不竭源泉,也是中华民族最深沉的民族禀赋,正所谓'苟日新,日日新,又日新'。"技术创新是企业持续发展的根本动力,一个企业只有具备了强大的自主创新能力,才能在激烈的市场竞争中立于不败之地,赢得发展的优势。前进化工科技集团公司以人才引进和培养为抓手,加大研发投入,带动技术创新,助推企业发展。

1. 实施人才强企战略

企业的竞争,关键是人才的竞争,人力资源是第一资源。近年来,集团公司董事会全面实施人才强企战略和员工素质提升工程,加快高技能人才培养和引进步伐,推动企业科学发展、可持续发展。公司持续做好"每年百人"的人才引进计划,从全国各高校招聘公司所需专业大学生,扩大人才总量,优化人才结构。集团公司每年安排专项资金500万元用于员工学习培训,开办郑州大学化学工程与工艺专业前进本科函授班、河南科技大学化工本科函授班、河南工业职业技术学院前进民爆大专班,提升员工学历层次,开展各类职业技能培训鉴定使员工学习内容更加丰富。集团持续开展每人每年读两本好书的全员读书学习活动,各基层单位、班组以业务知识抢答赛、岗位技能比武、读书学习辩论赛、演讲赛等形式把读书学习活动贯穿全年。对技术骨干,集团公司做到培养一批,选拔一批,任命一批,储备一批,从而使公司的人才队伍结构更趋科学合理,人才配置更加科学,为企业发展凝聚了力量。

人才引进来,更要留得住。集团公司健全人才培养、选拔、激励、评价机制,促进优秀人才脱颖而出。在人事制度改革方面,集团公司决定,新人新办法,老人老办法,不拘一格引进和选拔公司需要的各类人才。王北峰是公司引进的优秀大学生代表之一,宽松的工作环境,奋发向上的氛围,使他快速成长为技术质量部的拔尖人才。他说:"这是一个年轻人的团队,非常有活力,在这里,我们互相配合,完成一个个技术攻关,每一个人都能体现自身存在的价值。"目前,前进化工科技集团公司建立起一支以企业为主体、专业齐全、结构合理的优秀人才队伍,专业技术人员占到员工总数的 32%,成为省内研发力量最强的民爆企业。在此基础上,集团公司还建立了博士后研发基地和省级技术中心,为引进的优秀人才提供施展才华的广阔舞台。

2. 技术创新助推企业快速发展

在前进化工科技集团公司,技术创新一直是企业发展的"活水之源"。他们依靠技术创新,不断加强与其他研发机构的交流合作,激发了企业的发展活力,牢牢占据了领先一步的竞争优势。

"问渠哪得清如许,为有源头活水来。"近年来,公司每年用于技术研发的资金均占销售收入的 5% 以上,特别是在新产品、新工艺及新技术的研发方面,严格按照民爆行业技术进步要求,不断加快技术改造和产品升级换代,先后实施了安全技术改造和基础设施建设,全面升级技术装备,广泛采用新设备、新技术和新工艺,对在线设备进行全面更新改造,实现了产品结构的优化升级和产能规模的迅速扩大,增强了企业发展后劲。

集团公司紧紧围绕打造知识型、精英型企业的目标,以省级技术中心为依托,进一步密切产学研紧密结合,与大专院校、科研院所开展广泛合作,建立起了以公司为主体、产学研紧密合作的民爆创新体系,迅速突破和掌握了一批拥有自主知识产权的核心技术,增强了公司技术创新能力,提升了企业的核心竞争力。

集团公司与某科研院所联合研发的具有抗静电、抗杂散电流、防射频辐射、防误爆等性能、可用于各种高精度工程爆破的"数码电子雷管及起爆系统",通过国家工业和信息化部组织的科技成果鉴定,并确认达到国内领先水平。近年来,公司先后有 22 项新技术获得国家专利,工业炸药和工业雷管均为河南省名牌产品。

公司以博士后研发基地为依托,不断深化科技创新,构建创新平台,对新产品、新技术的研发进一步深入,全面提升自主创新能力和安全管理水平,打造持久的市场竞争力。持续挺进信息化建设,使集团公司实现了资金集中管理、财务管理、供应链业务管理、人力资源管理和 OA 协同办公的集成办公,公司的软实力得到了大幅度提升,使企业管理乘上信息化的高速列车,提升了核心竞争力。

3. 集聚资源保持企业技术领先

集团公司通过整合并购,组建了具有一级爆破和拆除作业的河南前进永安建设工程股份有限公司,新疆昌吉州地面站验收投产及汝阳金堆城地面站的建设,将进一步扩大企业市场规模与经营范围。

依托专业研发机构、科研项目,汇聚各种资源推动了企业发展,也进一步保障了企业的技术领先优势。前进化工科技集团公司已经发展成为集爆破器材科研开发、生产、销售、运输配送、爆破服务于一体,同时涉足工程安装、国内贸易、金融投资、房地产、旅行社、农业科技、园林工程等领域的综合性企业集团。

集团公司充分发挥国家级民用爆破器材行业职业技能鉴定站、河南前进职业培训学校和全国爆破行业高技能人才培训考核选拔永久性基地的作用,积极承担民爆行业从业人员培训、鉴定工作,开展全省爆破作业人员培训,对中铁隧道集团、中铁十五局集团、中国水利水电十一工程局等单位爆破作业人员实施培训,足迹遍布大江南北,年培训鉴定学员近万人,为促进行业从业人员整体素质提升做出了突出贡献。

4. 技术创新促发展成绩卓著

在实施人才兴企强企和创新转型发展的过程中,集团公司取得一系列的成绩。集团公司被河南省人力资源和社会保障厅确定为全省企业技能人才评价试点单位,实现员工收入与技能等级挂钩,促进企业各等级技能员工队伍的梯次发展。作为"省优秀博士后研发基地",集团引进培养高层次人才,提高企业自主创新和协同创新能力,促进科技成果转化,增强公司科技发展能力。集团公司大专及以上学历员工占员工总数的33%;专业技术人员占员工总数的20.8%,公司年度新增高、中、初级职称近百人,团队素质全面提升。

集团公司致力于科研、生产、销售、爆破服务一体化的产业发展模式,下辖具有一级爆破、拆除作业资质的河南省现代爆破技术有限公司和河南前进永安建设工程股份有限公司,二级资质的新疆环疆爆破公司,三级资质的前进民爆公司栾川民安爆破公司,可从事爆破设计施工、安全评估、安全监理、爆破技术咨询、矿山工程施工总承包等全方位服务。拥有栾川地面站、新疆昌吉北塔山地面站和汝阳金堆城地面站。公司依靠全品种的爆破器材、强大的运输保障能力、精良的机械装备、专业的爆破作业团队、先进的控制爆破技术、丰富的爆破技术培训、一流的现场混装炸药生产系统为实施产销爆一体化提供了有力保障。

河南省现代爆破技术有限公司承接的沈阳市苏家屯绿岛全钢结构体育运动馆定向爆破工程,创造了"世界单体最大全钢结构建筑物聚能切割爆破拆除工程"世界纪录,并荣获中国爆破行业协会第六届科学技术进步特等奖;完成内蒙古准格尔哈尔乌素露天煤矿 2 950 万立方米剥离工程、宁夏大峰露天煤矿大峰采区黑头寨地段三层煤顶板以上剥离工程、乌鲁木齐市苇梁湖电厂 180 米烟囱及冷却塔拆除工程等;2017 年 8 月 4 日,实现郑州陈砦城中村 22 栋楼房一次性整体爆破拆除,创下全国楼房单次爆破之最。前进永安洛阳分公司顺利完成"引黄入洛"国家重点工程,承接的"引畛济涧""引故入洛"大型隧道爆破工程反响良好;河南前进永安建设工程股份有限公司成功实施南阳市汉城花园违章建筑控制爆破,与中铝河南分公司合作,承接巩义小关矿爆破业务顺利开展,成功中标郑州陈砦城中村爆破拆除工程,在洛钼集团矿山实现露天矿山爆破的逐孔起爆,成功攻关解决了富水炮孔施工难题,"数码电子雷管的研制及爆破工程中的应用"项目荣获中国爆破行业协会科学技术奖一等奖;前进民爆公司栾川民安爆破公司"复杂环境下数码电子雷管和空气间隔装药减震爆破技术研究与应用"项目荣获中国爆破行业协会科学技术奖三等奖,新疆环疆爆破公司与中石油西部管道公司合作,完成的"全尺寸断裂试验爆破工程",填补了亚洲空白。

  集团坚持科技兴企战略,从 2003 年起,累计投入资金 4.9 亿元新建膨化硝铵炸药、乳化炸药、粉状乳化炸药、导爆索、导爆管、导爆管雷管、起爆具、雷管自动装填等 15 条标准化生产线和 3 个混装炸药地面站。按照爆破器材行业技术进步要求,公司不断对生产线、库区进行安全、技术、设备改造升级。集团公司与用友公司合作,全面推进 ERP 信息化建设,在实现财务管理、供应链业务管理、人力资源管理、OA 协同办公"四大模块"集成办公的基础上,又建设完成了全面预算管理、资金集中管理、设备资产管理、生产成本管理、计件工资管理、商业分析等"六大功能模块",集团内部"信息高速路网"初步形成,实现了企业工业化和信息化的深度融合。建设完成集团视频会议系统,实现高效高清的视频会议、远程办公、实时沟通、信息传递,强化集团管控,提升企业核心竞争力。

  集团开展以"管理创新、技术创新、操作创新和合理化建议"为主要内容的"三创一建议"活动,鼓励员工围绕安全生产、产品质量、现场管理、节能降耗等内容建言献策、攻关创新,2006 年至 2015 年,集团共奖励"三创一建议"项目 505 项,奖励金额 309.15 万元,其中 27 个项目获国家专利。集团重奖营销人员,2011 年奖励 17 名营销人员 270 万元购车补贴;2012 年奖励 19 名营销人员 257 万元;2013 年奖励 17 名营销人员 279 万元购房补贴;2014 年奖励 16 名营销人员 260 万元;2015 年奖励 13 名营销人员 220 万元,"营销人员特别奖"个人最高奖励达 100 万元。

(三)安全生产重于泰山

民爆企业是高危险、高风险行业,如何遏制公司重特大事故发生,绝对保证员工生命和财产安全,始终是前进化工科技集团公司要解决第一位问题。为做好安全生产,集团公司采取以下系列保障措施:

(1) 从安全教育入手,做好安全培训。安全监管部门定期下发安全教育资料,从为什么要做好安全生产这一最基本问题入手,进行全员安全教育;确保每季度对安全系统人员进行一次安全培训,拓宽安全知识面,提高安全管理技能,相互交流单位经验,让做好安全生产这一头等大事扎根于集团公司的每一名员工心中,让每一个员工都知道安全生产的重要性,安全生产关系到每一个人的生命。集团公司从领导层到班组,定期学习国家颁布的《安全生产法》等有关的安全生产法律法规,认真学习集团公司自己制订的安全生产制度,将违规的行为制成视频播放,把以往的典型事故案例和同行业其他公司的典型事故收集成册,供大家学习,警钟长鸣,从中吸取教训。有的子(分)公司充分利用班前班后小会,组织员工认真学习"三大规程、四大标准"和夏季作业安全注意事项,并对学习情况进行抽查。学习以后,组织考试,不合格的一律不能上岗。通过教育不仅增强了员工对抓好安全生产的认同感、责任感,更使安全生产理念真正内化于心、外化于行,落到实处。

(2) 营造齐抓共管的氛围,创新安全理念。安全管理靠的是全体人员的共同努力。要做好安全生产,仅仅依靠监管人员去考核去整改,是不可能完成的事情,需要人人参与安全管理,全员讲安全,对待安全管理从被动接受,到主动管理,提倡在安全管理面前勇做管理者的理念。在此基础上,把党、团小组建在班组,开展班组自查、互查、互访等措施,加大对安全隐患的排查力度。

(3) 落实安全生产责任,签订安全目标责任书。集团公司与安全生产监督管理部、前进民爆公司、河南德茂公司、八达运输公司、工程安装公司、前进爆破工程公司等子公司签订安全生产目标责任书,将集团公司年度安全目标分解到各单位,并明确一把手为本单位的安全生产第一责任人。同时,各子公司将本单位的安全目标逐层分解至个人,让公司每一个员工肩上有安全指标,形成公司统一领导、单位全面负责、员工人人参与的安全责任体系。

(4) 引入安全考核机制。一是下发《河南省前进化工科技集团股份有限公司安全检查考核实施细则》,将考核标准公开透明;二是将各单位安全生产目标责任书引入考核办法,依据《河南省前进化工科技集团股份有限公司责任目标考核评分办法》中安全目标评分细则进行打分;三是安全生产调度例会引入考核机制,激励各单位要以高标准、高速度、高质量完成安全生产过程中发生的问题,形成一套完整的安全监管考核体系。

(5) 编制集团公司安全生产管理制度汇编。制度汇编将从厂规厂纪、安全生产、危险品运输、社区管理、夜间保卫、施工监管和外来人员管理等各个方面修订完善,形成公司完善的安全管理制度体系。

(6) 开好安全生产调度例会。每周召开安全生产调度例会,将本周安全生产出现的问题一起讨论、交流,采取追踪制,及时解决。每月组织开展由基层安全监督管理员和安全主管参加的安全生产主题工作会议,总结和分析各单位的安全生产工作,形成安全生产联席会议机制。

(7) 公司领导分包车间。集团公司分包子(分)公司,子(分)公司主要领导每人分包一个生产车间,主动担当,着力于解决各类安全生产问题。通过日常生产现场巡查、定期参加基层班前会、周例会等形式,广泛参与基层安全管理,每周在分包车间办公不低于2个工作日,及时将安全监管中发现的问题进行解决,形成公司领导分包责任体系。

(8) 强力推行"3331"安全监管工作方法。集团公司狠抓落实,公司安全监督管理部门深入基层,和单位员工一起上下班,全面体验各生产作业的流程,同时检查各单位"3331"安全监督管理工作方法(即加强开工前30分钟、开工后30分钟、完工前30分钟、完工后10分钟四个时间段的安全管理)的开展情况,形成安全管理重在落实的工作体系。

(9) 完善安全检查标准化体系。在制定《前进民爆公司各生产线及储存仓库检查标准》和《前进民爆公司各岗位安全检查标准》的基础上,要求工程公司、运输公司等其他子公司也要编制《安全生产作业综合安全检查标准》;集团公司确保每月进行一次专业性强的专项安全检查,制定一套针对性强的《专项安全检查标准》，形成公司安全标准体系。集团公司坚持公司领导"跟班作业"严格检查制度。安全检查，不遗漏一个岗位，不放过一处隐患，不放松任何安全制度的落实。他们从人的不安全行为、物的不安全状态入手，全方位、深层次地开展安全隐患排查，对于查找出来的安全隐患落实到人、限期整改，整改期限一到，再来严格检查，直至完全排除隐患为止，对整改不力、拖延时间的责任人严厉处罚，公开曝光，警示每一个员工。

（10）夯实"日常安全检查、专项安全督查、综合安全检查"交叉进行的安全监管模式。安全检查员分包车间，每天对生产作业现场进行日常巡查；"元旦""春节""五一"和"国庆"四大节日前，组织开展综合安全检查，形成公司安全检查体系。充分发挥全员安全检查监督运行机制的优势，提出"人人为我，我为人人"的安全互助活动，增强员工安全生产意识。公司三级巡回检查率、安全隐患整改或采取有效措施率、在线作业人员持证上岗率均实现100%。推行全面质量管理，完善在线检测手段，落实全过程控制和质量责任制，提升产品质量和服务水平。积极开展QC（品质控制员，负责检验产品、控制品质的人）小组活动，2015年，QC小组成果获得省级奖励2项、市级奖励17项。

（11）编制安全文化手册。将集团公司各单位特有的安全管理理念和方法，编制成公司安全文化手册，形成文化积淀，印发至各单位，提炼公司特有的安全文化。

（12）安全标准化建设。前进民爆公司按照《农用爆炸物品企业安全生产标准化管理通则》完成评审达标，德茂公司、工程公司和运输公司结合本行业的安全标准化评审标准进行评定，形成公司完整的安全标准化体系。

（13）设立举报奖和安全隐患排查奖励。针对各单位发生的安全事故，凡举报经查证属实的，给予个人一定的奖励；为激励人人参与安全管理，提高员工发现安全隐患的主动性，某个员工只要发现了安全隐患，单位将给予本人奖励，形成安全管理激励体系。集团公司还根据安全生产的实际需要，开展了"评优创先""安全员风采"的评比活动，创建安全生产标杆岗位，树立典型，以点带面，为各岗位发挥优势、推广经验提供了便利，搭建了平台。定期在员工中开展安全理念、安全小故事、安全"金点子"等征集活动，各班组也结合不同时期涌现出来的安全生产典型，精心制作了安全"明星墙"，让大家在增强安全先进的荣誉感和成就感的同时，也激发了向先进学习的热情。

（14）开展安全生产风险评估工作。对各个关键场所和岗位潜在的危险因素进行辨识和评估，及时提出针对性的对策措施。建立各单位危险有害因素档案。

（15）组建应急救援突击大队。集团公司组建了800余人的应急救援突击大队，分成19支不同性质的应急救援分队，修订完善了防火、防暴、防汛等10余项处置突发事件的行动预案和应急预案，定期开展应急训练和演练，提高应变能力，形成了维稳反恐、应对突发事件、抢险救援的基本力量。无论白天黑夜、刮风下雨，武装保卫人员24小时上岗巡逻，构建了人防、物防、犬防、技防"四道防线"。

上述措施的一一落实，从"人、机、料、法、环"各环节形成闭环管理，使员工由"要我安全"到"我要安全""我会安全"，使集团公司自2004年以来，在保持快速发展的同时，已连续13年实现了"零事故"的好成绩。

（四）建设生态文明，实现绿色发展

党的十七大提出了建设生态文明的战略思想，党的十八大又提出"把生态文明建设放在突出地位，融入经济建设、政治建设、文化建设、社会建设各方面和全过程，努力建设美丽中国，实现中华民族永续发展。"前进化工科技集团公司在创新发展的过程中，注重生态环境建设，让天更蓝、山更绿、水更清、空气更清新、人居环境更优美。

集团公司总部拥有37平方公里的面积，开展生态环境建设有得天独厚的条件。公司董事会认识到，环境也是生产力，绿色发展是企业发展坚持的方向，走多样化发展之路势在必行；保护好青山绿水，建设好生态和谐家园，是造福前进公司子孙后代、功在当代、利在千秋的大好事。生态文明建设涵盖方方面面，不仅要环境"净、绿、亮、美、畅"，还要从节能降耗、生产工艺改进、转型发展上进一步提升。集团公司从以下几个方面开展工作：

1. 广泛宣传生态文明建设理念

生态文明建设的本质就是同时调动人的积极性和自然的积极性，促进社会生产力和自然生产力的协调发展，实现人类文明和自然生态系统的和谐共赢。2013年5月24日，习近平总书记在主持十八届中央政治局第六次集体学习指出:"要正确处理好经济发展同生态环境保护的关系,牢固树立保护生态环境就是保护生产力、改善生态环境就是发展生产力的理念,更加自觉地推动绿色发展、循环发展、低碳发展,决不以牺牲环境为代价去换取一时的经济增长。"习近平总书记的这一重要论述,深刻阐明了保护生态环境与发展生产力之间的关系,是对生产力理论的重大发展,饱含尊重自然、谋求人与自然和谐发展的价值理念和发展理念,生动形象地表达了我们党和政府大力推进生态文明建设的鲜明态度和坚定决心。集团公司以习近平总书记生态文明建设思想为指导,精心策划、精心设计、因势利导、深入细致地对公司员工进行生态文明建设理念广泛宣传,让每一个员工都树立起生态环境保护和建设的意识,认识到生态文明建设关系到每一个人的切身利益。同时,集团邀请环保专家到公司进行指导,提出许多企业文化、环境建设、绿化美化、亮化系统、信息化监控、安全环保等方面的切实可行的建议,被公司采纳落实。

2. 加大投入建设生态企业

近年来,公司累计投入资金4亿元进行基础设施和生态环境建设,修筑道路61公里,新建改建桥梁30座,整治河道9.5公里,治理荒山5 000余亩,建成800余亩标准化苗圃基地、2 000亩核桃基地、1 000亩软籽石榴基地。公司区域内广植千年紫薇、百年银杏、北美红枫、桂花、香樟、石楠、木瓜、朴树等各种名贵花木,种植樱桃、石榴、桃等各类果木共150余个品种160余万株。仅在2016年春季绿化活动中,就栽植黑松、油松、樟子松19万株、黄栌、银杏、蔷薇、竹子、迎春15万余株。厂区绿化档次显著提升,荒山荒坡得到有效治理,山顶四季常绿,山腰彩带环绕,山脚瓜果飘香,河里鱼游鸭戏,前进家园更加靓丽。

3. 成立绿化工程公司

为进一步推进生态企业建设,集团公司成立大美园林工程公司、农业科技公司,加快了公司绿色发展的进程,既造出绿水青山,又把绿水青山转化为金山银山,又安置了企业转型发展过程中分流出来富余人员,实现了集团公司提出的不让一个员工下岗的目标。

4. 使用新能源和清洁能源

公司积极响应国家"绿色、环保、节能、降耗"的号召,坚持走"高效率、低消耗、零排放、零污染"的绿色环保可持续发展道路,全面实施新能源改造,广泛使用太阳能路灯,采用燃气锅炉和清洁能源"空气能",公司内碧水蓝天、白鹭翱翔、繁花似锦,实现了安全发展、健康发展、清洁发展。

集团公司的生态企业建设和绿色发展取得巨大成就,得到了政府和社会的高度肯定,先后被评为河南省绿色企业、洛阳市园林式工厂、洛阳市环境保护工作先进单位,2015年顺利通过全国绿化模范单位。

(五)文化铸魂促发展

企业文化是企业长期生产、经营、建设、发展过程中所形成的管理思想、管理方式、管理理论、群体意识以及与之相适应的思维方式和行为规范的总和,是企业领导层提倡、上下共同遵守的文化传统和不断革新的一套行为方式,体现为企业价值观、经营理念和行为规范,渗透于企业的各个领域和全部时空。其核心内容是企业价值观、企业精神、企业经营理念的培育,是企业职工思想道德风貌的提高。通过企业文化的建设实施,使企业人文素质得以优化,归根结底是推进企业竞争力的提高,促进企业经济效益的增长。在现代化企业中,文化建设正发挥着越来越重要的作用。它不是点缀,而是企业发展战略的有机组成部分和发展的坚强后劲,是企业发展的动力源泉。

1. 以人为本铸就企业文化

以人为本,是一种对人在社会历史发展中的主体作用与地位的肯定,强调人在社会历史发展中的主体作用与目的地位;它是一种价值取向,强调尊重人、解放人、依靠人和为了人;它是一种思维方式,就是在分析和解决一切问题时,既要坚持历史的尺度,也要坚持人的尺度。

精心打造国内一流的民爆企业,以发展谋求"百年前进",以文化铸就"和谐前进",让所有前进人安居乐业!这是前进文化核心所在。集团公司董事长彭立说,没有战略的指导,企业文化就没有方向;没有文化的支撑,企业文化就缺乏灵魂。围绕这一战略目标,集团公司通过"领导推动力、全员参与力、个体自觉力、制度保障力"的四力合一的运作模式,为集团的发展输送着源源不断的正能量。公司发展靠每一个前进人,发展的成就要惠及每一个前进人。公司董事会提出,让前进集团公司的每一位员工和家属生活得更有尊严,不让一个前进员工下岗;让前进集团公司的每一位老人有一个幸福的晚年;让前进集团公司的每一个孩子都有一个幸福的童年,以人为本构建和谐家园。

"用心成就你我"不仅仅是一句口号,更是企业文化与企业愿景和使命紧密相连的纽带。企业文化已成为前进人的"DNA",为前进积累了丰厚的无形资产。企业是人,文化是魂。一切管理都离不开人,管理的根本在于人。企业要实现又好又快发展,将以人为本的理念融入企业文化显得尤为重要。所以,在企业中,只要抓住了人,就抓住了企业生存和发展的根本,也就抓住了企业的希望。为铸就自己的企业文化,集团公司斥巨资将企业打造成一所没有围墙的大学,让每一位员工都在"自己的大学"去上学。他们专门成立教育培训部门,负责公司员工培训,根据员工的不同需求及职业生涯规划,有针对性地组织培训,让每一位员工都在工作中学习,在学习中成长。

2004年开播前进电视台、2006年试刊发行《前进报》、2015年开办《前进快报》微信版,传递正能量;持续10年开展的新春全员军训使员工执行力和团队意识显著提升;开展迎新春全民长跑登山、"七一"红歌大家唱、(承办)河南省民爆行业"前进杯"篮球赛、重走抗战路——红色赵堡行、迎重阳登山、"前进杯"太极拳比赛、山地自行车比赛、健身快步走等一系列文体活动;连续三年免费为公司子弟及员工家属举办武术、民乐、舞蹈、篮球、拉丁舞等暑期兴趣班,开办古筝、钢琴、葫芦丝、二胡等器乐培训班;下拨班组经费,开展"一个蛋糕一顿饭,两本好书读一年"活动,凸显人文关怀;铺设移动光纤宽带入户,实现公司区域4G网络全覆盖;引入深井水,结束几十年饮用地表水的历史;组织劳动模范、营销人员及驻新疆员工家属赴海南三亚、深圳、新疆等地旅游探亲、学习考察;先后六次组织离退休人员、社区片长及特聘人员分别赴深圳、香港、澳门、珠海、海南、云南、上海等地观光旅游;组织全员赴深圳、开封学习考察;开展九年的全民练太极活动成效显著,公司太极拳代表队在中国焦作国际太极拳交流大赛、全国传统武术比赛和省、市各级太极拳比赛中多次荣获一等奖和优秀组织奖;公司建立帮老扶弱保障体系和长效机制,逐月慰问困难户;社区医院与河科大一附院建立网络协作关系,每周邀请专家到公司坐诊,定期开展义诊和健康教育宣传。前进社区被全国减灾委员会和民政部授予"全国综合减灾示范社区",被河南省文化厅授予"河南省群众文化活动先进社区"。公司热心公益事业,捐资助学、架桥修路、支持新农村建设、助资移民搬迁,被河南省统战部、河南省工商联授予"千企帮千村"先进单位,被洛阳市统战部、洛阳市工商联授予"百企帮百村"先进单位。

2. 十年企业看发展，百年企业靠文化

集团公司领导认为，企业文化与企业管理深度融合，能迸发出巨大的潜能和力量。在集团公司出版的《企业管理制度汇编》中，详细记载了前进集团企业文化的内容，包括企业宗旨、企业目标、企业哲学、企业精神、企业道德、企业作风等要素，集聚了办好企业的精华。前进集团的扩张力空前增强，不同地域、不同教育背景的人，有了一个共同的名字——前进人。但如何把不同梯度的员工都集中到前进的统一目标上来，认可并自觉遵循前进的规章制度，前进集团的经验集中在这本书里。从这本书可以看出前进集团企业文化走过的历程。

前进化工科技集团靠什么取得今天这样的成绩？员工们说，火车跑得快，全靠车头带。企业有一个好的带头人。而集团公司董事长彭立却说："不，靠的是企业文化凝聚起来的前进人。"的确，在企业最困难的时候，是集全公司干部员工的智慧的"使命高于生命"的企业文化，帮助前进集团破茧重生，画出了一道令人惊艳的反弹弧线，这是企业文化与企业管理融合后所产生的正能量。在经济萧条的寒冬里，企业的员工不离不弃，坚守岗位，甚至喊出了自愿减薪的口号，与企业共度时艰，这正符合集团实际企业文化建设。公司的发展方向、运营准则和精神支撑，形成了前进人的"秩序、进步、创新、发展"的主流文化，推动了观念的转变、机制的转换、制度的创新和团队的建设。

企业文化是企业的灵魂，是凝聚员工共同奋斗的向心力。它无形，却最终为企业带来有形的价值。前进集团之所以能够从小到大，发展到今天拥有博士后研发基地、国家级示范性职业技能鉴定站、省级技能职业培训学校和十多个子（分）公司的国内综合性企业，昂扬向上的企业文化无疑是凝聚企业的内力。

3. 前进公司企业文化赢得市场

开放、包容、诚信、重责，让前进集团公司在社会和市场上赢得广泛认可和良好口碑。集团公司先后与二十多家国内知名企业建立了良好的战略合作关系。2015年6月中铁隧道集团董事长丁荣富在前进集团全面考察后，深有感触地说："我们前前后后与几十家企业合作过，但与前进合作过程中，感触最深的就是那种合作、包容、开放的精神，与这样的单位合作共事，让人心里踏实。"

前进文化有内容、很系统、很专业，有很好的启迪和借鉴意义。2015年6月，洛阳钼业集团党委书记、纪委书记汪华军特意组团到前进集团公司调研企业文化建设并全面复制。

工业和信息化部安全生产司民爆处处长崔岗说:"前进的企业文化建设很用心、很用功,无论是活动策划,还是合作交流,总能让人有所感触、有所震动、有所启发。"

以诚信和责任心做事,以开放和包容心待人,这是刻在所有前进人心头上的一句话,前进人是这样说的,也是这样做的。

"引故(县水库水)入洛"是洛阳的重大民生工程,且不说它的施工难度大小,仅本大利小的工程爆破就是一个"拦路虎"。"地方政府有困难,作为洛阳民爆企业,我们责无旁贷,不能斤斤计较。咱就是要敢在爬坡迈坎、攻坚克难时逞英豪!"前进集团公司领导人慷慨激昂地说,主动请缨,不计成本,不计得失,承揽下这块"硬骨头"。对此,有不少人不理解,集团公司明确表态,这不是钱多钱少的事,"引故入洛"是一项惠及万千人民的民生工程,它既是一项政治任务,更是企业回报人民的一份社会责任。这项工程启动以来,洛阳市主要领导盛赞前进化工科技集团的社会责任担当,不仅推动了当地经济发展,而且带来了先进的文化理念,不愧是民企的佼佼者。2005年12月,公司学校移交地方时,前进集团公司捐助建设资金321万元。另外,为安虎公路宜阳段建设捐助500万元,集团公司为宜阳县滨河游园工程建设捐助10万元,为宜阳县高村乡演礼沟村小学捐助8万元等。这些行动,彰显了前进集团公司的社会责任感,更好地树立起企业的社会形象。

"雄关漫道真如铁,而今迈步从头越。"站在新的起点,前进化工科技集团公司将继续秉承"秩序、进步、创新、发展"的企业精神,主动适应"供给侧改革"的新形势,按照"稳中求进,提质增效"的总体思路,紧紧围绕集团发展目标,实现稳步发展。用发展成果继续践行"我们所做的一切,是为了让前进集团的每一位老人有一个幸福的晚年,让前进集团的每一个孩子都有一个幸福的童年,让前进集团的每一位员工和家属生活得更加幸福、更有尊严,实现全体前进人安居乐业的美好愿景"。

(牛建立,河南洛阳理工学院马克思主义学院副教授)

档案资料与研究

湖北省宜都市档案馆藏
三线建设档案资料概述[*]

冯 明 袁昌秀

三线建设是指1964年至1980年,党和国家针对严峻的国际形势,以军事战备为指导思想,在我国中西部地区进行的一场规模空前的国防、科技、工业和交通基础设施建设运动。十多年间,国家向这些地区累计投资2 000多亿元和数百万人力,兴建了1 100多个大中型工矿企业、科研院所、大专院校和重大工程,建立了我国稳固的中西部后方工业基地,初步改变了我国东西部经济发展不平衡格局,极大地促进了我国中西部地区的经济发展和社会进步①。宜都②所在的

---

* 基金项目:2018年度三峡文化与经济社会发展研究中心湖北省高校人文社科重点研究基地开放基金项目"焦柳铁路(宜昌段)三线建设工业遗产调查与保护研究[项目编号:SXKF201805]";宜昌市2018年社会科学研究课题项目"宜昌三线建设工业遗产保护与利用策略研究"[项目编号:ysk18kt007]。笔者在查阅三线建设档案资料过程中得到了湖北省宜都市档案馆工作人员阎桂兰女士大力支持,在此表示诚挚感谢。

① 陈东林:《三线建设始末》,载陈夕主编:《中国共产党与三线建设》,中共党史出版社2014年版,第3页。

② 宜都县为千年古县,西汉高祖时名夷道县;东汉建安十五年(211),刘备改临江郡为宜都郡,寓"宜于建都"之意,"宜都"始得名。南朝陈天嘉元年(560),江南夷道县改为宜都县,为宜都县名之始。新中国成立后,1987年11月30日,国务院批准撤销宜都县,设立枝城市(县级)。1998年6月,枝城市更名为宜都市。1949—1957年,宜都县隶属宜昌专区;1958—1961年隶属宜都工业区;1962—1969年隶属宜昌专区;1970—1992年隶属宜昌地区。1992年起属湖北省宜昌市管辖。湖北省枝城市地方志编纂委员会编纂:《宜都县志》,湖北人民出版社1990年版,第45—46页;宜都市地方志编纂委员会编纂:《宜都市志(1979—2000)》,湖北人民出版社2010年版,第33—34页。因1980年以后,宜都名称历经宜都县、枝城市和宜都市变化,为行文方便,本文统称宜都。

鄂西地区,是党和国家三线建设布局的重点区域之一①,建设了众多三线建设企事业单位和重大工程,也留下了大量的三线建设档案资料。

一、宜都市档案馆藏三线建设档案资料形成的历史背景

宜都位于湖北省西南部,地处长江中游南岸,背倚武陵山、巫山,属于鄂西山地和江汉平原过渡地带,地貌为"七山一水二分田",以丘陵为主,属亚热带季风季候,境内煤炭、重晶石、石灰石等矿产资源丰富。物产富饶,适宜种植水稻、棉花、玉米、油菜、柑橘、茶叶等。长江、清江在此交汇,素有"楚蜀咽喉""三峡门城"和"两江明珠"的美誉。宜都是我国进入西南地区的重要战略通道,历来为兵家必争之地,三国时吴蜀"夷陵之战"、清代川楚白莲教大起义均发生于此。

三线建设时期,国家在宜昌地区兴建的企业、科研院所和各类重点工程等43处,其中在宜都有12处,占宜昌地区总数的28%。这12处分别为:388厂(厂名:国营中南光学仪器厂,简称:中光厂,代号:388厂)、288厂(厂名:国营湖北长江光学仪器厂,简称:长光厂,代号:288厂)、238厂(厂名:国营湖北华中精密仪器厂,简称:向阳厂,代号:238厂)、712所(所名:中国船舶工业总公司第七一二研究所,简称:712所,代号:7013)、717所(所名:中国船舶工业总公司第七一七研究所,简称:717所,代号:7018)、607队(全称:中国冶金地质总局中南局六〇七队,简称:607队)、枝城(〇三)油库(代号:7003,现称:湖北储备物资管理局735处)、焦柳(焦枝、枝柳)铁路、枝城长江大桥、枝城桥工段、枝城火车站、枝城港务局②。388厂、238厂、288厂为第五机

---

① 徐凯希:《湖北三线建设的回顾与启示》,《湖北社会科学》2003年第10期。
② 《中共宜都县委组织部关于驻宜三线单位1972年党组织和党员统计年报表》,宜都市档案馆藏,卷宗号:C005-1-483;宜昌市文化新闻出版广电局:《宜昌市文化新闻出版广电局关于做好全市"三线建设"工业文化遗产保护利用的报告》附件一:《宜昌"三线"军工企业及科研单位一览表》(宜市文新广[2016]6号,2016年1月25日);宜昌市政协文史资料委员会编:《三线建设在宜昌》(宜昌市政协文史资料第四十辑),宜昌市众鑫印务有限公司2016年,第28—29页;黄晓荷:《宜昌"三线建设"时期国防工业遗产现状研究与再利用探索》,《2017年中国第8届工业建筑遗产学术研讨会论文集》(未刊稿),2017年12月;冯明:《宜昌市三线建设工业遗产现状述略》,《三峡论坛》2018年第1期;宜都市政协学习和文史资料委员会汇编:《三线建设在宜都》(《宜都文史》第二十七辑),宜都市长青彩印有限公司2018年,第1—32页。

械工业部所建,主要生产军用光学仪器;712所、717属于中国船舶工业总公司第七研究院,主要从事船舶设计、测试技术和光学仪器研发等①;607队隶属于中国冶金地质总局中南局管辖,主要从事地质勘探、工程勘察、基础施工与测绘等,多次被冶金部表彰为"标杆红旗队"和"先进单位";枝城(〇三)油库为商业部所建,是当时全国第二大的地下岩体型成品油储备库;焦柳铁路为我国第二条南北干线铁路;枝城长江大桥为长江上第三座公路、铁路两用桥和第四座大型桥梁;枝城桥工段设立时旨在管辖枝柳铁路枝城长江大桥南北20公里线路;枝城火车站为焦柳铁路主干线重要咽喉、长江沿线货物水陆联运的重要枢纽之一;枝城港务局位于长江与焦柳铁路交汇处,隶属于交通部长江航务局,承担"北煤南运、西磷东运",成为长江干线四大煤炭中转港和全国九大铁水联运换装枢纽港之一的中型现代化商业港口。

  这些三线建设时期修建的企事业单位和各类重点工程,给地处鄂西山区的宜都及时带来了资金流、信息流、物质流、技术流和人才流等,极大地推动了宜都经济发展和社会进步,使宜都从一个落后的山区农业小县,迅速向工业强县发展。如1949年,宜都全县工业年总生产值279万元人民币。随着388厂、288厂、238厂的先后建成投产,光学工业成为宜都20世纪60年代以后发展起来的新兴工业,1985年,光学、电子工业生产总值2 846万元,占宜都全县工业总产值的15.73%。还促进了宜都"五小工业"和乡镇企业的迅速发展,奠定了宜都工业发展的基础,使宜都在20世纪80年代中期形成采矿、电力、轻工、纺织、化工、造船、机械、建材、电子、光学等十大产业②。宜都三线建设企事业单位的繁荣发展以及焦枝铁路和枝城长江大桥的举世闻名,是宜都县于1987年成功更名为枝城市的重要原因之一③,也为宜都于2014成功进入全国工业百强县市打下坚实根基。此外,还使其所在地周边农村率先实现了水、

---

  ① 宜都市党史地方志办公室编:《宜都大事记(1949—2000)》,宜都市长丰印业有限公司2001年,第103页。
  ② 湖北省枝城市地方志编纂委员会编纂:《宜都县志》,湖北人民出版社1990年版,第201、233页。
  ③ 宜都县人民政府:《关于设立枝城市撤销宜都县的请示》,都政文[1986]62号,1987年8月21日,宜都市档案馆藏,档案号:C016-04-001-0007;中华人民共和国国务院:《关于湖北省撤销宜都县设立枝城市的批复》,国函[1987]191号,1987年11月30日,宜都市档案馆藏,档案号:C016-04-001-0022。

电、路基础设施"三通",也让附近民众就近享受到上学、就医和购物等各种便利①。

改革开放以来,随着国内外形势发生重大变化,我国进入社会主义现代化建设时期,党和国家对三线建设也进行了重大战略调整,开始进行大规模调迁,三线建设结束了自身历史使命,正式退出了历史舞台。宜都境内的一些三线建设企事业单位也随之进行了调整,如717所、712所、288厂迁往武汉,238厂迁往孝感,607队迁往宜昌市城区,枝城桥工段(后更名为荆门桥工段)迁往荆门市。这些单位却在宜都市档案馆留下了大量的三线建设时期档案资料,成为那段峥嵘岁月的重要历史见证。

二、宜都市档案馆藏三线建设档案资料概况

宜都市档案馆藏三线建设档案资料时间跨度从1965年3月29日至2001年10月7日②,包括三线建设时期在宜都修建的上述12家企业、科研院所和各类重点工程。据笔者初步统计,宜都市档案馆藏三线建设档案有1060卷,即712所25卷、枝城桥工段27卷、枝城火车站35卷、焦柳铁路39卷、枝城长江大桥41卷、枝城(〇三)油库53卷、717所73卷、607队94卷、枝城港务局115卷、288厂119卷、388厂142卷、238厂145卷、综合类152卷。这些档案主要散存于不同历史时期宜都相关党政部门档案资料中,如中共宜都县委组织部、宜都县人民委员会、宜都县"革委会"、政协宜都县委员会、中共枝城市纪委、枝城市人民政府,宜都县(枝城市)劳动局、财政局、卫生局、税务局、环境保护局、轻工业局、商业局、工商行政管理局、统计局、水利局、电力局、信访办、计划生育委员会、人武部、总工会,共青团宜都县委等,还有一些涉及湖北省人民委员会、湖北省"革委会"、中共湖北省委办公厅、湖北省商业厅、宜昌地区"革委会"、宜昌专员公署等,以及中国人民银行宜都支行、宜都县建设银行等。档案内容主要是这些三线建设企业、科研院所和各类重点工程初期基建情况、运

---

① 宜都市政协学习和文史资料委员会汇编:《前言》,《三线建设在宜都》(《宜都文史》第二十七辑),宜都市长青彩印有限公司2018年,第6页。

② 因宜都市档案馆库房容量有限,2001年之后没有接收新档案。待2018年底搬迁至新馆后,将会接收2001年之后档案。

营状况、与地方关系等,集中体现了它们与地方政府和地方社会的多元互动关系。

(一) 初期基建情况

集中于土地征用和搬迁移民,如1965年3月29日,中南冶金地质勘探公司在宜都征用土地,正式拉开了宜都三线建设的序幕①。1966年7月,388厂紧跟其后征用土地进行厂房建设②。238厂、288厂也先后征用土地和搬迁移民③。还如712所(7013工程)于1969年修建专用公路时,经湖北省"革委会"生产指挥组的批准,征用了聂河区朝阳、联合、永园三个公社19个生产队土地15亩5分(其中水田11亩,旱地4亩5分)土地④。初期基建情况体现了这些三线建设者在艰苦的条件下白手起家的创业精神。

(二) 运营状况

主要体现在生产建设、党团建设、人事管理、教育管理、调整改造等方面。一是生产建设,是三线建设企事业单位工作的核心,通过向宜都有关部门提供各种工业生产统计年报,反映其经济效益和有关技术指标,如《宜都县国238厂1977年工业生产统计年报》包括工业企业基本情况,年工业总产值及主要产品产量报表,工业净产值,工业企业质量、物耗、实物劳动生产率及其他技术经济指标,金属切削机床及锻压设备、工业企业劳动生产率;二是党团建设,卓有成效,发挥了战斗堡垒作用,有力地确保了三线建设各项工作的顺利进行,有党组织、党员统计年报表、党员名册和共青团组织情况、专职干部统计年报表、共青团员登记表,如1972年288厂的《中国共产党党组织和党员统计年报

---

① 宜都县人民委员会[1965]都会发字第068号:《关于中南冶金地质勘探公司征用土地的通知》,1965年3月29日,宜都市档案馆藏,档案号:C199-01-3-16。
② 宜都县人民委员会[1966]都会发字第075号:《1966年关于三八八厂征用土地的通知》,1966年7月3日,宜都市档案馆藏,档案号:C016-01-404-4。
③ 湖北省人民委员会[1966]鄂政民字第654号:《关于兴建二八八厂征用土地的批复》,1966年9月9日,宜都市档案馆藏,档案号:C016-01-404-108;宜都县委员会(67)都会发字第102号:《关于二三八厂征用土地及搬迁移民的通知》,1965年12月26日,宜都市档案馆藏,档案号:C016-02-3-134。
④ 湖北省"革命委员会"生产指挥组,鄂革产[1969]493号:《关于七〇一三工程征用土地的批复》,1969年8月29日,宜都市档案馆藏,档案号:C016-02-250-6。

表》《党员花名册》《团支部共青团员登记表》,1975 年宜都县枝城港务局、607 队、7003 工程指挥部的《党员统计年报表》。《中国共产党党组织和党员统计年报表》包括党的各级委员会、党的基层组织分布情况、党的基层组织建立情况、党员分布情况、党员概况、党员增加、减少、处分情况、党员组织处理变动情况;三是人事管理,主要是从地方招工,有轮换工、集体招工、合同制工人等不同来源,确保主人翁来源的稳定性和多样性;四是教育管理,三线企事业单位高度重视子女教育,很多都有子弟学校,从幼儿园到小学、初中、高中,职业技术学校,甚至电大。三线子弟学校纳入宜都教委管辖,如 1989 年枝城市教育委员会《关于对六○七子校、二三八子校、二八八子校、三八八子校初中毕业生验印手册》《枝城市教育委员会对三八八、二八八、二三八厂 1990 年初级中学毕业生审批登记表》《枝城市国营二三八子弟学校高中毕业生登记表》等。五是调整改造,主要是改革开放之后,国际形势发生重大变化,三线建设企事业单位向军民结合发展,进行了艰难的转型,如 288 厂于 1981 年组织民品生产调查。238 厂研发 PTJ—135 型照相机。388 厂利用秦皇岛 470 厂建立分厂,还与美国爱迪思公司合资生产经营液晶显示器专用偏振片。根据国家三线企业调迁税收优惠政策,宜都县税务局于 1986 年免征 238 厂的 PTJ-135 型照相机产品税①。此后,宜都县还陆续免征 238 厂、388 厂等企业土地使用税,减征中光、华中增值税,减免华中房产税等。717 所迁出后,则把有关房地产赠予枝城市人民政府等。

(三)与地方关系

主要体现在后勤保障、相互支持与冲突和环境保护等方面。一是后勤保障。三线建设时期我国物质严重匮乏,各种日常生活用品奇缺,生活物资按计划凭票供应。为确保宜都境内三线建设企事业单位正常生产和各类重大工程顺利推进,宜昌地区"革委会"、宜都县"革委会"采取了各种措施,生活物资予以重点保障。如在 238 厂、288 厂、388 厂等三线工厂设立综合性、独立核算的零售商店,方便三线职工就近购物。还设立国营粮店、蔬菜店和肉食店,确保

---

① 宜都县税务局,都税政字[1986] 91 号:《宜都县税务局关于华中精密仪器厂 135 照相机免征产品税的批复》,1986 年 5 月 29 日,宜都市档案馆藏,档案号:C082 - 02 - 145 - 3。

三线企事业单位的粮食、蔬菜和肉食供应。有专用棉被、酒、粉条、劳保用品、蔬菜育苗薄膜指标,还增拨防暑降温用糖指标,增拨部分针纺织品货源和一部分食糖、自行车、缝纫机、涤棉布,分配照顾柴油、蚊帐、卫生纸、洗衣粉等。元旦、春节等节日分配水果糖供应指标,国庆节还增加肉食供应。288厂、388厂、712所等能享受保健食品。对一些紧俏物资,如自行车免收三线职工购货券,还安排国防三线厂一批进口彩色电视机。宜都县建行还在7003油库、288厂等设立分理处,便于三线厂矿生产和生活的资金使用。

二是相互支持与冲突。众多三线建设企事业单位扎根宜都,以及各项重大工程在宜都的推进,极大地促进了宜都经济社会发展。双方也相互支持,一方面,宜都各级政府积极动员全社会支持三线建设,如积极组织劳力和贫下中农战士参与三线企事业单位和重大工程的基建,姚店区"革委会"积极支援中光厂建设,宜都县财政局对三线厂矿企业免征车船使用牌照税,宜都县"革委会"在长光厂成立法庭等。另一方面,三线单位也积极支持宜都工农业生产,农忙季节开展支农活动,为宜都工农业发展提供资金、物资等援助,支援九道河水库、宜都县纺织厂等工程建设。双方还进行合作,如向阳厂与蔬菜队实行产销合一,388厂与枇杷溪大队联合建房,288厂姚店人民公社厂、社挂钩,1992年238厂与枝城市教育委员会联合办学。288厂归还土地给宜都市一中,后者同意招收288厂职工子女入学。双方也有冲突,有单位之间纠纷,如枝城桥工段与宜都商业二级站因地皮纠纷发生严重冲突,导致1974年宜都商业二级站的建设工地和建筑物被枝城桥工段破坏与损毁,最后由湖北省和宜昌地区召集有关部门协商解决。还有搬迁时与地方处理不当引起的冲突,如717所位于聂家河镇杨柳坪村,与该村和三组存在遗留问题,未能妥善处理,导致1992年11月29日杨柳坪村民在717所闹事,酿成"11·29事件"。另外,三线建设单位的一些重大民生问题还引起宜都县政协与人大的高度关注,如607队职工就业就学问题,从1981年1月4日至1985年4月24日,多次作为政协和人大提案反复提出,引起社会强烈反响①。还如288厂肉食店经营作风

---

① 政协宜都县委员会:《建议将607队子弟学校移交枝城镇统一办学的提案》,1981年1月4日,宜都市档案馆藏,档案号:C075-01-39-62;宜都县人民政府办公室:《宜都县十届人大一次会议代表议案(关于请考虑解决607队职工子女就业就学问题案)》,1985年4月24日,C158-01-87-33。

和该厂高中学生粮食定量标准问题成为1982年、1983年宜都政协重要提案。20世纪60年代前后,西方发达国家开始关注和治理环境污染问题。我国于七八十年代开始重视环保问题,1979年通过第一部环境保护法,并于1983年将环境保护作为基本国策之一①。三线建设的环保问题于1983年后引起重视,一方面是周边化工厂对三线厂的水污染问题,如邓桥化工厂严重污染288厂生产及生活水源问题,引起宜都环保部门高度重视,从1986年3月调查通报到1988年5月调查处理,历时两年多②。另一方面是宜都环保部门对三线企事业单位的监管,如对大气质量现状监测、征收排污费和水资源费,还要求制定企业污染防治规划表,对排放水污染和工业企业环境保护年度基本情况申报、环境保护设施与运行情况登记、环保季报,创建湖北省清洁无害工厂等③。

三、焦柳铁路等馆藏特色三线建设档案资料

我国在三线建设时期以西南地区为重点,以"两基一线"(以四川攀枝花钢铁基地为中心,成昆铁路为连接,东北有重庆常规兵器工业基地,东部有贵州六盘水煤炭基地)为核心,先后修建了川黔、贵昆、湘黔、渝黔、襄渝、阳安、青藏(西格)段和焦柳等重要干线铁路,构成了西南环状路网,并连接西北、中南和华南地区,建成了全国三线建设铁路交通网络。大量三线建设企事业单位和重大工程布局于这些铁路沿线,连接重庆、成都、绵阳、攀枝花、贵阳、昆明、焦

---

① 徐有威、杨帅:《为了祖国的青山绿水:小三线企业的环境危机与应对》,《贵州社会科学》2016年第10期。
② 宜都县城乡建设环境保护局,都建字[1986]9号:《宜都城乡建设环境保护局关于邓桥化工厂严重污染长光厂生产及生活饮水情况的调查通报》,1986年3月5日,宜都市档案馆藏,档案号:C102-1-115-78;枝城市环境保护局,枝市环字[1988]5号:《枝城市环境保护局关于邓桥化工厂污染长光厂水源的调查处理报告》,1988年5月5日,宜都市档案馆藏,档案号:C212-W1-38-14。
③ 宜都县环监站:《宜都县环监站国营三八八厂大气质量现状监测报告》,1987年5月18日,宜都市档案馆藏,档案号:C212-W1-11-20;国营第238厂:《国营第238厂1991年排放水污染物申报登记表(甲类)》,1991年6月10日,宜都市档案馆藏,档案号:C212-W1-138-35;枝城市环保局,枝市环[1991]5号:《枝城市环保局关于国营第二三八创建成"湖北省清洁无害工厂"进行表彰奖励通知》,1991年11月15日,宜都市档案馆藏,档案号:C212-W1-106-20;湖北省环境保护局,鄂环代字[1996]12号:《湖北省环保局关于枝城市环保局对中南石化枝城分公司、国营388厂、国营288厂、国营238厂等四家征收排污费委托书》,1996年1月1日,宜都市档案馆藏,档案号:C212-W1-392-1。

作、襄樊、宜昌、怀化、柳州等重要工业城市,形成了攀枝花钢铁工业基地、成都航空工业基地、重庆常规兵器工业基地、六盘水煤炭工业基地和豫西、鄂西、湘西兵器工业基地及柳州航空工业基地等。全国三线建设铁路交通网络的构建,使内陆广大中西部地区同国家铁路体系连为一体,也极大缩小了中国东西部之间的时间距离,最终推动着中国西部的诸多地区进入一个拥有基础技术的现代工业社会①。

焦柳铁路②是我国第二条南北向干线战备铁路,连接豫西、湘鄂西和桂北等三线建设重点区域。宜都作为焦柳铁路的主要节点城市,为焦柳铁路的成功修建曾做出了重要贡献,也因焦柳铁路的贯通促进了本地社会经济的迅速发展。

宜都馆藏焦柳铁路档案丰富,主要包括焦枝铁路21卷、枝柳铁路5卷、鸦官铁路(焦枝铁路支线)13卷、枝城长江大桥41卷、枝城火车站35卷和枝城桥工段27卷,共计142卷。如焦枝铁路档案包括移民安置工作、征用土地、山林、搬迁、移民等补偿结算资料明细表,赔偿群众房屋家具各项损失明细表,成立焦枝会战宜都县民兵师和王畈、枝城民兵团,发给伤残民工的困难补助,红花民兵团会战总结,以及土产、日杂、五金、副食、食品支援等。

根据1969年中央和湖北省"革委会"指示精神,在焦枝铁路会战湖北省指挥部和宜昌地区革命委员会、宜昌军分区统一领导下,成立焦枝铁路会战湖北省宜昌分指挥部,统一领导宜昌地区铁路修建任务(从沮河南岸至枝城长江大桥北岸桥头),统一指挥全线六个民兵师:黄冈地区民兵师、咸宁地区民兵师、宜都县民兵师、枝江县民兵师、宜昌县民兵师、当阳县民兵师。秭归、兴山、远

---

① [美]柯尚哲,周明长译:《三线铁路与毛泽东时代后期的工业现代化》,《开放时代》2018年第2期。

② 焦柳铁路(河南焦作至广西柳州)是1969年至1978年我国修建的京广铁路以西第二条南北向干线铁路,全长1 657公里,为三线建设时期重大战略工程。北段为焦枝铁路——河南焦作至湖北枝城(属今宜都市),1970年建成;南段为枝柳铁路——湖北枝城到广西柳州,1978年建成。1988年两路合并,改称焦柳铁路。焦柳铁路贯通河南、湖北、湖南、广西四省区,经过河南焦作、洛阳、平顶山、南阳,湖北襄樊(今襄阳)、荆门、宜昌、荆州,湖南常德、大庸(今张家界)、湘西、怀化和广西柳州等15个地市州,分布着土家族、苗族、瑶族、壮族、侗族、回族等众多少数民族。其连接数座工业重镇,建有大量三线建设企事业单位和各类重大工程。冯明:《焦柳铁路沿线工业遗产的价值值得挖掘保护和综合利用》,《中国民族报》2018年2月23日(第8版),《理论周刊·纵深》。

安各编为一个团。远安民兵团有当阳县民兵师统一领导,兴山民兵团原地待命。秭归民兵团编为三至五个民兵营,配属大桥工程局修建沮漳河大桥。① 宜都民兵师组建于1969年9月,当年9月30日正式启用"焦枝铁路会战湖北省宜都县民兵师"公章②。

焦枝铁路档案中有宜都民兵师档案9卷,从1969年9月27日至1970年9月29日,分别为组织机构、工地制度、人事任免、调动的请示报告、通知;红花、王畈民兵团关于政治、工程工作的总结、意见、报告、慰问信、通知;学习毛泽东思想积极分子和集体代表大会的通知、倡议及典型材料;施工安全、保卫、防洪抢险、伤亡事故的意见、报告、通报、通知;工程征用土地、工程计划、投资的报告;财经、工地工作人员、民兵生活福利工作的报告、通报、通知;编印的《简报》(1—20期、21—35期)、《战地小报》(1—22期)。宜都民兵师《简报》和《战地小报》颇有特色,《简报》有35期,共133页,从1969年10月25日至1970年9月29日。《简报》实际编印时间不定,有时一月一期,有时一月数期。集中反映了焦枝铁路修建过程中宜都民兵师的思想政治工作、工作动态与总结、好人好事、地方支援等,如1969年10月25日编印的第一期,主要是上路前的准备工作、政治学习和积极报名等③。《战地小报》有22期,共72页,从1969年11月24日至1970年3月9日,一月数期,每期2—5版不等,刊登的内容主要是政治学习、工程进度、劳动竞赛、质量安全、模范宣传、领导视察、会议精神传达、天气预报等,多由基层各民兵团、营供稿,内容丰富,发布及时,原汁原味地记录了宜都民兵师修建焦枝铁路的过程④。

总之,宜都档案馆所藏的丰富的三线建设档案,是研究宜都三线建设的重要资料,还需要结合三线建设亲历者与建设者口述史料、三线建设企事业单位

---

① 湖北省宜昌地区革命委员会、中国人民解放军湖北省宜昌军分区,宜地革字[1969]第124号:《关于保证胜利地完成修建焦枝铁路光荣任务的决定》,1969年10月2日,宜都市档案馆藏,档案号:C016-02-190-41。
② 焦枝铁路宜都民兵师,宜师(69)第001号:《(关于启用印章)的通知》,1969年9月29日,宜都市档案馆藏,档案号:C077-04-003-5。
③ 焦枝铁路会战宜都民兵师:《为伟大领袖毛主席争光 为社会主义祖国争光——枝城先锋营积极作好民兵上路的准备工作》《简报》(第1期),1969年10月25日,宜都市档案馆藏,档案号:C077-02-007-1。
④ 焦枝铁路会战宜都民兵师编印:《战地小报》(第1期),1969年11月24日,宜都市档案馆藏,档案号:C077-02-009-1。

档案资料以及国家和省市档案资料进行整体研究。宜都档案馆藏的三线建设档案既体现了宜都作为鄂西三线建设重点区域和焦柳铁路主要节点城市的重要历史地位,也是宜都人民社会记忆的重要载体,却还未引起高度重视,其珍贵的学术价值、历史价值、社会价值亟待深入整理、研究、发掘和综合利用。

(冯明,1981年出生,湖北宜都人,历史学博士,三峡大学民族学院讲师、三峡大学三峡文化与经济社会发展研究中心特聘研究员,主要从事明清史、区域文化史研究;袁昌秀,1970年出生,女,湖北宜都人,大学本科学历,中教一级,主要从事档案应用技术研究)

上海小三线八五钢厂 《八五通讯》和《八五团讯》特辑

《八五通讯》简介*

徐有威　陈莹颖

1968年3月,中央在河南大别山召开全国"小三线"工作会议。上海市人民政府根据会议精神,决定由上海市冶金局及上钢五厂负责包建八五钢厂,目的是为"57"高炮工程提供部分铸、锻毛坯和军工钢材的原材料。八五钢厂于1968年8月5日开始选点,1969年5月初动工,1970年4月28日出钢,1972年全面投入生产,它隶属冶金局和后方基地管理局双重领导。建厂之初厂名为八五工厂,1972年改名"贵池钢厂",1979年改称"八五钢厂"[①],并沿用至1986年结束。

全厂拥有电炉炼钢、锻钢、轧钢、钢管四个生产车间,配有机动部、运输部、煤气车间、供应科、基建科、中心实验室、码头(原"507"专用码头)等辅助车间部门。厂址位于安徽省贵池县梅街地区的柯家岑、石门冲、大冲、汤家冲一带,占地总面积96万平方米,建筑面积22.3万平方米,国家历年共计投资9 205.5万元。

建厂初期职工人数约2 300人,1985年达到5 328人,由上海原单位支内职工、"老三届"半中技毕业分配职工、支农回归人员、征地进厂农工及职工家属构成。厂区附近建有西华、大冲、28K、八五新村四个家属区,各主要生产或辅助车间、部门建有单身宿舍,共有住宅面积81 494平方米,并配套有食堂、菜场、小卖部、理发室等生活设施和托儿所、小学、技校、卫生保健总站等教卫设施,是一个从生产到生活无所不包的"小社会"。

---

* 特别感谢原上海小三线八五钢厂《八五通讯》主编谈雄欣先生的帮助和支持。《八五通讯》现收藏于宝武钢铁集团上海五钢有限公司档案室。
① 下文统一称为"八五钢厂"。

出于保密需要,选址执行的是"靠山、分散、隐蔽"方针。筹建初期,在反对贪大求洋的压力下,设计方案一再修改,导致厂区布局紊乱;为了抓紧备战,实行"边设计、边施工、边上马",使生产工序不配套,军工质量未能过关;皖南山区缺乏生产和生活资料,原材料进厂和产品出厂都需要长途运输,生产成本过高;加之山区条件艰苦,生产之余,职工业余生活枯燥,情绪长期不安定。为了动员职工积极投入生产,维持八五钢厂生产活动,丰富后方文化建设,1970年"507工程指挥部"第一分部政工组筹办了八五钢厂厂报《八五通讯》,1979年八五钢厂宣传科又重新创办《八五通讯》,内容涉及职工生活方方面面。

根据国际形势变化,八五钢厂在1981年后调整产品品种结构,转产民品。为了维持企业经营,厂党委多次组织质量攻关和"三八扩建改造",取得一定成效。1984年,国务院总理赵紫阳指出"小三线"要调整、搞活、给出路。八五钢厂为了摆脱困境,开始进行调整和"联营",与上海市宝山县工业贸易总公司在杨行乡联营筹办浦江钢厂。

1985年10月,中共上海市委和市人民政府决定:八五钢厂整体消化到上钢五厂,联营厂浦江钢厂即告撤销。从1986年1月开始,地处皖南山区的上海后方小三线八五钢厂整体消化到上钢五厂,千名上海职工由上海五厂安排,分期分批陆续返沪。

1987年12月底,八五钢厂正式向贵池移交。1988年初,交接工作顺利完成。至此,历时19年的上海后方小三线八五钢厂完成历史使命,宣告结束。

出于"备战、备荒、为人民"的战略目的,20世纪七八十年代,全国掀起三线建设的高潮,上海小三线建设也在如火如荼地进行。八五钢厂作为上海小三线后方最大企业之一,不仅抓紧生产,还专门拨款创办厂报《八五通讯》并派专人负责,这在全国整个后方建设中都是绝无仅有的,厂报通讯员由职工兼任。新闻内容丰富多样,不仅有当时国家方针政策、厂领导讲话,还集中反映了职工生产、生活各方面的情况,是全面研究上海小三线八五钢厂建设的不可缺少的资料,以下将对这部分资料进行介绍。

一、前期《八五通讯》

八五钢厂成立以后,随即筹办厂报《八五通讯》,至1988年八五钢厂交给安徽当地为止,共有两套班子筹办厂报,前期是"507 工程指挥部"第一分部政工组,办报时间是 1970 年 1 月至 1970 年 12 月①。由于当时八五钢厂刚成立不久,办报条件简陋,经验还不成熟,这一时期的《八五通讯》并不具备专业报纸要求,采取以书代报形式,是大 16 开大小,不分版面,报头基本是单独一页,采用的是红色行楷字体印刷,刊登文章基本是用黑色印刷,页数不定,基本为二至三页,少数达四页。报纸不定期出版,有正刊、特刊、专刊和情况简报。由于保存不善,现只存第 4 期、第 5 期、第 7 期、第 9 期、第 9 期(增刊)、第 11 期、第 12 期、第 15 期、第 16 期、第 18 期、第 19 期、第 20 期、第 21 期、第 22 期、第 23 期、五一特刊、专刊、增刊、专刊、七一特刊、"认真学习毛主席的哲学思想"专刊、综合情况汇报、情况简报第 14 期、情况简报第 15 期、情况简报第 16 期,共 26 期,档案编号为 70-1-5-4。

前期厂报正处于"文革"的第二阶段,阶级斗争是当时社会的大方向。同时,小三线企业都肩负生产军品、支持备战、支援前方的任务。"阶级斗争"和"动员职工抓紧生产"是前期《八五通讯》的两大主题。

每一期厂报的报头下面都专门用红色较大字体刊登"最高指示"栏目,专门印发毛主席语录或是社论,比如:第 4 期上登有:"要节约闹革命,自力更生,艰苦创业。"第 5 期上登有:"备战备荒为人民。提高警惕,保卫祖国,要准备打仗。"第 7 期上登有:"为了维护社会秩序和广大人民的利益,对于那些盗窃犯、诈骗犯、杀人放火犯、流氓集团和各种严重破坏社会秩序的坏分子,也必须实行专政。"第 9 期上登有:"我们中华民族有同自己的敌人血战到底的气概,有自力更生的基础上光复旧物的决心,有自立于世界民族之林的能力。"第 12 期上登有:"自力更生,艰苦奋斗。破除迷信,解放思想。"第 15 期上登有:"全国都要学习解放军。四个第一好,这是个创造。"第 16 期和"七一特刊"上登有:"我们的党是伟大的党,光荣的党,正确的党。"第 18 期上登有:"阶级斗争,一抓就灵。"第 19 期上登有:"没有一个人民的军队,便没有人民的一切。"第 20 期上登有:"抓革命,促生产,促工作,促战备。"第 21 期上登有:"鼓足干劲,力争上游,多快好省地建设社会主义。"第 23 期上登有:"为什么人的问题,是一

---

① 笔者目前只掌握 26 期,其中第 1—3 期缺失,故此处创办时间是从第 4 期的出版时间 1970 年 1 月 9 日算起。

个根本的问题,原则的问题。"第 24 期登有:"政治是统帅,是灵魂。政治工作是一切经济工作的生命线。""五一特刊"上登有:"全世界无产阶级联合起来。"增刊上登有:"备战备荒为人民。三线建设要抓紧,就是同帝国主义争时间,同修正主义争时间。"专刊上登有:"党组织应是无产阶级先进分子所组成,应能领导无产阶级和革命群众对于阶级敌人进行战斗的朝气蓬勃的先锋队组织。"情况简报上登有:"让哲学从哲学家的课堂上和书本里解放出来,变为群众手里的尖锐武器。""认真学习毛主席的哲学思想"专刊登有:"我们正在前进。我们正在做我们的前人从来没有做过的极其光荣伟大的事业,我们的目的一定要达到。我们的目的一定能够达到。"①

二、后期《八五通讯》

前期报纸主要是意识形态的宣传工具,反映钢厂生产和职工生活的内容较少,且缺失数量较大,故笔者重点介绍由八五钢厂宣传科编辑组负责筹办的《八五通讯》。

1979 年,八五钢厂再次创办厂报《八五通讯》,编辑组设在宣传科,谈雄欣任《八五通讯》主编,负责组织版面设计、对头版重要文章的采写和审核以及版面和重要文章的终审。其中,对涉及党委和厂领导的重要报告经主编审核后,还由政治部主任、必要时经书记或厂长亲自阅改后定稿。宣传科业务主管杨水根、左伯、施纯星等人先后任责任编辑,负责通讯稿件的采编、修改、审核和排版;厂报通讯员主要负责文稿采写,由各车间、部门的党支部(总支)、团支部(总支)、工会的成员担任。宣传科负责定期召开通讯员会议,对通讯员进行工作布置、信息沟通和必要的培训和辅导。主要通讯员有:严国兴、姚大连、韩国梁、陆元弟、吴莱申、曹辉、周春龙、施纯星、齐三泉、张俊侯、陶俊彦、王德凤、严明华、沈利德、董国仕、陈仲波、万庆泉、陈德道、金美华、桂直阶、刘金妹、黎柏平、种道泉、莫远芬、陆亿兵、张颖、刘天昕、张惠君、应智方、史志定、胡进、卞敬顺、袁德祥、杨秀珍、沈杏芬、周康武、陆慧琴、陈荣富、章军、李子白、达洁、王

---

① 八五钢厂馆藏档案资料:《八五通讯》,八五钢厂文书档案,档案号 70-1-5-4。

根发、刘自强、谢荣兆①。厂报还设有"征稿箱",调动职工积极性。转载其他报纸文章的情况也有,但次数较少,具体信息如表1所示。

表1 《八五通讯》转载其他报纸文章情况统计

时 间	期 数	文 章 题 目	来 源
1980年11月30日	第51期	欢乐的青年联欢会	《八五团讯》
1985年1月10日	第198期	搞活经济,抓好党风党纪	《杭钢报》
1985年2月20日	第202期	从赌场走向刑场	《劳动报》
1985年2月20日	第202期	小赌变大赌,收容去劳教	《劳动报》
1985年9月10日	第222期	为何定九月十日为教师节	《人民前线》
1985年11月10日	第228期	严禁赌博	《新民晚报》
1985年11月20日	第229期	五钢团委全面开展"岗位立功"竞赛	《五钢报》
1985年11月20日	第229期	五钢职工可直接与厂长书记对话	《五钢报》
1985年11月20日	第229期	普陀区禁赌雷厉风行,一批赌徒受到严肃处理	《新民晚报》
1985年12月30日	第233期	劝君莫赌博(诗歌)	《重钢报》

每期《八五通讯》采写、审核、定稿以后,经誊写和排版(包括题花),由责任编辑将排版图和誊写稿送至厂办印刷所打"小样";经编辑组审样以后,印刷所工人上机印刷,每期约印 800 份,并对成品剪切、包装,完成以后交付编辑组;编辑组按车间封装,交厂办收发室;收发室免费发放到 22 个车间、部门后,再由各车间、部门通讯员分发到各班组,共计 600 多个。除厂内各班组以外,《八五通讯》还发行给上海办事处、其他小三线企业、后方基地管理局、上海主流报业,如上海市的《解放日报》《青年报》等单位。办报经费由厂部统一拨款,纳入生产成本②。

《八五通讯》从 1979 年 7 月 1 日正式创刊,至 1986 年 12 月 31 日停办,

---

① 八五钢厂馆藏档案资料:《本刊通讯员已经调整》,八五钢厂文书档案,档案号 81-3-40。

② 采访谈雄欣(原八五钢厂宣传科副科长(主持工作)、《八五通讯》主编),2017 年 11 月 23 日,上海大学益新食堂三楼。

共发印272期。排除因后期保管不善和字迹模糊的部分,现存有221期、约150万余字、近3000篇文章。其中1980年有30期、1981年有31期、1982年有36期、1983年有22期、1984年有30期、1985年有35期、1986年有37期(最后两期271期和272期合出,此处默认为一期),具体信息如表2所示。

表2 《八五通讯》印发时间、期数

档案号	期　　数	起　止　时　间
1980年		
80-3-27	第19—23期	1980年1月3日—1980年2月26日
80-3-29	第30—34期	1980年5月10日—1980年6月20日
80-3-30	第35—39期	1980年7月1日—1980年8月10日
80-3-31	第40—44期	1980年8月20日—1980年9月30日
80-3-32	第45—49期	1980年10月10日—1980年11月5日
80-3-33	第50—54期	1980年11月18日—1980年12月27日
1981年		
81-3-33	第55—58期	1981年1月2日—1981年2月3日
81-3-34	第60期	1981年3月10日
81-3-35	第63—66期	1981年4月10日—1981年5月10日
81-3-36	第67—70期	1981年5月20日—1981年6月19日
81-3-37	第71—74期	1981年7月1日—1981年8月14日
81-3-38	第75—78期	1981年8月20日—1981年9月20日
81-3-39	第79—83期	1981年9月30日—1981年11月10日
81-3-40	第84—88期	1981年11月20日—1981年12月30日
1982年		
82-3-41	第89—92期	1982年1月10日—1982年2月12日
82-3-42	第93—96期	1982年2月20日—1982年3月20日
82-3-43	第97—102期	1982年4月1日—1982年5月20日
82-3-44	第103—106期	1982年5月30日—1982年6月30日

续 表

档 号	期 数	起 止 时 间
82-3-45	第107—111期	1982年7月10日—1982年8月15日
82-3-46	第112—116期	1982年8月30日—1982年10月10日
82-3-47	第117—120期	1982年10月20日—1982年11月20日
82-3-48	第121—124期	1982年11月30日—1982年12月31日
1983年		
83-3-26	第125—129期	1983年1月10日—1983年2月10日
83-3-27	第130—131期	1983年2月20日—1983年2月28日
83-3-30	第144—148期	1983年7月10日—1983年8月20日
83-3-31	第149—154期	1983年8月30日—1983年10月20日
83-3-32	第155—159期	1983年10月30日—1983年12月10日
1984年		
84-3-27	第162—166期	1984年1月10日—1984年2月20日
84-3-28	第167—171期	1984年2月29日—1984年4月10日
84-3-29	第172—176期	1984年4月20日—1984年5月30日
84-3-30	第177—180期	1984年6月10日—1984年7月10日
84-3-31	第182—186期	1984年7月30日—1984年9月10日
84-3-32	第187—189期	1984年8月20日—1984年10月10日
84-3-33	第192—194期	1984年11月10日—1984年11月30日
1985年		
85-3-17	第198—206期	1985年1月10日—1985年3月30日
85-3-18	第207—212期	1985年4月10日—1985年5月30日
85-3-19	第213—218期	1985年6月10日—1985年7月31日
85-3-20	第219—224期	1985年8月10日—1985年9月30日
85-3-21	第225—230期	1985年10月10日—1985年11月30日
85-3-22	第233—234期	1985年12月30日—1985年12月31日

续 表

档 号	期 数	起 止 时 间
1986 年		
86-3-19	第 235—240 期	1986 年 1 月 1 日—1986 年 2 月 10 日
86-3-20	第 241—248 期	1986 年 2 月 20 日—1986 年 4 月 20 日
86-3-21	第 249—253 期	1986 年 4 月 30 日—1986 年 6 月 10 日
86-3-22	第 254—257 期	1986 年 6 月 20 日—1986 年 7 月 20 日
86-3-23	第 258—262 期	1986 年 7 月 31 日—1986 年 9 月 10 日
86-3-24	第 263—267 期	1986 年 9 月 20 日—1986 年 11 月 10 日
86-3-25	第 268—271、272 期	1986 年 11 月 20 日—1986 年 12 月 31 日

《八五通讯》除少数期外，基本上是一旬一期，时间间隔最短 5 天（第 125 期与 126 期、第 247 期与 248 期），最长不超过 15 天（第 111 期与 112 期、第 113 与 114 期），每期为八开二版。

其办报风格是"严肃、开放"。作为一份"方向正确，内容生动"的厂报，在当时为职工们所喜闻乐见。头版文章基本都是反映国家政策、会议精神和八五钢厂生产情况的，二版则主要报道职工喜闻乐见的新闻，较为集中地反映了 1979—1986 年八五钢厂的生产和生活面貌。内容有短新闻、读者来信、学习园地、好人好事、为您服务活动日等栏目。笔者根据现有材料，从学习领导讲话、召开会议，产品生产、技术革新，职工物质生活，精神娱乐，职工教育，婚姻恋爱，生产安全、自然灾害，好人好事表扬，偷盗犯罪、坏人坏事，及其他方面（包括医疗卫生、民兵等）等九个方面，对《八五通讯》所刊文章进行简单、粗略地分类，分类情况如表 3 所示。

表 3 《八五通讯》所刊文章内容分类 单位：篇

年份 内容	1980 年	1981 年	1982 年	1983 年	1984 年	1985 年	1986 年	总计
领导讲话	39	67	46	16	16	59	112	355
生 产	103	92	111	47	56	55	64	528

续 表

年份 内容	1980年	1981年	1982年	1983年	1984年	1985年	1986年	总计
物质生活	17	28	43	12	21	19	20	160
精神娱乐	85	77	97	31	66	103	67	526
婚 恋	24	6	9	9	3	6	2	59
安 全	26	27	25	16	18	17	27	156
表 扬	52	60	84	19	26	30	46	317
批评、犯罪	50	27	38	15	3	26	29	188
其他方面	52	48	83	22	25	84	64	378
总 计	448	432	536	187	234	399	431	2 667

从表3可以看出,《八五通讯》对钢厂生产情况的报道文章最多,有528篇,占总数的19.80%;其次是关于精神娱乐方面的文章,有526篇,占总数的19.72%。就每年刊登文章数而言,1982年刊登文章最多,有536篇,占总数的20.10%,而1983年刊登文章最少,仅187篇文章,占总数的7.01%。

(1) 关于八五钢厂生产方面的报道:

作为厂报,《八五通讯》的头版文章基本是对企业生产方面的报道,主要内容:一是动员职工抓紧生产,为四化做贡献,"在大有作为的年代,做大有贡献的人",增产挖潜,开辟"为四化做贡献"专栏,后期有"联营信息"、每月生产捷报专栏;二是关于产品质量,报道了开展质量月活动、提高钢锭表面质量、举办质量展览会、开展QC小组活动等;三是关于实现上级下达生产计划的报道;四是关于技术革新,如浇钢采用绝热板、安装新设备利用废硫酸、加热炉烟气余热回收等;五是八五钢厂后期转产民品,有关于客户情况的报道;六是关于生产关系革新的报道,如落实经济责任制、职工升级调资、工调等。《八五通讯》作为宣传媒介,对生产情况的报道势必进行一定程度的美化,对比八五钢厂其他档案资料,可以更为客观地了解其实际生产情况。

由于文章刊发数量较多,笔者仅在表4中展示部分文章的标题。

表 4 《八五通讯》部分文章的标题

档案号	期数	时间	标题
81-3-33	第 55 期	1981 年 1 月 2 日	优质稳产，电炉钢冲破四万吨
81-3-34	第 60 期	1981 年 3 月 10 日	再创新纪录 为厂作贡献——三车间 300/250 轧机丙班夺高产记
81-3-35	第 63 期	1981 年 4 月 10 日	二车间拉丝机扩建投产
81-3-37	第 74 期	1981 年 8 月 14 日	试拉椭圆管成功
82-3-41	第 92 期	1982 年 2 月 12 日	抓紧节后生产，争取全年立功
82-3-42	第 94 期	1982 年 3 月 2 日	奋战三月份，夺取一季度生产全面丰收
82-3-42	第 96 期	1982 年 3 月 20 日	加强经济核算 搞好定额管理
82-3-43	第 97 期	1982 年 4 月 1 日	认真进行企业整顿 完善经济责任制 努力提高经济效益
82-3-43	第 100 期	1982 年 4 月 30 日	劳动竞赛 评比揭晓
83-3-26	第 125 期	1983 年 1 月 10 日	我厂全面完成八二年度各项经济技术指标
83-3-26	第 129 期	1983 年 2 月 10 日	我厂一月份生产实现"开门红"
84-3-28	第 170 期	1984 年 3 月 30 日	300/250 轧机完善经济责任制 促进各项工作开展
85-3-17	第 204 期	1985 年 3 月 10 日	技术革新成果大
85-3-19	第 217 期	1985 年 7 月 20 日	三车间试轧 22 毫米螺纹钢喜获成功
85-3-20	第 220 期	1985 年 8 月 20 日	我厂开始对部分职工实行晋级并同时实施自费浮动增资
86-3-19	第 238 期	1986 年 1 月 20 日	八五年我厂主要经济指标达历史最好水平
86-3-20	第 243 期	1986 年 3 月 10 日	联营信息
86-3-20	第 245 期	1986 年 3 月 30 日	我厂实行重点产品用户复验合格率评议
86-3-20	第 246 期	1986 年 4 月 10 日	三月份生产捷报

续表

档案号	期数	时间	标题
86-3-21	第252期	1986年5月30日	我厂工普工作经市各主管局会审认可
86-3-22	第254期	1986年6月20日	五月份产品质量工艺抽查简况
86-3-22	第256期	1986年7月10日	六月份产品质量和生产工艺抽查简况
86-3-22	第257期	1986年7月20日	肩挑"三副"担,实现双过半:我厂上半年实现利润二百二十九万元
86-3-22	第257期	1986年7月20日	我厂20CrMoA轧材深受欢迎

(2) 关于职工教育、精神娱乐活动的报道:

《八五通讯》对职工教育、精神娱乐活动等方面的报道也较多,专门设有"新道德,新风尚"栏目,每期"简讯""通讯"栏目也有对来厂演出信息的报道,如1981年第66期的"简讯"栏报道了"南陵县黄梅戏剧团日前随带大型传统戏《济公传》和《恩仇记》抵达我厂公演"的消息。"简讯"栏目中的主要内容:一是"电影消息"和观影感受,例如1980年第34期刊登电影《美的心愿》影评,第36期和第37期连续报道了影片《傲蕾·一兰》的观后感,1982年第106期报道了电影《杨老师》的观后感等;第55期刊登"电影消息":

  上旬 凡尔杜先生 爱情遗产

  中旬 基督山伯爵(上、下集)

  下旬 自豪吧!母亲 最后八个人

第79期刊登"十月份电影消息":

  上旬 奴里 寂静的山林 月亮湾的笑声

  中旬 丹凤朝阳 不该凋谢的玫瑰 征服黑暗的玫瑰

  下旬 扬帆 老枪 沉默的朋友

二是关于文明礼貌活动的报道,如开展五讲四美三热爱活动、"两个文明"建设的报道;三是形式多样的运动会,包括足球、篮球、乒乓球等报道;四是丰富多彩的展览和智力竞赛,如漫画展、魔方竞赛等活动报道;五是职工思想教育和技术培训,如"应知应会考试"、青工政训等简讯;六是职工子女的基本教育简讯等。其中,1980年第46期的社论是《学习前辈,艰苦奋斗,不计报酬,缅怀先烈,为国捐躯,公而忘私》,该期通篇报道了周恩来、列宁、刘少奇、张闻天等时代人物和八五钢厂职工的优秀事迹;1981年第62期的社论是《人人学雷锋 八五吹新风》;1984年第169期的社论为"两个文明";1985年第222期全部是关于教师节的文章。《八五通讯》对影评和各种活动的报道,对当时八五钢厂职工的社会生活有丰富描述,从中可以了解档案记载之外的小三线生活。

(3) 其他方面的报道:

《八五通讯》还报道了职工的衣食住行、婚恋计生情况、安全事故通报、犯罪批评和民兵组织等内容。其中,1980年12月27日第54期为新婚姻法专辑,该期社论为《成全美满自由的婚姻,建立和睦民主的家庭》;1983年1月15日第126期为计划生育专刊,可见职工婚姻计生大事引起了上级领导的重视。1981年7月30日第73期专门开辟法制专栏——《为配合法制教育,本期特刊登一组保卫科来稿》,此后多有刊登有关内容,说明当时厂内治安问题严峻。表5—表9中列举部分相关内容的标题。

表5 《八五通讯》关于国家大政方针、厂部领导讲话的报道

档案号	期数	时间	标题
81-3-33	第57期	1981年1月24日	认真学习中央二号文件,贯彻调整方针,改善党的领导,保证安定团结——我厂认真组织传达学习邓小平同志重要讲话
81-3-35	第65期	1981年4月30日	贯彻三中全会精神,自觉抓好企业调整——我厂党委班子深入学习文件,认识普遍提高
82-3-43	第98期	1982年4月10日	厂长在职代会作的工作报告中指出
82-3-43	第101期	1982年5月10日	总结经验,澄清思想,明确任务,振奋精神——党委召开政治思想工作会议
82-3-46	第112期	1982年8月30日	我厂四届二次职代会于今日召开
82-3-46	第114期	1982年9月20日	我厂职工热烈庆祝党的十二大召开

续 表

档案号	期 数	时 间	标 题
83-3-32	第159期	1983年12月10日	坚决贯彻十二届二中全会精神 我厂党员干部认真学习邓小平陈云重要讲话
85-3-17	第198期	1985年1月10日	厂五届职代会即将召开
86-3-20	第241期	1986年2月20日	陈锁锁、庞耀昌同志参加总厂领导工作
86-3-22	第255期	1986年7月1日	厂党委召开纪念"七一"大会

表6 《八五通讯》关于职工衣食住行的报道

档案号	期 数	时 间	标 题
81-3-35	第66期	1981年5月10日	厂部颁布家属公房分配的决定
81-3-39	第83期	1981年11月10日	展销展销,欢迎选购
81-3-40	第88期	1981年12月30日	节日商品琳琅满目
82-3-41	第91期	1982年1月30日	七车间食堂美餐良肴暖人心
82-3-44	第106期	1982年6月30日	八车间鲜桃丰收在望
82-3-47	第119期	1982年11月10日	丰盛的食品展销
83-3-26	第125期	1983年1月10日	去年我厂职工享受到的物质文化生活待遇
83-3-26	第130期	1983年2月20日	我厂年货供应格外丰富
83-3-31	第151期	1983年9月20日	机动部食堂自制月饼为职工服务
85-3-19	第213期	1985年6月10日	今年高温饮料品种稍多

表7 《八五通讯》关于婚恋计生情况的报道

档案号	期 数	时 间	标 题
80-3-33	第54期（新婚姻法专辑）	1980年12月27日	严格遵守结婚的法定条件 坚持婚姻自主 禁止包办买卖婚姻

续 表

档案号	期数	时间	标题
80-3-33	第54期（新婚姻法专辑）	1980年12月27日	婚姻的幸福将促进安定团结和四化建设（婚姻自由，计划生育，互敬互爱，尊老爱幼）
			保障离婚自由，反对轻率离婚
81-3-33	第56期	1981年1月12日	我厂婚介工作进展良好
81-3-34	第61期	1981年3月20日	登记结婚家具启事
82-3-42	第94期	1982年3月2日	八车间计划生育达到三个100%
82-3-43	第102期	1982年5月20日	上海市颁布计划生育新规定
82-3-48	第121期	1982年11月30日	党委召开妇女大会
83-3-26	第126期	1983年1月15日	二次生育高峰
83-3-26	第129期	1983年2月10日	精神文明之花 冲破阻力，坚决生一胎
84-3-31	第182期	1984年7月30日	解决年大未恋男青年婚姻的新措施
84-3-32	第189期	1984年10月10日	单身宿舍前的晚会
85-3-20	第221期	1985年8月31日	我爱上了氧割工
85-3-21	第230期	1985年11月30日	关于再婚家庭生育和领取独生子女证问题的问答
86-3-20	第245期	1986年3月30日	未婚先孕受处分
86-3-24	第267期	1986年11月10日	计划生育工作好事一例

表8 《八五通讯》关于安全事故的报道

档案号	期数	时间	标题
81-3-34	第61期	1981年3月20日	安全驾驶 疏忽不得
81-3-36	第67期	1981年5月20日	"安全月"活动消息
82-3-41	第89期	1982年1月10日	安全行车22万公里
83-3-30	第145期	1983年7月20日	齐心抗洪，夺取胜利 码头干部群众抗洪侧记

续 表

档案号	期数	时间	标题
84-3-27	第164期	1984年1月30日	大雪压青松,青松挺且直——我厂职工与雪灾搏斗纪实
85-3-20	第220期	1985年8月20日	在狂风暴雨侵袭的时刻
86-3-25	第269期	1986年11月30日	火警消息传来以后

表9 《八五通讯》关于犯罪批评的报道

档案号	期数	时间	标题
81-3-35	第64期	1981年4月20日	赌博歧路不能走
81-3-38	第77期	1981年9月10日	打击现行犯罪不手软,维护工厂治安理直气壮——我厂召开贯彻中央五城市治安会议精神遵纪守法大会
81-3-40	第87期	1981年12月20日	加强工厂保卫 严防偷盗破坏
82-3-43	第100期	1982年4月30日	打击经济犯罪的有力措施
82-3-43	第101期	1982年5月10日	四·一六命案是怎样发生的?
85-3-22	第233期	1985年12月30日	劝君莫赌博
86-3-23	第261期	1986年8月30日	当场擒获盗油贼

《八五通讯》除了有消息、通讯、评论等形式,还不定期刊登职工创作的诗歌,1986年1月18日的第236、237期(档案号86-3-19)整版刊登诗歌,如《两军会师》《军令已定动心扉》《争取八七回上海》《老书记三到皖南》《五千跃逞风骚》等,内容丰富,文风质朴,通俗易懂。并且《八五通讯》在后期还刊登照片,照片内容主要是职工的书法作品、贵池风光及职工工作纪实等,充分反映了八五钢厂的整体风貌。1986年,为了宣传精神文明建设,厂报第243期、第244期、第253期、第256期用较大版面专门刊登精神文明智力竞赛的试题和答案。为宣传计量法,第263期也专门刊登计量知识竞赛题,通过试题形式提高职工的参与性。

八五钢厂作为上海小三线后方最大企业之一,在当时专门拨款创办厂报《八五通讯》,并派专人负责,持续时间长达七年之久,这在当时以生产为重的大背景下实属罕见。中国企业报报刊史专家范垦程先生的《中国企业报发展史》一书,研究了20世纪中国企业报的产生和发展,填补中国企业报史的空白。在该书中有提及八五钢厂的厂报《八五通讯》,并且将其创办时间定为1979年①。《八五通讯》不仅可以同档案资料中的记录相互印证,还反映了档案之外的钢厂各方面情况,记录了当时小三线职工生活的方方面面,是研究上海小三线建设不可或缺的资料。但出于当时的政治立场,报纸反映的事件缺乏一定的客观性,因此要全面了解八五钢厂的情况,还需要其他方面资料的辅助,譬如亲历人的口述资料、上海市地方档案馆的档案资料等,我们需要在这方面继续收集和深化研究,使上海小三线研究更加深入。

(徐有威,上海大学历史系教授;陈莹颖,上海大学历史系2017级硕士研究生)

---

① 范垦程:《中国企业报发展史》,上海三联书店1999年,第90页。

《八五团讯》简介*

徐有威　耿媛媛

上海小三线建设是中共中央和毛泽东关于三线建设战略决策的重要组成部分，1965年开始选点筹建，1988年调整结束，历时24年，拥有81个企事业单位、7万余名职工、7.5亿元固定资产，逐渐发展成为全国各省市、自治区小三线中门类最全、人员最多、规模最大的一个军工生产为主的综合性后方工业基地。

20世纪60年代中后期，国际形势一度比较紧张，苏美两个超级大国争霸激烈。中共中央和毛主席总结了第二次世界大战苏联反法西斯战争的正反两方面教训，认为战争不可避免，要立足于早打、大打，提出了"深挖洞、广积粮、不称霸"的战略决策，即在着手抓大三线建设的同时，要求各省、市自己都搞一个小三线，这样战争一旦打起来，我们就有了一个"打不烂、拖不垮的大后方"。根据这一要求，早在1966年4月19日，上海后方领导小组提出了《关于上海市后方区域规划》，初步设想上海冶金工业布置在安徽省的青阳、贵池县附近，在规模安排上，以发展"四新"和国防尖端技术有关的工厂、研究所、高校为主，适当考虑一些其他方面设施，以形成综合性的工业和科学技术基地。

1968年3月，中央在大别山召开全国小三线会议，会上传达了毛泽东同志"三线建设要抓紧"等一系列指示。毛泽东指出："最好一个省搞一个，小三线没有钢厂不行。"

根据这次会议精神，上海市革命委员会安排了本市后三年的三线建设项

---

* 特别感谢原上海小三线八五钢厂《八五团讯》主编史志定先生的帮助和支持。《八五团讯》现收藏于宝武钢铁集团上海五钢有限公司档案室。

目——生产"57"高炮的"507"工程,确定由冶金局所属的上钢五厂负责包建一座5万吨钢,为"507"工程军工生产配套的特殊钢厂,即八五钢厂,并要求抢时间、争速度,在1969年建成投产。

上海八五钢厂坐落在安徽省贵池县梅街地区,为上海后方小三线工厂。一开始定名八五工厂,1972年9月27日更名为贵池钢厂,1979年4月25日改为八五钢厂并一直沿用到1986年[①]。

钢厂建立之初隶属上海冶金局和后方基地管理局双重领导,1973年1月1日,八五钢厂与包建厂——上钢五厂"脱钩",正式划为冶金局领导的直属企业。前期主要任务是为"57"高炮生产提供部分铸锻毛坯件和有关军工用钢材,后期逐步由军工转为全部民品生产。

八五钢厂的建厂设计方案是年产钢2万吨、锻材1.2万吨、冷拔无缝管1 000吨,至1972年底均已突破设计纲要,到1986年的实际生产能力为年产钢6万吨、材(锻、轧、管、丝)8万吨,能冶炼普炭、炭结、合结、合工、高工、弹簧、滚珠、不锈等八大类钢种。其中,30CrMnSiA新四〇弹管和高压锅炉管分别于1980年和1981年被评为上海市和冶金部的优质产品;此外,如40Cr活络扳头专用大偏钢和制针用钢丝在用户中都享有较好的声誉。

八五钢厂生产配套的辅助部门有:机动部(包括氧气站、铸铁及有色铸造)、煤气车间、运输部、中心试验室、基建科、供应科及年吞吐量为42万吨的专用码头。教育、卫生、后勤、五七农场、大集体的生活服务设施也较齐全。拥有中学、小学(附设幼儿园)、职校、托儿所、保健站、食堂(10个)、小卖部、菜场、招待所、理发室、缝纫修补服务站和棒冰制售等。在全厂5 328名职工中,共有居民户1 842户,分住在西华、大冲、八五新村和28K四个居民区,归口于街道办公室管理。在上海贵州路,设有八五钢厂驻沪办事处,负责采购供应、订货、联络和信息反馈工作。厂部下设20个科室部门,除技术检查科,其他分属生产、政工两个系统。

至1985年底,全厂累计总投资9 205.5万元;工业总产值6 280.9万元(按现行销售价格计算的工业总产值为8 746.7万元);年末占地面积95.56万平方米;固定资产8 290万元(净值5 448万元)。

---

① 下文统一称为"八五钢厂"。

由于历史的原因,在当时只片面强调政治需要人的因素第一、不讲经济效益及忽视物质技术条件的"左"的思想指导下,八五钢厂从筹建到上马、从总设计到投产,种下了"先天不足"的痼疾,留下了许多难以克服的后遗症。虽然千方百计进行"填平补齐"技术改造,加强企业管理,以后又转为民品生产,但只能勉强地维持简单的再生产,基于企业长期亏损,职工人心浮动,从1983年至1987年,八五钢厂转入调整阶段。

1984年3月10日,赵紫阳总理视察湖南,对小三线问题作了明确指示:小三线不搞军工,纳入省、市工业体制;要搞活,给出路。4月底,国家经委主任张劲夫在本厂领导"联名信"上批示:"叫上海市自己解决。"8月15日,八五钢厂与上海市宝山县签署了"联营协议书",冶金局当即批准。

1985年1月28日,安徽省和上海市人民政府签署《上海市人民政府、安徽省人民政府关于上海在皖南小三线调整和交换商定协议》(简称"省市协议书")。4月17日,国务院批准了这一"省市协议书"。5月12日,冶金局批复:八五钢厂易地改建后厂名定为"上海浦江钢厂"。10月9日,八五钢厂的调整方向突然改变,根据上海市人民政府决策,八五钢厂出山后整体消化到上钢五厂。12月30日,在八五钢厂举行的1986年元旦联欢大会上,冶金局党委书记包信宝宣布:八五钢厂整体消化给上钢五厂;任命陈锁锁为上钢五厂党委副书记兼八五钢厂党委书记;任命庞耀昌为上钢五厂副厂长兼八五钢厂厂长。

1986年4月5日,八五钢厂欢送首批155位职工调上钢五厂工作,标志着八五钢厂的整体消化工作已进入实施阶段。此后,五千多名上海职工由上钢五厂安排,分期分批陆续返沪。

1988年1月1日,安徽省贵池县正式接管历时19年的上海八五钢厂,更名为"安徽省贵池钢厂",原职工整体消化到上钢五厂,历时19年的上海八五钢厂宣告结束。

八五钢厂团委是八五钢厂在皖南期间的重要组织机构,在此期间,厂团委围绕党中央、市委各个阶段的任务和后方局党委提出的各项要求,结合本单位实际,开展了多种形式的团的工作,《八五团讯》就是八五钢厂团委一项重要的工作成果。

1971年8月7日,八五钢厂首届团委会成立,委员9人,吴培林任团委书记。1973年5月,吴培林调后方基地局工作,王汶菁任团委副书记。此后,各车间(部门)也相继成立了团总支或团支部。

1973年9月10日,八五钢厂第二届团委成立,委员15人,王汶菁任团委书记,史志定、谈雄欣任团委副书记。

任何时代宣传教育、积极引导很重要。为了促进团的宣传教育工作,发挥团组织的积极引导作用,八五钢厂团委经商议决定创办一份自己的刊物。在团委副书记史志定等人的筹划下,由八五钢厂团委主编的《八五团讯》于1976年8月28日在安徽省贵池县正式创刊。

1984年9月24日,八五钢厂中层以上干部全面调整,王汶菁调厂工会工作,史志定调任04车间党总支书记,祁伟勤任厂团委书记并继任《八五团讯》主编一职。

《八五团讯》是在八五钢厂厂党委大力支持下,由厂团委自发编辑发行的企业内部刊物,没有登记注册,隶属厂政治部领导。当时《八五团讯》的主编没有明确到人,谁担任团委书记和副书记一职,谁就负责《八五团讯》的主编工作。当时团委只有团委书记王汶菁与副书记史志定脱产,就由王汶菁负责团讯的全面工作,史志定负责团讯的各项具体事宜。团讯的采访写稿、编辑、修改、校对、印刷、发行工作都由史志定具体负责,刊头设计等重大事项要报厂政治部主任审定,一般内容由团委书记王汶菁过目,团委书记不在时由团委副书记史志定审定。当时的资金管理并没有现在这么严格,只要团委每年做出创办《八五团讯》的预算,报厂政治部统一规划进办公用费即可①。

《八五团讯》的通讯员由各车间(部门)团干部担任,同时吸收了部分有写作能力的团员、青年。团讯的通讯员没有稿酬,每季度评比优秀通讯员,发些笔记本、钢笔等纪念品,并选送优秀通讯员到《青年报》社、《劳动报》社实习。厂团委负责通讯员的日常培训,主要是组织通讯员进行工作交流,请《解放日报》《青年报》《冶金报》派记者到八五钢厂给通讯员上辅导课,厂政治部主任倪国钧有时也会给通讯员培训上课。团讯主要通讯员有庄根勇、李伟康、桑永伟、周志祥、沈宝根、陶俊彦、陈敏章、韩秀荣、刘汉南、陈伟坤、张富根、祁伟勤、戴富乐、高敦民等②。团讯以通讯员供稿为主,也有团员、青年的主动投稿。

---

① 微信采访史志定(原八五钢厂团委副书记、《八五团讯》主编),2018年2月25日。
② 微信采访史志定(原八五钢厂团委副书记、《八五团讯》主编),2018年2月25日。

1976年的《八五团讯》在编排设计上分为封面、目录与正文三部分。封面内容包括刊物名称、主办单位、当年期数、发行年份。刊物名称"团讯"和发行年份为红色仿宋体印刷,主办单位为黑色隶体,当年期数为手写。每期团讯的封面上,刊物名称居于正中,主办单位、当年期数、发行年份在刊物名称上方或下方位置不定,还会相应地在封面上配上插图。

1978年开始,《八五团讯》每期的编排设计分为刊头和正文两个部分。《八五团讯》的刊头包括刊物名称、主办单位、当年期数、总期数和发行日期。刊物名称根据字体、颜色分为四种:一是从1978年第1期(总第22期)至1979年第38期(总第99期)"团讯"为红色仿宋体(1978年第9期除外);二是1978年第9期(总第30期)"团讯"为黑色仿宋体;三是从1979年第39期(总第100期)至1980年第45期(总第158期)"团讯"为黑色隶体;四是1980年第46期(总第159期)至1984年第21期(总第371期)"八五团讯"为红色仿宋体。

《八五团讯》的主办单位几经变化,笔者根据已掌握资料,将其分为11种(如表1所示)。

表1 《八五团讯》主办单位名称变化

序号	主办单位名称	期　　数
1	共青团上海后方贵池钢厂委员会主编	1976年第1—12期(总第1—12期)
2	共青团贵池钢厂委员会主编	1978年第1期、第3期、第6—9期、第11—16期、第32—36期、第40期(总第22期、第24期、第27—30期、第32—37期、第53—57期、第61期) 1979年第1期(总第62期)
3	共青团上海后方贵池钢厂主编	1978年第2期、第5期、第10期(总第23期、第26期、第31期)
4	共青团贵钢委员会主编	1978年第17期(总第38期)
5	贵池钢厂委员会	1978年第30—31期(总第51—52期)
6	贵池钢厂团委主编	1978年第37期、第39期(总第58、第60期) 1979年第2期(总第63期)
7	上海后方贵池钢厂团委编	1979年第3—5期(总第64—66期)

续表

序号	主办单位名称	期　数
8	上海贵池钢厂团委编	1979年第6—12期、第14期（总第67—73期、第75期）
9	八五钢厂团委编	1979年第15期（总第76期）
10	上海八五钢厂团委编	1979年第16期至1980年第45期（总第77—158期）
11	共青团上海八五钢厂委员会编	1980年第46期至1984年第21期（总第159—371期）

1979年第16期（总第77期）之前，《八五团讯》发行的当年期数一般用阿拉伯数字表示，如"第1期""第16期"；少数用中文表示，如1979年的第6、7、8期就表示为"第六期""第七期""第八期"；还有个别单独用较大的阿拉伯数字直接表示期数，如1978年的第32期用"32"表示。从1979年第16期开始，发行的当年期数统一用单独的阿拉伯数字表示，如"8""27""30"这样的数字，均表示该年的团讯期数。

《八五团讯》的总期数在1979年第17期（总第78期）之前，阿拉伯数字和中文表示方式交替出现，如"总64期""总第97期""总第99期""总第廿二期""总第七十七期"，等等。1979年第17期（总第78期）至1981年第30期（总第205期）的总期数统一用阿拉伯数字表示为"总×期"，如"总100期"。1981年第31期（总第206期）至1984年第21期（总第371期）总期数统一用比当年期数小的单独的阿拉伯数字表示，如总第300期就表示为"300"。总期数的刊印位置在当年期数的上方或下方不定。

《八五团讯》发行日期起先有阿拉伯数字和汉字两种表示方式，阿拉伯数字表示如"1978.9.24"、"1979.4.12"、"1979年6月8日"，汉字表示如"一九七八年四月廿九日"、"一九七八年四月卅日"、"一九七八.五.三十一"、"七九年四月五日"。除了这两种方式，发行日期还有用农历表示出来的，如1979年第20期（总第81期）在发行日期1979年5月30日之后还加上了"农历己未年五月小"这一日期。发行日期刊印位置在当年期数上方或下方不定。

刊头的位置一般在每期第一版的左上方，个别时候会出现在第一版的中间（1978年第11期）和第一版的左下方（1978年第2期）。笔者对馆藏《八五团讯》档案资料进行归纳整理后,发现其刊头演变可以分为五个时期,详见表2。

表2 《八五团讯》刊头演变

序号	期　　数	刊 头 演 变
1	1978年第1期至1979年第20期（总第22—81期）	这一时期发行的《八五团讯》刊头没有统一格式标准,主办单位名称、当年期数、总期数、发行日期的表示方式、位置均不定,刊头满足刊物名称、主办单位、当年期数、总期数和发行日期这五个基本要素即可
2	1979年第21—38期（总第82—99期）	团讯（红色仿宋体）　　　　　　　日期 上海八五钢厂团委编　　　　　当年期数 　　　　　　　　　　　　　　　总期数 或 团讯（红色仿宋体）　　　　　　总期数 上海八五钢厂团委编　　　　　当年期数 　　　　　　　　　　　　　　　日期
3	1979年第39期至1980年第45期（总第100—158期）	团讯（黑色隶体）　　　　　　　　日期 上海八五钢厂团委编　　　　　当年期数 　　　　　　　　　　　　　　　总期数
4	1980年第46期至1981年第29期（总第159—204期）	八五团讯（红色仿宋体）　　　　　日期 共青团上海八五钢厂委员会编 　　　　　　　　　　　　　　当年期数 　　　　　　　　　　　　　　　总期数
5	1981年第30期至1984年第21期（总第205—371期）	八五团讯（红色仿宋体）　　　　　日期 共青团上海八五钢厂委员会编 　　　　　　　　　　　　　　当年期数 　　　　　　　　　　　　　　　总期数

每期《八五团讯》的正文设计没有固定版式,大多数为横排,不定期也会有竖排版式。标题为大号字体,凡是实时讯息每篇文章开头都有"本刊讯",结尾

为"×××供稿";其他类型文章,则在每篇文章开头或结尾标示出来源。为节约版面,每期的各篇文章紧密相连,有时会用加框、加线的办法区分文章,增强视觉效果。团讯的正文也并不是全文字排版,为了美观和加深读者印象,有些文章还会设计插图,如1978年第10期(总第31期)的文章《帮助掉队的同志一起前进》就插入了航行的船、工人形象的图案。

《八五团讯》每月出版4—6期,期数不固定,是根据每月的工作进度决定的;每期发行250份。用8开纸正反面印刷,一般每期用一张8开纸,遇到内容多时,也有用两三张纸的。《八五团讯》先是全油印,后期改成刊头印刷、内容刻写套印,之所以采用刊头印刷、正文刻写套印,是因为刊头刻写有时没有印多少,蜡纸就会破损,只得重新刻写,费时费力。从套印开始,刊头就固定了。《八五团讯》的刊头印刷是委托八五钢厂厂办印刷组完成的,油印、刻写套印则是到厂办打字间完成。1980年1月3日(总第114期)前少量外发,不留档;之后由厂党委办公室袁德祥提出要求才留档保存。为了扩大宣传影响,《八五团讯》的发送方式有三种:主要发送全厂各车间(部门)团总支(支部)、工段团支部、团小组和同级党组织、厂党委正副书记、正副厂长、政治部主任、厂工会、人武部及厂部各部门;同时还发送上海后方基地团委和党委、上海团市委等上级领导单位;此外,还发送上海《青年报》《团的工作》《解放日报》《文汇报》《劳动报》《支部生活》《冶金报》《工人日报》等报刊[1]。团讯中的文章多次被上海的报刊转载,具体转载内容按时间顺序如表3所示[2]。

表3 《八五团讯》上的文章被其他报刊转载情况

转载报刊	转 载 日 期	被 转 载 文 章
《文汇报》	1980年1月10日	《八五钢厂制订青年道德准则》
《解放日报》	1980年5月31日	《八五钢厂举办幼儿运动会》
《文汇报》	1981年1月15日	《希望有更多的剧团到山区来 本信赞扬本市两个剧团赴皖南工厂演出》

---

[1] 微信采访史志定,2018年2月25日。
[2] 转载《八五团讯》中文章时,上述提到的这些上海报刊未明确注明转载,据笔者考证内容和原作者是一致的,转载时题目会有所改动。

续　表

转载报刊	转载日期	被转载文章
《解放日报》	1981年8月10日	《八五钢厂技校师生见义勇为跨千层石级背病人下山》
《解放日报》	1982年2月22日	《鹊桥通皖南：八五钢厂关心职工婚姻，小伙子的苦恼大部解除》
《新民晚报》	1982年7月21日	《方便在外地的上海人买东西》
《新民晚报》	1982年8月5日	《上海八五钢厂党团员和青年奋勇抗洪抢险，大桥保住了！资材得救了！》
《新民晚报》	1982年11月7日	《八五钢厂团委乐做月老牵红线，三百对青年喜结良缘》
《解放日报》	1983年7月14日	《领导冲上前线 职工枕戈待命 八五钢厂上下一心战大汛》
《新民晚报》	1984年1月23日	《上海来的"假小子"——记皖南八五钢厂女青年吴玉珍》
《解放日报》	1984年2月24日	《后方基地传出佳话，改嫁媳妇不忘前夫母亲》
《解放日报》	1984年5月22日	《班组动态》

《八五团讯》从1976年8月28日创刊，到1984年12月15日停刊，八年多时间，总共出版371期。其中1976年有12期，1977年有9期，1978年有40期，1979年有82期，1980年有62期，1981年有65期，1982年有66期，1983年有44期，1984年有21期（最后两期371和372期合出，此处默认一期），共发行文章2 542篇，排除因后期保管不善和字迹模糊的部分，笔者不完全统计现有322期，共计92余万字①。具体印发时间、期数如表4所示。

表4　《八五团讯》印发时间、期数

档案号	期　数	起　止　时　间
1976年		
76-8-20乙	总第1—12期	1976年8月28日—1976年2月27日

① 文章篇数依据上海五钢有限公司馆藏档案资料《八五团讯》总目录统计，内容缺失但目录中保存的也统计在内。总字数则依据笔者现实际掌握的内容进行统计。

续　表

档　案　号	期　　数	起　止　时　间
1977年全年缺失		
1978年		
78-8-45	总第22—35期	1978年4月27日—1978年6月9日
78-8-42	总第36—48期	1978年6月24日—1978年9月24日
78-8-43	总第49—61期	1978年9月27日—1978年12月28日
1979年		
79-8-56	总第62—79期	1979年1月2日—1979年5月21日
79-8-57	总第80—92期	1979年5月26日—1979年8月21日
79-8-58	总第93—113期	1979年8月29日—1979年12月31日
1980年		
80-8-59	总第114—138期	1980年1月3日—1980年6月5日
80-8-60	总第139—151期	1980年6月9日—1980年8月6日
80-8-61	总第152—162期	1980年8月14日—1980年10月10日
80-8-62	总第163—175期	1980年10月11日—1980年12月30日
1981年		
81-8-57	总第176—205期	1981年1月4日—1981年6月20日
1981-8-59	总第206—219期	1981年7月2日—1981年9月9日
1981-8-61	总第220—231期	1981年9月9日—1981年11月5日
81-8-57	总第232—240期	1981年11月13日—1981年12月29日
1982年		
82-8-76	总第241—252期	1982年1月1日—1982年3月12日
82-8-77	总第253—265期	1982年3月19日—1982年5月11日
82-8-78	总第266—292期	1982年5月14日—1982年9月29日
82-8-80	总第293—306期	1982年10月3日—1982年12月30日
1983年		
83-8-50	总第307—317期	1983年1月2日—1983年5月2日

续 表

档 案 号	期 数	起 止 时 间
83-8-51	总第318—342期	1983年5月7日—1983年9月27日
83-8-53	总第343—351期	1983年10月6日—1983年12月31日
1984年		
84-8-48	总第352—371期	1984年1月7日—1984年12月15日

笔者根据已有材料,按照简讯通知、评论、大会、表彰、批评斗争、工作纪实、思政教育、纪念活动、文体娱乐九个方面,对《八五团讯》所刊文章内容进行了简单、粗略的分类,具体分类情况见表5、图1。

表5 《八五团讯》所刊文章内容分类

年份 内容	1976年	1978年	1979年	1980年	1981年	1982年	1983年	1984年	总计(篇)
简讯通知	2	30	23	35	31	33	18	11	183
评 论	0	2	5	33	5	13	14	7	79
大 会	3	9	37	62	37	33	21	4	206
表 彰	4	20	42	84	76	72	39	16	353
批评斗争	10	0	1	3	1	7	5	0	27
工作纪实	8	72	135	184	235	200	107	54	995
思政教育	29	30	31	36	40	53	26	15	260
纪念活动	1	4	0	4	3	1	2	1	16
文体娱乐	3	28	72	82	88	73	43	34	423
总计(篇)	60	5	346	523	516	485	275	142	2 542

从表5、图1中可以看出,《八五团讯》现有已知文章中,关于简讯通知的文章共计183篇,占所有文章的7.20%;关于评论的文章共计79篇,占所有文章的3.11%;关于大会的文章共计206篇,占所有文章的8.10%;关于表彰的文章共计353篇,占所有文章的13.89%;关于批评斗争的文章共计27篇,占所有文章的1.06%;关于工作纪实的文章共计995篇,占所有文章的39.14%;

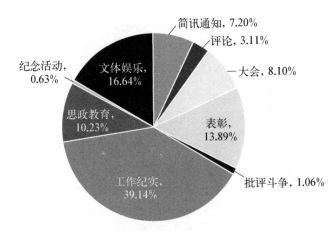

图 1　《八五团讯》所刊文章内容分类占比图

关于思政教育的文章共计 260 篇,占所有文章的 10.23%;关于纪念活动的文章共计 16 篇,占所有文章的 0.63%;关于文体娱乐的文章共计 423 篇,占所有文章的 16.64%。所有文章中,关于工作纪实的文章所占比重最大;其次是文体娱乐和表彰类的文章较多,可以看出八五钢厂十分关心工人的业余生活,对表现好的先进人物或者事迹能够给予充分的肯定,体现了《八五团讯》宣传引导的积极作用。

（1）关于简讯通知的文章：

《八五团讯》最基本的功能就是传递实时讯息,对各类简讯、通知的报道,能使八五钢厂的职工更快、更准确度地了解各项政策、规章制度等。表 6 是对这类文章部分标题的展示。

表 6　《八五团讯》关于简讯通知的文章

档案号	发行日期	总期数	标题
78-8-45	1978 年 4 月 27 日	总第 22 期	告读者
78-8-45	1978 年 4 月 27 日	总第 22 期	团内动态
79-8-56	1979 年 1 月 13 日	总第 63 期	告全厂团员、青年书
80-8-59	1980 年 1 月 18 日	总第 116 期	团内要闻
80-8-59	1980 年 3 月 30 日	总第 124 期	关于试行我厂优秀团支部（总支）评比考核办法修订稿的通知

续表

档案号	发行日期	总期数	标题
80-8-59	1980年6月9日	总第139期	建议
80-8-61	1980年9月24日	总第158期	启事
81-8-57	1981年6月9日	总第203期	厂团委通知
1981-8-61	1981年10月8日	总第225期	喜讯
82-8-78	1982年8月4日	总第279期	我厂《青年报》通讯组作出六项决定

（2）关于评论的文章：

《八五团讯》中评论类的文章涉及多方面，有对电影专门进行的影评，有对书进行的书评，也有对人物或身边发生的事进行的评论，表7是对这类文章部分标题的展示。

表7 《八五团讯》关于评论的文章

档案号	发行日期	总期数	标题
78-8-42	1978年9月13日	总第46期	谈谈爱情的基础——看电影《青年鲁班》有感
79-8-57	1979年7月4日	总第86期	短评：认真学习，大步前进
80-8-59	1979年12月7日	总第109期	述评：丰硕的成果，良好的开端
80-8-60	1980年8月3日	总第149期	一车间团总之座谈"瞧这一家子"观后感
80-8-61	1980年9月24日	总第158期	浅谈我对"人生观"的认识
81-8-57	1981年6月9日	总第203期	"王子犯法与民同罪"观电影《法庭内外》有感
1981-8-61	1981年9月9日	总第220期	调动有感
82-8-76	1982年2月25日	总第250期	访梅街大队有感
81-8-51	1983年8月11日	总第337期	谈"支柱"
81-8-53	1983年12月31日	总第351期	读《失踪的马队》有感

（3）关于会议的文章：

八五钢厂召开的各类会议，如全委会、职代会、青代会、工作经验交流会、座谈会等,团讯也会及时进行报道,表 8 是对这类文章部分标题展示。

表 8 《八五团讯》关于会议的文章

档 案 号	发 行 日 期	总期数	标 题
78-8-45	1978 年 4 月 30 日	总第 24 期	认真总结 部署工作——厂团委召开全委会
78-8-45	1978 年 5 月 27 日	总第 32 期	努力工作 迎接十大召开 记厂团委全委会
78-8-42	1978 年 9 月 18 日	总第 47 期	我厂召开质量月活动经验交流会
79-8-58	1979 年 10 月 9 日	总第 100 期	厂团委召开全委会
80-8-59	1980 年 1 月 18 日	总第 116 期	厂团委召开兴趣小组总结会
80-8-60	1980 年 7 月 10 日	总第 145 期	运输部党支部召开青年工作会议
80-8-62	1980 年 10 月 18 日	总第 164 期	厂团委召开座谈会
82-8-77	1982 年 4 月 2 日	总第 255 期	我厂召开四届一次职代会
81-8-50	1983 年 5 月 2 日	总第 317 期	基建科召开"合格团员""合格青工"教育动员会
84-8-48	1984 年 8 月 7 日	总第 365 期	厂团委召开团的工作会议

(4) 关于表彰的文章:

《八五团讯》中对各类人、事的表彰文章较多,笔者根据已掌握的资料将表彰类文章分成了五个方面:好人好事;先进事迹;业务突破;后进转化;各类光荣榜,表 9 是对这五类表彰的统计。

表 9 《八五团讯》表彰类文章统计

内容＼年份	1976 年	1978 年	1979 年	1980 年	1981 年	1982 年	1983 年	1984 年	总计(篇)
好人好事	0	5	4	20	20	11	10	5	75
先进事迹	4	12	18	27	43	36	15	8	163
业务突破	0	0	16	18	2	8	1	0	45
后进转化	0	0	0	4	5	1	0	0	10
光荣榜	0	3	4	15	6	16	13	3	60
总计(篇)	4	20	42	84	76	72	39	16	353

表 10 是对表彰类文章部分标题的展示。

表 10 《八五团讯》关于表彰的文章

档 案 号	发 行 日 期	总期数	标　　题
78-8-42	1978 年 9 月 13 日	总第 46 期	好人好事 于阳伟同学拾金不昧
79-8-56	1979 年 1 月 13 日	总第 63 期	热心技革的蒋正奎
79-8-57	1979 年 5 月 30 日	总第 81 期	我厂五月份团费收缴工作创最好水平
80-8-59	1980 年 1 月 3 日	总第 114 期	我厂不少后进青年大有转变
80-8-60	1980 年 7 月 10 日	总第 145 期	助人为乐
80-8-62	1980 年 12 月 12 日	总第 172 期	光荣榜
80-8-62	1980 年 12 月 17 日	总第 173 期	最佳团干部
82-8-76	1982 年 1 月 12 日	总第 243 期	浪子回头金不换——孙金宝巧排故障，"小老虎"又立新功
82-8-77	1982 年 3 月 25 日	总第 254 期	我厂《新民晚报》又有新增长
81-8-51	1983 年 9 月 27 日	总第 342 期	《八小时以外作品》评选揭晓

（5）关于批判的文章：

相比较表彰类文章，关于批判的文章就少得多，1977 年之前主要是对"四人帮"的斗争批判，从 1978 年开始只有少数对厂内职工违反厂纪、法律的人、事进行批评，以此达到对其他职工的教育作用。表 11 是对这类文章部分标题的展示。

表 11 《八五团讯》关于批判的文章

档 案 号	发 行 日 期	总期数	标　　题
79-8-58	1979 年 9 月 6 日	总第 94 期	值得深省的案例
80-8-60	1980 年 6 月 23 日	总第 141 期	触犯刑法必受制裁
81-8-57	1981 年 6 月 3 日	总第 202 期	杨承忠犯法受拘留
82-8-77	1982 年 4 月 6 日	总第 256 期	青工李献宏被拘留
82-8-77	1982 年 4 月 14 日	总第 258 期	周亿伟倒卖船票被收容审查

续 表

档案号	发行日期	总期数	标题
82-8-77	1982年5月11日	总第265期	酒友变凶手
82-8-78	1982年6月9日	总第271期	蔡增财、董国伟因赌博被贵池公安局行政拘留
82-8-80	1982年12月24日	总第305期	待业青年陶忠华被贵池县公安局拘留
81-8-51	1983年8月26日	总第339期	坚决打击刑事犯罪活动 我厂五名犯罪分子被市公安机关抓获归案
81-8-51	1983年9月8日	总第340期	惨痛的教训

(6) 关于工作纪实的文章：

工作纪实类文章在《八五团讯》中所占比重是最大的，可以看出八五钢厂十分注重对厂务工作的宣传和对员工工作状况的实时报道。笔者据已掌握的资料，将工作纪实类文章分为党团工作、工作规划、婚姻、经济工作、职工教育和其他活动六类，具体统计见表12。

表12 《八五团讯》关于工作纪实类文章统计

年份 内容	1976年	1978年	1979年	1980年	1981年	1982年	1983年	1984年	总计（篇）
党团工作	2	24	16	15	29	31	24	9	150
工作规划	3	12	29	25	30	15	6	3	123
婚姻	0	1	0	8	21	4	1	0	35
经济工作	0	0	0	8	0	14	9	2	33
职工教育	2	3	3	15	15	11	8	5	62
其他活动	1	32	87	113	140	125	59	35	592
总计（篇）	8	72	135	184	235	200	107	54	995

表13是对工作纪实类文章部分标题的展示。

表 13 《八五团讯》关于工作纪实的文章

档 案 号	发 行 日 期	总期数	标　　题
78-8-45	1978年4月29日	总第 23 期	推荐本厂团的工作经验十五例
78-8-45	1978年6月3日	总第 34 期	认真传达，积极贯彻基地积代会精神
78-8-42	1978年6月30日	总第 37 期	在节约一百元活动中
78-8-42	1978年7月29日	总第 40 期	大力种好蓖麻，支援国家建设
78-8-43	1978年10月3日	总第 50 期	各单位陆续上缴蓖麻籽
79-8-56	1979年3月6日	总第 68 期	人人争当新长征突击手——团中央规定新长征突击手评比条件
79-8-56	1979年5月21日	总第 79 期	节约活动日里突击忙——基建团支部组织收集废钢活动
79-8-57	1979年6月28日	总第 85 期	我厂贯彻八字方针的具体目标
79-8-57	1979年8月4日	总第 89 期	七月份我厂又有两个单位参加小储蓄活动
80-8-59	1980年3月31日	总第 125 期	城乡个人储蓄存利率提高情况
80-8-60	1980年7月24日	总第 147 期	八车间组织义务突击劳动
80-8-60	1980年8月6日	总第 151 期	一车间将大力开展技术操作比赛
81-8-57	1981年1月5日	总第 177 期	我厂婚姻介绍工作进展良好
81-8-57	1981年3月17日	总第 190 期	我厂文明礼貌活动将掀起热潮
81-8-57	1981年3月19日	总第 191 期	我厂将举办"文明礼貌"黑板报展览
81-8-57	1981年11月13日	总第 232 期	争当建设精神文明的先锋 我厂再次掀起文明礼貌活动热潮
82-8-77	1982年3月19日	总第 253 期	发扬爱国主义和主人翁精神——我厂青年踊跃认购国库券
82-8-80	1982年10月26日	总第 297 期	局团委举办团干部培训班
81-8-51	1983年5月25日	总第 321 期	基建科宣讲张海迪事迹
81-8-51	1983年6月30日	总第 330 期	愉快的暑期学生活动班
84-8-48	1984年4月13日	总第 357 期	第一季度小储蓄金额

(7) 关于思政教育的文章：

八五钢厂团委十分注重对厂内团员、青年的思想教育工作，这在《八五团讯》也有所体现，团讯中有很多这类文章，包括对团员、青年的政治思想、工作纪律和观念作风教育，表 14 是对这类文章部分标题的展示。

表 14 《八五团讯》关于思政教育的文章

档 案 号	发 行 日 期	总期数	标 题
78-8-45	1978 年 5 月 6 日	总第 26 期	继承和发扬"五四"光荣传统
78-8-45	1978 年 5 月 19 日	总第 30 期	自觉遵守团的纪律
78-8-42	1978 年 7 月 29 日	总第 40 期	要自觉坚持佩戴团徽
78-8-43	1978 年 12 月 11 日	总第 56 期	发扬实事求是的优良作风
79-8-56	1979 年 3 月 6 日	总第 68 期	学雷锋争三好
79-8-58	1979 年 10 月 22 日	总第 102 期	急工程所急，想国家所想
80-8-61	1980 年 9 月 29 日	总第 159 期	提高认识，端正态度
82-8-78	1982 年 6 月 18 日	总第 273 期	为国分忧，多作贡献
82-8-78	1982 年 9 月 14 日	总第 289 期	一人有难众人帮 组织关心暖心怀
81-8-53	1983 年 10 月 22 日	总第 345 期	青年要增强法制观念

(8) 关于纪念活动的文章：

《八五团讯》中关于纪念活动的文章主要是对革命先辈和重大节日的缅怀和纪念，表 15 是对这类文章部分标题的展示。

表 15 《八五团讯》关于纪念活动的文章

档 案 号	发 行 日 期	总期数	标 题
79-8-56	1978 年 12 月 26 日	总第 60 期	千秋存英灵——毛主席八十五诞辰庆
80-8-59	1980 年 3 月 31 日	总第 125 期	怀念刘主席
80-8-59	1980 年 4 月 2 日	总第 126 期	我厂举办《缅怀老一辈革命家报告会》
80-8-59	1980 年 4 月 10 日	总第 128 期	中学团支部学生会、少先队联合举办《缅怀革命先烈诗歌朗诵会》

续表

档案号	发行日期	总期数	标题
80-8-59	1980年5月5日	总第132期	我厂隆重集会纪念五四青年节
81-8-57	1981年4月28日	总第198期	一次别开生面的纪念活动
81-8-57	1981年6月9日	总第203期	向宋庆龄名誉主席致敬!
82-8-77	1982年5月3日	总第263期	以天下为己任,为四化作贡献——我厂隆重召开纪念"五四"茶话会
81-8-53	1983年12月27日	总第350期	我厂举行纪念毛泽东同志九十诞辰"诗歌朗诵演唱会"
84-8-48	1984年7月5日	总第363期	庆祝中国共产党诞生63周年——厂团委举办献诗会

(9) 关于文娱活动的文章:

《八五团讯》中关于厂内文娱活动的文章很多,八五钢厂举办的各类文娱活动种类繁多,次数频繁,体现了小三线八五钢厂职工业余生活的丰富多彩。具体统计见表16。

表16 《八五团讯》文娱活动类文章统计

年份 内容	1976年	1978年	1979年	1980年	1981年	1982年	1983年	1984年	总计(篇)
文字诗歌	2	11	7	11	18	4	17	11	81
团/队日	0	1	5	1	0	0	0	0	7
展览活动	0	0	4	2	7	3	2	1	19
体育类	0	2	28	43	30	27	5	4	139
益智类	0	1	1	2	1	3	1	1	10
学习兴趣	1	1	6	1	0	0	4	2	15
节日庆祝	0	7	4	6	12	6	9	10	54
出游	0	0	2	5	9	7	2	2	27
小知识	0	1	5	1	2	2	0	1	12
茶话会等	0	4	10	10	9	21	3	2	59
总计(篇)	3	28	72	82	88	73	43	34	423

表17是对文娱活动类文章部分标题的展示。

表17 《八五团讯》关于文娱活动的文章

档案号	发行日期	总期数	标题
78-8-45	1978年5月6日	总第26期	一次有意义的团日活动
78-8-45	1978年5月27日	总第32期	漫谈青春
78-8-43	1978年11月10日	总第53期	即将举行青年电焊工比赛
79-8-56	1979年4月26日	总第75期	厂团委加紧筹备茶话会
79-8-57	1979年8月21日	总第92期	吸烟的危害
79-8-58	1979年9月19日	总第96期	基建科与683四车队进行篮球友谊赛
79-8-58	1979年10月4日	总第99期	在迎国庆的日子里
79-8-58	1979年11月25日	总第107期	厂团委举办法制教育画展
79-8-58	1979年12月14日	总第110期	我厂即将举行三项球类和拔河比赛
80-8-60	1980年7月7日	总第144期	二车间召开茶话会
80-8-60	1980年7月10日	总第145期	机动部夏令象棋团体赛结束
80-8-60	1980年7月15日	总第146期	我厂举办裁剪兴趣讲座
80-8-61	1980年8月22日	总第153期	我厂青年漫画展览正式展出
80-8-61	1980年9月5日	总第155期	我厂举行"歌唱祖国"歌咏比赛
1981-8-59	1981年7月22日	总第211期	摄影展览取得了圆满成功
1981-8-59	1981年8月20日	总第216期	三车间二次组织游泳活动
1981-8-61	1981年9月24日	总第222期	欢欢喜喜渡国庆 我厂国庆活动内容丰富
82-8-76	1982年1月27日	总第246期	四车间组织游艺活动
82-8-76	1982年3月4日	总第251期	集体婚礼好处多
82-8-78	1982年7月30日	总第278期	厂团委举办暑期电影晚会
81-8-51	1983年7月15日	总第333期	三车间成立"文史哲读书小组"
81-8-53	1983年11月2日	总第346期	行政科团支部组织游览庐山活动

《八五团讯》在1976年8月28日第1期的《创刊号 告读者书——团委》中对团讯的性质进行了定义:"'团讯'的性质,她是我厂的一种群众性的刊物,是厂团委的宣传工具。"①《八五团讯》是由八五钢厂团委主办的带有企业报性质的内部刊物,虽然并未像《八五通讯》一样作为企业报经上海市宣传部门正式注册登记,但是在性质上仍然属于企业报范畴。八五钢厂在当时专门划拨资金给团委创办《八五团讯》,并由团的负责人专门负责这项工作,持续时间长达八年之久,这在当时以生产为重的大背景下实属罕见。《八五团讯》作为团的宣传工具,发挥了宣传鼓动作用,推动了团的工作;而正因为它是团的宣传工具,有其政治立场,其中的内容多是正面的、积极的,具有一定的片面性,要全面客观地了解八五钢厂的各方面情况,还需要结合上海市地方档案馆的档案资料、小三线各企业厂志、小三线亲历者口述等其他资料方可。

(徐有威,上海大学历史系教授;耿媛媛,上海大学历史系2016级硕士研究生)

---

① 八五钢厂馆藏档案资料:《八五团讯》,八五钢厂文书档案,档案号76-8-20乙。

《八五通讯》编辑历程忆往

谈雄欣

看着"八五通讯"四个刚劲有力的红色草体大字,我的眼眶湿润了。到2017年底,距我厂《八五通讯》创刊已经整整38年了。忆当年,时任党委政治部主任倪国钧同志向我交代了一项重要任务——创办我厂厂报《八五通讯》。春节一过,我就从八五钢厂01炼钢车间被调往厂宣传科主持工作。

十一届三中全会以后,迎来祖国的春天。位于安徽省贵池县梅街的八五钢厂的八千名职工和家属抓革命、促生产热情高涨,大家都决心为"四化"建设做出更大的贡献。小三线厂属上海老厂包建包产,工厂生产的原辅料和各类生活物资,全靠上海市683运输车队和厂车千里迢迢从上海运来。因厂区离上海实在太远,车间生产勉强维持,职工生活艰难困苦,厂内8个车间、22个部门的近8 000人分散在7个山沟(大家戏称"夹皮沟")中,方圆近十里。职工信息交流不畅,生活单调枯燥。

党委明确,厂宣传科负责此项工作,要努力把《八五通讯》办成一个方向正确、内容生动的厂报。接过任务以后,宣传科开始紧张筹备,组成了《八五通讯》编辑组,并做了主编、责任编辑和记者的岗位分工。编辑组负责文稿采写、编辑和出版,厂办印刷所和收发室负责印刷和发放。同时,厂内建立了《八五通讯》通讯员网络和稿费制度,通讯员由各车间、部门的党支部(总支)、团支部(总支)、工会的成员担任,宣传科负责定期召开通讯员会议,对通讯员进行工作布置、信息沟通和必要的培训和辅导。

《通讯》(即《八五通讯》)业务正式开展了。编辑组设在宣传科,宣传科内主持工作的副科长和科长(由我和后来的刘自强、陈敏章、张掌宝等)先后任主编,业务主管(杨水根、左伯、施纯星等人)先后任责任编辑。责任编辑负责通讯稿件的采编、修改、审核和排版,主编负责组织每期的版面设计、对头版重要文章的采写和审核以及版面和重要文章的终审。其中,对涉及党委和厂领导的重要报告经主编审核后,还由政治部主任,必要时经书记或厂长亲自阅改后定稿。

《通讯》的出版流程是：先设计版面、确定稿件内容,并进行采写、收集和修改,然后审核和定稿,并誊写稿件和排版(包括插花);责任编辑将排版图和誊写稿送至厂办印刷所,印刷所工人进行测字、排版、打"小样",印刷所再将"小样"交编辑组审样;通过以后,责任编辑将"小样"审核稿交给印刷所,印刷所工人上机印刷(包括色彩套印),并对成品剪切、包装,完成以后交给编辑组;由他们将《通讯》按车间封装,交厂办收发室;再由收发室发放到各车间、部门;各车间、部门通讯员到厂收发室领取以后回车间、部门分发到班组。

八五钢厂共有22个车间、部门,约600多个班组,《通讯》印刷量每期约800份,免费发行,发放范围：厂内是各班组以上单位和各科室和上海办事处的干部、骨干;厂外是小三线各相关工厂、后方基地管理局、《解放日报》(公交组)、《青年报》等单位。《通讯》的出版周期是每旬一期,经费(包括稿费)由厂部统一拨款,纳入生产成本。

作为小三线工厂的厂报,其办报风格当时未确定过。但鉴于"要准备打仗"的形势和厂领导提出的把准方向、生动活泼的要求,可归纳为"严肃,开放",就是既不迷失方向,又家长里短、无话不谈。

《八五通讯》从1979年7月1日正式创刊直到1986年12月全国小三线调整,八五钢厂整体消化回到上钢五厂为止,历程七年半,共办272期,文章字数约150万字。文章中,大事、小事一大摞,头版文章基本上都是国家大事、方针政策和厂部精神,二版则是职工耳闻目染的且喜闻乐见的小消息。

在办报的过程中,我们被八千职工、家属默默无闻、艰苦奋斗的作风所感动,对他们的工作和生活进行了不间断的报道。他们响应党的"三线建设要抓紧,要准备打仗"的号召,克服困难,从大上海来到穷山沟,一干就是16年;他们不愧是上海工人阶级的优秀成员,真正是我国三线建设队伍中的"好人、好马、好刀枪"。

在我的记忆中,比较有印象的文章主要有：

(1) 报道向全国招收女青年为钢厂媳妇的消息,把八五钢厂的特殊案例推向了全上海乃至全国范围。

这件小三线钢厂男青年的难事是当时全厂父老乡亲的大事。面对厂团委在上海《青年报》《解放日报》等媒体刊登招收信息,厂党委为青年婚恋辅导培训等活动,我们《八五通讯》长达两三年不间断地报道男女青年婚恋动态。当时青年怎么想呢?1981年2月3日《八五通讯》第58期刊登了署名汤李永的"诗歌"中写道:"我拿着姑娘的相片,为何双手微微颤抖?是喜讯还是忧愁?啊!是爱情的暖流涌上心头。"又写道:"啊,新时代的红娘,拂起月老良缘袖,引来了……引来了……令人心跳脸红的红彩球。……山风呵为何这般温暖柔和?溪水呵为何这般欢畅悦耳?大概是你们,是你们带来了,我生命中充满春意的芳柳。"

(2) 不间断地报道钢厂"抓革命、促生产"的大事以及点滴的先进人物和事迹。《八五通讯》几乎每期头版头条都会以"本报讯"开头,报道厂部或党委的重要工作和庞耀昌等厂长、陈锁锁等书记们的讲话精神。其中,有厂职工代表大会报道,厂年初开局、年终总结报道,厂先进集体和个人的评比、厂党员轮训班报道等内容。同时,《八五通讯》专栏集中介绍精神文明建设,包括"五讲四美""五好和睦家庭"等内容,介绍党的决议、《邓小平文选》的学习体会,介绍普法、计划生育、职工技术考核、为"四化"立功竞赛等知识,介绍工资调整政策及职工工资调整的体会等内容。

在报道先进人物和先进事迹方面,《八五通讯》大量记录了职工狠抓生产、提高质量、刻苦学习、文明礼貌的事例。其中,有02车间上海市劳模王明盛,厂子弟小学校长、全国三八红旗手魏芳老师,03车间机修工长、革新迷郭福昌,以及08车间青工吴志根好学不倦、刻苦钻研外文、在科普译文竞赛中获英文翻译二等奖的事迹报道。在大量的好人好事报道中,有拾到290元"大罗马"手表归还失主的02车间青工小顾,有从粪坑里捞起皮夹子送交失主的职工农场团支部副书记虞红鸿;有1981年10月28日01车间行车女青年杨吉婷临危不惧,冷静操作,避免了一起钢包倾翻的严重设备事故;更有1982年7月18日,基建科29名职工冒生命危险抗洪抢险,保住正在紧张施工的八五大桥的英雄事迹……这一桩桩发生在职工身边的事例,激励了人们的斗志,稳定了人们的情绪。

（3）生动报道了一些群众喜闻乐见的新鲜事。

有些事至今记忆犹新：07机动部运行工段领导带头戒烟，在当时引起的小轰动；厂卫生科医生背起药箱进山沟，主动开展巡回医疗活动；01车间扬州籍老工人霍正久在浴室为大家扦脚……特别有几件事：厂工会电视修理室同志和基建科、机动部同志共同努力，钻山爬坡，苦战数月，成功架设八五钢厂第一台电视差转机，群众拍手称赞（1981年1月2日《八五通讯》第55期），在1983年10月，他们又用八天时间，历经辛苦，自力更生安装了另一台50瓦差转机，进一步改善了电视效果（1984年2月29日《八五通讯》第167期）；《上海科技书店又来售书啦！》："这已是1975年以来的第七次了。这两天售出的科技、文艺、连环画、家庭生活和中外名著、经典作品竟达一万四千余册。"（1980年5月10日《八五通讯》第30期）02车间因"反革命"被判七年牢狱的姚××，平反后结了婚，孤独者寻找到了新归宿（1980年1月15日《八五通讯》第20期）；《01车间的阿才惨死猎枪口》（1982年3月12日《八五通讯》第95期），说的是亲如兄弟的张阿才和关××，周日进山狩猎，归途中走在前面的关某不慎绊了一跤，扛着的装满弹药的猎枪震动走火，子弹朝后射出正中阿才中上腹，可怜阿才再也没有醒来……为此，《八五通讯》专发评论《警惕啊！狩猎者》。

（4）着重报道了小三线调整，八五钢厂整体联营消化到上海第五钢铁厂的信息。

实际上，随着国家改革开放的深入，八五钢厂的企业整顿工作从1983年就已开始。《八五通讯》围绕中央经济体制改革的决定、城市经济体制改革、企业整顿等内容刊登了大量的信息。我记忆中，上海市副市长朱宗葆、市国防工办主任李晓航等领导1985年7月6日来厂的那天晚上，朱副市长人在厂招待所，但他的大哥大却响个不停，市里的工作拖累着他，但他仍深切关注我厂的工作，特别是了解了我厂企业整顿和调整的情况。之后，《八五通讯》开始刊登三线调整信息。

1986年1月1日第235期《八五通讯》，整刊详细报道了上海冶金局、上钢五厂领导莅临八五厂慰问指导的消息。《八五通讯》引用冶金局党委书记包信宝的讲话："八五钢厂与上钢五厂的整体联营消化，是调整工作中的一件大事，是一次战略大转移。这次调整，是改革的成果，是拨乱反正的成果，也是党的实事求是精神的体现和胜利。"同时,《八五通讯》及时报道厂党委召开的思想政治工作会议精神,把"唱好联营、生产、交接三台戏,保证整体联营消化的顺利进行"的指导思想传递给每个职工(1986年1月18日《八五通讯》第237期)。

《八五通讯》又把职工中的激动、感恩心情流露于字里行间,有题"酬衷愿·宝章"写道:"皖南山区,十七年,钢城儿女眉难展。车轮生烟,拼着全力同心干,白首黄口难顾全。此中情,寄语长空雁,向东飞!红头文,传佳音;出深山,回上海,万眼热泪挥。五钢城头,虎军二万征战酣。归海蛟龙来参战,八五精神再考验,酬衷愿!"(1986年1月18日《八五通讯》第237期)。这段时间,摘登慰问团领导讲话的《八五通讯》超过了历史发行量,职工争相传阅,不少人将其珍藏,作为我厂历史的转折点的纪念。

整体消化回上钢五厂后,编辑组和通讯员们基本上按原车间的岗位对口五厂的车间和岗位,大多数同志仍在团、工会和党的宣传工作岗位上。如,原01炼钢车间严国兴回到五厂一电炉车间任教育干事,后调任车间办公室主任;原03轧钢车间吴莱申回五厂轧钢车间任工会干部;原宣传科《八五通讯》编辑左伯、施纯星回五厂后在宣传处《五钢报》任编辑、记者。原八五厂厂办印刷所的几位师傅,如老刘、两个小张,回五厂后也全部调进五厂印刷所干起了老本行。他们都在上钢五厂继续为党的宣传工作努力。本人因企业整顿工作需要,1983年由宣传科调到厂整顿办、厂办,回五厂先后调到企管处、全质办和质量保证处工作。

弹指一挥间,离《八五通讯》创刊已有38年了。这几天,我的思绪仿佛又回到了梅街那幢两层的八五钢厂的办公楼。这幢楼坐北朝南,门前一条公路直通贵池县城和深山梅村(直到2017年春节前夕,我思念心切,回到这幢办公楼前,还清晰地看到二层的墙面上"自力更生,艰苦奋斗"八个白色大字)。我们宣传科就在楼中间的二楼,印刷所在楼左边的一楼,《八五通讯》编辑组在那里整整工作了近八年,汇就了洋洋150万文字。其中,有多少同事与我一起工作,默默无闻地俯首疾书,爬着"格子",书写着、赞美着我们文章中的主人公!突然想起,我在《八五通讯》终刊(1986年12月31日《八五通讯》第271—273期)上的一篇署名谈雄欣的《也为爬格子者美言几句》文章,摘下几句:"他们是生活的创造者,……他们又是生活的寻者,……值得美言的是,他们更是美好生活的工匠。"

由衷地感谢我编辑组的同事刘自强、陈敏章、张掌宝、杨水根、左伯、陈德道、曹自英、施纯星以及后来的同事,感谢全力支持我们的厂团委的王汶菁、史志定、祁伟勤、韩秀荣、陈辉,感谢我的直接领导倪国钧,感谢我们各车间的宣传干部和勤奋的通讯员。

(谈雄欣,原八五钢厂宣传科主持工作的副科长)

难忘的《八五团讯》

史志定

1973年5月,由于时任八五钢厂团委书记吴培林调任上海后方基地团委副书记,厂政治部主任倪国钧、厂团委书记吴培林和厂组织组组长张世仁先后找我谈话,通知我出任团委副书记并主持工作,待新一届团委产生后,担任厂团委副书记。

1963年,我在上海树人中学读初一时就入了团,并曾担任学校团总支委员,比较热爱团的工作,对团的工作有特别深厚的感情。抱着强烈的事业心和责任心,我毫不犹豫地接受了组织的决定,并很快地进入了角色。

上任伊始,我碰到的第一个难题是厂区分散。全厂八千余名职工和家属、二十多个车间(部门)分散在各个山沟,最远的码头团支部离厂部有36公里,最近的也要走上15分钟,职工上下班大多是步行,有的骑自行车。当时我又不会骑自行车,于是我硬是花了三天时间突击学习骑车,虽然我当时很累手也磨出了泡,山区道路又窄小,但三天以后,我还是摇摇晃晃地骑着自行车深入车间联系工作。

干任何事(工作),必须有抓手。俗话讲"劲可鼓而不可息"。任何时代宣传教育,积极引导很重要。在革命战争时代,革命前辈十分重视宣传鼓动工作。在深入车间(部门)与团员、青年接触和交流中,我深深被青年朋友的"精神"所感动。如何交流和发扬正气、促进团的工作呢?厂团委决定办一份自己的刊物,并在厂广播台设立每周一次的青年专题广播。于是1976年8月28日《八五团讯》创刊了。这份由原上海皖南小三线八五钢厂团委主编的《八五团讯》始于1976年8月28日,结束于1984年12月15日,八年多时间,总共出版 371 期。主要栏目有调查报告、青年工作经验交流、团的工作动态、青年思想交流、编辑按语、小评论、影评、诗歌、散文等,及时反映了八五钢厂青年的状况和团的工作动态。每月出版 4—6 期,每期发行 250 份。主要发送全厂各车间(部门)团总支(支部)、工段团支部、团小组和同级党组织、厂党委正副书记、正副厂长、政治部主任、厂工会、人武部及厂部各部门。同时,我们还发送上海后方基地团委和党委、上海团市委等上级领导单位,上海《青年报》《团的工作》《解放日报》《文汇报》《劳动报》《支部生活》《冶金报》和《工人日报》等新闻媒体。

八五钢厂是一个具有五千四百多名员工、两千多名职工家属的中型企业,是上海皖南小三线最大的企业。由于远离市区,成为上海在皖南的一块飞地。既是一个企业,也是一个小社会,学校、医院、街道俱全,从生到死,样样都要管。厂里各级领导班子都比较精干,厂团委只设一名书记、一名副书记,后来增加了一名团委干事。在最忙碌的婚姻介绍高峰,也只借了两名团干部协助工作。《八五团讯》由我负责主编,直到 1983 年 9 月我从厂团委书记岗位调任 04 车间党总支书记,由新任厂团委副书记祁伟勤继任主编。《八五团讯》由厂政治部主任倪国钧直接领导,通讯员由各车间(部门)团的负责人和写作爱好者兼任。厂团委每季度进行流动红旗评比,并把《八五团讯》的供稿和发行工作纳入团的工作评比。没有稿酬,每季度评比优秀通讯员,发些笔记本、钢笔等纪念品,并选送优秀通讯员到《青年报》社、《劳动报》社实习。

《八五团讯》先是全油印,后是刊头印刷,内容刻写套印。我既要从事日常的团的工作,又要进行采访,组织刻写,还经常亲自动手刻印,工作量很大,很辛苦。但是"通讯虽小,作用不小",当我看到《八五团讯》在团员青年中争相传阅,有力地推动了全厂团的工作和宣传教育,并引起各级组织和新闻媒体的高度关注时,感到由衷的欣慰和鼓舞。

1979 年 11 月 25 日《八五团讯》上刊登的八五钢厂制定以"四个树立""十个要,十个不""三个提倡"为主要内容的《青年道德准则》被《文汇报》首次转登时,团员青年深受鼓舞。以后,《青年报》《解放日报》《劳动报》《支部生活》《冶金报》等媒体都经常刊登或转登八五钢厂有关文章和报道。

社会舆论的影响很大,《八五团讯》报道 04 车间铁姑娘吴玉珍的事迹后,《新民晚报》上也刊登出来,由于影响大,吴玉珍先后被评选为上海市三八红旗手、全国三八红旗手、贵池县人民代表。后来在上海皖南小三线的调整中,有关八五钢厂的困境情况也引起了上海市政府和中央政府部门的关注。

特别是八五钢厂团委关于"大龄青年的婚姻问题"的调研报告,引起了团市委、市政府和《青年报》的高度关注。市政府专门形成解决方案和相关政策。在团市委和《青年报》社的支持下,厂团委先后于 1980 年 10 月 10 日和 1981 年 8 月 7 日在《青年报》刊登广告,为青年寻找对象。

征婚启事发表后,先后收到除台湾以外,各省市 1 628 位姑娘的来信。厂团委还请厂政治部主任倪国钧讲"六个第一次"的专题讲座,联系实际,开展生动的人生观教育,促成 720 多位大龄青年中的六百多位先后恋爱成功,结婚和生儿育女。最后剩下的 117 位,在小三线调整时,厂里安排他们首批回沪到上钢五厂,绝大部分也解决了"老大难"问题。后来整个后方闻风而动,为解决上海后方基地八千余名大龄男青年婚恋难的问题,后方基地管理局团委成立了24 个婚姻介绍所,纷纷在《青年报》刊登征婚启事。

婚介工作相当成功。正面报道多,离婚案例报道少也就很正常。因为,从全国各地来的姑娘,大部分是上山下乡知青,她们能调到离上海亲人近一点的企业,找到比较如意的郎君,已经心满意足了。至于回沪后,有个别的离了婚,造成很不好影响,其实也很正常。因为上钢五厂本来也是男多女少,加之八五钢厂采取的是"边生产,边撤离"的方针,有的姑娘因为要照顾老人等原因,先到上钢五厂。就像当年支内一样,有的人趁夫妻分居两地之机,拆散了个别家庭,也就不足为奇了吧。

《八五团讯》报道种植蓖麻和食堂饮食、文娱体育及游艺活动等内容比较多,这与当时的实况和小三线特点是分不开的。种蓖麻,不仅是当时团中央的号召,而且还能通过出售蓖麻籽,增加团的活动经费。从 1980 年 4 月 7 日公布的数据来看,1979 年共收蓖麻籽 549.9 斤,各分厂(部门)团总支(团支部)分配到 219.2 元,厂团委留存 51.40 元,这个数字现在看来很小,在当时每月工资 39 元、全厂平均工资 50 元的水平时,已经是相当可观了。各级团组织用这笔劳动所得经费,可以用作奖励资金和纪念品物质奖励。

"小储蓄"2、3、4 元储蓄,现在看数字很小,似乎属"小儿科",但是积少成多,不仅支援了国家建设,而且培养当家理财的好作风。特别是交友不慎、三日两头回上海交社会上不三不四的"朋友"的青年,经济上有了自我约束,上海跑少了，"坏朋友"接触少了，不良习气也就有了很大改变，改邪归正的青年越来越多。

有人有疑问：不是说到小三线的都是"好人好马好刀枪"吗？怎么会出现相当人数的后进青年呢？熟悉当年情况的才明白，后进青年主要分两种，一种是父母双支内，留在上海的子女缺少管教，有的轧了坏道，家长不得不把"坏孩子"带到山里子弟学校读书。另一种是 1976 年当时上海为了稳定社会治安，在小三线招工时，明确规定必须搭配百分之十的不良青年。当时我厂招工名额是 880 名，最后只好忍痛只招 660 名，各级党团组织经过数年努力，使"大洋桥"等 27 名出了名的帮教对象改邪归正。

小三线团的工作其实非常具体和辛苦。为了丰富职工的业余文化生活，厂团委组织了各种球队和兴趣讲座。有的队员反映，比赛太频繁，饭票不够用，厂团委就发动团员青年捐赠粮票。《八五团讯》数据显示，一个季度全厂开展文体活动 107 次。不少团干部身先士卒，把大部分晚上业余时间，贡献给了共青团工作。

《八五团讯》对锻炼人、培养人是很有贡献的。通过团的工作和《八五团讯》的实践，当年的团干部和青年秀才谈雄欣、严国兴、丁祥雄、庄根勇、耿雄顺、施纯星、叶林华等，有的成为评审机构专家、行业协会负责人、区检察院领导，有的成功创业、前程美满。

由于八五钢厂整体消化到上钢五厂，上钢五厂后又被宝钢集团吸收合并，几经搬迁，《八五团讯》有些缺损。但是基本上还是记录了八五钢厂团员青年在创业、发展、调整、消化过程中的精神面貌和历史现状。八五钢厂的政治思想工作做得比较深、比较细，效果显著，较好地提振了员工的精气神。党组织十分重视发挥各级团组织的助手作用和青年的生力军作用。厂团委非常注重调查研究，深入实际，勤奋工作，务实重效。尤其是坚持每季一评团的工作流动红旗竞赛活动，组织青年突击队，技术革新，技能比赛，合理化建议，注重青年道德教育、恋爱观教育等，扎实开展后进青年转化工作，持续不断活跃文体活动，文明礼貌活动形成制度化、持久化。独创为大龄男青年登报找对象取得显著成功等。团的工作搞得有声有色，富有成效，深受团员青年的欢迎。在远离上海市区的皖南山区，被上海后方基地团委表彰为标杆团组织，两次受到团市委和基地局团委的表彰，多名团干部和团员、青年被局团委和团市委授予优秀团干部、市新长征突击手、"小老虎"等称号。

  41年过去了，回忆这段经历感慨万千。感谢八五钢厂党委领导，尤其是党委书记陈锁锁、政治部主任倪国钧的教育和培养。感谢后方基地团委书记夏振玉、毛德宝等团委领导对我工作的大力支持。十分怀念老书记吴培林同志。感谢共同从事团的工作的老同事王汶菁、韩秀荣、王豪、桑永伟、杨耀梁等同志的大力支持和热情帮助。感谢上海大学徐有威教授数年如一日带领一批研究生吴静、李婷、崔海霞、邬晓敏、李帆、韩佳、耿媛媛等关注和研究上海皖南小三线，回忆和研究这段历史，使我有机会在晚年回忆这段令人终生难忘的经历。

（史志定，原八五钢厂团委书记）

我和小三线研究

"尘封记忆——安徽小三线纪实摄影展"
值班日记选编

陈莹颖　宣海霞　王来东　周升起　窦育瑶　耿媛媛

2018年1月13—22日,由上海大学文学院和安徽省摄影家协会主办的"尘封记忆——安徽小三线纪实摄影展"在上海浦东陆家嘴美术馆举办。摄影展以安徽皖南山区上海小三线建设遗址的摄影照片为主题,力图记录上海小三线建设者的工作生活背景。本文系参加摄影展接待工作的上海大学历史系学生撰写的值班日记选编。

2018年1月13日　星期六　寒

从暑假到现在整理的《八五通讯》只有文字稿,整理之余也曾萌生出去三线实地考察一番的念头。直到两周前,徐老师在朋友圈转发了关于这个安徽小三线纪实的影展,让我很期待这个展览。

这天,尽管天气寒冷也阻挡不了我们去看展的热情。下午两点半,我们一行六人去了陆家嘴美术馆,刚好遇上了开幕式,整个展览厅挤满了人,他们当中大多是白发苍苍的老人,岁月的刀斧在他们脸上刻下痕迹的同时也赠予他们难以忘怀的关于亲历建设小三线的弥足珍贵的回忆。

当我进入第二个展厅时,我看到一位老人久久伫立在一幅主题为"206通信站"的照片前,口中还嘟囔着什么。我走近,仔细一听,只见老人略显激动地指着照片说:"这照片错了,错了!是260通信站!"我便问:"老先生,您也是这个厂的吗?"他点点头说:"是啊。"

我这一问仿佛拉开了小三线建设的舞台帷幕,那些曾在三线建设奉献过青春、挥洒过汗水的人们逐一登场了。

"我是 20 岁去的后方,因为我会开车,去了就在 260 通信站工作,到 1986 年才回来,在那里度过了十年光阴。由于当时出于保密需要,三线职工是不能随时与外界通信的,通信站是联系外界的重要窗口,它负责整个后方的通信工作。当时电话都是有线的,不像现在是无线的。打到上海的电话都需要通信站转出去。通信站有一个总站、六个分站、一个工程维修队,大概有 300 多人,总部设在古田医院隔壁。哪里有厂哪里就设有电话,安徽大概有两千多公里的线路。皖南后方基地的通信工作是从 1970 年就开始建设的,在 1976 年我去的时候,线路架设已经基本完成,我的日常工作主要是开车穿梭于各个厂之间,维护、检修各厂的总机以及厂际之间的电缆、电杆,八五钢厂、红星化工厂……后方的厂我都是去过的。"

言语中,我能真切地感受到老先生作为这段历史的亲历者的一种自豪感。脑海中,大山里一位二十来岁的青年开着汽车,驰骋在皖南山路,车后烟雾缭绕的影像浮现出来。

30 年前,这位刚满 20 岁的年轻小伙子,告别家人,去到皖南小山沟里,一待就是十年光阴。未去之前,对城市里的年轻人来说,远方即自由。刚去之初,皖南的青山绿水对他们还有吸引力,可是时间一长,山区的生活越来越枯燥,用老先生的话来说,就是"眼睛睁着的时候看到的是山,睡到床上看到的也是山。"

我很疑惑,三线职工没有假期吗?他说每年有很少的探亲假,即使在阖家团圆的春节,后方厂里也是不停止生产的,有一批职工在继续奋战。为了方便他们打电话联系家人,通信站在春节也是照常经营,通信站人员都是实行轮休的。那时没有周六假,只有周日和节日休假,节假日电话费五折优惠。拨打上海的长途电话平时是每分钟 7 角,到节假日时就每分钟只要 3.5 角了。

生活如此乏味,工作强度较大,是什么支撑了这群青年呢?

"1976 年去的时候就说了是今冬明春,今年冬天明年春天就撤回来,可说是说,一直没动静。怀揣着'明年'就能回上海的梦想,硬是挨过了十年。到 1986 年,上级说可以撤回了,通信站把设备留给了合肥,我们就立马回来了。回来我也已经是三十岁的人了!"

我这时抬头与老先生对视了一眼,他的眼里似乎有泪。我想我是看错了,要么是灯光太刺眼。他还对我说,"我知道展览没有什么好的东西,无非是一些破破烂烂,可我就是想来看看。"我一时不知如何回应。于是我问道:"请问您贵姓?"老先生笑着摆摆手说:"我姓李,木子李,和那个人人都知道的、很出名的导演李安同名,我也叫李安。"

说罢,他转身去寻找下一处他曾经去过的三线厂照片了,留下我久久伫立在"260通信站"的照片前。我想这位老先生虽然没有大导演李安那样出名,但也是值得让我们记住的,这段历史也是应该被人们知道和了解的。他们把过去留在了皖南密林中,十年后回到喧嚣的城市中却已成"局外人"。

晚上,我又去看了电影《无问西东》,影片讲述了西南联大、"文革"和当下三代人的故事。里面有一句话让我记忆深刻:"如果你提前了解了你要面对的人生,你是否还有勇气再来。"每个时代都有它的苦难,我们都无法选择自己生活的时代,但是我们可以创造一个属于我们自己的新时代。

30年前,上海的一批年轻人,因为国家战略的需要,义无反顾地去到皖南山区建设小三线。30年后,这批年轻人早已白了双鬓。无论时代如何更迭,社会日新月异发展,他们都将铭记这段难忘的三线建设岁月。

我忽然想起在一本书中看到有这样一句话:"历史总是有得有失,但是,更加需要刨开细看的,反而是所得。"是啊,三线建设是"备战、备荒、为人民"形势下的产物,且不论是否正确,但它的的确确改变了一大批人的命运。小三线在历史发展的长河中不过是沧海一粟,但对于亲历者而言,却是永恒的、宝贵的记忆,他们在那里度过了人生青春年华,即便后来回到了上海,那里仍然是他们的第二故乡。

所以,小三线建设不应该只是个人的记忆,而应该是集体的、族的记忆! （陈莹颖）

原260通信站员工李安

2018 年 1 月 14 日　星期日

开幕后的第二天，我再次来到陆家嘴美术馆，开始一天的值班接待工作。整整一天，展厅里参观人员络绎不绝，他们或三两好友相伴而来，或一对夫妻携手前来，抑或是独自前来，在签到册上寻找多年前的好友。这些 20 世纪上海小三线各个单位的职工，写着属于那个时代的字体，参观着展厅里的摄影作品，寻找着自己原单位的点点滴滴，向我们诉说着那个时代的故事。

光明机械厂位于安徽绩溪龙川，距离县城大约 9 公里的路程。一位原光明机械厂的老职工在看到原单位的摄影作品后，向我说起当时援建光明机械厂的三批人员：第一批是初期时由上海自行车公司援建的，这位老职工就是由上海自行车公司去到安徽小三线的；第二批是 1976 年上海援建 500 人左右的技术工人，这批工人属于毕业分配无去向学徒，工种全；第三批是 1986 年左右为解决单位男青年婚姻问题而招收的女青年，但是这批人员不多，大概十几人。这三批人员也反映了上海小三线建设从创业到发展的历程。683 运输场一位老职工张永斌回忆 683 运输场时，细数 683 运输场的六个车队：一车队在宁国、二车队在绩溪、三车队先在贵池后搬到东至、四车队在潘桥、五车队在泾县、六车队在铜陵，对各个车队的数量、地点如数家珍，仿佛还是昨日之事；683 运输场机车修理工王永，一双绣花手却在 683 运输场修过八年的车，当我请她在我们的留言本上留下关于小三线的只言片语时，她笑着说："小三线的故事说不完、写不完。"她的言谈举止和她多年的小三线经历让我感受到巾帼不让须眉的气质。八五钢厂的王大克、干友递夫妻一同前来参观摄影展，八五钢厂是当时上海在安徽后方最大的一个钢厂。干友递当年在厂里负责过团委工作，八五钢厂两大报刊之一《八五团讯》，当年就是由干友递一期一期铅印出来的，说起这段经历，干友递的自豪之感溢于言表。李凤超的父母是原协同厂的职工，李凤超 4 岁时随父母来到皖南山区，在那里度过了他的童年与少年时光，当问及他对皖南山区的记忆时，当年的困苦与艰辛仿佛都已不复存在，留下的记忆都是关于皖南的山山水水。"喜欢小三线，喜欢那里的人、那里的山、那里的水，还有那里的小鸟……"这是李凤超在我们留言本上留下的话语，这位小三线二代说童年在皖南山区度过是他一生的幸运。

上海小三线的历史不应当被忘记，这段历史见证了 7 万余名职工的芳华，见证了20世纪7万余名职工背后的家庭与三线的点点滴滴,见证了上海与皖南地区的两地关系与情谊。小三线的老职工亦无比关心这段历史,就在我写这篇值班日记时,683运输场的张永斌老先生还给我发过来一份20世纪的老照片,并且每张照片都附上一段文字简介,介绍照片的时间与来历。小三线职工的淳朴、认真值得我们向他们致敬! （宣海霞）

原燎原模具厂职工、现上海诗言志诗词社副社长史济民留言

签到时指点桌子上的工作过的红光材料厂全景照片

在签到表册中寻找昔日小三线老友

2018年1月15日　星期一

  这天我负责展览现场接待工作。今天总共来了大约100位原小三线职工。这些参观者大都年过花甲,但都神采奕奕。他们面对着一幅幅熟悉的画面,似乎有说不完的回忆。我对胜利机械厂原职工俞关林先生记忆深刻。

  俞先生特别有情怀,身体也特别棒。他曾经骑摩托车重访小三线厂址,拍下了许多珍贵的照片。他认为本次展览的拍摄者不是小三线厂原职工,拍的照片不太合适。他也十分感激改革开放,正是邓小平的决策给了他回到上海的机会,改变了他的生活。最后,他表示非常感谢活动组织者对他们曾经奋斗历史的研究。杨铁君先生也是胜利机械厂的职工。他说当时江西也有上海援建的小三线厂,只不过建设完成后交给了地方,后来改革迁回的时候由于他们属于华东区,不符合迁回上海的要求,所以就留在了当地,说起迁回上海他更是感慨万千:"当时为了建设小三线企业,上海先后投入七个多亿。而迁回的时候,上海不准备带回相关资产,安徽也不准备接收相关企业。所以小三线厂很多都倒闭了。"

临近中午,来了几个通信站的老职工,趁着空闲,我和他们进行了简短的交流,其中上海邮电管理局后方通信站职工张才全跟我交流了他的经历。他讲道:"因为我们是搞通信的,各厂接电话都是要找我们的。小三线厂职工都是通过我们来和上海联系的。"由于之前我了解过关于小三线通信的情况,小三线职工打电话有专门的电话线,并且按上海市话收费。对此,他指出:"并不是这样的,他们的电话通过我们的总机和上海联系的,和地方没关系,是上海专门安排线路的。收费属于长途,通信费由我们收取,大约1分钟六七毛钱,其他地方还不让打长途。虽然比较贵,但线路铺设也比较贵,上海到安徽也是几百公里路呢,投入比较大。而且他们企业分布在各个山沟,他们在哪个山沟我们就得架线到那里。我主要是在贵池,贵池的每个厂都去过,他们的内部交换机都是我们维护的,我对他们都很熟悉的。从贵池城里面进去,第一个就是683车队,再往里就是最大的八五钢厂,就是我们整个后方最大的厂,八五钢厂每个车间我们都去过。再往里面就是永红厂,我们通信站就建在永红厂里面,然后是五洲厂、前进厂、胜利厂,胜利厂最远。在外面还有325发电厂,发电厂交给地方还在生产。我们交通靠汽车,因为离得太远。我们离县城40公里路,到每个厂最少六七公里。我们通信站自己有汽车,万一用户有问题,也可以派车来接我们。那时候全部靠汽车,没汽车无法生存的。我们属于邮电系统,回到上海还属于邮电系统,就在旁边的新星大楼。我们上海人是肯定能回来的,除非你和当地人结婚,留在了当地,这很少的。有一些是为了解决当时男职工的配偶问题,从外地调来一部分女青年。当时表面上我们是安徽户口,但我们是属于上海的。我们吃的粮食是由上海粮食局转拨到安徽,然后由安徽分配给我们。"

协同厂董寿彭回忆道:"我们协同厂从建厂开始生产,一直到它撤出,基本上都是正常生产,造了很多武器。不像有些厂,挂了名没有产品。协同厂造了很多四〇火箭筒。之前在电视上看到了关于上海小三线的介绍,我感觉有点好笑。它就讲了那些年纪轻轻的小青年进去之后的事情,例如后来大学开放了,他们就去考大学了,还有年轻的谈恋爱、结婚,它就讲了两个故事。三线厂搞了那么多,规模还是很大的,轰轰烈烈地搞了一通,留下很多感人的故事,没有那么多电视里讲的故事。比如说考大学,只有百分之五的人做了,那么剩下的百分之九十五的人的轰轰烈烈的故事纪录片中就反映不出来。每个人都有丰富的故事,如果把这些人召集起来开个座谈会,内容相当丰富。还有一个问题,我们是军工单位,六七十年代我国一切工矿生产都停滞了,但是三线军工单位没停产,在党和中央军委的领导下搞武器生产,保卫国防!这就是一个明显的对比,而纪录片里这些故事都没有。如果问问老职工可以获得很多故事的。你们的展览只有照片、没有产品,我想现在总能挂出来四〇火箭筒的照片吧。再说你们展示的厂房现在就是破破烂烂的,就是没用的。去年5月份我去过协同厂,里面的很多厂房都被利用了,当地利用了。现在安徽就是围绕协同机械厂做了一个宁国市历史文物,作为安徽省八个历史文物之一保留了下来。之前我去协同厂还有车间在搞生产,例如电镀车间,被用来电镀民用产品。现在作为历史文物保护起来,那些民品生产厂就撤出来了。原来我们办了个中小学,后来他们做了一个电子产品厂。一些设施也被拆除,但百分之八十的车间被保留了,保护得比较好,还有的卖给当地农民用作居住。现在当地在搞牡丹园和旅馆什么的,都利用起来了。大礼堂里面座椅拆除以后,当地乡政府就将礼堂改造成展馆,展览小三线历史,展览的东西不多,因为很多东西都被卖掉了。协同厂工会的徐惠湘协助了礼堂改建工作。你们可以去那里看看,比你们这个好得多,但文史方面的资料不多。当时我们把照片和资料都交给了厂里面,汇集成册。你们这个都是照片,不应该这么简单,应该加入生活的内容。2013年的时候去了协同厂,当时还在生产,我们每个山沟都有车间,每个车间修整一下有一两千平方米,完全够用,后来不知因为什么原因都撤出了。1978年以后,我们厂拿出一个车间来开始生产水泵,军工生产开始减少。我们的产品主要是四〇火箭筒和八二无后坐力炮。还有个协作厂主要生产炮弹,协同厂撤回后并到了闵行重型机械厂。"

自强厂的陈耀明先生指出:"东至化工区有五千多名职工,有红星化工厂、卫星化工厂、自强化工厂、长江机械厂、龙江水厂、码头等六家单位。这么多单位你们只拍了小小一张,那里可以拍很多照片的。如果你们拍不完,可以征稿,我们都去过,有好多照片。这个展览拍摄者艺术水平有,但他们不了解小三线厂,他们拍的照片没有代表性,而我们亲历者拍了很多有代表性的照片。"

中午,325电厂原职工钱宾先生来到了展览现场。他说:"我是325电厂的,325电厂是仍然继续发挥作用的上海后方小三线企业之一。当时我做工会工作。厂移交的时候,制作了一个纪念册,里面的照片都是我照的。当时我们一个人的工作效率比现在高很多,我负责各种工会活动的拍照工作,包括文艺、俱乐部、演出、领导接待等。活动结束后,我在两小时以内把照片发出去,在上海就公布出来了。当时是靠胶卷拍照的,一卷胶卷能拍12张,拍完后立马去冲洗。领导还没走,我冲洗的照片已经出来了。关于这个展览,我认为好多内容可以进一步完善。"在旁边参观的阮先生也提出了自己的观点。阮先生没有参加小三线建设,但他的同学参与了。他指出:"这个展览最大的问题就是只有照片没有故事,甚至连标题都没有,应该进一步完善文字信息。"

下午,半导体材料厂仓库管理员汪东林先生来到了展览现场,他直接问我是否需要该厂的档案资料。在聊天中得知,他带来了原上海小三线后方基地各厂的邮编及介绍、原休宁县户口本一册、工作证、1984年上海工商企业目录、首届721大学毕业照片(大约在1972年左右)。他指出由于他在仓库工作,需要及时和后方基地各小三线联系,所以保留了各厂的联系方式。同时他指出,目前我们只找到81家小三线厂,还不全面。根据汪东林先生的统计,上海小三线企业有91家,这在他提供的资料里面有清楚的记载。这也给我们的研究提供了方向,需要我们进一步研究完善。此外光明机械厂的龚企华向我们展示了他的工作证。

不同时间两次展览,通过对比我发现不变的是老职工的情怀。在展览现场他们仔细地看着一张张照片,偶尔碰见一两个熟悉的同事就会爆发一阵爽朗的笑声,幸福之情溢于言表。随着时间的推移,亲历者会退出历史的舞台,但通过小三线历史研究留下的资料则是小三线的另一种重生。或许亲历者芳华已逝,但小三线建设的历史研究会留下他们最美的倩影。

(王来东)

原光明机械厂龚企华展示工作证

2018 年 1 月 16 日　星期二

今天清晨上海好多地区大雾朦胧。到达上海陆家嘴美术馆时,周边的上海地标大楼都被大雾笼罩。开馆不久,即迎来许多参观人员。在门口的签到册上,上海小三线职工纷纷写下自己当年的单位:八五钢厂、井冈山厂、东风厂、光辉厂、旌旗厂、工农厂、卫海厂、跃进厂、312 电厂、325 电厂、366 电厂……在与这些签到的小三线职工简短的交流中,我往往先询问他们去小三线的时间,有 1968 年、1969 年、1970 年最早进山建设的"开创者",还有 1975 年、1976 年分配进厂的毕业生,他们大多已经退休,年过花甲,看到这一"尘封记忆"摄影展,都是感慨万千:"难得有人还在关注、记录这段小三线历史。""我们最好的年华都奉献在这里呀……"

312 电厂职工钱卫红在留言本上的一段话也许能代表许多小三线职工的心声:"打开了尘封的记忆,思绪翻涌,当年的芳华年代,岁岁年年,历历在目,我们一批当年的所谓国家无去向的年轻一代把青春热血洒在了自己热爱的工厂、岗位。当年的青春一代,如今都进入了花甲,感谢当年的时代磨炼使得我们这一代能吃苦耐劳,能勇往直前,让我们永远记住那些年代的酸甜苦辣……"也许是最近《芳华》电影的热映,看着这些小三线职工的留言,忍不住想起严歌苓写的那段话:"有些逝去的日子,不需要想起,却也永不会忘记。"

共同的记忆使"小三线职工"成为身份认同的暗号与密码,来参观的上海小三线职工互相说起往日的单位,立马打听共同认识的同事,回忆彼此熟悉的地名和厂名。跃进厂的十几位小三线职工更是相约聚餐后一起来看摄影展,他们说说笑笑、摆拍合影,那股年轻活力真让人赞叹不已。在与多位小三线职工交流中他们都提到,虽然当年工作、生活在封闭的小山沟里,但空气和食物真是新鲜呀,回望过往,他们甚至能苦中作乐地把自己现在健康的身体归功于年轻时在小三线建设的历练。

因为"尘封记忆"的拍摄视角是"对残留历史遗迹"的记录,摄影师走访拍摄小三线旧址时有所侧重,照片中呈现出的历史遗迹味道较浓,不少小三线职工纷纷提出,照片展示的小三线历史过于沉闷、压抑,与他们的历史记忆颇不相符。另外,近年来许多退休的小三线职工,都多次回到小三线旧址参观访问,他们提出了许多中肯的建议,比如这次的摄影展侧重摄影家观察者的视角,他们希望以后能组织更多的小三线展览,比如以小三线亲历者的眼光拍摄、记录,有好几位小三线职工表示他们拍摄许多小三线旧址的照片，愿意参与以后的上海小三线相关展览活动；还有人提出可以征集小三线职工的"老照片"，将一段段个人记忆与时代历史记忆相关联，这样会更生动、更鲜活；还有一些老职工表示没有看到自己厂的照片，提出我们在研究小三线历史的时候，一定不能忽略掉一些看起来不那么显眼却很重要的单位，比如当时负责统一配备原材料的707仓库等。

当天来参观的人员中，有两位非上海小三线的老同志给我留下深刻影响。一位是江西小三线永胜机械厂的沈文华先生，他于1968年由上海前往江西抚州支援江西小三线，他给我详细讲述了江西小三线的情况，并比较上海与江西小三线的不同，他认为相对于上海小三线对口援建、全包下来的"好政策"，江西小三线职工的命运坎坷许多。沈先生热心留下自己的联系方式，他愿意将自己保存的厂史等文献资料供我们参考研究。另一位是第三航务工程局科研所的退休职工唐顺娟，她观看展览之后非常感动，即使因为眼疾书写不便，她仍然坚持在我们留言本上写下自己的感受："看了尘封记忆展览，很受感动，激动……由于水平关系，难以表达。事无巨细，作者、编导做了大量工作，在历史的小小一段，将要产生巨大的作用，他们对事业的责任会传下去的。"

对于历史书写者来说，打开一段段"尘封的记忆"即是对历史最大的责任，小三线近20年的历史有许多值得书写的记忆等待我们探索与记录。　　　（周升起）

原跃进厂职工组团参展

2018 年 1 月 17 日　星期三

今天依旧来了将近一百人。正如这次摄影展的主持人、摄影师刘洪老师所讲："一般展览,开幕式就等于闭幕式,第一天人多之后就冷清了,但小三线图片展却天天如开幕,这是前所未有的。"我也被三线老职工的热情所打动。除了第一次光临小三线图片展的老职工,我还发现了曾经参观过上海大学小三线展览的史志定老人,老人依然神采奕奕,对我们这次展览给予充分的肯定。从老职工的穿着可以看出,大部分三线老职工生活可能不太如意。正因为如此,老职工有极强的诉说欲,诉说当年自己的奉献与付出。可惜接待工作繁忙,无法与之进行深入的交谈。趁工作间隙,我和部分老职工做了简短的交流。

黄永明是原红光材料厂职工,他讲道:"红光厂位于屯溪,离屯溪市很近,大约 15 分钟自行车车程。上海小三线出来的人里面,最有本事的是最高人民检察院检察长曹建明,其次还有一位是上海市专利局的副局长胡诚成。"

260 通信站的张秀娟讲道:"260 通信站位于贵池,主要负责电话线的架设。红波材料厂主要生产通信设备。"

火炬厂的许志德讲道:"我们是 1970 年 1 月 10 日到安徽去的,乘坐终点站为武汉的大轮船到贵池。轮船行驶了一天两夜,很慢的,经停南通、南京、芜湖、马鞍山、铜陵。我原来在车间工作,后来调到工会工作,很多厂的工会我都认识。"

沈蒙恩是培新厂附属中学的教导主任。他指出:"我们屯溪附近六家厂联合举办了职工子弟中学。子弟中学的行政关系主要是培新厂负责,班子由培新厂搭建,经费由六家厂支付。培新厂由于靠近公路,现在做了一个工业园区。培新厂民品主要是修理汽车,军品主要是改装战车,后来全部生产大巴车。该厂上世纪 60 年代建立,厂址位于安徽歙县。我大学毕业 1976 年去的,老职工更早。1986 年按照中央的统一部署撤回上海。当地征地工可以返回上海,但由于他们家在当地,不愿去上海,我们就给他们 9 000 元钱的安家费。他们在当地有房子,和上海职工一样的待遇,但当地大队书记和干部子女可以优先征地进厂。"

临近中午,卫星厂老职工胡晓、陈敏夫妇来到展览会场。他们指出:"卫星化工厂位于长江南岸,卫星厂主要生产 57 高炮的发射药。当时 57 高炮在越南战场把美军飞机打下来了,中央军委奖励了我们1 000元钱。我们一共有1 300人,不够分。当时单位都没有小金库,没有资金。我们就工会、行政等部门拨一点,凑够了1 300元,一人1元钱,将中央军委的慰问传达到每个职工。"

中午时分,参观人群渐渐散去。我有时间和后方基地管理局干部陆荷娣进行了交谈。陆荷娣从小三线后方基地管理局调回上海之后进入了建设银行担任管理工作,现退休在家,生活稳定幸福。她指出:"从小三线回来以后,上海市按规定给每个职工分配13平方米的住房。房子大都在闵行、吴淞这些地方,虽然地方不大,但上海人还是抬头仰望的,觉得我们的房子挺大。当时上海人房子困难的很多很多,八九个平方米住一家人,晚上铺地铺,没有卫生间,做饭都是公共厨房,有的就在楼梯口摆放一个煤气灶。我们感觉国家让我们回来真的很不容易,有房子总比没房子住好。我回来的时候家里没房子,就挤在小屋子里过渡一年才拿房子,不是马上就能拿到的。虽然房子困难,但我们有盼头。像插队从外地回来,就没有房子,还得靠自己赚钱买房子。回来后,上海市规定各个接收单位。我在机关工作,机关工作的选择余地比较大。相对于各个厂的职工,我们没有明确的接收单位,可以自由联系接收单位。各厂职工只能去他们的包建厂就业,本来各厂职工已经饱和,一下子来这么多三线职工,消化不了。小三线各厂干部问题更加棘手,不好安排。我们奋斗了那么久,回来以后一切归于平淡,这些事情说也说不完。我们当时的想法是想留在当地,当地政府给我们补贴,上海有的待遇我们也有,还给我们一些津贴。虽然当时决定调迁,当时各厂的行政隶属还在,上海市开会也会提前通知我们。还有各种补贴,比如说福利,上海市也会按人头统计,然后把福利按人头送到

火炬厂许志德现场签名

三线厂,吃饭就是集体食堂。这种生活过久了,大家当然不适应上海的生活。交通拥挤就是一方面,当时我家在吴淞,上班需要一个多小时的路程,挤在很挤的公交车上。这和小三线地区的环境不好比的。我们把最好的青春留在了三线地区。我回来的时候已经39岁了。"

通过和老职工的交谈,我了解了

更多关于小三线建设的情况。很多职工都兴奋地回忆着当年的奋斗历程,也有部分职工抱怨自己经历的坎坷。无论如何,小三线的历史已经尘封,面对逝去的时光,大家更多的是怀念和留恋。在现场总有老职工一遍遍翻阅着签名册和留言本,试图在上面找到自己熟悉的名字和单位,一旦看到熟悉的人,就激动得像个小孩子,可以想象经历几十年的三线岁月给他们留下了什么。我希望小三线的历史能够得到更全面的展示,每一个参与三线建设的人都应该得到应有的尊重。 (王来东)

原八五钢厂胡亚君、徐国新、赵慧英、史志定在现场聚会

原红波厂王翠清、陈丽明和260通信站张秀娟聚会

2018年1月18日和19日 星期四、星期五

1月18日、19日,我在陆家嘴美术馆做接待工作。两天的值班工作,让我有机会近距离地和很多小三线职工交谈,收获颇多。这里说几个小故事。

一、俞本栋:他原是101修建队的驾驶员,1976年12月去安徽的。他讲道:那个时候驾驶员很吃香,因为可以回上海,而当时只有先进工人、积极分子才可以学驾驶,当驾驶员。他当时是团员,所以有机会当驾驶员。后来,他在开车的过程中认识了他的妻子,他的妻子是红星木材厂的职工,他随后也去了红星木材厂。在1987年上海后方基地管理局安全行车表彰中,他获得了先进驾驶员的称号。他

俞本栋签名

和我说,在一次开车途中,他遇到了一个难产的妇女,全家跪在街边求救,他立刻停下来载他们到医院。谈起这个事情,他说这就算是积德了。这位老同志真的很让我感动,我在的这两天他都来观展,第一天他来的时候通过手机传给了我两张之前的照片,第二天他专门又来了一趟,拿了很多他之前的照片和物件让我看。他说:"我们的青春贡献给皖南小三线,现在有人关注真的很感动。"

二、徐汉英:原胜利机械厂团委书记。她是1969年去皖南的,1979年回上海。因为期间遇到了山洪,伤到了腿,不能走路,单位比较照顾,所以提前回到了上海。她和我分享了两个小故事。她说:"我们当时建厂的时候,当地的农民都很支持我们,说你们都是毛主席派来的,我们要支持你们一起工作。那时候建厂要先炸山。要把火药埋在那里,爆炸之后半个小时才能过去。有一个当地的小男孩,只有15岁,爆炸过后他就上去了。那次有一个哑炮,结果他就被炸了,一条腿炸掉了。大家立马都跑上去,流着眼泪把这个人抬下来,抬的时候,这个小男孩就一直叫:'我痛啊,我痛啊!'那个时候我们也没有办法,医院离得很远,而且医院当时也正在筹建,没有完善。后来没有办法,有一个医生就给他包扎了伤口,让血流得少一点。那时候他爸爸和妈妈都来了,我们感到很对不起他,但是一点办法都没有。到晚上,血流得太多了,他就走了。我们感到很对不起他们家属,这么小的年龄为了我们去世了,就跟他父母讲你们有什么要求尽管提出来,但是他们很朴实,他们就讲你们是毛主席派来进行三线建设的,我们儿子为了你们三线建设献出生命也是光荣的、值得的。他们就要一口稍微厚一点的棺材,因为他们农村觉得厚的棺材就是对他们最好的安葬了。就这么一个很简单的条件,后来就到山上把很大的树砍下来给他做了一个很厚很厚的棺材。后来又问他父母还有什么要求,在上海的话,肯定会让你养老啊什么的,他们真的很朴素的,他说让我们给他葬在一个地方,以后就知道他是为了三线建设牺牲的。这个事情可以说是我一辈

胜利厂的三位职工合影(左起依次为徐汉英、张奉贤、韦来发)

子都忘不掉的。现在来看是违反安全操作,但是当时真的让我们很感动。"另一个故事:"我当时是我们厂的团委书记,我们三线厂进去很多技校毕业的学生,都是我把他们带进去然后进行安置的,因为我们那里条件不是很好,都是睡蚊帐的,有一次不小心这个蚊帐着火了,可是他们那边还有氧气瓶,如果氧气瓶爆炸的话,后果不堪设想。那时候,大家都冲到蚊帐里去把氧气瓶拿出来,根本没有考虑自己的安危,根本没有想到死的问题,就是想办法尽快把氧气瓶推出来。"徐汉英在讲述这些事情的时候,情绪很激动,眼睛里一直充满泪水。她说这两件事是她永远都不会忘记的,她的这种情怀也深深地感染了我。

三、原胜利机械厂职工韦来发,1969 年去皖南,1988 年回来。他谈到他回来的时候安置得还是比较好的,每个人有 15 000 元的安置费,他和妻子一共领到了 30 000 元的安置费。八五钢厂刘训斌谈到他们当时的生活条件还是不错的,就是文娱条件差,没有事情做,另一个方面就是想家;夏振忠是原五洲机械厂的职工,他的妻子是向东器材厂的职工,夫妻俩从 2005 年开始到现在四次骑自行车去安徽,重返旧厂浏览;周琴芳和刘桂琳属于三线二代,他们在浙西读书,毕业后就直接到协作厂工作,她们感慨道:"我们去的时候就是小孩子,我们回来的时候自己都有孩子了。"

原八五钢厂职工观看摄影展

原五洲机械厂夏振忠在留言簿上留言

原上海火炬厂谭同政在留言簿上留言

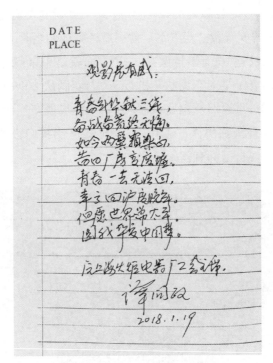
原火炬厂工会谭同政作诗纪念

这些老职工的情怀深深感动着我,他们很感谢这次展览让他们有机会再次回忆起那段青春岁月。每个人心中都有一段属于自己芳华,每个人心中都有一段刻骨铭心的青春。在小三线厂的这段岁月是小三线人共同的青春回忆,虽然芳华已逝,但岁月依旧如歌。

原联合机械厂闻建炜夫妻观看展览

不过,也有一些老职工提出他们的建议,认为这场展览比较单一,只有照片,没有当时的旧照片和物品。同时没有展现未来。尊重历史是需要的,但是没有和时代结合起来。此外,由于没有以小三线亲历者的立场来拍摄,那种情结没有体现出来。

共和国史研究有很多空白领域,小三线研究更是一个比较冷门的题目。之前在采访徐有威老师时,徐老师谈道:"研究当代史不但要研究文献、档案资料,因为很多当事人还健在,如果我们的研究可以得到他们的支持和帮助,对我们的研究是非常有价值的。"我这两天接触到的老同志都非常愿意把他们珍藏的照片和物品提供给我们。作为历史研究者,我们应该珍惜这个机会,挖掘历史,呈现当时的社会百态。　　(窦育瑶)

2018年1月20日　星期六　小雨

今天早上我早早地去了会场,因为接近尾声,来参观的人数远没有前几天多。直到中午,来了三位老先生。进门后,签完到的一位老人就先进去参观了。当他看到第一张古田医院照片时,他就激动地向我身边正在签名的高个子老人说道:"你看,当年你还在这里住过呢!是这家医院救了你的命,当初你半夜胃出血昏迷了,我们就是把你送到这家医院的。"另一位戴眼镜的老人听了此话,频频点头。我心想:这三位老人之间一定有故事,于是我走近和他们聊了起来,得知刚才这位健谈的老先生叫周建民,在古田医院住过的是陈建平,另一位老人叫周其豪。他们三人从小在一个里弄长大,一起在洋泾中学读书,是60年的邻居、同学和朋友。邹建民先生告诉我,当时在中学有的人是定向培训的,即毕业以后就要去大三线,比如贵州、甘肃等地,有的人是无定向培训,就是没有立即安排要"出去",但如果国家需要,他们也还是要出去。中学毕业以后,三人分别被分到了上海无线电十二厂、上海光学仪器厂和上海无线电二厂当了一年半的学徒。周其豪老人告诉我说,"我家里有五个兄弟姐妹,我是老四。我的大姐、二姐当时都在上海,所以轮到我时,我就必须要'出去'。1975年底,我19岁去了后方延安厂。"可以说是注定的缘分,邹建民老人去的延安机械厂和陈建平老人去的险峰机械厂、周其豪去的井冈山厂都在安徽旌德。这样,三个年轻人在皖南后方的山沟里又相遇了。

周其豪老人很健谈,他对我说起他的过去:"我到厂里以后就在模具车间工作,主要是做机械工作。去时还没有谈恋爱,我爱人是上海灯泡厂的,也是在那里认识的。我们结婚厂里分了一套一楼一底七十多平方米的房子。房子前后有两个很大的院子,一楼设有灶间,房子背后有楼梯,二楼有阳台。我的孩子也是在支内时出生的。那时,爱人怀孕以后,是在上海医院接生的,孩子也是在上海上的小学。我和爱人在皖南工作,小孩就托给亲戚照顾,可以说是'留守儿童'了。每年只有春节会放10—15天的探亲假。回上海我们的交通工具是'解放牌'大卡车,车厢安装了简易的雨棚,每个乘客自带一张小凳子,坐在货车后厢,大约颠簸12个小时才到目的地。"用货车来载人,放到现在,不只是被交警罚款,可能还会被吊销驾驶证吧。

我陪他们边看边聊,看到协作厂的照片时,周其豪老人说这个厂他也是知道的:"这个厂在浙江临安嘛,我们当时都想和这个厂里的人认识,因为他们可以买到小核桃。那时候,上海没有小核桃,每逢过年过节,我们都是托熟人10斤10斤地买。价格也很便宜,大概不到1元钱。当时的大闸蟹也只要三毛五一斤。"讲到吃的,老人说:"我给你讲个笑话,当时安徽人思想比较落后,他们不吃田螺、黄鳝和甲鱼这些。我们跟当地人买一只老母鸡,还要退鸡毛。因为我们说鸡毛不能吃的,所以买一只鸡还可退3两的鸡毛。一只鸡10元,我们还要向他们退3元鸡毛钱。"我听完感觉老人还是很怀念当时生活的,他一边看一边和我说山核桃、老母鸡的美味。

周其豪(左)、陈建平(中)、邹建民合影

后来厂里要回上海,周其豪是负责移交工作的,在那里留守了半年。老人说他永远也不会忘记回来的那一天,1986 年 6 月 30 日,乘坐最后一辆卡车,从安徽绕道浙江杭州,回到上海。当时规定,以前从哪个厂出去就回到哪个厂,于是他又回到了无线电十二厂工作。因为 90 年代厂里效益不好,他不想这样混下去,于是他做了一件大胆的事情——辞职。辞职以后自己去了韩国学习电梯技术。而小三线的生活在心里难以忘怀,于是他们三个好友相约今天过来看展。临走时,他们向我提了两个建议:一个是照片太少,还有就是为什么要把照片弄成黑白的呢?看了以后,心情更沉重了。　　(陈颖莹)

2018 年 1 月 21 日　　星期日　　阴转雨

摄影展从 13 日开幕,到今天已接近尾声。今天是摄影展最后一天,依然有不少原上海小三线老职工赶到现场参观。

原上海胜利机械厂刘国臣老先生刚从朋友那里听到有摄影展的消息,今天就急匆匆赶过来,并且带来了一封手写信,慷慨地提供给我们。

谈起小三线,刘老先生的脸上洋溢出蓬勃的生机,似有千言万语又不知从何说起,只得一直在签到留言,激动的心情溢于言表。最后刘老先生即兴在留言本上题了一首诗,并兴致勃勃地给我们解读了诗的含义。

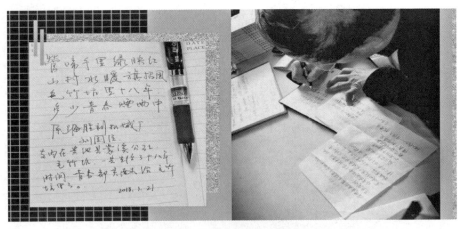

刘国臣在留言簿上题诗留念

孙大成、邱凤珍夫妇是原上海东方红材料厂的职工,这次也闻讯赶来参观摄影。他们告诉我,自己所在的东方红材料厂可以算是小三线盈利较多的工厂。东方红材料厂在当时生产集成电路,邱凤珍阿姨说:"我们的工作,对工作环境要求特别高,一年四季空调恒温25度,我们进工作间要穿白大褂,戴上帽子、口罩,还要穿白鞋,白鞋每礼拜都要清洗。"孙大成老先生补充说:"不仅温度有要求,每立方米的灰尘还不能超过100克。""对,就连味道大的东西我们都是不能吃的,比如咸鱼,我们在进工作间之前就不能吃。"邱阿姨立马又说。

夫妇俩告诉我,在绩溪除了地处山区生活比较乏味外,物资供应跟上海是一样的,比当地人的生活条件好很多。邱阿姨说:"我们去的时候,大冬天的当地人就穿一条单裤,我们看着都觉得冷。当地人有个东西叫火桶,他们每个人到哪儿都拎着火桶,冷了就坐上去。"这里的火桶指皖南地区以及湘西地区的御寒器物,需要把长条的木头刨成光滑的弧形木片,再把每一片弧形拼在一起,在横切面钻眼,用竹钉连接,合拢后就是一个圆桶。桶做好了以后得打上箍,桶箍需用青竹篾来编;桶内置陶制圆形火盆,在火盆稍上方的桶壁上有两个稍突出的"耳",是用来放火格子的。

邱阿姨指着展览中的一幅摄影,突然激动地拉着老伴的手说:"这是那个小山头,还记得吗?我们不就住在这个下面嘛!"细问之下,邱阿姨告诉我:"当时去的时候宿舍建了一些,后来人多了住的地方不够了,就新建了一些住宿楼。因为工厂的选址就是在山里,就依着山势往上建了住宿楼,后建的住宿楼就在这个山头上,我们叫它'小山头'。从下面的住宿楼走到'小山头',要爬72个台阶,'小山头'上的住宿楼,好像至今还有当地居民住在里面。"

夫妇俩一边看看摄影,一边继续侃侃而谈:"683车队是当时最赚钱的,因为交通不便,出去进来都靠车,所以当时我们撤回上海的时候,当地人最想留下的就是车队那些车。"说到这里,邱阿姨不无惋惜地说:"当时我们回上海,固定资产都留给当地了,生产设备、车什么的,我们就人回来了,可是留给他们后也没有好好利用。车留下他们有会用的人,就依靠这个改善生活了,设备留下根本没有人会用,我们当时在那里,生产原料都是一卡车一卡车地运进来,产品都很小的,一个袋子装着就能拎出去,所以当地人就不懂我们到底生产的是什么,都说只看见原材料一车一车进来,怎么不见有东西出去呢。你看,根本都不懂这些技术,那些设备留下也没有用啊,那都是进口的设备,当时算得上行业内最好的,留给当地他们哪怕生产一些简单的民用品也是盈利的,集成电路产品哪怕放到现在也是利润很多的呀⋯⋯"这番话听得人不胜唏嘘。

两位老人还说:"我们期待在有生之年,可以看到小三线每个厂的历史,都能以不一样的方式呈现出来。"

孙大成(左)、邱凤珍(中)夫妇与小三线二代合影留念

在摄影展上,两位老人还遇到了同事的孩子——也就是小三线二代,阔别许久的偶遇,令三人都无比感怀,畅叙之后还合影留念。

或许,小三线摄影展给原来大多数的亲历者带来的是回忆,是情怀,是很多感性的东西。但作为历史研究者,我们更应该做的,是跳出感性的圈子,探究、思考这段历史,还原这段历史的不同方面。毕竟回忆可能美化某些东西,模糊某些事实,接触更多的亲历者,倾听更多亲历者的声音,这是必要也是必需的。　　（耿媛媛）

（陈莹颖、宣海霞、王来东、窦育瑶、耿媛媛,上海大学历史系硕士研究生;周升起,上海大学历史系博士研究生）

口述史与回忆录

安徽师范大学新闻学院
皖南上海小三线口述史汇编

马星宇　王　豪　胡银银　汪梦雪

一、采访琚三九

采访时间：2017年7月

采访地点：安徽黄山市祁门县

采访对象：琚三九（安徽省朝阳微电机厂原常务副厂长）

采访人：王豪、胡银银

就是以前老厂做的代替人工的一些简易工具。这么宽的一个螺旋的、轨道式的东西。上面原来就是我们的成品检验，上面有装配，装配好的到检验，检验好的电器产品，不可能由人工从楼梯上搬下来。盒子包装好以后，那个车子比如说今天有一批货要出厂要到上海去，车子就停到那个螺旋的底下，它有一个螺旋旋下来以后，有一个臂平时竖起来了，掰下来以后，这头就搭在车子上面，那个产品就从螺旋上边一台一台滑下来，滑到车子上，车子上面只要有一个人在那底下接，把它码起来就行了。

问：现在的一些生产线有的不还是用这种工具吗？

答：也是有这样的，小的产品可以，后来做的都是大的产品了，不适宜了。早期那些小的产品像茶杯这么大的，都是通过这种方式运下来的。后来由于市场的原因，小的产品的量在逐步萎缩，量也越来越小，根据市场需求做得越来越大，有的都是要用吊车吊，一台都是几百公斤。

这边主要生产的是电机。生产的除了交流电机、直流电机外,还有太阳能的光伏水泵。

我们看到有一个叫"分马力"电机,"分马力"就是电机。电机分为各种不同的规格,比如说有微电机,微电机就是我说的很小的,一个手指这么大的,很小。现在像电吹风里面、小的手提式的便携式录音机里面的电机都属于那种微型电机,上海的三线厂早期就是微型电机厂,最大的就是茶杯这么大,它统称微型电机厂。后来微型的市场逐步萎缩,以前它是半军工的,军工也在萎缩,才改为民用。

"军改民"以后,有些产品就萎缩,少了一部分,就改做大电器。大电器又有一个界限,除了微电机以外呢,功率一般都是在40瓦以下,超过45瓦以上的,都统称为"分马力",一匹马力等于75瓦,都统称"分马力电机",就是750瓦到75瓦是"分马力",75瓦以下是微型电机。750瓦再上一个千瓦,属于中小型电机,再上去到7 500瓦,叫大马力电机。微型电机、分马力电机、中小型电机、大马力电机,是这样来分的。

皖机、培新、燎原厂、练江牧场都在歙县,在休宁那个地方过去也还有一个新光厂,现在还在。这个厂现在被地方沿用,但是也可能已经改制完了,几个厂的规模也比较大,甚至比我们还要大,其实我觉得一个厂能经营下来就挺不容易的,市场、材料、成本控制等这些方面都要考虑,经营就必须要盈利,不盈利生存不了。国家的经济,有很多变数,能经营到现在,或者说能够坚持很长时间,都是很不容易的。

祁门这边原来还有个部队的司令部,司令部离城区都有二十几公里,得步行过去。原来还有一个部队的野战医院,也经常放电影,三线厂和部队,那个时候文化娱乐丰富一点,老百姓一听到今天哪里放电影,就整批整批的人都去,那时是露天电影。

朝阳厂,也是办得比较好的,后来接收以后,在整个皖南也算是三线厂里边接收得比较好的了。作为一个典范,全盘接受,全盘利用,而且利用得很好。

原来厂里边的三线企业只有500多个人,一年的产值也很低,只有几百万元,地方接管以后,计划经济终止了,变成市场经济了,还能运作得这样好,不仅仅产值每年都在翻番,翻得甚至最高达到一个多亿元。这在整个黄山市工业企业是没有的,所以它作为一个典范,经常有人来取经的。

上海的老三线的人还没有完全撤离之前,就已经派员、派工人进厂,招收当地的年轻人进厂进行培训。后来到正式成立安徽省朝阳微电机厂的时候,已经可以开始生产了,就没有断层,中间没有断掉,老厂不是一夜之间撤离的,是500多个人分批的,今天这个车间抽几个,明天那个车间抽几个,逐步逐步的,抽的人有的在这里生活了十几年,有一些家具,厂里都要派车打包装好,一家走一车。那么多人,你说要走多长时间,走的同时又不可能停产,厂里还得生产,还在生产的时候,地方就已经派员,我们那个时候就开始给他们培养接收的人了。到最后上海职工全部走完了以后,我们又还留了三十几个,差不多留了两年多。

留皖的只有14个,还有22个原来上海的老师傅,跟我们一样的。一个工序选派一个人留下,就是做盖子的留一个,做杯子的留一个,做碟子的留一个。

像我们祁门这边三个厂,那两个厂就没有这样的,他们的技术不能够留下来。比如七一厂,他们在很早之前就在上海设立了分厂。他们有一些尖端设备、尖端的技术人员,已经撤离到上海去了,这一块的技术不留给地方,那地方就没办法延续原来的产品,而我们朝阳这一块的技术全部留下来了。留下来一部分人,帮当地培养人才,培养技术人员,让地方接管之后能够很好地利用。

为民厂也跟七一厂一样。七一厂产品当时也是军工产品比较多,民用市场都是一些半导体、汽车里面的磁芯之类的产品。再加上地处祁门县,这个地方交通闭塞,运输也不方便。那个时候靠碳粉进来,筛选之后再进行高压热压,压成磁芯磁块磁片再出去的。当时这个地方被接收之后,很难全盘生产出来,市场也受限制,技术也不行。没像朝阳厂这样的,一开始留一批技术人员。地方政府没有这个理念,朝阳厂那个时候筹划得比较早一点。

培新汽车制造厂留了一些人。地方能够做一些原来培新的轧丝,汽车做不起来,技术要求太高了。而且技术人员撤回上海以后,也不是短期内能培训出这样的人才,工艺和技术都不是短期内能够解决的事情,所以地方接过来也就是利用它的厂房设备。

在县里边一些其他的工业加工企业都不是原来有的,机器都不知道怎么用,也没有这些产品,所以有一些设备调剂。比如这个地方调剂到那个地方、转卖,等等。

当时交接的时候也不能全怪政府的谋划和后期处理问题,也受到当时客观原因和其他各种方面的限制。客观条件上不允许,导致这个事情没有交接好、利用好。像整个皖南小三线,原来的固定资产 7 亿多元。7 亿多元能够真正把它利用好的,也只有我们朝阳厂。

问:当时这个厂在交接的过程中是个什么样的情况?

答:比如说包括设备、厂房还有技术人才等方面。这个交接基本上是循序渐进的,有序地进行,前期有一些沟通,形成一定的意见以后,双方开始逐步按照协议的步骤,一步一步地实施,先从厂房、土地开始。在这之前,都已经形成了书面的固定资产的原值、净值等的一些协议,逐步地按照这些进行造册、清点和交接。

问:那当时这个设备利用状况怎么样呢?

答:设备基本上是全盘利用,没有一台是闲置的。交接以后也还进行了一些新增。

问:您之前跟我们提到了一个企业制度。当时你们自己成立了一个办公室,自己弄的一个制度,那之前他们在交接的时候有没有一套企业管理制度或者模式? 就是说那个时候交接给你们了。

答:这个没有,因为原来的企业管理跟我们后面的企业管理性质不一样。原来的企业属于一种计划经济的模式,是在计划经济模式的前提下。像这些后期的企业管理制度啊、规章,都很少。其他的有一些制度,但很少,也不那么规范,比如就是车间里面有一些粘贴着的简单的操作规程等。

问:当时的人员交接是什么情况呢?

答:人员交接是在三线企业交接的时候分批逐步逐步完善和撤离的,这样也便于地方企业接管以后,能够尽快地掌握技能技巧技术。同时地方政府也选派、招收了一定数量的年轻工人,前期进行一下培训,在培训的同时这边在逐步地撤离,等撤离基本上差不多的时候,原三线企业也留了一部分老师傅下来,也就等于是以"扶上马再送一程"这么一种模式。培训培育一些新手,同时也进行一些技术上的把关。而在这个中间有一个差,那就是在地方企业还没有完全接手企业之前,有一个阶段是空白的,等于就是休息。那时原企业等于是处于停产状态,新企业是培训一台机器就开一台,培训两台就开两台。那个过程,就是主要不生产产品,主要是加工模拟过程,一直等固定资产、设备全部交接完毕。这边的新的企业还没有上马之前,包括我们这些人,那就在家休息、待命。等到地方政府接管以后招回我们这些在家待命的人,再继续为这些新的企业培养新生力量和技术人员。一直延续到1986、1987年。最后再进行人事的交接。人事交接完毕以后整个小三线企业就算完整的交接完毕。

原来的企业给地方的安置费是每个人9000元,按月支付。但是改制后终止了与企业的关系,我们这一块的待遇也就没有了。政府后来根据这个情况,把尚未支付的钱作为一次性补偿,全部发放给这些留皖职工。

问:当时是什么时候终止了发放?

答:改制的时候,比方说我们2003年改制就终止了。到后来他们再提出这个要求的时候再开始,到2003年12月结束之后就没有了。

问:所以说这个安置费是9000元,当时虽然说员工没有直接拿到手,但其实最后还是都给了是吗?

答:对,都给了,都是属于善后问题。我那个时候在朝阳厂的留守处负责处理善后。就朝阳厂全盘接收、全盘运作,最后还有一个留守处。所以后来这些问题全部反映到我这里了。这些报告、这些情况都是我搞的。

问:那为什么你们当时能够全盘接收,而另两个厂不行呢?

答:没有技术。它这个协议里面也说了。就是在还没有移交之前,它就已经与上海进行了一些对接。你看这个,1980年上半年,它还没有离开的时候。客观原因是面临产品质量不稳定、经济效益下降的问题。为了适应市场,1980年6月,在上海建立了生产车间,并将50%的产品迁到上海去了。这些产品的技术就没有用的地方了,就把这些厂房、固定资产留给了地方的接管企业。接管的企业在1983年3月份利用现有的厂房设施扩大再生产,还利用厂区的设备办加工厂加工零件,再利用生活用房、支教中心和卫校作为办校之用。那几个厂没有接收他们的产品,只接收了他们的厂房和土地,拿来办其他性质的也算利用了。但是利用之后,没有生产出原来的产品,只有朝阳厂是既利用了他们的固定资产,又利用了他们的无形资产,包括产品,就是全盘接收、全盘利用,维持得比较好一点。

问:所以之后的这个厂跟前面那个厂没有什么关系了?

答:对,没关系了,因为他之前那个厂都已经被分解了。

问:但是对于他们当时那个厂来说,其实还是利用得比较好的,没有让它荒废掉吧?

答:对。

二、采访练江牧场老职工

采访时间：2017 年 6 月 30 日
采访地点：安徽黄山市歙县练江牧场
采访对象：两位练江牧场老职工(A、B)
采访人：王豪、胡银银、汪梦雪

采访者：您两位当时是什么时候进入的三线厂？什么时候进入练江牧场的呢？

A：应该是 1957 年，这个地方原来是劳改农场。

采访者：以前是劳改农场？

A：服刑、劳动改造到这里来。和我们一起来的也有些知识分子、大学生，大部分是 1958 年的时候来的，当时有两千多人。

采访者：两千多人？

A：嗯。有十个连队呢。

采访者：十个？

A：1 连、2 连、3 连、5 连还有附近的东山营。当时劳改农场铁路还没造，因为铁路沿线不适合办劳改农场。后来因为铁路要上来，劳改农场在这个地方不太安全，所以把它撤掉了。

采访者：就是为了铁路建设，所以这个劳改农场撤销掉了？

A：对对对。后来我们这里称为练江牧场。

采访者：就是这里一开始是一个劳改农场，然后因为要修铁路，为了安全考虑，就把这个劳改农场给撤掉了？

B：因为在朝鲜战争的时候我们的军队在资源这方面比较欠缺，所以搞乳制品，就是为了支援前方，支持部队给他们增加营养，也可以满足我们市里面广大市民的需要，所以就成立了练江牧场。

采访者：厂里员工从什么地方来的呢？他们都是从上海来的吗？

A：他们都是知识青年，东南西北来的都有。我们这里离上海不远，东北那边，新疆那边都有。当时，上海市有规定一家有四个小孩子，要走三个到农场去。到边远地区当兵。练江牧场成立后大部分的人员是上海知识青年。一开始来的时候是六八届的,六八届之后来的是七〇届的。每一届在学校毕业了之后到这里来参加劳动。还有一些别的人,这里面少数一部分是判刑的,一部分是劳教的。少数表现好的留在这里,知青来了以后,种田种地,有些人是工厂的。我们做出来了以后,税收超过县城的一半,当时工厂办得是很热闹的。我一来主要是在这个厂部。那个时候我们办公室叫生产股,管内勤。

采访者:内勤?您后来一直都是做这个工作的吗?

A:嗯,在本场内调来调去,后来是到上面一个农机厂。

采访者:那当时上海的知青他们回到这边来是什么样的状态呢?

A:这边的田地都是练江牧场的种田,还有山地。种田种地,挑大粪时灌满两个桶都挑不起呀,很多女知青都是天天哭。

采访者:那他们有没有打报告啊?说想回去呀什么的?

A:这个话是不能讲的。每天回去之后给家里打电话都难。

采访者:他们当时主要是写信吧?

A:写信是可以的。

B:在山包上种玉米、插秧。雪天种玉米很苦的。

采访者:您是多大岁数到这个农场来干活的呢?

B:我31岁,1961年来的。

采访者:那您当时的工作环境怎么样呢?厂里的待遇怎么样?

B:那个时候的待遇只能是自己够用。粮食油料什么的都是我们厂自己生产的,都是厂里供应的。生活用品是上海那边来的,肥皂或者毛巾啊,或者其他的用品,那是从上海那边来的。粮食都是厂自己种的,然后自己花钱买。

采访者:当时的工资待遇怎么样?

B:记得当时的工资待遇,基本上就是一般的生活。比如我们家里有四个人呢,你的工资一般就根据你家有几个人来分配。

采访者:您还记得第一批来这个场的上海知青的情况吗?

A:这都换了好几批了。

采访者:第一批来的时候呢?

B:第一批来的时候是那个劳改学校,社会青年。

采访者：社会青年？

B：那时上海各个区、各个街道里都办有劳改学校。第一批是 1968 年来的，再以后就是七〇届的、七二届的、七三届的。每一届的学生毕业之后都分配到这里来参加劳动。到这里来参加劳动锻炼的，最小的只有 14 岁。

采访者：还记得第一批上海人来的那一天的情况吗？

B：是统一包车来的。上海知青是我去上海一批一批接来的。从上海到这里，一天到不了，还要走两天。连队里那个时候经常下生产队去看看，看看那些青年们的生活、学习情况。

采访者：那个时候您跟这些上海知青交往，交往过程中，有没有一些人给你留下特别深刻的印象？

A：印象是有的，有的是来了以后生产当中表现好的。

采访者：1975 年那年洪水的时候您有没有什么印象特别深刻的事？

A：当时这个水涨到马路这边来了，下面是养牛工厂，厂的机器设备和牛都危险。连队也派他们来抢救牛。当时连队的领导说牛和机器可以牺牲，人不能牺牲。

采访者：在那次洪水中您主要负责什么呢？您去抢救了吗？

A：那次我自己的女儿还差点在水底下。我原来是在下面，连队里面，我是农机厂。机器浸掉了就浸掉了。当时这个水已经到了乳品厂，做切糕和奶粉的这个厂。水到了烧饭的锅台上，我们是踩在上面。我事先没有考虑到，以为学校里安排好了。结果呢，是学校放假了。不负责任，让她们自己走，但这个路是不能走了，正好有棵大柏树她就抱在那里，这个时候正好有个知识青年把她救起来了，不然我女儿差一点就被冲走了。

采访者：那洪水来了，下面房子被淹了，你们待在哪里？

A：就睡在那个大围墙左右，那个水上去以后，人在底下站不住了。有些有经验的人，他就爬上屋架子，站在架子上，趴在屋下的木头上。

B：我们靠近这个练江边上有条河，发大洪水时，我们就要把人撤到安全的地方，这是一个方面。另外一个方面，要把牛一条一条地牵出来，牵到没有水的地方。那生活是相当艰苦的。所以讲我们这里的青年以后都一批一批地回到上海去，各个单位都抢着要，因为他们经过了这个劳动，各个方面都很优秀，生活都很愉快的。

三、采访沈阿昌

采访时间：2017 年 6 月
采访地点：安徽黄山岩寺沈阿昌住宅
采访对象：沈阿昌（上海小三线原跃进机械厂职工）
采访人：王豪 胡银银

问：您说当时您听到了政策，然后选择来到黄山，那是您第一次来黄山是吧？

沈：是，第一次来黄山。

问：您当时是怎么找到这个县城的？是自己直接找到这个县城的？

沈：他们敲锣打鼓地来接我们。他们有招工的人员，来招我们是上半年到下半年的事情，就是专门有上海三线建设来招聘的。

问：皖南皖机厂？

沈：不是皖机厂，是跃进厂。1971 年 9 月 13 日，正好林彪出事那天我们来的。我那时候 35 岁。我们绍兴有一车人，大客车一车，60 个人。

问：您朋友里有跟你一起来的吗？

沈：我朋友他们都比我年纪大。当时 60 个人当中，我年纪还算是轻的。他们中比我大五六岁的也有，大两三岁的也有。

问：那您当时来的时候，一开始就是在食堂这边工作吗？

沈：一开始就到食堂工作。

问：那您刚开始来的时候，对黄山是什么印象呢？因为这是您第一次来这边。

沈：黄山蛮好的。

问：因为上海的厂是六几年就过来了，那您 1971 年过来的时候，这个厂是什么情况，已经全部建好了吗？

沈：刚刚建好没有几年。当时，1966 年就有人来了，我是 1971 年来的，已经四五年了，都差不多了，各方面已经搞好开始生产了。

问：您当时从那边过来的时候，你那一车都是您的绍兴老乡是吗？

口述史与回忆录 | 379

沈：对，绍兴老家人。

问：你们从那边过来大概多长时间，就是从绍兴到安徽黄山这边。

沈：开车子接近是一天。

问：一天是吧。

沈：那时候马路条件没有现在这样好，从杭州开车到歙县，不是柏油马路，是黄沙路。

问：那您当时来之前的心情是怎么样的呢？

沈：心情还好，从农村到工厂来，当时工人阶级领导，工人就很光荣啊，工人待遇好，所以当时蛮高兴的。

问：那当时跟您一起来的都很兴奋吗？

沈：哎，都高高兴兴的。

问：您当时来到厂里的时候住在哪里？

沈：我们来的时候，住在单人宿舍里，一层到四层楼。

问：当时来了之后，您和这边同事朋友相处得怎么样？

沈：还可以。我在食品公司，当时我们和他们单位关系蛮好的，他们要靠我们支援，我们要靠他们照顾。因为当时我们这个地方香烟、肥皂，基本比较可以。我们跟当地打交道，他们要香烟我们就给点香烟，他们要洗衣服的肥皂，我们也给点。厂里条件好啊，当地比不上我们。

问：那这些东西都是上海运来的吗？

沈：对，上海运来的。拿上海打个比喻，好像是独生子女一样的蛮照顾的。

问：您当时在厂里也是工人了，那您和黄山附近的农民有发生什么事吗？

沈：我和农民交道打得很少。我读书比较少，在当地食品站，在县里来讲，就叫食品公司。当时我们关系蛮好的。比如有一次食品公司一个职工生小孩，需要车子，厂里派我去，到半路小孩生出来了，这怎么办，人家冻死了，我就把自己的大衣脱下来给她穿。

问：刚才您提到厂与厂之间基本经常都会有联系。

沈：有联系。大部分厂基本上我都去过，一方面采办东西，一方面看看老乡。

问：那您说您刚来跃进厂的时候感觉很满意，那跟你一起来跃进厂的那些人他们怎么想的呢?

沈:都满意的,上海条件比较好,当地条件比较差一点。

问:您1971年之后到这边来,然后一直干到1993年,相当于说你在这个厂里干了十几年了是吧?

沈:17年。

问:17年,那在这个厂里的17年,您刚好经历了它交接的过程,就是从上海的厂变成黄山的厂。那如果以交接的那个时间,就是1986年交接,那个点……

沈:好像是1987年,大概是1987年。

问:那就是1987年这个点,之前1971年到八几年的时候,这都是上海,上海那边的领导。

沈:哎,上海领导。

问:那您在这17年中,整个厂里的关系啊,包括您住在这宿舍区的关系,怎么样?

沈:关系可以,那都可以了。这么多年来,我在上海,哪个惹你?因为我们农村人比起城里人比较努力。

问:那厂里员工有没有对你们的工作有什么好的评价?

沈:评价这个东西是这样的,有好也有差的。领导对我们这些人比较中意,因为我们出去做什么事都按照国家正规走,领导也看得起我们,我们要为领导争气。因为领导看得起我们,我们要为领导争气,工作各方面,能搞好,尽量搞好。

四、采访汪长春

采访时间:2017年7月
采访地点:安徽黄山市休宁县溪口镇东充新光金属厂附近汪长春住所
采访对象:汪长春(上海小三线原新光金属厂老职工)
采访人:马星宇,王豪

汪:我叫汪长春,今年68岁,1971年到新光金属厂工作,我们进厂头六个月是 28 元工资,进厂过了半年以后是 33 元钱,进去时先打杂,六个月是做杂事,后来分了车间是样样都要搞样样都要做,当时我们那个车间整个还没有整理起来,搞设备下厂,或者送材料出去,把零件拿回来造水压机。

问:这个厂是干什么的?

汪:这个厂整个主要是搞不锈钢的。

问:为什么选择这个地方?

汪:隐蔽。我们门口这个地方本来是一条很小的路,是一个小上坡,口很小,里面很大,他们来看了很多次,后来建筑工人先进来了,开路造厂房。

问:厂有多大?

汪:占地一百几十亩,它是一点点扩大的,不是一下子就搞这么大的,一下也来不及啊。建设者是建筑公司派来的。来的时候他们很艰苦,喝水都要去小的沟里挑,这里大山水源很麻烦,现在我们喝的水还要到黄理塘处理。

问:上海人怎么帮助你们的?

汪:一般有困难的时候他也会帮你想想办法,以前我们村里的稻谷都要挑到黄理塘去,后来那个碾米机是他们解决的。以前我们这还用牛碾米,后来就淘汰了。

问:上海人到当地给当地带来一些什么不同?

汪:一般土产品什么的他们都会买一点,当时来的时候,卖花生、芝麻,就是说可以把家里面的农产品卖给他们。

问:他们哪年走的?

汪:1985 年开始撤退,1986 年走光。我们和他们相处了十多年,总有一种感情的,相处那么多年,同事一场。他们那个时候讲,我们上海经济和你们至少相差 20 年。到现在为止,相差十几年还是有的,包括他们生活习惯各方面。我们没事的时候还去山上打猎,以前可以打土枪。

问:现在这些上海职工会不会再回来看看?

汪:来啊,有时候两车大巴,他们总会念着这个地方,还要看看曾经待的地方,拍个照都有。

问:您印象中每年大概有多少人来看一看。

汪:我那两个同事一年来好多趟,还是来看这个厂,可惜啊。以前那么好,现在厂房都……

问:您难过吗?

汪:难受,至少我们血汗也流了,工程自己造起来,肯定都是这样。

问:本来这个厂搞得不错,省里也重视,派合肥的技术人员,后来搞成这样,你觉得原因是什么?

汪:一个是设备淘汰了,一个是技术方面。主要是人才问题没有跟上来,以前安徽当地市场是太落后了。

问:您觉得我们现在市场跟上来了吗?

汪:我看看电视,我们休宁还是不行。我是实事求是,但以前是很好的。

问:据说当时厂里还专门招聘了一批女职工是吗?

汪:对的。主要是男同志太多,1978年还是1979年,招了一百多个女职工。

问:听说她们来的时候是住在临时招待所,是吗?

汪:对,女职工是住职工招待所。当时上海职工过来住宿舍,单人宿舍多的是,屋子挤一点,像学校里学生一样,好几个人住在一个房间里,三四个或四五个,大房间五六个也是有。

问:上海职工他们在厂里生活条件怎么样,比如吃的?

汪:比我们当地人好多了,他们食堂条件好,那个时候鱼啊肉啊买不到,他们可以从外面运来。

问:厂里有足球场和篮球场吗?

汪:有的,为了搞这个足球场,这厂里花了二十几万元征土地,我们那个村对面大坝就是这个厂里做的。

问:当时上海职工有的是带着小孩、家属过来的,那小孩上学问题是怎么解决的?

汪:这边从小学到高中都有的,那个时候厂里的效益是很好的,从幼儿园到高中都有。除了这个厂,还建了一些配套的东西,比如医院、电影院之类的。医务室大概有十几个人。我们后方基地有一个大医院在歙县,每个礼拜一些职工生病都会去那看,每个礼拜一次。

问:您1971年到这个厂,生活这么多年有什么感想?有什么想说的话?

汪：以前大家都一样，过这样子就可以了，没什么想法。改革开放呢，他们赚钱，我们在这个厂里就那点工资也可以，反正退休了现在有一点生活费就行了。

问：那您现在还想念那个时候吗？

汪：怀念也没用啊，已经过去了。讲到后面就没精神了，这是真的，社会在发展了嘛，你老是搞这一套也是不行的，总归是要更新的。

五、采访许仲辉

采访时间：2017年6月9日
采访地点：安徽省宣城市绩溪县瀛州镇燎原村燎原金属制品有限公司
采访对象：许仲辉（上海小三线原燎原模具厂副总）
采访人：王豪　胡银银　汪梦雪

问：我们来的时候就问到了，当时的建设厂聚集在这个地方，有很多都已经关门了。他们说燎原厂是经营得最好的一家。

许：对对对。

问：我们当时听到这个消息还觉得挺好的，因为我们调研的很多厂子都倒闭了。

许：没有，燎原厂原来是属于上海小三线三工区。三工区一共有10个单位。其实呢，现在可以说了，以前是保密单位。原来是炮弹生产基地，是58高炮炮弹生产基地。1969年开始建厂，前前后后有10个单位。采用一种协作方式。比如说，我们这边有光明、燎原、光辉、万里四家厂，主要是生产厂，光明厂生产炮弹弹壳，万里厂生产弹头，我们燎原厂负责总装。那个时候的名字都是这种光辉啊、光明啊、万里啊、燎原啊，都是革命话！下属的还有一些，服务性的单位有车队，683车队；还有一个后卫组，后方保卫组；还有工区所在地，三工区工地所；还有医院。

问：医院都是在这一带吗？

许：都是在我们这边，一共有10个单位。另外两个单位在我们的经济圈里，但不属于三工区，他们属于无线电行业。

问：三工区是什么意思？

许：那个时候分割各个工区，这个工区干什么东西、那个做什么，比如说三工区是做炮弹的，四工区是做无线电发报机的。就是那种无线电通信。四工区因为工区不太聚齐，另外有两家厂在执行。这是以前的历史嘛。这些厂原来都是上海对口援建的，我们三工区是上海轻工业公司对口援建。那个时候分轻工业公司和重工业公司，轻工业公司就是轻工业局。

问：轻工业局来到本地援建啊？

许：对啊。轻工业局到下属单位。它下属单位轻工业有很多啊，比如说吃的啊用的啊，都属于轻工业。那个光明厂就是属于上海的，就是永久的。援建就是说所有的人员、技术归它出，钱国家拿，那个时候没有私人的钱。那我们这个厂属于上海，好像是饮料公司，就是这个厂援建的，那么所有的东西都归它出，人员、技术……

问：叫什么饮料啊？

许：现在叫梅林，梅花的梅，树林的林。

问：这个是当时上海的梅林公司出人员出技术然后援建你们？

许：援建是互相援建，这个是和我们没关系的。那个时候我们也没有什么私营企业。没有，人也没有。那个时候是计划经济。

问：人员是怎么回事？

许：人员就是技术。人员、技术工、管理干部，都是从那抽过来的。那个时候是计划经济，以一个厂援建的方式来讲它比较快捷。在这个厂生产炮弹到1981年，1981年以后裁军，不打仗了。炮弹生产没用了，所以就"军转民"。

问：我们企业1981年的时候"军转民"对吗？

许：对，1981年"军转民"。炮弹生产没用，就跟上海那个手表厂做了个手表壳。1987年，由于生产成本太高，要运到这里做，还要运回上海去，经营状况不太好，一直处于亏损状态。1986年末1987年初，上海和中央协商以后就撤，所有的人员、技术全部撤。

问：那是什么时候撤回的？

许：1987年年初开始一直到年底。反正是一年内吧。把所有的设备、厂房都留给我们当地。这个厂原来有一千人，当地收下了以后也没什么好干的。我们就慢慢地找点活干，现在我们生产一种电梯上面用的部件。

问：电梯部件？叫什么？

许：绳头组。一直这么做。到2002年的时候就难以维持了。

问：是因为什么？

许：那个时候电梯用量很小的，不像现在。现在我们一年电梯用量大概70万台，那个时候连7万台都没有。那个时候就进行改制，就是拍卖，卖给现在的老板。

问：那是什么时候？

许：2002年。改制以后再逐步地发展起来，到现在我们是最好的一家，产值过亿了。

问：产值过亿吗？

许：是的。

问：现在做的主要产品是什么？

许：就是化工，化工这种东西好做。机械行业产值过亿不容易。

问：现在的主要产品是什么呢？

许：还是绳头组合，很专业了。

问：为什么1987年到2002年的时候会觉得这个绳头组合做不好。2002年后就改观了？

许：那个时候是国有企业。相对来说管理啊什么的各方面没有现在这个好。第二个，那个时候的市场不好。第三个，那个时候从90年代一直到2002年之前我们国家的整个经济形势都不好。很多企业都经营不善，倒闭的都有。2002年以后一直到现在经济高速发展，所以一个我们能做，做得好。

问：其他几个厂都不存在了？

许：不存在了。有些厂还有厂房，有些没有。像光明厂整个厂全部没有了，连厂房都不见了，都铲平了，现在在种树。

问：你是什么时候进县城的？

许：我是1987年从芜湖调过来的，我原来在芜湖。

问：当时来的领导人员也是蛮苦的？什么都没有？

许：蛮苦的，他们自己烧饭。筹建的时候就七八个人，他们就自己烧，有一个人专门负责烧饭。吃饭一起，住的时候分开住在当地人的家中。

问：住的时候分开？

许：因为一家住不了那么多人，就住在外面。

问：这个厂建完之后是什么样子呢？建厂之后和之前有哪些差别？

许：你是说当地有什么变化吗？当地变化，一个就是这个村庄本来就不大，本来就两百多人的村，基本上一半人都让子女进入这个厂拿这个"铁饭碗"。这真是个不错的"铁饭碗"，它里面的工资比我们县城的农机厂、农具厂还有瓷厂都高。那个时候工资是按照地区（划分）类别的，上海是二类地区，拿到的工资是比较高的，同样的三级工，上海的三级工工资是 40 多元，但我们这儿就是 30 元。相差将近三分之一。我当初调来芜湖的时候，拿到的工资是 49 元，到这个厂还不觉得，这个厂工资也是比较高。我大哥比我早工作十几年，他是教师，我的工资比他高。就是芜湖的类别好像是三类地区，这里是五类地区。

问：县城比那边的工资要高吗？

许：低，越是县城，工资越低。但是这个厂享受的是上海的工资待遇，同样级别工资就高，所以很令人羡慕。农民一年到头都没有厂里人一个月工资多。

问：当时那个政策，是因为土地征用才让一半的人进厂里？

许：土地征用是这样的，让村里人按照土地征用的面积，比如说要招 50 个人，那村里符合条件的，比如说年龄条件、结婚没结婚、政治条件等，按条件招收。另外，招的人数够了就算了，不够就在周边招。

问：那厂长住您奶奶家的时候是付住宿费的吗？

许：没有这个说法。他们生活的成本是要付的，比如说电费。刚开始是没电的，后期是有电的。我们这边最早用上高压电，也是因为建了这个新厂。建这个厂之前，我们包括县城都没有电。我们小时候，应该是 6 点之前是没有电的。但是 1966 年以后到 1969 年之前那期间是有电的，据说是我们的一个小发电厂供的电，那个电就像鬼火一样。建设新厂以后，我们才用上高压电。高压电说白了其实就是新安江水电站的电。

问：新安江水电站？

许：对，那个时候最早的就是新安江水电站。新安江水电站的电过来就是高压电。以前农村里搞了很多小水利，80 年代初到下半期，他们也有电，但是因为水很小,晚上7点发电,9点就没水啦。在小时候,从这家到那家,我们一般去农村都是春节,老家在农村,春节去拜年。农村会有演戏,我们去看戏的路很远,都是用火把,没有电筒,也用不起电筒。没有电,也没有路灯,就用火把。

问:它是什么时候开始生产的,为什么不在厂建立的时候开始通电?1970年的时候才开始?

许:是1969年开始生产,但是当时没生产之前肯定已经通了电。当地享受的那个福利,就是把电通上,把水接上。他们这个周边的这座村庄,周边的村庄是我们,凡是这个三线单位周边的村庄,是我们县最早用上自来水的,包括县城都没有自来水。这就是他们得到的实实在在的实惠,其他没有了。

问:本地人和上海人在后来相处的时候,有没有什么不同思想观念或者生活方式?

许:他们基本上不太接触。因为这个厂自成一个系统,跟当地农民没有交集。你过你的生活,我过我的生活。

问:可是距离不是很远,避免不了一些交集吧?

许:反正我进厂这么多年来,和我谈心的也有,一些老干部嘛。但是基本上没有什么交集过,什么吵架、打架啦这种情况不多。

问:您小时候来奶奶家玩有没有和他们接触过?

许:没有。我们就初中的时候,喜欢看电影,看电影主要有两个地方。各工厂都有电影院,很大的一个电影院两用,一个是为了开大会用,一个是文化月的创办,主要是以电影为主,其次是搞大合唱之类的,叫它演戏也想不出来。每个礼拜,各个厂都会放电影,而且不安排在一天。安排在一天,电影队来不及放,电影队只有一个。厂不是有七八家吗,基本上今天你家、明天他家这样每个轮一天。那么我们看电影的就不一样了,我今天到你这里看,我明天又想到他那里去,哪怕同一部电影看两遍,不要钱。这里我就来过一次,但我看过最多的,就是我们绩溪县城里面,一个叫"683",一个叫"703","703"是供电所,"683"是车队,住在县城里面,一个在北面,一个在南面。我们就是没有特定日期的,带着个小板凳,就去看电影了,老远的。初一时候是在"683"看电影,是我们学校组织的,不是我们自发去看的。三线厂放《海霞》,当时组织看这部电影是有革命意义的,海岛上的女民兵嘛。

(马星宇,安徽师范大学新闻学院教师;王豪、胡银银和汪梦雪,安徽师范大学新闻学院学生)

上海小三线培进中学追忆

余瑞生

时间：2018年4月22日
地点：上海市宝山区余瑞生寓所
口述人：余瑞生
整理者：王来东，上海大学历史系硕士研究生

我从如何去安徽皖南参与上海小三线建设、培新厂的工作经历、培进中学的办学及其调整、返沪后的情况等几个方面进行介绍。

一、去皖南后方参与上海小三线建设

1961年我从上海师范学院（现上海师范大学）物理系本科毕业，1960年大三时入党，大四时被选送到南京工学院无线电师资格培训班进修，大四毕业时留上海师范学院物理系任教。大概是1967年夏初，系党支部书记找我谈话。他说：因备战需要，根据"发展精华，保存精华，一分为二"的方针，上海正在皖南山区筹建一所既有理科又有工科的大学，叫上海理工学院，还要建研究所，需要抽调部分干部、管理人员和中青年教师到皖南山区参与这项工作。去的人员政治上要符合机密和绝密条件，专业业务和身体条件都要好。如果我愿意的话，还可以将爱人从南京调到学校。当时我想领导已经找我谈话，肯定是希望我去。另外我也有一种荣誉感和责任感，还可以解决夫妻分居问题。所以就表示服从组织上的安排。时隔不久，冒着炎热酷暑，我只身从上海出发，乘火车到杭州，第二天从

杭州乘长途汽车到皖南歙县,再沿着已开辟好可通汽车的山间沙石公路步行近20里路,终于到达上海理工学院的校址所在地——皖南歙县雄村。当时,所谓校舍只不过是在雄村校本部造好的几栋集体宿舍。食堂还是征用当地的一座大祠堂,还借用了当地的部分民房。家属宿舍还正在建造中。航埠(自然村)的半导体专业也是征用一座大庄园,部分设施已安装。山坞的机械专业已造好一栋集体宿舍。安装柴油发电机和机床的厂房已建好,发电机和进口的精密机床已安装。有趣的是上海理工学院在上海只有其名,但找不到校址。在皖南歙县雄村有校址,但校名又叫安徽青年耕读学校。外人不知内情一头雾水。1967年夏我到雄村的时候,已在后方的人员正为学校要不要继续筹建下去而争论不休。大约是在1968年春季,上级决定学校停建。上海理工学院的人员主要来自上海科大、上海工大和上海师院。停建后,人员各自回原单位。我因爱人和小孩的户口已经从南京迁到了皖南歙县,只好留在安徽,等待上级重新安排。这段时间,因为我的人事关系还在师院,工资还是原单位发给。所有从外地调进的家属和在当地招收的工作人员工资由高教局发放。

为了看护好余留的设备和物资,上海理工学院成立了十几人的留守小组,我是留守小组的副组长。1968年的冬季,上海国防工办的严秀坤同志陪同国防工办的领导来雄村视察,因此我也结识了严秀坤同志。小三线调整的时候,他也是小三线调整办公室的负责人之一。上海理工学院停建以后,设备基本上运回上海。余留的办公用品等物品高教局调剂到在后方办的"五七"干校,一台柴油发电机调拨给后方立新厂。

1969年4月份,终于等到了上级通知,留守小组的所有人员全部调入上海交通运输局所属的皖南后方培新汽车厂。

二、培新厂的工作经历

培新厂的工作人员主要来自上海汽修三厂、汽修十一厂和劳动局的老二技校,第一任党委书记是来自劳动局的一名处长。刚到培新厂时厂里安排我做电工,从一名教师转岗做一名工人。时间不长,我调到厂办公室工作。由于当时后山的军工车间、翻砂车间、热处理车间、办公楼等还未建造,我和另几位同志进行了土地征用等工作。受"文革"大气候影响,不久我又被分配到热处理车间。因热处理车间还未建造,我主动要求去做司炉工。热处理车间建成后,就去参与车间的设备安装等工作。期间因生产需要,在其他几位同志的配合下,设计安装了一台中温油回火炉,基本符合要求,既满足了生产需要也节约了资金。

1972年,一批都是厂职工子女的初中毕业生被招收进厂。在他们未分配工作之前,厂里抽调我和几位同志负责这批新工人的管理工作。他们在厂"五七"生产队边养猪、种菜,边学习,进行所谓的思想教育。

由于培新厂是上海后方党课教育的试点单位,也许领导认为我还有可用之处,就交给我写党课教材的任务。后来我还被后方基地借用了一段时间,任务是调查小三线单位与地方的关系和支农情况。我走访了旌德的立新、工农、险峰等厂以及休宁的新光和群星厂。从调查的情况看,小三线各单位与地方的关系是融洽的,没有什么大的矛盾。各单位都会尽力帮助当地农村解决一些困难,如农机具的修理、抗旱等事情。有些工厂每逢春节还为当地农民免费开放浴室一天。就是有些小矛盾,也能得到妥善的处理。我想想这段时间的工作是五味杂陈,就像一首歌词里所说"哪里需要就到那里去……"

1976年"文革"结束后,我被调到厂两办任秘书,算是落实知识分子政策吧!这段时间虽然也经历了不少事,但工作还算稳定,未再折腾。1980年调培进中学任主持工作的副校长。

三、培进中学办学、调整及移交

上海小三线单位建设初期,职工子女的就学问题不太突出。随着时间的推移,职工子女读书问题的矛盾逐渐显现。为此上级决定在皖南后方分片办几所中学。培进中学是其中一所。1977年初,培进中学开始招收第一批学生。培进中学是以培新厂和跃进厂为主联合举办的,所以取名为培进中学。该学校主要是解决歙县至祁门小三线单位职工子女的就学问题,教职工主要也是由培新厂和跃进厂调派,向东厂和红光厂也有少量教师和工作人员。教职员工的人事关系都在原单位,工资也是由原单位发给。培进中学坐落在芜屯、杭屯公路旁,离培新厂和跃进厂也很近。学校有一栋三层的教学楼,设有图书馆和理化实验室等;一幢三层楼的家属宿舍;两栋两层的集体宿舍;一座大礼堂兼食堂;一排平房。学校还有一个标准的足球场、一个篮球场,还有一个25米长的短道游泳池,一辆小2吨货运车。学校还设有小卖部,主要供应学习文具用品。医务室解决学生的小伤小病问题。教学经费是根据各厂学生人数平均摊派。

  经过几年办学,教学质量不尽如人意,学生家长颇有微词。我是1980年调入培进中学任主持工作副校长(无正职)的。对我而言,这是回到了教学岗位,重操旧业,但从一个大学教师到中学行政管理又是一个新的课题。教学质量上不去,问题到底出在何处?我想大致有以下几个方面的原因:首先是生源不足,每个年级只有一个班,没有平行班,每个班级的学生人数也不太多。没有平行班也就没有比较,教师的积极性也就不高。其次是师资力量薄弱。教师多数是工农兵大学生和一些中专生,"文革"前毕业的大学生很少。更重要的是受"读书无用论"的影响,学生学习积极性不高。由于后方小三线的特殊情况,学生就是考不上高一级的学校,所在厂也会解决其就业问题。针对这种情况,学校做了几个方面的工作:第一,加强管理,严肃校纪,对严重违纪且屡教不改的个别学生,该处分的处分,该清退的清退,使学校有一个良好的教学秩序,为此我还得罪了个别学生家长。对教师加强考核。学校组织教师上公开课,教师相互听课,领导听课并进行评议。要求教师有一定的备课量,并进行抽查。第二,采取走出去和请进来的方法以提高教师的教学水平。所谓走出去就是在上级有关部门的领导和支持下,利用假期让教师在上海进行短期培训,并与有关学校进行挂钩,取得对方的帮助。我们不定期选派教师到上海向明中学参加他们的教研组活动,随堂听课。我们还将个别学习努力、成绩较好的学生送到松江二中学习,激励学生的学习积极性。所谓请进来就是请向明中学的骨干教师到学校来上公开课,听课并进行指导。第三,做好后勤保障工作,教师住在家属宿舍的人数不多,尽管只有一两名哺乳期的幼儿,学校还是在当地聘请了一名保姆,解决教师的后顾之忧。星期日学生都回家,住校的单身教师不多,学校的食堂还正常开放,早餐还相应增加花色品种。住在厂里家属区的教师还特地赶到学校食堂买早点。其他厂里的职工特地通过学校的教师来买早点。为了使教师能吃到新鲜的枇杷,学校派车去歙县谭渡采购,还通过当地的粮食部门调拨上海人爱吃的粳米供应给教职工。尽管做了上述这些工作,但收效甚微。1984年,风闻小三线要调整,教职工的思想也有所波动,学校学生人数也逐渐减少。学校继续办下去难度很大,停办进行调整势在必行,否则的确要误人子弟。培进中学的调整不像工厂那么复杂。教职工都各自回原单位安排。学校除了校舍和教学用具外也没有什么设备,也没有流动资金。但学校还是按照上级要求,认真清点物品,小到一把菜刀都要登记造册,核对账目。最后学校顺利地移交给当地的教育部门。学校移交后,属培新厂编制的大部分教师和一些家属及医务室的几名医生,被交通运输局重新安排到上海交通运输技工学校工作。

四、回上海后的工作情况

1986年1月我回到上海,首先通过大学同事在靠近上海交通技校新校址附近借了房。因爱人和小孩户口还未迁入上海,为了解决女儿的上学问题,我去小三线调整办公室找了严秀坤同志,开了有关证明,总算解决了女儿的就读问题。开始时借读学校领导质疑后方的教学质量,怕影响他们学校的升学率。还好女儿很争气,从小学、初中直到高中,她的学习成绩都名列前茅,高中毕业被保送进入大学。1986年春,学校开学我去报到,正式进入上海交通技工学校工作。到了新单位,一切从头开始,我被分配到校政工办做组织员。不久,因学校车辆维修车间人心涣散,严重影响了教学车辆和生产实习车辆的维修。于是学校调我去维修车间做支部书记,从教育工作转变成政治思想工作者。面对车间的实际情况,我和车间主任研究商量后,首先是建立健全必要的规章制度,建立奖金发放的考核标准,做到奖金发放有依据有指标,不是由个人说了算,做到了公平公正,职工心服口服。通过个别谈心,消除了人与人之间的隔阂,增强团结。在校部的支持下,学校派一辆大客车组织车间职工去苏州旅游。这是车间也是学校首次派车组织教职工外出旅游。工人师傅说这是前所未有的事情。为了不使没车可修时工人到处乱跑,在车间空余的工房内设立了一个活动室,内有报刊、棋类和乒乓球台。没有任务时可在活动室活动,有车修理时必须随叫随到。工作时间无特殊情况不得离开车间。通过一段时间的工作,车间面貌大为改观,保证了车辆维修任务按时完成。

1987年,上级调我到校部任副校长并兼任政工办副主任(无正职)。在这段时间内,除正常的教学管理外,我还担任了交通部交通技工教育研究会理事,参与了在济南召开的高级实习指导教师培训班教学计划的审定,在浙江金华召开的全国交通技工学校音像教材审定会,在四川成都召开的全国交通系统驾驶员培训教学计划和大纲及考核标准审定会。

1993年,交通技工学校与上海福赐驾驶员培训中心合并,我任副校长,副总经理。1995年又与上海市交通学校合并,任督导,合并后体制不变。上海市交通学校为事业单位,交通技工学校和驾驶员培训中心为企业单位。我的人事关系在合并时由交通技工学校转入上海市交通学校,1998年退休。

时间飞逝,不知不觉离开皖南已有三十余载。去时还不到30岁,如今已到耄耋之年,岁月沧桑。回忆在皖南小三线时的工作与生活情景,往事并未如烟。如果不去小三线,如果上海理工学院不下马,也许我在专业学术上有所收获。但人生没有如果,必须面对现实。上海小三线建设是当时形势所需。80年代,小三线调整,也是由形势所定。在皖南的十多年,就我个人而言,还是欢乐多于烦恼。生活基本安定。厂区离家近,上、下班很便利,不像现在的上班族,生活节拍很紧凑。皖南山区田野间池塘较多,是垂钓的好场所。每逢节假日,提上钓竿,在塘边既垂钓又可观览田野的好风光。皖南岩寺周边的不少田间小路,都曾留下我的足迹。皖南山区翠绿的青山,清澈的流水,怡人的空气,至今令我难以忘怀。

(余瑞生,男,江苏南京人,1938年出生。1957—1960年于上海师范大学物理系读书,1960年入党。1960—1961年于现东南大学无线电师资培训班学习。1961—1969年上海师范大学物理系助教,1967—1969年上海后方上海理工学院。1969—1980年上海后方培新汽修厂工人,厂办和党办秘书。1980—1986年任上海后方培进职工子弟学校副校长。1986—1995年任上海交通运输技工学校政工办组织员,维修车间支部书记,政工办副主任,副校长。1995—1998年任上海市交通学校督导。1998年退休。)

上海小三线计划生育工作的回忆

陈金洋

我于1974年12月卫生学校毕业,被分配到上海卫生局后方卫生工作组(简称后卫组)工作,到单位后分配在业务组工作,主要具体负责管理整个小三线单位的保健站(医务室)条线工作、爱国卫生、传染病统计等工作,后大约在1978年兼管计划生育工作。计划生育工作在20世纪70年代就开始宣传和实施,1974年11月2日上海专门向中共中央、国务院汇报了"关于上海开展计划生育和提倡晚婚工作的情况报告"以及"河北省计划生育工作会议的情况报告",接着中央根据上海和河北的计划生育工作经验,专门发了中发〔1974〕32号文件,"把计划生育工作列入各级党委的议事日程,有专人管,要普及节育科学知识,把避孕药具送上门方便群众。医疗卫生部门提高节育手术质量,加强妇幼保健卫生工作,"毛主席亲自圈阅。接着国务院成立了计划生育工作领导小组,在财政拨款等一系列政策上给予倾斜。后卫组也承担起整个上海小三线的计划生育的药具发放工作,业务工作由姜庆五负责,我具体负责药具申报、领取、发放工作。在我留下的书面笔记和部分文件原稿中记载了后方进行的计划生育先进集体和个人的评选:1978年计划生育先进集体培新汽车厂、海峰印刷厂计生小组;1979年计划生育先进集体培新汽车厂、八五钢厂,先进个人:光辉厂保健站周佩英医生;1980年计划生育先进集体366电厂、培新汽车厂、八五钢厂、海峰印刷厂、燎原厂。1978年接到上海市计划生育领导小组和上海市财政局上海市卫生局联合发文"沪计育办〔79〕字23号、沪财行〔79〕126"号、沪教计〔79〕159号,联合发文明确对领有"上海市独生子女证者"免缴学杂费、优先入托、补贴独生子女奖励费等政策。上海按照中央的文件开展计

第三排左一是本文作者

划生育,规定每个家庭只能生育一个孩子。根据上海市政府的要求,1979年9月后方基地管理局(下简称后方基地)在接到上海市政府的计划生育的有关文件,每个家庭只能生育一个孩子和独生子女的领证以及病残儿童的家庭可以生育二胎的鉴定等一系列具体工作就交给了我们后卫组。当时我们后卫组的副组长主管业务的杜佛海领导就先派我出去参加为期三个月的"全国1/3妇幼保健站站长进修班"学习,1980年10月进修班毕业回来后,因计划生育工作许多内容涉及行政管理工作,后卫组是一个具体的业务指导和业务管理工作,行政工作仍隶属于后方基地管理。为了理顺计划生育工作,针对后方七万多名职工和三万多家属且分散在两个省十多个县,后经后卫组的杜佛海等领导商量决定,委派我代表后卫组被借调到后方基地管理局工作。计划生育此项工作具体责任部门放在后方基地管理局后勤处,当时基地后勤处是由王中平处长负责主管的。根据中央和上海市政府以及安徽省计生办(因小三线地处安徽皖南,部分小三线单位的职工一方是当地人,涉及安徽的计划生育工作政策)的计划生育的有关文件内容要求,筹建并成立了上海后方基地管理局计划

本文作者在卫组机关大门口，背景是二层楼办公楼

生育领导小组办公室，当时我具体负责操作。首先与王中平处长一起到后方的仪电公司、轻工公司、机电公司、化工公司、八五钢厂和电力组、260通信站、泾县683运输队等部分基层工厂进行调研摸底。到各公司、站、所、大型工厂期间，碰到不少困难：职工不理解，有情绪，要生二胎；认为小三线远离上海市区，在山区里工作，业余生活非常枯燥，搞计划生育是你们上面的事，不管我们职工的事；有的领导也不理解，独生子女长大后的教育学习问题，后方的学校不能满足，即教育质量等客观问题；另外这是厂保健站（医务室）的事情等一系列具体问题。针对调研中发现的问题，我和王中平处长回来后进行研究，王中平处长向管理局局长汇报，又将此问题向上海市政府提出，为稳定小三线职工思想，消除后顾之忧，允许生育一胎的孩子家庭的子女户口可以申报上海市户口，挂靠在父母或直系亲属家中，解决读书问题。我做了大量的前期工作，独生子女申请表的修改，独生子女证的钢印章和图章的刻制，文件的起草。根据后方小三线分散、青年职工多，男性职工占的比例高的特点等，在基地公安处的配合下，进行摸底了解基础现状，制定一系列配套政策，然后就召开整个后方小三线的计划生育工作会议，布置中央和上海市政府以及一方涉及外省市（主要是安徽当地）人员的一系列有关计划生育的规定，制定了后方小三线的"计划生育实施细则规定"（见部分原文件），申领独生子女证的细则和申请表，并参与独生子女证的具体发放工作。由于后方小三线的单位分散在安徽皖南山区10多个县和浙江，所以此项工作开展缓慢，从筹备到正式执行大约用了3—4个月，独立建立形成了上海后方基地计划生育独生子女申请表和独生子女证，并

沪后计字80第3号

关于贯彻执行市计划生育若干规定
和实施细则中几个问题的说明

各公司、处、各基层单位：

现对贯彻执行市计划生育若干规定和实施细则中遇到的几个问题作如下说明：

一、晚婚、晚育年令，结合后方情况，仍按男26周岁，女24周岁为准，其年令推算以结婚登记批准日期为界。

二、凡是在后方领取独生子女证的，其孩子户口必须是后方厂所管户口或母亲户口在上海，小孩尚未报进户口的，方可在后方办理领证手续。对七九年九月一日前领养的子女，目前还未报进户口或小孩户口在当地或外省市的，其独生子女证后方均不办理。

三、独生子女保健费的领取问题：

1. 凡八一年八月四日前已领证的，均按新规定第四条办理，保健费五元，延长到十六周岁止，以前的不补。局计划生育办公室不再办理更换手续。

2. 夫妇双方均属上海市范围的单位，应由男女双方单位（包括集体所有制单位）各负担50%。

3. 夫妇双方有一方为上海郊区农村的，则全部由全民或集体

4. 子女户口在后方单位，并在后方领证的，其父母有一方在外省市的，保健费也全部由后方发证单位支付。

5. 凡在外省市领取独生子女证的，其保健费上海单位不予支付。但考虑到后方单位地处安徽省内的作场厂处（浙江省内）为艰重地方的规定。凡父母有一方在这二省工作和领证的，保健费可按安徽省规定（即男女双方各负担50%）和浙江省有关规定支付。

四、关于列入第二胎生育计划批准手续问题：

1. 按规定条件凡要求生育第二胎的，验按实施细则第十条规定办理外，并报到局计划生育办公室审批。

2. 在新规定下达前，对计划外第二胎已作处理的不予退还，新规定下达后，计划外的二胎，均按新规定办理。

3. 凡超计划生育的子女托婴自理，其收托标准按单位财务规定办理。

五、对领取独生子女证的试行延长休假的办法，除整工公司报我局批准外，其他各单位，各主管局审批后执行。

六、凡我局以前发文与此说明有抵触的地方，请按此说明为准。

上海市后方基地管理局计划生育
领导小组办公室

抄报：市计划生育办公室、市国防工办

1

沪后计字82第1号

关于计划生育有关政策的通知

各公司、基层单位：

为认真贯彻中共中央、国务院《关于进一步做好计划生育工作的指示》以及市委批转市计划生育领导小组《关于进一步做好计划生育工作的意见》即沪委（1982）24号文（分别登在《上海工作》第七期以及第十七期上），请各单位组织有关人员认真学习，并结合中共上海市委宣传部、上海市计划生育领导小组最近发的《关于进一步做好计划生育工作的宣传提纲》向职工和家属大力宣传。做到家喻户晓，加强政治思想工作，严格控制二胎，提高领证率，进一步搞好后方计划生育工作。

现将计划生育有关政策结合后方情况作如下说明：

1. 夫妇中一方在外省市工作的，有如下两种情况：

（1）在我方领取《独生子女证》的，其独生子女费由我方支付，不向外省市领取。

（2）由外省市发《独生子女证》的，不论外省市规定如何，凭对方计划生育部门证明可每月发给我方职工二元五角，其他费用一律不予支付。

其中地处安徽的单位仍按我局沪计字80第3号文第5条规定执行。

2. 未经列入计划生第二个子女的对象，各单位有规定的，仍继续执行。自82年八月一日起执行沪委（1982）24号文的规定。

（1）如夫妇中一方在外省市工作，则可通知对方单位要从工资中扣除无计划生育子女费，扣除多少根据对方单位标准定。

（2）夫妇中一方是外省市职工，外省市未通知要从我方职工工资中扣除无计划生育子女费，则可按沪委（1982）24号文精神办理，即每月扣10%，为期三年（其中地处安徽的单位和地处浙江的单位可分别执行这两个省对无计划生育多子女费的规定）。

上海市后方基地管理局
计划生育领导小组办公室
一九八二年五月廿四日

抄报：市计划生育办公室

后方基地管理局有关计划生育的文件

后方基地管理局有关计划生育的文件

同时配套成立了有后方瑞金医院、古田医院、长江医院、天山医院等四所医院儿科组成的后方基地管理局病残儿童鉴定小组。病残儿童鉴定小组由我任组长,具体主持后方单位职工提出生育第二胎即第一胎的残疾鉴定。在负责计划生育同时配合参与了上海计划生育办公室的计划生育药品的研究课题。在记忆中,我在后方基地工作了近两年。所以,计划生育工作在行政上是隶属于后方基地管理,在具体业务上是后卫组,回到后卫组后,我还保持着与后方基地联络关系,曾听说当时后方基地管理局要整合整个后方的行政工作,后来由于形势的变化,到1984年后方所属单位逐步撤回上海,凭后方基地发放的独生子女证到户口所属街道调换上海市独生子女证。集体户口的由原后方单位

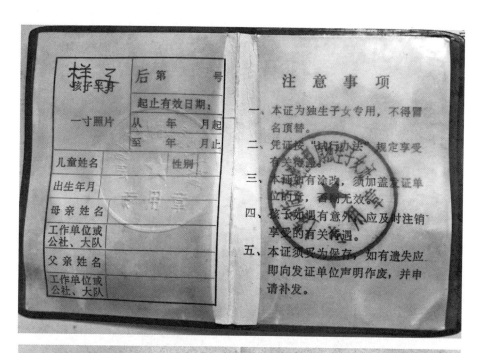

上海小三线后方卫生工作组的有关证书和文件

上海小三线后方卫生工作组的有关计划生育的资料

负责统一到所属街道计划生育办公室统一调换上海市独生子女证。

（陈金洋，男，1955年出生。1974年卫生学校毕业后，分配进入上海市卫生局后方卫生工作组工作。1980—1982年借调上海后方基地管理局，1984年调到古田医院工作，1986年按上海小三线政策回沪筹建南市区肿瘤防治院（现称黄浦区肿瘤防治院）至今。后就读上海职工医学院并毕业。1988年起历任南市区（后为黄浦区）肿瘤防治办公室副主任，负责主持日常工作，肿瘤预防科长。曾参与国家"八五"肝癌早发现攻关课题的合作，负责"上海市社区肝癌高危人群筛查"上海市课题项目，在国家级核心期刊和省市期刊上发表十多篇论文。）

译 稿

带标签的群体：
一个三线企业的社会结构*

陈　超著　周明长译

一、引言

　　丹景山镇位于中国西南经济和贸易中心成都西北 50 英里处，是一个被绵延不绝的群山环绕的山区小镇。这种山地地形不仅阻碍了城镇的经济发展，而且还将丹景山镇与外界隔离开来。然而，就在这个隐蔽和原始的地方，一群来自中国东部沿海地区数个发达城市的工人却在一个现代化工厂里劳动着，这个工厂就是锦江油泵油嘴厂（下文简称"锦江厂"），也就是本研究的空间所在。

　　事实上，锦江厂并不是这种特殊类型企业的唯一例子。相似的工厂和工人在中国几乎所有的西南、西北省区中的偏远地区皆随处可见。这些工厂被人们称之为"三线企业"，这些企业中的工人被人们称之为"三线工人"。它们是发端于 20 世纪 60 年代、结束于 80 年代的那一场大规模的秘

---

* 本研究的早期成果，曾提交于 2013 年上海大学历史系举办的全国第二届三线建设学术研讨会。在此，笔者向对本文提出有益建议的会议参加者致谢，特别是对提出一系列反馈性和建设性意见的徐有威教授致谢。英文原文载《劳动史》(Labor History) 第 57 卷，2016 年第 5 期，第 671—694 页。中文译文原载《江苏大学学报（社会科学版）》2018 年第 5 期。凡原文有误之处，均以"译者注（斜体）"补充更正。

密实施的工业项目建设的产物。其在中国的历史背景中被称为"三线建设"①。

60年代中国的国防安全始终面临着两大潜在威胁。从国际方面看,中国与美国、苏联两个超级大国均未建立起友好关系。从国内看,中国的工业生产能力和人口高度集中于东部沿海地区。为了保障战时国家的工业生产能力,中央政府认为最根本的战略就是要在中国西部建立一个可替代性的工业基地。出于安全考虑,从60年代早期到70年代末,一系列工厂和工人从东部沿海城市和东北老工业基地,比如上海、天津、北京、沈阳等,迁移至荒凉的内地。三线地区到80年代初建成了1 100多个大中型工业项目②,共计约2.9万个工业企业③,内迁近400万名工人④。由于这些工业的绝大多数均与军事密切相关,毛泽东为此提出了三线工厂建设必须遵循"靠山、分散、进洞"的基本原则。因此,这些工厂和工人被秘密地分散布点于与外界尤为隔离的偏远农村和山区。锦江厂只是这类秘密内迁的工厂之一。

在目前既有的关于中国劳动政治学的文献中,三线工厂和三线工人几乎

---

① 一线是指陆地边疆和沿海省区,三线是指甘肃省乌鞘岭以东、山西省雁门关以南、京广铁路以西、广东省韶关以北的广大地区,二线是指其余省(译者注:a. 此文作者对一二三线地区交代不清;b. 《三线建设分为大三线和小三线)大三线为川、贵、云、陕、甘、青、宁、晋、豫、鄂、湘11个省区,主要由中央重点投资和建设。小三线为除了西藏、台湾之外的28个省区的内陆腹地,主要由所在省区投资和建设)。参见李彩华、姜大云:《我国大三线建设的历史经验和教训》,《东北师大学报(哲学社会科学版)》2005年第4期;孟韬:《空间变化、结构调整与三线企业的集群创新》,《改革》2013年第1期。

② 原国锋:《三线建设调整改造进入收尾 年底将完成项目一百九十个》,《人民日报》2003年12月4日,第6版;孟韬:《空间变化、结构调整与三线企业的集群创新》,《改革》2013年第1期。

③ 林晰、季音:《一个巨大的经济舞台——访三线企业的见闻和启示》,《人民日报》1987年5月24日第1版。

④ 刘炎迅:《三线人的青春与暮年》,《中国新闻周刊》2012年4月23日,第66—69页。译者注:(1)"内迁近400万工人"包括管理干部和工程技术人员;(2)文中注2、3、4的数据可参见国家统计局编:《中国统计年鉴(1983)》,中国统计出版社1983年版,第323、343、354页。

未获得研究者的关注①。与对毛泽东时代及后毛泽东时代的城市国有企业的数量众多且成熟的研究相比,对三线建设的研究则高度集中于其规模、影响及其对中国工业发展的历史意义,而几乎没有人去关注过工厂社会学。三线建设的保密性及其偏僻布点极大地阻止了研究者的介入。公开出版的三线企业资料不仅稀缺,而且也几乎不可能获得三线建设的原始档案。另外,为数众多的三线工厂也在90年代被关闭。令人欣慰的是,在最近,多个三线企业的退休工人主动帮助笔者调查此类主题,从而激发出本人的研究兴趣。原三线建设者目前正在组织集体编写回忆录,建立在线社区,极力地挖掘和保存其与三线建设密切相关的历史资料。通过这些活动,笔者找到了调查、研究这一潜在主题的一种可行路径。

依据未开发的原始资料,本研究解决了我们对三线企业和三线工人的理解差距。特别是本文提出了以下问题:什么是三线企业的社会结构?它是怎

---

① 用英语发表的相关成果有:Naughton,Barry(1988). *The Third Front: defence industrialization in the Chinese interior*, *The China Quarterly*, No. 115〈Sep.,1988〉, pp. 351-386.(参见巴里·诺顿,徐有威、张志军译:《三线建设:中国内陆的国防工业》,《冷战国际史研究》2011年第1期);Naughton, Barry. (1991), *Industrial policy during the Cultural Revolution: Military preparation, decentralization and Leaps Forward*, in Joseph, W. A., Wong, C. P. W. and Zweig, D. (eds)(1991), *New Perspectives on the Cultural Revolution*, Harvard University Press. 巴里·诺顿:《"文化大革命"时期的工业政策:备战,分散和大推进》,威廉·约瑟夫,克里斯汀·黄,崔大伟等编:《"文化大革命"的新视角》,剑桥(马萨诸塞):哈佛大学东亚研究会,哈佛大学出版社1991年版,第153—181页;Chan, C. K. Roger. *Industrial Development of the Third Line Region*, 罗杰·陈:《三线地区的工业发展:一个评价》,罗杰·陈等,编:《中国区域经济发展》,香港亚太研究所,香港中文大学研究手稿,1996年第30卷;Gurtov, Mel. *Swords into Market Shares: China's Conversion of Military Industry to Civilian Production*, *The China Quarterly*, No. 134〈Jun., 1993〉, pp. 213-241. 梅尔·格托夫:《剑入市场:中国的军事工业向民用工业的转化》,《中国季刊》第134期,1993年6月,第213—241页;Bachman, D. *Defence Industrialization in Guangdong*, *The China Quarterly*, 166 (2001): 273-304, 大卫·巴克曼:《广东的国防工业化》,《中国季刊》第166期,2001年,第273—304页;Bramall, *Chinese Economic Development*. London and New York: Routledge, 2009, 布拉莫尔:《中国的经济发展》,伦敦与纽约:劳特利奇出版社2009年版。用汉语发表的最重要成果有:李彩华、姜大云《我国大三线建设的历史经验和教训》(《东北师大学报(哲学社会科学版)》2005年第4期);陈东林《从"吃穿用计划"到"战备计划"——"三五"计划指导思想的转变过程》(《当代中国史研究》1997年第2期,第65—75页);董宝训《影响三线建设决策相关因素的历史透析》(《山东大学学报(哲学社会科学版)》2001年第1期,第89—93页)。这些文章中没有一篇研究"劳动"的主题。

样建立的？在本研究中，笔者认为，由于地理孤离，三线工厂的内部社会被工人的三个来源——内迁工人、返城知青和复退军人不断地繁衍着"标签化"。作为"标签"的这三个来源展现出了每一个群体所具有的显著特征。在工人的日常人际交往中，这些标签的意义与其在工厂的职业机会密切关联，并且塑造了他们的相互认知和对他人的态度。因此，工人们更有可能在他们自己所属的群体中寻找他们的朋友和婚姻伴侣。总体而言，这种高度的孤离逐渐形成了三线工人趋向于一个带标签的群体模型的社会结构。鉴于三线企业这种独特的社会结构，笔者进一步认为，曾被广泛接受的依赖于中国城市"单位"制度中的组织依赖需要重新审视。

本研究主要基于作者在 2013 年 3 月中旬至 7 月中旬，对三线企业典型之一的位于成都市大山区的锦江油泵油嘴厂的田野调查。在 2013 年 12 月和 2015 年 1 月，笔者在上海和成都进行了两轮后续访谈。本研究资料来自以下方面：同该厂前工人们的深度访谈，四川省和成都市的地方志，特别是查阅了大量的机械行业史料、工厂文件、工厂年度纪事、三卷工人回忆录、工人的会议记录和工作日记。为了保护访谈参与者的身份，本研究对其中所涉及的个人、工作计划和机构的名称作了改变。

二、锦江厂：一个典型的三线企业

尤为明显的是，本研究是对锦江厂的案例研究。这种研究所发现的结论能支持其他三线企业吗？它是否反映或偏离了这类三线企业的总体趋势？这两个问题直接涉及锦江厂的代表性。因此，在对锦江厂的工人生活进行实证性分析之前，首先要考虑到的是，在机械行业里，锦江厂在多高程度上可以作为一个代表性的案例？

第一，四川是三线建设的第一重点省。从 1964 年至 1978 年，政府财政投入达 335.05 亿元，其中央财直接投资占 202.15 亿元①。在这一时期，央财

---

① 何郝炬、何仁仲、向嘉贵主编：《三线建设与西部大开发》，当代中国出版社 2003 年版，第 115 页。

1/8 的工业投资和 1/4 的国防投资投入在四川①。117 个（机械行业）工厂和数万工人从沿海和东北工业基地内迁至四川②。锦江厂乃是其中之一。

第二，锦江厂是成都市的主要三线企业之一。到 1980 年，该厂累计总投资达 2 560 万元。较之其他七个主要三线企业，锦江厂无论从财政投资看，还是从职工人数看，都占据首位。成都机械工业三线重点建设项目的基本情况见表 1。

表 1 成都市机械工业三线重点建设项目基本情况

工 厂	建设年度	至 1980 年的总投资（万元）	1989 年职工数（人）
四川齿轮厂	1964	1 643	3 304
成都配件厂	1965	840	1 633
锦江厂	1966	2 560	2 538
岷江齿轮厂	1966	2 148	—
红旗工具厂	1966	379	634
成都红旗拖拉机厂	1969	2 063	2 383
四川红旗柴油机厂	1971	2 144	2 888
成都拖拉机厂	1971	134.5	—

注：岷江齿轮厂已同四川齿轮厂合并，成都拖拉机厂已同成都民用汽车厂合并。因此，没有职工数的比较记录资料。资料来源：成都市地方志编撰委员会编：《成都市志·机械工业志》，成都出版社 1995 年版，第 15 页。

译者注：本表遗漏了同时建在锦江厂附近的另一个重要三线企业涌江机械厂，该厂是八机部在彭州的三个机械厂之一，1984 年被批准迁建德阳市区（1984 年 4 月 3 日，四川省人民政府出台了《关于同意涌江机械厂迁并入德阳电机厂、机械厂的批复》）。

第三，内迁工人占锦江厂职工总数的比例很大。具体来说，锦江厂和其他七家工厂中的内迁工人大多来自无锡油泵油嘴厂、上海宝昌活塞厂、杭州齿轮

---

① 辛文：《三线建设与四川产业基础的形成》，载王春才主编：《三线建设铸丰碑》，四川人民出版社 1999 年版，第 77 页。

② 成都市地方志编撰委员会编：《成都市志·大事记》，方志出版社 2010 年版，第 751 页。其中，没有 1964—1978 年四川的内迁工人的具体数据。它仅记载了 1964—1965 年，有 3.7 万名东部沿海和东北工业基地的普通工人和技术人员来到四川。参见四川省地方志编纂委员会编：《四川省志·工会志（1986—2005）》，方志出版社 2012 年版，第 34 页。

箱厂、天津内燃机厂和天津拖拉机厂,这些厂共内迁了大约1 642人①。至1966年,这些工厂的内迁工人数如表2所示。

表2 主要三线工厂内迁工人数

工 厂	工厂内迁工人数(至1966年)(人)
四川齿轮厂	340
成都配件厂	156
锦江厂	444
岷江齿轮厂	a/n
红旗工具厂	a/n
成都红旗拖拉机厂	a/n
四川红旗柴油机厂	a/n
成都拖拉机厂	a/n

注:a/n为没有可用数据。
资料来源:成都市地方志编纂委员会:《成都市志·机械工业志》,第14—21页(说明:岷江齿轮厂已同四川齿轮厂合并,成都拖拉机厂已同成都民用汽车厂合并。因此,没有该两厂1989年的职工数的记录资料,参见《成都市志·机械工业志》,第15页)。

其实,锦江厂的职工来源更加多元化。到80年代初,仍然有305人、137人来自上海柴油机厂、无锡油泵油嘴厂,354人来自上海柴油机厂、上海建筑机械厂技工校,8人来自八机部天津工业会计学校,12人来自天津农机制造学校,35人来自洛阳拖拉机厂技工校,11人来自贵州柴油机厂,5人来自上海新华护士学校②。

第四,锦江厂的职能组织并未出现任何与众不同之处。锦江厂职能部门总体上可分为生产、后勤和教育三类。其中的生产部门又占据了最大比例。根据成都市地方志,直到1989年,机械行业工厂的生产部门主要有厂总部、车间、工组三个层次。大中型企业在车间和工组之间还有名叫工段的另外一个

---

① 成都市地方志编纂委员会编:《成都市志·大事记》,第14页。
② 锦江油泵油嘴厂办公室编:《工厂大事记(1966—1985)》,第2页。

层次①。作为大型企业的锦江厂的生产部门实际上分为四个层次,除了第二层次的七个车间外,还有 22 个与车间同平行和功能互补的其他行政部门,如销售部、设计部、质量控制办公室。

总之,较之于同行业的其他七厂,锦江厂在各方面并未有所不同。作为成都市一大重点企业,深处山区的锦江厂也是由众多内迁工人在繁杂组织结构下运行的。从而在几乎所有方面均符合作为三线企业的典型。虽然没有单一案例能够完全可以代表整体,锦江厂之典型性至少能够使其成为一个合适的研究案例。

三、锦江厂的孤立生活

(一)交通

遵照毛泽东的三线建设指示,锦江厂建设在孤立的山区。特别是,锦江厂布点在彭县境内的龙门山脉丹景山镇境内的集埝村。工厂占地 25.88 公顷,生产区和住宅区几乎是开山而建设的。生产区位于面向平原的山里的东西 400 米、南北 200 米之处。在这个高度孤立区,唯一能够联系工厂和附近城镇的工具只能依靠厂内的一辆交通车。在 20 世纪 70 年代中期,锦江厂为职工购买了解放牌汽车,作为第一辆交通车。每天早晨 7 点,交通车发往成都市,耗时 1.5 小时到达成都市城北汽车站,工人们下车后根据个人需要进入成都市各汽车站。该车一般给个人 6 个小时处理个人事务,必须在下午 3 点返回上车。回到繁华热闹的城市虽令人愉快和充满魅力,但是 3 个小时往返路程却使人深受折磨。坐在颠簸在崎岖山路的卡车车厢里,只有一根麻绳可供工人们抓住,工人们挣扎着也难以让身体保持平衡。而且,车厢上面仅有帆布作顶棚,坐在车内的人在恶劣天气里感到极不舒适,风雨又使得旅客更加难受。即使工厂交通车是如此的简陋,也没有让工人们免费乘坐。在整个 70 年代,每个乘客的往返票价为 0.4 元。这辆解放牌卡车大约使用了 10 年。为了扩大交通量,锦江厂在 80 年代中期拨出部分技术改造预算金,购买了 2 辆 45 座客车——1 辆黄海牌、1 辆黄河牌。两车运行的好处巨大,满足甚至超过了厂

---

① 成都市地方志编纂委员会编:《成都市志·大事记》,第 226 页。

内工人出行的最大需求。例如，它能够运送重病职工进城看病，方便工人进入城市百货商店购买服装，参观博物馆展览，等等。然而，这种特殊的需求很少发生，甚至工人进城也首先必须得到工厂的批准（译者注：利用休息日出行无须批准；在工作日出行需请假，但可用"调休"；请事假出行的极少）。因此，生活在交通不便的孤立山区的锦江厂职工，仍然首先必须依靠工厂来满足其日常生活和娱乐的需要。

（二）饮食

除了国家食品配给，锦江厂及其工人还寻求其他多种方法来补充他们的生活。在 20 世纪 70 年代和 80 年代初期，国家的猪肉供应量是不充足的。在充分认识到这一情况后，工厂与彭县食品公司建立了良好的关系，为公司领导的亲属提供了几个进厂的工作机会。作为回报，锦江厂获得了在食品公司先于其他客户采购猪肉的特权。通过这种方式，锦江厂就能够为职工们采购到几乎都是最好质量的猪肉。而且，基于同食品公司领导的良好关系，锦江厂也能够购买到一些额外的猪肉。

锦江厂的蔬菜供应有三种方式：工人们自己在工厂居民点的空地上种植蔬菜，如青菜、大蒜、洋葱、土豆和番茄。但是自己种植的蔬菜数量、品种都很少，难以满足工人们日常生活的最低需要。相比之下，附近农村集市的蔬菜数量和品种都很多。在这个市场上，工人们不仅可以买到蔬菜和水果，也可以买到鸡蛋、鸡、鸭、河鱼、猪肉、蜂蜜和其他日常消费的食物。因此，定期去农村集市成了工人们生活中的一个重要特征。这种活动被工人们称之为"赶场"。除了这个集市外，实际上在工厂大门外约 200 米处，还有一个小型蔬菜市场。这个小市场是因附近的农民前来出卖自己的农产品而自发形成的。虽然它只能满足工人们日常生活的部分需要，但对于生活在孤立山区的工人们来说，却是不可缺少的。据一位访谈人回忆，即使我们都知道这个小市场属于资本主义的"尾巴"，但没有一个人愿意关闭它，所以它就持续地存在着。

（三）教育

为了教育工人们的孩子，锦江厂建立了自己的学校。1972 年，人事副厂长被指派负责工厂附属中小学的建设。从一开始，这些学校在彭县的声誉很好：

第一,厂子弟校获得地方声誉来自于其高质量的教师。虽然校内教师数量很少,但其平均教育背景在高中毕业以上。一些教师甚至是拥有理工学院或学士学位的厂内技师或工程师。第二,学校配备有当地不可比拟的教学设备和配套设施。实验室设备和体育器材均从上海购买。学校甚至装备了滤水器系统,以便为学生们提供安全的饮用水。依靠这些一流的教师和设备,校内许多学生在高中、大学入学考试中取得了良好的成绩。

除中小学外,锦江厂还建立了自己的技工校和"721工人大学"①。技工校不仅招收职工子弟,而且还招收邻近农村的合格考生(译者注:指招收城镇户籍的下乡知青)。技工校教师都是教育背景良好的技术工人。通常而言,技工校毕业生都是本厂年度招工中的主体部分。从1976年到1989年,锦江厂技工校共招生688名,共毕业648名②。

(四)三种类型的工人

地处偏远山区的锦江厂有三种类型的工人。每种类型的工人都可以用一个共同的名称来识别,该名称表明了工人们在培训、薪水、教育背景和技能水平上的相似性。这三个名称(标签)是:内迁工人(支内职工)、返城知青、复退军人。

内迁工人是指来自东部沿海地区的工人。在早期的锦江厂,上千名来自天津、上海、无锡、杭州、洛阳的内迁工人而来构成了锦江厂工人的主体。这些内迁工人的来源呈现出多元化,因上海柴油机厂的援建合同,使上海工人比从其他地方的内迁工人的总和还多。到80年代初,在840名内迁工人中就有659名来自上海。值得注意的是,内迁工人在薪酬政策方面也存在着差异。以内迁群体中最大部分的上海工人为例,上海柴油机厂、上海建筑机械厂就内迁了429名工人,其他230名则属于未被正式录用的该厂的实习生或学徒。因此,前者可以按照上海的标准付薪(虽然他们的户籍已迁入成都),但后者必须

---

① "721工人大学"是毛泽东在1968年7月21日关于培养技术人员的指示的产物。在这条指示中,毛泽东认可了上海机床厂培养技术人员的经验,并强调了从其他工厂的经验丰富的工人和农民中培养技术员的必要性。因此,许多工厂建立了自己的"721工人大学"。

② 成都市地方志编纂委员会编:《成都市志·大事记》(译者注:原文缺页码)。

按照当地的标准付薪,通常每月少 3—5 元(译者注:实为"每月少 10—15 元")。原锦江厂厂办副主任倪同正指出的工资差异是,上海一级工 42 元月薪,加保留的奖金 6 元,月收入为 48 元。而四川的一级工为 31.5 元,无奖金,仅有 1.5 元粮食补贴,合计月收入为 33 元。数年后晋升为二级工为 36 元,加粮食补贴 1.5 元,月收入为 37.5 元)。因为这 230 名工人都毕业于上海柴油机厂技校,人们给了他们一个标签——技工学校学生(译者注:两处的"230 名"实为"284 名"。倪同正主编:《三线风云(中国三线建设文选)》,四川人民出版社 2013 年版,第 249 页)。

在 1970 年代中后期,对返城知青的招工又进一步促进了锦江厂职工群体来源的多元化。正如 Gold① 和 McLaren② 所描述的,在 70 年代,数万名受过教育的年轻人被送到农村,其中有数千人返回上海。但是数量庞大的知青待业很快成为上海市的最大社会问题。全国性知青大返城后,成都知青待业问题的严重性并不比上海低。作为 30 家省级大型企业之一的锦江厂,则成为那些返城知青就业的主要招收单位之一③。70 年代末,锦江厂共计连续招收了约 900 名返城知青,几乎占到当时全厂职工数的 1/3。知青在正式成为固定工之前,都被分配当了三年的基建队学徒工(译者注:倪同正指出学徒工实为"基建队一年,车间学技术两年"),这三年里,他们的月工资仅 17.5 元。在学徒工末期,如果考核合格,他们才能够成为从一级工岗位开始工作的工厂固定工④。此时的月工资增长至 21.5 元(译者注:倪同正指出实为 31.5 元,未计粮食补贴 1.5 元)。从这个角度看,内迁工人的待遇则好得多。即使技校生进入一个新工厂也不必经历三年的学徒工阶段,直接按照月工资 31.5 元的一级工岗位计酬(译者注:倪同正指出未计粮食补贴)。

---

① Gold,T. B.:《回城:上海返城知青》,《中国季刊》第 84 期,1980 年 12 月,第 755—770 页。
② 迈凯伦:《返城知青:1978 年 11 月至 1979 年的上海海报宣传运动》,《澳中》1979 年 7 月第 2 期,第 1—20 页。
③ 1985 年,四川省机械工业厅正式确定锦江厂为大型企业。参见《关于将我省机械行业中 30 个企业确定为大型企业的报告》(四川省机械工业厅文件[85] 059 号)。
④ 从 1951 年至 80 年代末期,中国国营企业对工人、干部实行 8 级工资和 22 级工资制度。根据资历和技术水平,将工人们划分为不同的等级。第一级是指最没有经验和技术水平最低的工人,第八级是指最富有经验和技术水平最高的工人。在实践中,每个工人都能够在一定年限后一步步提级。

通常被认为是政治高度可靠的复退军人,构成了锦江厂职工的第三个群体。诚然,招收复退军人并不是三线企业的独有情况。裴宜理指出,农民出身的转业士兵占到了中国国有企业职工数很大的比重。但是,在任何城市企业里几乎没有复退军人在职工中的比重,达到已经成为一个具有重大影响力的独立群体的锦江厂的程度。毕竟,城市企业首先必须招收的对象是城市居民中的大量劳动力。在整个80和90年代,锦江厂1/6以上的职工来自附近农村的复退军人。同至少完成了高中阶段教育的内迁工人和返城知青相比,这些复退军人大部分属于小学、初中文化程度的农民。但是,低下的教育背景并没有限制复退军人的特权。像他们的同事技校生一样,复退军人可以跳过学徒期并直接享受到一级工人的工资。尽管他们的每月收入比技校生少10元(译者注:倪同正指出"不存在比上柴技校生少10元的情况,仅是比上海来的支内职工的上海工资少10元。"),他们拥有的土地在一定程度上减轻了抚养一个家庭的负担。有些复退军人甚至会放弃加班费,以节省出更多的时间来照料他们的农作物,下面的对话可以证明:

"老实说,我并不在意加班费。因为我必须每天工作到筋疲力尽,最多才得到5—10元的加班费。如果去经营农村的农作物,我只需要骑自行车2小时就到家了。"

"那你为什么不雇用人来搞农业呢?"笔者问道。

"我怎么能负担得起工钱呢?此外,我所请的人可能干活还不如我呢?因此,不值得为了几元钱来牺牲我家的农业收入啊!"①

总之,由于工人们的背景不同,每个群体的工人都有着不同的"标签",表明了与其联系的共同来源和共同特点。当某人被称呼为"内迁工人"时,通常意味着他是一个技术熟练的、受过良好教育的、过着城市生活方式的人。如果某人被归类为返城知青,通常意味着他是一个受过一定教育的技术不熟练的工人。而复退军人类职工在工厂里则获得了"老转"的新称谓,这个有些轻视的名字通常指文化程度最差的和非技术性的工人。

---

① 笔者2013年3月对刘青山的采访。

当然,这些概括也有例外。例如,我的采访对象叶兴建是一个当地知青招工进厂的工人。他作为一个普通工人,通过在偶件车间勤奋工作和刻苦学习,在实际操作中的表现,不仅优于许多内迁技术工人,而且发表了几篇处理棘手技术问题的专业期刊文章。锦江厂破产后,他被成都一所大学聘为讲师。叶兴建并不是不适合上述分类的唯一者。但从总体上讲,一些共同的特征仍然可以从各群体的大多数工人中予以证实的。

(五)不同类型标签的群体及其在厂里的职业机会

然而,不同类型标签的工人群体又是如何与锦江厂不同职业机会相联系的呢?要回答这个问题,首先需要澄清"前方(生产一线)"和"后方(后勤)"的概念,这是由工人自己对厂内职业机会作出的一种普遍性的分类。

所谓"前方"和"后方"实际上是工人们从战争术语中借来的说法,"前方"和"后方"分别指"前线战场"和"后方支援"。因此,工厂"前方"指纯粹的生产车间,"后方"指为生产一线提供服务的机修、工具、计量、理化、检验科等部门。值得注意的是,这种分类是由处于工厂里等级体系中不同层次的工人们"创造"出来的。在最高层次,车间和工厂管理部门以及其他后勤部门之间也存在着分工,如汽车队。在中间层次,"前方"和"后方"按照不同职能的车间来分类。总泵、装配、偶件、热处理、铸锻、准备车间都是从事生产一线任务的车间,工具和机器修理等车间为后方(后勤)服务的部门;在最低层次,每一个车间都有"前方(生产一线)"和"后方(后勤)"的分工。例如,偶件车间是锦江厂工人最多的车间。每个工人都隶属于五个小组之一:计划、技术、生产、洗涤和协助。其中,在共计395名工人中,生产人员达295名(译者注:各车间分类由倪同正核改,并对个别内容作了删除)①。

实际上,锦江厂各层次"一线"和"后方"的职业机会中充满了来自特定群体的工人。自70年代后期和80年代初期以来,一个普遍的工人职业分布模式逐渐出现在工厂:内迁工人占据了后方部门职工的大部分,复退军人和返城知青构成了一线劳动力的大部分。

具体来说,在整个80年代和90年代初期,内迁工人,特别是来自上海的

---

① 锦江油泵油嘴厂《关于企业整顿的报告的文件》(1983年)。

内迁工人,大多在工厂的管理部门工作。而那些未能成为工厂管理人员的内迁工人,通常在车间内或车间之间从一线岗位转到后方岗位。有两个原因可以解释这种模式。首先,相比于返城知青和复退军人,内迁工人群体平均拥有的学历更高、技术更熟练、工作更有经验,这种背景似乎更适合让他们从事计划、管理、监督等方面的工作。其次,由于返城知青和大部分复退军人比内迁工人年轻,让他们承担一线沉重的工作任务也是合理的。

因此,返城知青和复退军人就构成了各生产车间生产一线劳动力的绝大多数,但是实际的区别并没有如此的整齐和鲜明。典型的例外发生在曾担任排长以上的复退军人的工作上。这些前军官通常在工厂车间担任党支部书记。然而,这一群体数量很少,不足以在总体上改变工人们的职业机会与其群体归属之间的关系。

随着时间的推移,根据群体属性及其工作任务的性质所形成的这种职业区别变得更加确定。内迁工人"坐"在后方线从事管理、生产计划、定额制定、技术主管、计时等工作,而返城知青和复退军人则"站"在生产一线,承担着大部分的生产工作。如果要对此种状况以及工人们在厂里职业领域分布的区别,进行准确的"标签化"描述,那么,应该利用什么方法呢?而且能够通过该方法表现出这些因素对工人之间人际关系的友好性或非友好性的影响程度呢?客观地讲,群体归属和职业地位本身并没有在这一点上发挥出任何作用。为了回答这个问题,我们不仅需要超越抽象的理论推理,而且还要将重点放在具体的、明确的工人日常活动上面。

在以下两节中,笔者认为,通过对工人们在车间外的日常人际互动以及他们在车间内活动的研究,能够将其群体归属的意义从抽象的名称转化为真实的活动。

四、标签化的日常生活

(一)车间外的生活

如果放大工人们日常生活中的细节,我们就能够观察到和看到其中的差异。例如,通过研究上海棉纺织厂女工,艾米莉·霍宁[①]发现穿衣风格、饮食习

[①] 韩起澜:《姐妹与陌生人:上海棉纱厂女工(1919—1949)》,斯坦福大学出版社1986年版。

惯、婚姻习俗和方言构成了员工之间分类和对立的最重要的基础。裴宜理①在江南和苏北地区的棉纺织厂女工中也观察到了类似的现象。在锦江厂里，工人们日常生活中的这些细节对塑造工人之间的相互印象仍然起到了同样的作用。

涤纶（的确良）可能是七八十年代最流行的布料。由于市场稀缺，涤纶衣服通常比棉布衣服昂贵得多。当时，拥有一件涤纶衬衣被认为是高地位的象征。但是，即使在成都市的百货商店里，涤纶衣服也极为少见，更不必说乡村的供销社了，而且涤纶的昂贵价格也进一步限制了返城知青和复退军人对他们渴望已久的涤纶衣服的购买力。据一名工人回忆，在70年代，即使用优惠券购买，一件涤纶衣服最少也需要5元钱，而他的月基本工资仅有21.5元（译者注：倪同正指出21.5元是当时艺徒第二年的生活费，亦称艺徒工资），因此厂里的返城知青和复退军人通常穿着用粗糙材料制成的浅色衣服。然而，内迁工人的衣服，特别是上海内迁工人的衣服，则要精致漂亮得多。大多数内迁工人都拥有鲜艳亮丽的涤纶衣服，这就使得他们极容易被厂里其他人识别出来。涤纶衣服对于当地工人尤为新颖，但它们并不是由内迁工人带来的引起当地同事关注的唯一事物。许多内迁工人还从东部城市向山区搬来了他们的家具、床、书架、衣柜，甚至煤炉。其中的每一种新样式总是激发了一股模仿的浪潮。一个典型例子是名叫"老虎脚"的设计样式的大流行。"老虎脚"本来是上海工人对衣柜腿的一种设计。当地工人后来模仿这种设计，并且应用于他们的桌子、床和家具的其他部件上面。

通过日常娱乐活动，也能够观察到工人之间的差异。一般来说，棋类游戏、体育锻炼、艺术和文化活动是工厂里最受欢迎的娱乐活动。其中，绝大多数内迁工人选择与艺术和文化活动相关的活动，比如练习书法、演奏乐器、读书、写诗、篆刻、桥牌、围棋。返城知青群体的工人则优先选择棋类游戏，如中国象棋、扑克是他们最喜欢的活动（译者注：倪同正对娱乐活动作了核改）。而一些农村复退军人群体的工人却必须在厂里下班后回到家里农田干活，其他的则更有可能参加返城知青群体工人的棋类游戏。运动和体育锻炼虽然是

---

① ［美］裴宜理，刘平译：《上海罢工：中国工人政治研究》，江苏人民出版社2012年版。

三个群体工人具有共同兴趣的活动,但是参与者通常是在同一群体中结伴活动。皮埃尔·布尔迪厄①曾经认为练习不同的体育运动的概率(作为一个通用术语)取决于一国的经济资本、文化资本、业余时间、家庭传统以及早期训练。锦江厂工人的业余爱好分布,展现出了其围绕这些因素"线路"的明显特点,这些线路勾画了一组与另一组之间的边界。

衣服、日用品、家具和业余爱好本是日常生活中的微小细节,但作为锦江厂的一种文化形式,它们成为区分各群体工人与其他群体工人的不同"标签"的外在表现。与此同时,这种文化使内迁工人上升为一个具有时尚意识的、具备良好教育和世界品味的公众形象,进一步增强了他们的优越感,强化了他们的"内迁工人"标签的自我识别度:他们是从中国最发达地区来成都"传播工业文明"的"使者"。

(二)车间内的生活

车间是塑造工人们相互认知的另一个关键场所。在生产过程中,工人间的交往以一个特定的方式决定着他们之间的关系、竞争或合作的特点②。由于工作技能、资历和工作态度的不同,频繁发生的摩擦使工人之间的区别变得清晰可见和与之高度相关。通过车间里的日常人际互动,每个群体的标签被赋予了超出一个普通的名字和身份的意义,反过来又塑造了工人之间的相互印象和态度,并最终影响着他们的相互关系。

每当一线车间生产任务密集,工厂就动员后方线上的工人提供帮助。这项政策被认为是两个工人阵营的双赢。一方面,后方车间的工人可以毫不费力地达到生产定额,另一方面,生产一线工人的工作压力得以减少。然而,这种政策并未使工人之间的团结得到加强,由主要为内迁工人组成的"后方"车

---

① [法]皮埃尔·布尔迪厄:《运动与社会分层》,钱德拉·穆可伊,迈克尔·舒德森,编:《大众文化的再思考:文化研究的当代视角》,伯克利:加利福尼亚大学出版社1991年版,第369—370页。
② 例如,[美]迈克尔·布若威(Michael Burawoy):《制造同意:垄断资本主义劳动过程的变迁》,芝加哥:芝加哥大学出版社1979年版;[美]理查德·爱德华兹(R. Edwards):《竞争地带:20世纪工作场所的变革》;萨贝尔:《工作与政治》;汉根、史蒂芬森:《对抗、阶级意识与劳动过程》;[美]理查德·爱德华兹(R. Edwards):《工作中的冲突》。

间向主要由返城知青和复退军人组成的"生产一线"车间所提供的支持——竟然加剧了工人之间的分离。

为什么一个原定互惠的安排却导致了更大的分裂？关键是暂时调至生产一线车间的工人实质上是出于收入和名誉的激励，但其同时也认为这类工作超过了他们的生产定额（译者注：倪同正指出，一般后方车间工人并不愿意支援前方车间，但为突击完成工厂生产任务，厂部会要求后方车间派出技术力量支援前方。这与收入无关，在工时上并无优惠。主要是"名誉"，他们往往会轻而易举地完成前方生产的定额，并由此获得超产奖，但却给前方工人带来了压力）。

如上所述，后方类车间本身不直接参与生产，但其为一线车间提供的各种形式的援助，保障了一线生产的顺畅和高效。因此，后方类车间工作的性质与生产一线车间是不同的。让我们以工具生产车间和偶件车间为例来比较，前者主要生产一些特殊加工工序所需但在市场上买不到的专用刀具和工装设备。专用刀具和工装设备就是产品零件加工所需的专用工具之一。产品零部件的繁杂设计需要通过独特的切割工具来加工。这些非标刀具就是工具车间的"产品"。通常地讲，由于每一个特定的工具只有一个车间、一个部门，有时甚至是一个生产组的需要，所需产品的总数不超过几打，有时甚至小于10个。与此形成鲜明对照的是，偶件车间工人的工作量却要大得多。他们需要负责完成如切削、磨削、研合和车削等基础性的工作。即使他们不受制造非标工具所带来的麻烦，但也必须完成每月较高的生产定额。为此，工具生产车间和偶件车间分别被归类为"技术密集型"和"劳动密集型"单位。换句话说，在后方线上如工具生产车间的工人主要从事技术复杂的小规模量工作，因此，这些工人在熟练掌握他们的产品后不久就几乎完成了他们产品的所需数量（例如特殊工具）。当然，这也就使其不可能出现超额生产。相反，生产一线主要从事操作技术简单的大规模量工作，因此，工人们必然很容易通过获得额外奖金来增加收入。这也就是动员后方线上比生产一线技术更熟练的工人参加一线生产的特别原因所在。

除了已正式建立起的物质激励外，一些非正式的文化因素，如对面子（脸面）和个人尊严的关注，也在激励暂时调动工人参加超过其定额的生产中发挥出了作用。在后方线的工人主要是内迁工人，他们被认为是比返城知青和复退军人更有经验、更熟练的职工。当他们从后方走到生产一线,如果他们没有在数量和质量上把工作做得比其他人更好,他们会感到羞愧和担心被同事嘲笑。朱桂琴描述了她在偶件车间支援一线工人的经历:

> 当生产任务重时,工厂总是动员后方线工人去支援生产一线。当我们来到生产一线车间时,通常都非常努力工作。但许多人只是想炫耀自己并努力超过别人。实际上,这种行为很可能在车间里的工人之间制造怨恨。我没有这样做……每次我完成了我的定额时,都会停下来等着别人。有一次,一个年轻工人下班后走过来对我说:'朱师傅,你做得太快了!'我回答说:'实际上,我甚至还可以节省1.5小时!'即使我不愿超过他们的产量,但我认为我需要告诉他们真相,让他们看到他们和我们之间的差距。毕竟,我们大多数来自后方类车间的工人比他们更有经验、更资深、更熟练。如果我们的工作速度超不过他们的速度,我们就会丢脸,他们更会在我们的背后嘲笑我们。①

正如朱师傅所说,生产一线的工人并不会对来自后方线的工人的援助心怀感激。相反,他们更有可能对所从事的艰苦工作感到恼怒,并责备提供援助的后方线工人。这并不是因为被调来的工人们拿走了本来应该属于他们的奖金。无论被调来的工人们在一个月或几个月里,挣到了多少额外奖金,他们都是临时性的工作,迟早会回到原来的车间。实际上,生产一线工人更担心的是,由于后方线工人的辛勤工作,他们未来的生产定额很可能会增加。因为在每一个车间,都是根据工人们的月度业绩来调整各工序的定额和各部件的月定额。如果许多被调来的工人能够在短得多的时间里完成同样的生产定额,定额制定者就会认为现存的定额低估了工人的生产率。当然,大规模定额调整也不可能是随便和轻易地进行的,但是,被调来的工人的工作记录肯定是未来定额增长的重要基准。此外,生产定额的性质也很严格,一旦增加,就永远不会倒退。换言之,被调来的工人的辛勤工作,对生产一线工人的工作量会有永久的影响。

总之,在支援生产一线车间的过程中,工人之间的横向分工被进一步强化

---

① 笔者2013年6月对朱桂琴的采访。

了。一方面,被调来的工人通过正式和非正式的渠道,因为超额完成了他们的生产定额,获得了奖励。另一方面,生产一线的工人极有可能在未来要承担起更高的生产目标。从表面上看,这似乎是生产一线车间和后方线车间之间的区别所在。然而,从深层次看,这实际上是带着不同标签的工人之间的区别。具有讽刺意味的是,尽管一些被调来的工人的确表现出了比别人更多的细心,像被访谈者朱桂琴那样,他们明确声明,要用自己的卓越技能和强烈的事业心,通过取得不低于同事的效果,来证明自己的与众不同,并且能够把自己与生产一线的工人相区别。

这种技能优势感也导致了内迁工人对当地同事的歧视态度。最大的受害者可能是复退军人。在锦江厂,内迁工人给了他们一个新的群体名称——"老转"(年龄大的复退军人)。平均而言,复退军人实际上并不比内迁工人年龄大;相反,他们其实要年轻得多。"老转"的名称被用来表达内迁工人对缺乏技能和工作态度冷淡的复退军人的不喜欢和贬斥。被访谈者刘成敏曾抱怨:

> 那些复退军人和一些返城知青都是文化程度不高的人。最重要的是,我认为他们还有农民心理,那就是,他们不仅精于算计,而且不愿意作出哪怕是最微小的牺牲。另外,他们对待工作不细心、不严谨。在铸造车间,当我们制作模型时,任何异物都不能接受。但是车间里的许多工人并不像我们一样负责任。好几次,我清楚地看见一些沙子在模具里,但他们仍然向模具里浇注铁水。我竭力阻止他们,并要求他们先清洁模具。但他们毫不理会我。①

当然,不用说的是,也有许多工作细心的复退军人,有的甚至技术卓越。然而,内迁工人对复退军人一旦带上了"老转"的标签,这种歧视感就相当顽固了。根据被访谈者兰青山回忆:

> 那些内迁工人和技校生总是看不起我。最重要的是,我就是在一个上海师傅的指导下在厂里开始工作的。第一天,师傅就教育我说:"当你

---

① 笔者2013年6月对刘成敏的采访。

完成跟随我的学习时,只要没有人在你的背后嘲笑你,你才应该感到满意。"老实地说,那句话真的打击了我。自那时起,每当别人完成他们的工作后去别处玩耍时,我仍然在继续阅读学习资料。甚至在他们邀请我同其共同玩耍时,我也没有去。两年后,我真的成为了一个非常熟练的工人。曾经有一个共计 200 名工人报名的磨削技能测试,车间主任问我:"你希望排名多少?"我回答说:"大概前六名。"主任笑着说:"前六名?想都不要想!"当时,也有一个上海工人站在主任旁边,他一边讥笑,一边用他的小指头指着我。就在我看见他们的这种反应时,我马上改变了我的目标并且说:"我将会进入前三名。"测试结束时,主任问我做得怎么样。我告诉他我在理论测试中得分 90^+,并且认为技能测试能够得满分。他质疑地说,"不可能,没有人能够得满分!"然后他向我操作的车床跑过去,仔细地检查了我的工作。在检查了一会儿后,他宣布我没有在使用后把机器彻底清洁好,为此扣去 2 分。最后,我得了 98 分。①

当然,可以肯定地说,兰青山的不愉快遭遇大概是一个极端的例子,因为人们更有可能把对别人的消极态度留在心里,而不是把消极态度直接表现出来。然而,这些不言而喻的看法和态度并不会消失,只是被人们努力地隐藏着。在工人们的思想深处,这是一个潜在的分裂源头,它加强了群体内部的认同,减弱了各群体团结的进程。一旦被触发,如兰青山所遭遇的争论,那些在不同标签的工人之间的隐藏着的不和谐立刻就会被暴露在公众面前。

总之,在车间内外较长时期的日常人际交往中,锦江厂工人中一个群体对一个群体的认同和态度已经发展到了各群体之间。也就是说,通过他们的日常活动,"群体归属"的概念逐渐具化为鉴别和划分厂内工人阶层的一个可察觉到的分界线。因此,每一群体的工人都更愿意在他们所属的群体中去建立起他们的社会关系。

(三)带标签的群体

生活在一个相对孤立的地点(图 1),锦江厂工人在建立社会关系中高度依

---

① 笔者 2013 年 3 月对刘青山的采访。

图1　锦江厂全貌

译者注：原图不太精准，现图为倪同正提供的上世纪70年代末期锦江厂"靠山全景照"。

赖于工厂。被访谈者谭毅的亲属关系网络就是一个极好的例子（图2）。

如图2所示，谭毅的亲属关系网络包括了10个家庭，每一个家庭用夫（妻的）姓的首字母大写来指代。被采访者谭毅和他的妻子用T1和W1来指代。T2和T3是谭毅的两个兄弟，他们分别与财务部负责人和质检部门负责人的女儿结了婚，她们用D1和S2来指代。S2有一个哥哥S1，他同高级工L的女儿结了婚；他是Q的侄子/外甥，S1和Q都在偶件车间工作。Q的女儿Q2在厂食堂工作，她的丈夫在厂办公室工作。Q2的哥哥Q1是偶件车间的一名工人。他的妻子Z1和她的父亲Z在热处理车间工作。谭毅的妻子W1在厂幼儿园工作，她的弟弟W2在仪器生产车间主管销售。W2的妻子F1在装配车间工作。她的姐姐F2在锻铸造车间工作，和偶件车间工人C1结了婚。C1的

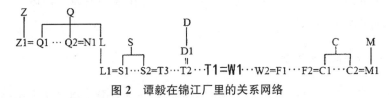

图2　谭毅在锦江厂里的关系网络

注：本图中的所有大写字母都是当事人的姓的第一个字母。其中，"="表示婚姻关系；"⋯"表示兄弟姐妹关系；"_"连接不同的大写字母表明当事人跨代，但不一定是父母—孩子关系。

哥哥C2同锦江厂副主任的女儿结了婚。C1和C2的父亲是一名从上海内迁的高级工。

当然,谭毅的亲属关系网络的例子,可能是锦江厂里的一个极端例子,并不是所有的工人都生活在这种的亲属网络里。但这肯定也是不例外。否则,工人们就不会如此强烈地感受到各家庭间错综复杂的关系。

锦江厂里的社会关系非常复杂。每个家庭都连接着"树根"和"树枝"。这真的是"牵一发而动全身"。你之所以不得不谨慎地做出任何决定,乃是因为你永远不会知道谁最后受到了影响①。

长期生活在一起,我们工厂的每个家庭之间都有着密切的关系。工人们总是笑着将这种状况描述为"一叶动,整棵树都在动"②。

陈友柏和付建伟将这种状况生动地描述为"锦江厂没有一个工人是一个原子化的个人"。相反,每一个人都隶属于由不同的核心家庭组成的一个家庭组。因此,锦江厂里最初的原子化的工人阶级都被逐渐地转变为由家族婚姻形成的一个共同体。

然而,这些社会关系并不是随机建立的,亦即并非任何的两个工人就能够相互建立关系。明确地讲,在锦江厂,友谊和婚姻更有可能在同一群体内的工人之间发生。正如一些社会学家已经证明,"朋友总是以同样的方式评价他人。如果A和B相互之间具有肯定的情感,B和之间C又具有肯定的情感,那么,A也会了解C,并且对C也具有肯定的情感。"随着时间的推移,互联社交网络被各个群体的工人用于"编织"其社会关系。这种现象的大体情况如图3所示。在图3中,根据群体归属对工人进行了划分。在每个群体中,社会关系高度密集,工人们都是通过种种方式相互联系着的。但是,这些亲密关系却很少跨群体建立。

这种互联化的社交网络在笔者的访谈中也随处可见。在采访如"滚雪球般"的被访谈者的过程中,笔者注意到了"提名人和被提名人在工厂里均属于同一群体"的一个趋势。即几乎没有一个内迁工人会推荐一个复退军人或返

---

① 笔者2013年6月对陈友柏的采访。
② 笔者2013年6月对付建伟的采访。

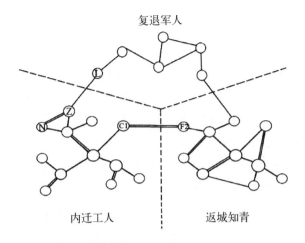

图 3　锦江厂里带标签的群体

注："="表示婚姻关系；"_"表示朋友或亲属以外的直系亲属(夫妻)；"N"代表朱贵琴的丈夫；"L"代表被调查人兰青山；"F2"和"C1"是图 2 所示唐毅亲属网络中的成员。

城知青来接受笔者的访谈，反之也一样。基于人们更有可能会提名与其关系最亲密的人的"假设"，笔者推测朋友关系的建立主要发生于具有相同标签的工人之间。为了验证这一推论的可靠性，我让被访谈者用表列出他们联系和交往最频繁的朋友。每个被访谈者最后提供的所有名字，都属于与他们具有相同背景的人。例如，刘成敏总共提及了 5 个男人，都是和刘成敏一样毕业于上海的同一所技工学校的技校生①。笔者曾经推测，能够将内迁工人同返城知青和复退军人凝聚在一起的一个可能途径，就是师徒关系。但访谈结果表明，这种关系的作用还需要通过丰富的个案基础来评估。几乎所有被访谈的工人都表示很尊敬他们的师傅，一些人说，在每一个节日，他们都会给他们的师傅送去美好的祝福和礼物。但只有一个人认为师徒关系最后会发展成为亲密的朋友关系。在某些情况下，师徒关系反而强化了某一个特定群体现有的固定模式。上述兰青山经历就是一个典型的例子。

婚姻也更有可能发生于某一个特定群体内部。在所有的被访谈者中，只有三例跨群体婚姻②。其余的，除了复退军人，所有的婚姻伴侣都具有相同背

---

① 笔者 2013 年 6 月对刘成敏的采访。
② 他们是刘成敏、高明深、卢立强。他们都来自上海，但都同当地妇女结了婚。

景。而大多数复退军人在进厂工作前就已经结婚了,他们的妻子在家里干农活。当然,在现实中,工人之间的婚姻模式并不像理论上那么匀整。如果我们查看工厂里一个工人的家谱,发现该工人有一个来自不同的群体的远亲,这并不奇怪。再次以谭毅的亲属网络为例:谭毅是一个复退军人,他妻子的哥哥的妻子的妹妹的丈夫的父亲却是一个从上海内迁的高级工。

事实上,在朋友关系的建立方面也有类似的例外。在被访谈者中,兰青山和朱桂琴两人之间的密切关系,就是一个很好的例子。如前所述,兰青山是一名经常遇到上海内迁工人摩擦的复退军人。但他对朱桂琴有很好印象。他告诉我"朱师傅与其他上海内迁工人不一样。她对我和蔼可亲,在工具生产车间里教给了我很多技术。"①鉴于兰青山同许多其他上海工人之间频繁的不愉快经历,他和朱师傅的友谊则显得特别珍贵。即使兰青山的家远在一小时多车程的外地,他甚至在退休后都会定期去看望朱师傅。

总之,尽管存在着跨越不同群体界限的偶然的"强关系",但是,这些都不可能改变锦江厂里一个群体的工人们不愿意同另一个群体的同事建立亲属关系和亲密朋友关系的普遍模式。

五、城市工厂与三线企业的透视

在对中国城市工人的分析中,强烈的工厂依赖通常被认为是国家控制社会的最有影响力的因素之一。正如安德鲁·沃尔德②指出,通过两个角度,工厂依赖能够被全面理解:一方面,行为者能够从工厂获得什么;另一方面,是否存在任何替代品。根据这种依赖性的解释,本节表明,三线企业不同于城市工厂的原因在于其地处一个孤立山区的独特位置。因为被剥夺了其他的选择,所以,三线工厂里的工人们呈现出"双重依赖"的特征:第一,为了获得经济方面、政治方面、社会方面的必需品,工人们依赖于工厂;第二,为了建立和扩大社会关系,工人们依赖于工厂。

城市工厂里工人们的组织依赖本是单位(工作单位)制度的一个结果。因

---

① 笔者2013年6月对刘青山的采访。
② 魏昂德:《共产党社会的新传统主义》。

为单位对一个人的日常生活具有实质性的影响,它通常被认为是中国独有的一种社会组织制度。在共产主义中国,工人们不仅从他们的工作单位获得了工资和主要耐用消费品和日常用品的配给券,而且还有食品补贴、最重要的商品和住宅。此外,工作单位也提供国家劳动保险、福利、社会保障和一些诸如医疗保健和面向工人孩子的托儿所、幼儿园的社会服务。即便如此,这些众多的物质利益也只是单位功能的一个方面。

正如李汉林[①]认为,单位承担了政治、司法、民事和社会等更广泛范围的功能。总之,一名工人被与他或她的工作单位终身地联系在一起。几乎所有的中国专家认为,由于单位制度的实施,城镇职工实际上是生活在一个相对隔离的地方,并且高度依赖于他们的工作场所[②]。然而,当我们根据普通工人的真实日常生活来评估其隔离和依赖的程度时,单位在其中的作用要少得多。

我们能够大致确定工作单位所赋予的三类利益:直接经济利益、社会服务和社会关系。工人们在城市里能够找到第二、三类利益的替代物。以医疗保健为例,即使每一个工厂都普遍提供了这种服务,但是,工人尤其是那些小型和中型企业的工人,更有可能因厂医院规模小而去公共医院寻求医疗服务。实际上,这些厂医院更适合于被称为"诊所",因其所提供的医疗服务非常有限和极为初级。

社会关系的建立是工人不一定依赖工作单位的另一个方面。一个明显的原因是工人拥有寻找配偶的自由。事实上,一些学者已经认为干预工人们的结婚和离婚是一个单位的多种功能之一。这是有文件规定的工作单位的一种正式权力。然而,权力对一个人生活的真正影响不是取决于它是否被写下来,而是取决于权力持有者能够并希望使用它的程度。正如一句普通的中国谚语所说:"宁拆十座庙,不拆一桩婚。"只要新娘和新郎具备可接受的政治背景,没有一个领导愿意去损害一桩婚姻。因此,一家工厂的一个工人在另一家工厂

[①] 李汉林等:《中国的单位现象与城市社区整合机制》,《社会学研究》1993年第5期,第23—32页。

[②] 李路路等:《中国的单位现象与结构改革》,《中国社会科学季刊》1994年第2期,第5—16页。刘建军:《单位中国:个人、组织与社会控制体系中的国家》,天津人民出版社2002年版。

找到他的或她的配偶是非常普遍的。与此类似的是,在一个工厂的生活区,工人并不仅仅来自一个工作单位。

但在实际上,已婚的城市工人受到了至少两个工作单位的影响:他们自己的工厂和他们配偶的工厂。如果他们的孩子在第三家工厂工作,问题就更加复杂。传统观点一再强调生活区的意义,部分是将工人的依赖和共同的身份归因于这个空间领域的独立性①,但生活区居民的多样性被忽视。这种局限乃是植根于社会原子化定型概念而忽略家庭的作用的结果。一旦家庭被考虑在内,工作单位就不再孤立于城市的其余部分,并结构性地嵌入于包围它的社会之中。

这样一来,新的社会关系的建立不仅可以超越单位的控制,而且现有的社会关系也可以取代他们的单位生活。归根到底,"几十年来,人们与传统家庭和血缘关系的密切联系并没有被切断"②。而且,工人与其共同成长的伙伴或以前的同学成为了朋友,工人与其朋友的关系比同一生产线上的同事更亲密。迪特默和吕的研究证实了同一单位里同事之间的弱关系③。通过迪特默和吕在上海和石家庄组织的访谈,他们发现被访谈者能够对其表达内心深处思想的真正的朋友只存在于(被访谈者的)单位之外。正如为迪特默和吕提供资料的人所说:"一个人不应该把关系同明天一起工作的那些人混合于一体。"④简单地说,就物质供应而言,工人高度依赖于他们的工作单位,因为单位提供了几乎所有的必需品。然而,从工人们日常生活需求的角度看,尤其是当考虑到城市里生活必需品的可获得性和工人们建立社会关系的自由度,那么,工人依赖于他们的工厂值得再思考。亨德森和科恩对城市中工作单位的作用做了公正的评论⑤:

---

① 布雷:《社会空间与中国城市治理》,斯坦福:斯坦福大学出版社 2005 年版。
② 亨德森等:《中国医院:社会主义工作单位》,纽黑文、CT 和伦敦:耶鲁大学出版社 1984 年版。
③ 迪特默等:《改革中的中国单位的个人政治》,《东亚非正式政治》,《亚洲调查》第 36 卷,第 3 号,1996 年 3 月,第 246—267 页。
④ 布雷:《社会空间与中国城市治理》,斯坦福:斯坦福大学出版社 2005 年版,第 257 页。
⑤ 亨德森等:《中国医院:社会主义工作单位》,康涅狄格州纽黑文和伦敦:耶鲁大学出版社 1984 年版,第 7 页。

当然,单位制度不是影响工作单位成员生活的唯一力量。还有其他因素,包括家庭、同单位外的人的关系、邻里组织成员、官僚组织内专业人士的权力、中层领导的制约,共产党和其他国家组织的影响。然而,单位对其个体成员和(在我们的例子中)单位的医院管理者、医生、护士和患者之间的正式和非正式的关系,具有特别的影响。但是,这种影响并没有减少其他因素的重要性,而是与他(它)们互动,并提供了中国公民在日常生活中必须应付的一个另外的控制层。

城市工人的特征有助于我们透视三线工人的依赖性。三线工人的依赖性与城市工人相似,因为这些企业在提供直接的物质利益和社会服务方面,都是自给自足的。然而,这些企业在两个基本方面不同。第一,虽然大多数三线企业都有自己的短程往返客车,甚至有通往最近城市的小火车,但是,工人们除了在特殊情况下,比如探亲假或发生严重意外事件,都不会离开工厂。工厂因此是工人们和他们的孩子谋生的唯一地点。在日常生活中,在工厂的既有条件外,工人们无法获得替代性的社会服务和娱乐设施。第二,更为重要的是,在交友或寻求婚姻伴侣方面,三线企业的工人们因为工厂的偏远位置,除了同事之外,别无选择。内迁工人尤其如此。内迁工人与家在较近的城镇或农村的一些返城知青和复退军人不同,他们几乎完全地被切断了同亲人和以前朋友圈的联系。因此,一直被困在那些封闭的社区,他们基本上没有建立或扩大他们的社会关系的机会。

六、结论

本文探讨了三线企业中带标签的群体。他们生活在山区,与外界隔离,锦江厂工人们的交友和婚姻伴侣高度局限于厂内。在这种生活过程中,锦江厂工人们通过这种或那种途径,在厂内形成了紧密的"互联"关系。但是,这种互联关系并不是以一种随机的方式而发生。它受制于工人所隶属的群体。总体而言,锦江厂工人可划分为三个群体,即内迁工人、返城知青和复退军人。工人们的这种分类被他们在厂内的职业机会和他们在车间内外的日常人际互动不断强化。锦江厂带标签的群体的形成,揭示出城市工人的组织依赖性并没有达到以前研究所表明的高度。

值得注意的是,裴宜理和霍肖特的"场所政治学"①②仍然不能对锦江厂工人的"群体分类"做出充分的解释。据他们分析,上海和天津的工人在中华人民共和国建立之前,按照各自的出生地分类。然而,锦江厂的返城知青和复员军人都是四川本地人,却被划分为两个不同的群体。这两个群体的人虽然具有共同的出生地,但由于国家政策却拥有了不同的(职业)背景。从这种意义上讲,上海工人的分类实际上是一个社会动员的结果,其是通过两个中间的社会行动者——行业公会和工人帮派——来实现的,而锦江厂工人的分类则是国家动员的结果。内迁工人、返城知青和复退军人,分别与特定的国家发起的政治运动有关,这些人的身份被一系列的社会经济政策不断加强。

与此同时,锦江厂工人的分类阐明了孤立地区的工人之间的"各种摩擦"。研究当代中国劳资纠纷的学者偏重于把孤立作为能够使工人组织集体行动的一种条件。他们认为,孤立有助于工人建立稳定和密集的社会网络,从而丰富他们的组织资源。对于这一点,锦江厂的故事提醒我们,即使在孤立地区,工人也不统一,小圈子是普遍存在的。因此,孤立的效果至少部分地取决于有助于工人们超越日常琐碎的但确实有影响的事项所造成的分歧的一个共同目标的存在。

笔者在锦江厂的"发现"能否适用于其他三线企业呢?具体地讲,本研究中所讨论的"带标签的群体"能够在它处被观察到吗?不可否认,断言锦江厂的故事能够推广于所有三线企业,将导致本研究有效性的风险过度。

---

① [美]裴宜理,刘平译:《上海罢工:中国工人政治研究》,江苏人民出版社 2012 年版;贺萧:《天津工人(1900—1949)》,斯坦福:斯坦福大学出版社 1986 年版;任焰、潘毅:《跨国劳动过程的空间政治:全球化时代的宿舍劳动体制》,《社会学研究》2006 年第 4 期,第 21—33 页。

② 通过对重庆三线企业的研究,付令指出,这些工厂内部的社会网络是由工人的亲属关系构成的。在关于湖北省两家三线工厂的著作中,胡悦晗分析了在工厂搬迁过程中的工人不同群体之间的标签的影响。这两种成果都是认为"带标签的群体"的存在的间接证据。参见付令:《三线企业的社会学思考》,《梧州学院学报》2006 年第 4 期,第 10—12 页;胡悦晗:《地缘、利益、关系网络与三线工厂搬迁》,《社会学研究》2013 年第 6 期。

但是,全部否认本研究的代表性也是不公平的,因为锦江厂与其他隐蔽于深山、由多元化工人构成、由繁杂组织运行的三线企业一样。因此,"带标签的群体"能否推广于所有三线企业的社会结构的程度,只能通过研究更多的工厂来证明。

参考文献:

[1] 关于将我省机械行业中 30 个企业确定为大型企业的报告(四川省机械工业厅文件[85] 059 号).

[2] 巴克曼. 广东的国防工业化[J]. 中国季刊,2001(166):273-304.

[3] 布拉莫尔. 中国的经济发展[M]. 伦敦和纽约:劳特利奇出版公司,2009.

[4] 布雷. 社会空间与中国城市治理[M]. 斯坦福:斯坦福大学出版社,2005.

[5] [法] 皮埃尔·布尔迪厄. 运动与社会分层[C]//钱德拉·穆可伊,迈克尔·舒德森,编. 大众文化的再思考:文化研究的当代视角. 伯克利:加利福尼亚大学出版社,1991:369-370 页.

[6] [美] 迈克尔·布若威. 制造同意:垄断资本主义劳动过程的变迁[M]. 芝加哥:芝加哥大学出版社,1979.

[7] 罗杰·陈. 三线地区的工业发展:一个评价[C]//罗杰·陈,等. 中国区域经济发展. 香港:香港亚太研究所,香港中文大学研究手稿,1996(30).

[8] 陈东林. 从"吃穿用计划"到"战备计划"——"三五"计划指导思想的转变过程[J]. 当代中国史研究,1997(2):65-75.

[9] 迪特默,等. 改革中的中国单位的个人政治[C]//东亚非正式政治. 亚洲调查,1996(3):246-267.

[10] 董宝训. 影响三线建设决策相关因素的历史透析[J]. 山东大学学报(哲学社会科学版),2001(1):89-93.

[11] [美] 理查德·爱德华兹. 竞争地带:20 世纪工作场所的变革[M]. 伦敦:基础图书出版公司,1979.

[12] [美] 爱德华兹. 工作中的冲突:职场关系的唯物主义分析[M]. 牛津:布莱克韦尔出版社,1986.

[13] 付令. 三线企业的社会学思考[J]. 梧州学院学报,2006(4):10-12.

[14] [美] Gold T B. 回城:上海返城知青[J]. 中国季刊,1980(12):755-770.

[15] [美] 汉根,史蒂芬森,等,编. 对抗、阶级意识与劳动过程:无产阶级的阶级形成研究[M]. 韦斯特波特:格林伍德出版社,1986.

[16] [美] 韩起澜. 姐妹与陌生人:上海棉纱厂女工(1919—1949)[M]. 斯坦福:斯坦福大学出版社,1986.

[17] [美] 亨德森,等. 中国医院:社会主义工作单位[M]. 康涅狄格州纽黑文和伦敦:耶鲁大学出版社,1984.

[18] [美] 贺萧. 天津工人(1900—1949)[M]. 斯坦福:斯坦福大学出版社,1986.

[19] 胡悦晗. 地缘、利益、关系网络与三线工厂搬迁[J]. 社会学研究,2013(6):46-71.

[20] 何郝炬,何仁仲,向嘉贵. 三线建设与西部大开发[M]. 北京:当代中国出版社,2003.

[21] 锦江油泵油嘴厂. 关于企业整顿的报告的文件,1983.

[22] 林晞,季音. 一个巨大的经济舞台——访三线企业的见闻和启示[N]. 人民日报,1987-05-24(1).

[23] 刘炎迅. 三线人的青春与暮年[N]. 中国新闻周刊,2012-04-23:66-69.

[24] 李汉林,等. 中国的单位现象与城市社区整合机制[J]. 社会学研究,1993(5):23-32.

[25] 李路路,等. 中国的单位现象与结构改革[J]. 中国社会科学季刊,1994(2):5-16.

[26] 刘建军. 单位中国:个人、组织与社会控制体系中的国家[M]. 天津:天津人民出版社,2002.

[27] 李彩华,姜大云. 我国大三线建设的历史经验和教训[J]. 东北师大学报(哲学社会科学版),2005(4):85-91.

[28] [美]Lee C W. 违法:中国衰退地区和阳光地带的劳工抗议[M]. 伯克利:加利福尼亚大学出版社,2007.

[29] 孟韬. 空间变化、结构调整与三线企业的集群创新[J]. 改革,2013(1):35-40.

[30] 迈凯伦. 返城知青:1978年11月至1979年的上海海报宣传运动[J]. 澳中杂志,1979(2):1-20.

[31] 梅尔·格托夫. 剑入市场:中国的军事工业向民用工业的转化[J]. 中国季刊,1993(6):213-241.

[32] 巴里·诺顿. 三线建设:中国内陆的国防工业[J]. 中国季刊,1988(115):377-380.

[33] [美]裴宜理. 上海罢工:中国工人政治研究[M]. 刘平,译. 斯坦福:斯坦福大学出版社,1993.

[34] [美]裴宜理. 1957年的上海罢工潮[J]. 中国季刊,1994(137):1-27.

[35] 任焰,潘毅. 跨国劳动过程的空间政治:全球化时代的宿舍劳动体制[J]. 社会学研究,2006(4):21-33.

[36] 萨贝尔. 工作与政治:产业工人的分工[M]. 纽约:剑桥大学出版社,1982.

[37] 成都市地方志编撰委员会. 成都市志·机械工业志[M]. 成都:成都出版社,1995.

[38] 成都市地方志编撰委员会. 成都市志·大事记[M]. 北京:方志出版社,2010.

[39] 魏昂德. 共产党社会的新传统主义:中国工业企业中的工作与权威[M]. 伯克利:加利福尼亚大学出版社,1986.

[40] 辛文. 三线建设与四川产业基础的形成[M]//王春才主编. 三线建设铸丰碑. 成都:四川人民出版社,1999:73-85.

[41] 原国锋. 三线建设调整改造进入收尾 年底将完成项目一百九十个[N]. 人民日

报,2003-12-4(6).

(陈超,厦门大学台湾研究院助理教授;周明长,四川建筑职业技术学院研究员、南京大学历史学院中国近现代史专业博士生)

研究与回顾

三线建设研究成果及相关文献目录初编(2)
(2014—2018年)

徐有威　耿媛媛　陈莹颖

专著

[1] 陈夕总主编,陈东林执行主编:《中国共产党与三线建设》,北京:中共党史出版社2014年版。

[2] 柳波主编:《卫东记忆》(内部资料),2014年。

[3] 徐有威主编:《口述上海——小三线建设》(第2版),上海:上海教育出版社2014年版。

[4] 中共四川省委党史研究室、四川省中共党史学会编:《三线建设纵横谈》,成都:四川人民出版社2015年版。

[5] 中共四川省委党史研究室:《三线建设在四川》(上下册,另含19个地区卷①)内部资料。

[6] 董志凯执行主编:《中国共产党与156项工程》,北京:中共党史出版社2015年版。

[7] 徐有威主编:《口述上海——小三线建设》(第3版),上海:上海教育出版社2015年版。

[8] 徐有威、陈东林主编:《小三线建设研究论丛》(第一辑),上海:上海

---

① 其中德阳4本(大事记+上中下册)、绵阳1本、自贡1本、泸州卷1本。另含下属区县的江阳区、纳溪区、龙马潭区、泸县、合江县、叙永县和古蔺县7卷本。

大学出版社 2015 年版。

[9] 李杰:《"三线"记忆——一个火热年代的烙印》,北京:人民出版社 2015 年版。

[10] 中共攀枝花市委等主编:《攀枝花中国三线建设研讨会成果汇编》(内部资料),2015 年。

[11] 王佳翠:《遵义三线建设研究》,北京:中国文史出版社 2015 年版。

[12] 中共陕西省委党史研究室编:《陕西的三线建设》[1],西安:陕西人民出版社 2014 年版。

[13] 中国人民政治协商会议. 湖北省十堰市委员会文史和学习委员会编:《三线建设·二汽卷》上、下册,武汉:长江出版社 2015 年版。

[14]《我们人民厂——江西"小三线"9333 厂实录》编委会编:《我们人民厂——江西"小三线"9333 厂实录》(上下卷),上海:上海人民出版社 2015 年版。

[15] 政协西宁市城中区文史委编:《西宁城中文史资料(第 27 辑)》(内部资料),2015 年。

[16] 银川市地方志编纂委员会办公室银川移民研究课题组编著:《银川移民史研究》,银川:宁夏人民出版社 2015 年版。

[17] 银川市地方志编纂委员会办公室银川移民研究课题组编著:《银川移民史研究资料汇编》,银川:宁夏人民出版社 2014 年版。

[18] 913 厂联谊会编:《中和风雨行(913 厂纪事)》(内部资料),2015 年。

[19] 攀枝花总工会编著:《筑城——攀枝花下的三线人》,北京:国家行政学院出版社 2015 年版。

[20] 陈剑虹编著:《神秘代号背后的建设人生——贵州黔南三线人口述史》,贵州:贵州人民出版社 2015 年版。

[21] 中共贵州省委国防工业工作委员会、贵州省国防工会编:《辉煌历程——纪念贵州国防科技工作创建 50 周年》(内部资料),2015 年。

[22] 中共贵州省委国防工业工作委员会《贵州军工史》编纂委员会编:

---

[1] 另有 8 个地区卷如三线建设在汉中、宝鸡、西安、咸阳等,2010—2013 年间作为内部资料印刷出版。

《贵州军工史(1936—2011)》(内部资料),2015 年。

[23] 江曾培:《半生出版岁月》,北京:中国劳动社会保障出版社 2015 年版。

[24] 中国人民政治协商会议湖北省十堰市委员会文史和学习委员会编:《三线建设:"102"卷》上、下册,武汉:长江出版社 2016 年版。

[25] 政协贵州省绥阳县委员会编:《绥阳三线建设》(内部资料),2016 年。

[26] 四川省国防科学技术工业办公室编:《四川军工三线建设 50 周年纪念文集》(内部资料),2016 年。

[27] 宜昌市政协文史资料委员会编:《三线建设在宜昌(宜昌市政协文史资料第四十辑)》(内部资料),2016 年。

[28] 《征程——前进中的江西 9304 厂》编委会编:《征程——前进中的江西 9304 厂》,上海:上海大学出版社 2016 年版。

[29] 徐有威、陈东林主编:《小三线建设研究论丛》(第二辑),上海:上海大学出版社 2016 年版。

[30] 向镭钠主编:《巍巍乌蒙山,悠悠相思情——六盘水市三线建设者口述史》,北京:中央文献出版社 2016 年版。

[31] 路歧(沈嘉麒):《难以抹去的青春痕迹——我与上海"小三线"》,长春:时代文艺出版社 2016 年版。

[32] 遵义市地方志编纂委员会办公室编:《遵义市三线建设志》,北京:中国文史出版社 2016 年版。

[33] 陈志强、明德才主编:《晋江风采》,北京:团结出版社 2016 年版。

[34] 陈年云、吴学辉主编:《晋江记忆(上下)》,北京:团结出版社 2016 年版。

[35] 吴汉涛、李和邦主编:《晋江文韵》,北京:团结出版社 2016 年版。

[36] 李治贤、郭方全主编:《晋江影迹》,北京:团结出版社 2016 年版。

[37] 齐乃波、刘福林、唐民帆:《沧桑记忆——〈三线人家〉集萃》,贵阳:贵阳沃派克文化传播有限公司 2016 年版。

[38] 中共武隆县委党史研究室编:《武隆三线企业图志》(内部资料),2016 年版。

[39]《中国航天报》编著:《重走三线路:我国航天三线基地建设秘辛》,北京:中国宇航出版社2016年版。

[40] 政协四川省旺苍县文史委编:《旺苍文史(第33辑)》(内部资料),2016年。

[41] 陈东林:《1966—1976中国国民经济概况》,成都:四川人民出版社2016年版。

[42] 张鸿春主编:《三线风云——中国三线建设文选》第3集,成都:四川人民出版社2017年版。

[43] 政协黔东南委员会编:《三线建设在黔东南》,北京:线装书局2017年版。

[44] 刘洪主编:《尘封记忆》,北京:团结出版社2017年版。

[45] 马祥主编:《山橡记忆:我国第一部小三线建设的缩影》,太原:山西经济出版社2017年版。

[46] 马云骧主编:《三线岁月》(内部资料),2017年。

[47] 余朝林主编:《乌蒙山下军旗红:贵州六盘水三线老兵访谈录》,海口:南方出版社2017年版。

[48] 左琰、朱晓明、杨来申:《西部地区再开发与"三线"工业遗产再生》,北京:科学出版社2017年版。

[49] 金磊、洪再生、高志主编:《建筑评论(13):致敬中国三线建设的符号816》,天津:天津大学出版社2017年版。

[50] 中共池州市委党史研究室、上海大学文学院主编:《安徽池州地区上海小三线档案报刊资料选编》(内部资料),2017年。

[51] 中共池州市委党史研究室、上海大学文学院主编:《安徽池州地区上海小三线口述史资料汇编》(内部资料),2017年。

[52] 徐有威、陈东林主编:《小三线建设研究论丛》(第三辑),上海:上海大学出版社2018年版。

[53] 王春才:《巴山蜀水"三线"情》,北京:人民出版社2018年版。

[54] 纪念浦沅建厂50周年活动筹备委员会编:《浦沅魂》,北京:当代中国出版社2018年版。

[55] 谢忠强:《反哺与责任:解放以来上海支援全国研究》,北京:中国

社会科学出版社 2017 年版。

［56］Chao Chen：Toleration：Group Governance in a Chinese Third Line Enterprise. Singapore：Palgrave Macmillan，2018.

［57］贵池区党史研究室、贵池区地方志办公室编：《上海小三线在贵池》，北京：团结出版社 2018 年版.

硕士研究生学位论文

［1］阳永金：《湖南三线建设研究》，湘潭大学 2014 年。

［2］李婷：《上海媒体报道与上海小三线建设》，上海大学 2014 年。

［3］张文怡：《论二十世纪六十至八十年代天水地区三线建设》，西北师范大学 2014 年。

［4］赵弘：《山东小三线工业遗存田野调查与整体价值评价研究》，山东建筑大学 2014 年。

［5］陈杰杰：《重庆的工业遗产及工业博物馆展品征集研究》，重庆师范大学 2014 年。

［5］冯莎莎：《重庆市近现代工业遗产及其保护与利用研究》，重庆师范大学 2014 年。

［6］王文正：《山东省小三线工业遗存田野调查及整体价值评价》，山东建筑大学 2014 年。

［7］张艳聪：《毛泽东与新中国的钢铁事业》，湘潭大学 2014 年。

［8］邬晓敏：《妇女能顶半边天：小三线建设中的女性研究——以上海为中心》，上海大学 2015 年。

［9］杨华国：《从计划到市场：国企生产与管理的研究——以上海小三线建设为中心》，上海大学 2015 年。

［10］胡小舰：《新中国成立后西部建设历史进程及其经验研究》，长安大学 2015 年。

［11］常飞：《三线建设时期陕西交通建设研究》，西北大学 2015 年。

［12］张凤凤：《延安地区三线建设成果研究》，延安大学 2015 年。

［13］张宇明：《"共生思想"下川渝地区三线工业遗产更新策略研究》，重

庆大学 2015 年。

[14] 余娇：《单位制变迁背景下"三线人"身份认同的转变与重构》，四川省社会科学院 2015 年。

[15] 徐鹏：《1927 年以来武威城市空间结构演变研究》，西安建筑科技大学 2015 年。

[16] 樊瀞琳：《中国山地城市空间形态调查研究》，重庆大学 2015 年。

[17] 胥雪娇：《文化生态视角下的绵阳市朝阳工业遗区保护更新研究》，重庆大学 2015 年。

[18] 李晓宇：《北京"小三线"建设研究》，北京师范大学 2015 年。

[19] 霍亚平：《在革命与生产之间：上海小三线建设研究（1965—1978）》，上海大学 2016 年。

[20] 霍博翔：《三线建设时期贵州工业化研究》，贵州财经大学 2016 年。

[21] 王玥：《第一代"三线人"身份认同研究》，长春工业大学 2016 年。

[22] 胡远波：《毛泽东三线建设决策及其哲学启示》，湘潭大学 2016 年。

[23] 王月菊：《"兰州蓝"的社会学分析》，兰州大学 2016 年。

[24] 杨帅：《小三线企业的环境问题与治理研究（1965—1988）》，上海大学 2017 年。

[25] 郭存存：《四川三线建设研究》，西华师范大学 2017 年。

[26] 罗光骏：《毛泽东三线建设战略及当代价值》，贵州师范大学 2017 年。

[27] 彭成君：《地方博物馆美术资源开发利用》，云南师范大学 2017 年。

[28] 田娇娇：《中国工业化历程研究（1949—1978）》，西南科技大学 2017 年。

[39] 王云祥：《兰州现代城市规划演进历史研究》，兰州交通大学 2017 年。

[30] 张航：《兰州现代城市工业格局演变研究》，兰州交通大学 2017 年。

[31] 李欣丽：《铁路与贵阳城市之勃兴研究》，贵州师范大学 2017 年。

[32] 李帆：《上海小三线职工教育研究》，上海大学 2018 年。

[33] 韩佳：《上海小三线建设后勤保障研究》，上海大学 2018 年。

[34] 李嘉盈：《京津地区小三线职工业余生活研究（1964—1978）》，北京

师范大学 2018 年。

［35］黄腾飞：《福建小三线建设研究，1964—1978》，福建师范大学 2018 年。

［36］［英］张明志（James Dawson）：《三线精神：定义黔西人民工业化（1964—1978）》（THIRD FRONT SPIRIT：DEFINING THE PEOPLE'S INDUSTRIALSATION OF WESTERN GUIZHOU,1654 - 1978），复旦大学 2018 年。

博士研究生学位论文

［1］陈熙：《中国移民运动与城市化研究（1955—1980）》，复旦大学 2014 年。

［2］谢忠强：《反哺与责任：解放以来上海支援全国研究》，上海大学 2014 年。

［3］张远军：《我国国防工业科技资源配置及优化研究》，国防科学技术大学 2015 年。

［4］周挺：《城市发展与遗存工业空间转型》，重庆大学 2015 年。

［5］李云：《上海小三线建设调整研究》，上海大学 2016 年。

论文

［1］王癸鳕：《邓小平与三线建设的实施与调整》，中共四川省委宣传部、中国延安精神研究会、中共四川省委党校、中共四川省委党史研究室、四川省教育厅、四川省社会科学院：四川省纪念邓小平同志诞辰 110 周年学术研讨会论文集(二)，中共四川省委宣传部、中国延安精神研究会、中共四川省委党校、中共四川省委党史研究室、四川省教育厅、四川省社会科学院 2014 年。

［2］苏兆林、张惠舰：《20 世纪 60 年代北京小三线建设》，《当代北京研究》2014 年第 1 期。

［3］江红颖、马联松、周明长：《邓小平与德阳城市现代化》，中共四川省委宣传部、中国延安精神研究会、中共四川省委党校、中共四川省委党史研究室、

四川省教育厅、四川省社会科学院：四川省纪念邓小平同志诞辰110周年学术研讨会论文集(二)，中共四川省委宣传部、中国延安精神研究会、中共四川省委党校、中共四川省委党史研究室、四川省教育厅、四川省社会科学院2014年。

[4] 王翠：《邓小平与西北三线建设》，中共中央文献研究室个人课题成果集2014年(上册)，2015年版。

[5] 陈利青、邓晓梅、张勇：《三线企业社会保障的历史变迁研究——以四川J厂为例》，《丽江师范高等专科学校学报》2015年第3期，转载倪同正、张鸿春主编：《三线风云》第三集，四川人民出版社2017年版。

[6] 徐有威、霍亚平：《上海首轮新编地方志中的上海小三线建设》，载俞克明主编：《现代上海研究论丛》第11辑，上海：上海书店出版社2014年版，第126—131页。

[7] 徐有威选编：《上海小三线口述史选编(二)》，载华东师范大学冷战史研究中心主编：《冷战国际史研究》第18辑，北京：世界知识出版社2014年版，第267—304页。

[8] 徐有威、李云、杨华国、胡静、杨帅：《皖浙两省地方档案馆藏上海小三线建设档案资料概述》，载上海市档案馆编：《上海档案史料研究》第17辑，上海：上海三联书店2014年版，第345—360页。

[9] 李云、邬晓敏：《全国第二届三线建设学术研讨会综述》，《上海党史与党建》2014年第7期。

[10] 徐有威、杨华国：《"全国第二届三线建设学术研讨会"会议综述》，《史林》2014年第3期。

[11] 吴静：《全国第二届三线建设学术研讨会简讯》，《探索与争鸣》2014年第2期。

[12] 周明长：《三线建设与中国内地城市发展(1964—1980年)》，《中国经济史研究》2014年第1期。

[13] 周明长：《三线建设与四川省城市现代化》，《当代中国史研究》2014年第1期。

[14] 崔一楠、李群山：《1965年四川广元对三线建设的支援》，《当代中国史研究》2014年第2期。

［15］张勇：《社会史视野中的三线建设研究》，《甘肃社会科学》2014 年第 6 期。

［16］王佳翠：《贵州三线建设研究述论》，《遵义师范学院学报》2014 年第 3 期。

［17］谢忠强：《二十世纪六七十年代上海支援三线建设项目的差异性研究——基于数量统计的分析》，《军事历史研究》2014 年第 1 期。

［18］王毅：《三线建设中的重庆军工企业发展与布局》，《军事历史研究》2014 年第 4 期。

［19］徐有威：《三线建设缩影——攀枝花钢铁基地今昔》，《军事历史研究》2014 年第 4 期。

［20］付松：《弘扬"三线"精神深化"三变"改革崭新六盘水》，《当代贵州》2017 年第 Z3 期。

［21］徐有威、吴静：《危机与应对：上海小三线青年职工的婚姻生活——以八五钢厂为中心的考察》，《军事历史研究》2014 年第 4 期。

［22］陈东林：《邓小平三线建设思想研究》，《开发研究》2014 年第 6 期。

［23］段伟：《甘肃天水三线企业的选址探析》，《开发研究》2014 年第 6 期。

［24］徐有威、李云：《困境与回归：调整时期的上海小三线——以新光金属厂为中心》，《开发研究》2014 年第 6 期。

［25］陈东林：《三线建设的决策与价值：50 年后的回眸》，《发展》2015 年第 2 期。

［26］武力：《怎样看待"三线建设"的历史遗产？》，《中国社会科学报》2014 年 10 月 13 日。

［27］张鸿春、刘胜利：《攀枝花开发建设史是中国三线建设史的缩影》，《攀枝花日报》2014 年 12 月 24 日。

［28］张勇：《近三十年国内三线建设及相关问题研究概述》，《三峡论坛（三峡文学·理论版）》2014 年第 2 期。

［29］孙霞、李群山：《论绵阳三线建设文化遗产及其保护与开发》，《福建党史月刊》2014 年第 16 期。

［30］魏宏扬、刘洋：《三线建设遗存工业建筑再利用策略初探》，《西部人居环境学刊》2014 年第 2 期。

[31] 中国社会科学院当代中国研究所第二研究室国情调研组、郑有贵：《资源型城市转型发展路径依赖与突破——六盘水市三线企业引领转型发展调研》，《贵州社会科学》2014年第8期。

[32] 聂作平：《失落的光荣：三线建设五十周年回眸》，《同舟共进》2014年第6期。

[33] 袁诗敏：《揭开中国三线建设的神秘面纱》，《工会信息》2014年第17期。

[34]《六盘水市三线建设以来重要历史时期社会经济发展概况》，《六盘水日报》2014年12月26日。

[35] 宋毅军：《关于以毛泽东为核心中央领导集体作出三线建设战略决策的回顾和思考》，《安徽史学》2014年第2期。

[36] 宋毅军：《邓小平在三线建设战略决策的前前后后（上）》，《党史文苑》2014年第15期。

[37] 宋毅军：《邓小平在三线建设战略决策的前前后后（下）》，《党史文苑》2014年第15期。

[38] 宋毅军：《三线建设战略决策前后》，《领导文萃》2014年第4期。

[39] 宋毅军：《毛泽东与三线建设战略决策》，《国防科技工业》2014年第5期。

[40] 张国宝：《新中国工业的三大里程碑：苏联援建、三线建设及大规模技术引进》，《中国经济周刊》2014年第27期。

[41] 徐有威等：《口述历史：上海小三线建设在安徽（上）》，《党史纵览》2014年第1期。

[42] 徐有威等：《口述历史：上海小三线建设在安徽（中）》，《党史纵览》2014年第2期。

[43] 徐有威等：《口述历史：上海小三线建设在安徽（下）》，《党史纵览》2014年第3期。

[44] 丁卫平：《共和国建设史上的重大事件研究》，《吉林日报》2014年4月26日。

[45] 牛季良、刘洋：《回忆电子工业三线建设》，《百年潮》2014年第8期。

[46] 赤桦：《三线建设与中国国防现代化》，《国防科技工业》2014年第

5期。

［47］张全红：《从辩证法的角度浅论"三线建设"》，《传承》2014年第3期。

［48］周自福：《难忘三线建设战场——初到三线那年月》，《国防科技工业》2014年第9期。

［49］陈福正、田姝：《三线建设中的重庆船舶工业》，《红岩春秋》2014第9期。

［50］何民权：《我们是"三线子弟"》，《红岩春秋》2014年第9期。

［51］田姝：《三线——一个时代的记忆》，《红岩春秋》2014年第9期。

［52］邓明珠、何力：《"三线建设"开启永川新发展》，《红岩春秋》2014年第9期。

［53］刘全：《西南三线建设中情系群众的彭德怀》，《党史文汇》2014年第3期。

［54］郭红敏：《回望"三线"建设50年——渐行渐远的神秘兵工厂》，《档案天地》2014年第12期。

［55］张斌：《三线建设中的一场特大事故》，《文史博览》2014年第9期。

［56］刘全：《"共产党员能这样搞特殊吗？"——记四川"三线"建设中的彭德怀》，《四川党的建设（城市版）》2014年第1期。

［57］顾蓓蓓、李巍翰：《西南三线工业遗产廊道的构建研究》，《四川建筑科学研究》2014年第3期。

［58］童鹤龄：《让三线文化发扬光大》，《国防科技工业》2014年第11期。

［59］程竹林：《回眸河北省国防工业30年发展历程(1964—1993)》，《中国军转民》2014年第8期。

［60］尹俊芳：《论毛泽东的区域经济均衡发展战略——纪念毛泽东诞辰120周年》，《山西高等学校社会科学学报》2014年第1期。

［61］陈伟、陈波、陈雪雨：《探析资源型城市工业遗产旅游开发——以六盘水为例》，《世纪桥》2014年第4期。

［62］张秀莉：《皖南上海小三线职工的民生问题研究》，《安徽史学》2014年第6期。

［63］徐有威等采访整理：《坚信没有过不去的坎——原上海小三线瑞金

医院内科医生王增口述》,《史林》2014年增刊。

[64] 徐有威等采访整理:《铁姑娘的青葱岁月——原上海小三线八五钢厂张薇薇口述》,《史林》2014年增刊。

[65] 张惠舰:《鲜为人知的北京小三线建设》,《前线》2014年第2期。

[66] 徐有威:《鲜为人知的小三线》,《国家人文历史》2014年第18期。

[67] 徐有威、崔海霞、吴静:《皖南山沟里的上海人》,《国家人文历史》2014年第18期。

[68] 王郁昭、徐有威、邬晓敏:《和汪道涵市长协商接收上海小三线——安徽省原省长王郁昭访谈录》,《党史纵览》2014年第1期。

[69] 陈锦华、徐有威、张惠舰、高江涛、李婷:《小三线:上海对兄弟省安徽的现代化播种工作——上海市原副市长兼市计委主任陈锦华访谈录》,《党史纵览》2014年第1期。

[70] 李晓航、吴祥华、徐有威、唐旻红、吴静:《我拉开了上海小三线调整的序幕——原上海市人民政府国防科工办主任李晓航访谈录》,《党史纵览》2014年第1期。

[71] 怀国模:《贯彻军民结合方针——我的军工生涯(八)》,《中国军转民》2014年第10期。

[72] 李荷:《不忘历史薪火相传——国史学会三线建设研究分会成立》,《国防科技工业》2014年第5期。

[73] 沈世平:《永镌历史丰碑 促进时代发展——对三线精神的理解和认识》,《国防科技工业》2014年第9期。

[74] 文纯祥:《发扬三线建设者无私奉献的精神》,《国防科技工业》2014年第11期。

[75] 郝幸田、岳玉强:《让三线建设精神永昭后人——川渝黔三线建设博物馆巡礼》,《企业文明》2014年第4期。

[76] 刘冰洁:《"三线建设"时期遵义城市总体规划布局研究》,新常态:传承与变革——2015中国城市规划年会论文集(03城市规划历史与理论),中国城市规划学会、贵阳市人民政府2015年。

[77] 李云、徐有威:《困境与回归:调整时期的上海小三线——以新光金属厂为中心》,载俞克明主编:《现代上海研究论丛》第12辑,上海:上海书店

出版社 2015 年版,第 87—103 页。

[78] 李晓宇:《北京"小三线"九六〇厂建设始末》,《当代北京研究》2015 年第 2 期。

[79] 张绪清:《国家战略调整与矿区经济社会变迁——乌蒙山区举证(1964—2014)》,《开发研究》2015 年第 4 期。

[80] 张绪清:《六盘水矿区变迁的动力、逻辑及其走势》,《经济研究参考》2015 年第 57 期。

[81] 徐有威、陈熙:《三线建设对中国工业经济及城市化的影响》,《当代中国史研究》2015 年第 4 期。

[82] 李群山、崔一楠:《中国三线建设研究回顾与反思——基于中国学术期刊网络出版总库文献计量分析》,《山西师大学报(社会科学版)》2015 年第 5 期。

[83] 范松:《论"三线建设"对中国西部城镇发展的推进》,《贵州社会科学》2015 年第 3 期。

[84] 董志凯:《三线建设中企业搬迁的经验与教训》,《江西社会科学》2015 年第 10 期。

[85] 张勇:《介于城乡之间的单位社会:三线建设企业性质探析》,《江西社会科学》2015 年第 10 期。

[86] 徐有威、杨华国:《政府让利与企业自主:20 世纪 80 年代上海小三线建设的盈与亏》,《江西社会科学》2015 年第 10 期。

[87] 王毅:《三线建设中重庆化工企业发展与布局初探》,《党史研究与教学》2015 年第 2 期。

[88] 王佳翠:《三线建设与贵州城镇发展(1964—1978)》,《凯里学院学报》2015 年第 4 期。

[89] 陈晋:《三线建设战略与西部梦想》,《党的文献》2015 年第 4 期。

[90] 王毅、成旭:《三线建设的学术史回顾及反思》,《三峡大学学报(人文社会科学版)》2015 年第 1 期。

[91] 王广瑞:《国家行为·族群叙事·身份表述——攀枝花三线建设的文化人类学解读》,《攀枝花学院学报》2015 年第 3 期。

[92] 李荣珍:《甘肃三线建设研究概况》,《档案》2015 年第 5 期。

[93]（美）柯尚哲：《从欧美观点看三线建设》，《开发研究》2015年第1期。

[94] 崔一楠：《三线建设时期工农互惠关系的构建——以四川绵阳为中心(1965—1970)》，《中共四川省委党校学报》2015年第3期。

[95] 崔一楠：《三线建设在四川江油的发展及影响》，《党史文苑》2015年第18期。

[96] 陈剑虹、蔺剑锋：《三线建设文化遗产基础数据库建设思考——以贵州黔南地区为例》，《河南图书馆学刊》2015年第10期。

[97] 刘胜利：《建立三线建设博物馆的起因和目的》，《文史杂志》2015年第5期。

[98] 杨汉卿、梁向阳：《20世纪六七十年代广东的小三线建设》，《红广角》2015年第7期。

[99] 郑丽天：《三线建设：韬光养晦的战略决策——对三线建设战略决策的认识与启示》，《攀枝花学院学报》2015年第3期。

[100] 向铭铭、李果、喻明红：《绵阳三线建设工业遗产资源状况及保护模式》，《山东工业技术》2015年第12期。

[101] 孟凡明：《西南"三线"建设人物研究述评》，《文化学刊》2015年第4期。

[102] 常飞：《三线建设时期陕西航空工业的建设与发展》，《赤峰学院学报(自然科学版)》2015年第1期。

[103] 刘锐、王春蕾：《黑龙江小三线建设调查与评价》，《绥化学院学报》2015年第9期。

[104] 范藻：《从"军工禁地"到"文化园地——三线建设工业遗址的产业开发策略之管见》，《攀枝花学院学报》2015年第1期。

[105] 霍博翔、王婷、马浩然、戎燕、谢斌、阚辰骁：《三线建设时期贵州工业化发展的历程》，《商》2015年第31期。

[106] 龙平久：《试述陈璞如副省长琐记中的贵州三线建设》，《商》2015年第33期。

[107] 姜雪娇、袁犁、刘勇帅：《攀枝花市三线建设博物馆选址评价研究》，《地理空间信息》2015年第1期。

[108] 高勇、任梓熙、汤丽君：《四川省攀枝花市档案馆开展三线建设文献档案资料征集工作纪实》，《四川档案》2015年第3期。

[109] 陈东林：《三线建设的决策与价值：50年后的回眸》，《发展》2015年第2期。

[110] 柏万良：《谈谈"三线建设"的得与失》，《中国集体经济》2015年第25期。

[111] 廖羽含、柳京廷、秦仆、阎翠：《孔雀西南飞：浮沉中的三线人》，《江淮文史》2015年第5期。

[112] 周坚：《贵州"三线"工业建筑遗产保护和再利用研究》，《工业建筑》2015年第4期。

[113] 麻勇斌：《"三线文化"的价值共识、保全与再生》，《当代贵州》2015年第21期。

[114] 喻丹、姚远：《王小帅：三线经历是我独特的财富》，《当代贵州》2015第21期。

[115] 喻丹：《致敬历史 精神永昭 纪念三线建设50周年 峥嵘岁月》，《当代贵州》2015年第21期。

[116] 吴静：《如何做好口述档案的采集工作——以上海小三线建设的采访经历为例》，《兰台世界》2015年第14期。

[117] 杨向卫：《"三线"军工企业精神探析》，《兰台世界》2015年第19期。

[118] 伍维根、王联勋：《攀枝花：资源型城市转型发展的探索与思考——攀枝花三线建设的文化人类学解读》，《攀枝花学院学报》2015年第4期。

[119] 刘昀、杨贵华：《从防备敌人突然袭击到"三线"建设》，《军事历史》2015年第2期。

[120] 李杰：《寻访历史深处的"三线建设者"》，《当代劳模》2015年第11期。

[121] 姚远：《一座城市的根与魂——六盘水城史回溯》，《当代贵州》2015年第21期。

[122] 付松：《50年铸一块丰碑——贵州三线军工的坚守与创新》，《当代

贵州》2015 年第 20 期。

[123] 李烨、刘星星、张潇淼:《加快推进贵州三线军工企业转型升级发展的战略思考》,《中国军转民》2015 年第 4 期。

[124] 孙景春:《我的皖南上海后方化工小三线之旅》,《世纪》2015 年第 1 期。

[125] 孙景春:《我的皖南上海后方化工小三线之旅》一文补遗,《世纪》2015 年第 3 期。

[126] 张吟雁:《一名女工程师的自述》,《档案春秋》2015 年第 9 期。

[127] Covell Meyskens, "Third Front Railroads and Industrial Modernity in Late Maoist China," Twentieth Century China, Vol. 40, No. 3 (October 2015), pp. 238 – 260.

[128] Chao Chen, "Labeled Colonization: the Social of a Third Line Enterprise," Labor History, Vol. 57, No. 5 (November 2016), pp. 671 – 694.

[129] 徐有威、杨帅:《革命洪流中的平凡生活——以江西小三线建设工人伏如山 544 封家书为中心的讨论》,载金光耀、戴建兵主编:《个人生活史(1949—1978)》,上海:上海大学出版社 2016 年版,第 78—92 页。

[130] 徐有威:《上海小三线口述史选编(三)》,载华东师大冷战国际史研究中心主编:《冷战国际史研究》第 21 辑,北京:世界知识出版社 2016 年版,第 445—474 页。

[131] 徐有威、李婷:《上海小三线与媒体的互动初探——以生产和婚姻为例》,载张瑾主编:《"城市史研究的新疆域:内陆与沿海城市的比较研究"国际学术会议论文选编》,重庆:重庆大学出版社 2016 年版,第 154—169 页。

[132] 徐有威:《凤凰涅槃在庐山脚下》,载本书编委会编:《征程—前进中的江西 9304 厂》,上海:上海大学出版社 2016 年版,第 1—6 页。

[133] 倪秀玉口述、徐有威、沈亦楠采访:《我所参与的三线工程》,《史林》2016 年增刊。

[134] 陈宏遴口述,张勇等采访整理:《我与重庆三线建设的调整改造》,《史林》2016 年增刊。

[135] 崔一楠、赵洋:《嵌入与互助:三线建设中工农关系的微观审视》,《华南农业大学学报(社会科学版)》2016 年第 1 期。

[136] 王毅:《三线建设中川渝地区机械企业发展与布局初探》,《开发研究》2016年第3期。

[137] 张全景:《毛泽东与三线建设——一个伟大的战略决策》,《世界社会主义研究》2016年第1期。

[138] 刘洋:《三线建设时期攀枝花钒钛磁铁矿冶炼技术突破中的非技术因素探析》,《中国科技史杂志》2016年第4期。

[139] 谢忠强:《1960年代上海支援江西小三线建设研究》,《井冈山大学学报(社会科学版)》2016年第2期。

[140] 王佳翠、刘田:《抗战和三线建设时期贵州工业发展比较》,《遵义师范学院学报》2016年第5期。

[141] 周明长:《三线建设调整改造与重点区域城市发展》,《贵州社会科学》2016年第10期。

[142] 陈东林:《抓住供给侧改革和军民融合机遇,推动三线遗址保护利用》,《贵州社会科学》2016年第10期。

[143] 徐有威、杨帅:《为了祖国的青山绿水:小三线企业的环境危机与应对》,《贵州社会科学》2016年第10期。

[144] 夏保国:《三线建设史研究的范式转型与三个重要支点》,《教育文化论坛》2016年第2期。

[145] 夏保国、祖国雄:《三线建设文化遗产与三线精神财富》,《教育文化论坛》2016年第2期。

[146] 吴倩华、罗星:《作为文化遗产的贵州三线建设选址搬迁的地理认知——以贵阳万江机电厂为例》,《教育文化论坛》2016年第2期。

[147] 杨凤武、唐书明《社会文化视域下的三线"单位制社会"文化研究综述》,《教育文化论坛》2016年第2期。

[148] 庄和灏:《试析三线企业职工教育的历史动因及其初步成效——以贵州万江机电厂为例》,《教育文化论坛》2016年第2期。

[149] 闫平凡:《三线建设中的非"三线人"——论湘黔铁路建设中贵州民兵的奉献精神》,《教育文化论坛》2016年第2期。

[150] 沈庭燕、范玉霞:《贵州三线建设档案开发的意义》,《兰台世界》2016年第7期。

[151] 邓朝艳、范兆飞:《三线建设文化数据库建设思考——以六盘水师范学院为例》,《现代商贸工业》2016年第18期。

[152] 王佳翠、任彬彬:《三线建设对贵州交通发展的贡献》,《农村经济与科技》2016年第22期。

[153] 冀中仁:《"三线"建设的历史回顾与思考(上)——纪念人民军工创建85周年》,《中国军转民》2016年第8期。

[154] 冀中仁:《"三线"建设的历史回顾与思考(下)——纪念人民军工创建85周年》,《中国军转民》2016年第9期。

[155] 曹永胜、李旭之:《毛泽东与上世纪60年代的"三线建设"——纪念人民军工创建85周年》,《中国军转民》2016年第9期。

[156] 云远:《"三线建设"回眸》,《中华建设》2016年第11期。

[157] 吕学琴、胡家琼:《三线建设与六盘水城市化进程阐释》,《科教文汇(下旬刊)》2016年第4期。

[158] 陈炜:《抓住军民融合契机实施高端创新发展三线建设企业在军民融合战略机遇期创新发展的思考》,《特钢技术》2017年第2期。

[159] 武薇、石龙龙:《一座城的保密往事——记三线建设时期的攀枝花》,《保密工作》2016年第8期。

[160] 傅玉芳:《2013年度国家社科基金重大项目〈小三线建设资料的整理和研究〉中期成果之一〈小三线建设研究论丛〉(第一辑)出版》,《探索与争鸣》2016年第4期。

[161] 朱彩云:《韶关小三线建设述评》,《红广角》2016年第9期。

[162] 王佳翠、范玉:《三线建设与贵州科学技术的发展》,《中国科技信息》2016年第22期。

[163] 李茂春:《张西蕾的"三线建设"往事》,《中国石化》2016年第10期。

[164] 王家乾:《三线建设:跌宕五十年》,《中国工业评论》2016年第1期。

[165] 姬文波:《20世纪六七十年代中国国防工业布局的调整与完善》,《军事历史研究》2016年第4期。

[166] 综合:《1965年轰轰烈烈的"三线建设"》,《兰台内外》2016年第

3 期。

［167］王立永：《青岛纺织的"三线"建设》，《东方企业文化》2016 年第 8 期。

［168］王世海：《忆三线建设中水钢的陶惕成》，《文史天地》2016 年第 3 期。

［169］王毅、钟谟智：《三线企业的搬迁对内迁职工生活的影响——以重庆的工资、物价为例》，《中共党史研究》2016 年第 4 期。

［170］周明长：《三线建设与贵州省城市化》，《中共党史研究》2016 年第 12 期。

［171］罗东明：《我国三线地区军工企业文化特征与价值》，《国防科技工业》2016 年第 7 期。

［172］罗东明：《三线地区军工企业文化效应之我见》，《国防科技工业》2016 年第 11 期。

［173］周坚、刘伯英：《三线工业遗产保护与小城镇发展融合研究——以贵州省为例》，《改革与战略》2016 年第 3 期。

［174］邓万里：《"三线"力量铸就贵州国防工业丰碑》，《当代贵州》2016 年第 26 期。

［175］杜杰灵、王冬银、戴珂：《西南"三线"企业原址土地如何再利用》，《中国土地》2016 年第 5 期。

［176］王毅：《三线企业的搬迁对随迁子女入学教育的影响——以重庆为例》，《山西档案》2016 年第 4 期。

［177］武月清、仪德刚：《三线建设时期中国制造业转移及发展的案例研究——以烟台机床附件厂向呼和浩特转移为例》，《内蒙古师范大学学报（自然科学汉文版）》2016 年第 1 期。

［178］陈熙、徐有威：《落地不生根：上海皖南小三线人口迁移研究》，《史学月刊》2016 年第 2 期。

［179］徐锋华：《东至化工区建设述论——上海皖南"小三线"的个案研究》，《安徽史学》2016 年第 2 期。

［180］李云、杨帅、徐有威：《上海小三线与皖南地方关系研究》，《安徽史学》2016 年第 4 期。

[181] 徐有威:《人助自助,留下小三线的历史痕迹》,《上海滩》2016年第8期。

[182] 徐有威:《皖南深山里的生活交响曲》,《浦江纵横》2016年第6期。

[183] 张东保:《困惑中的矛盾与整合——上海小三线职工的工作与生活状况研究》,《上海党史与党建》2016年第8期。

[184] 钱家铭:《我和江西小三线》,《党史文苑》2016年第9期。

[185] 刘四清:《旌德历史上的上海小三线》,《党史纵览》2016年第8期。

[186] 王龙:《弘扬"三线建设"精神推动盘江图存发展》,《理论与当代》2016年第12期。

[187] 张全景:《发扬"三线建设"的创新精神推进西部大开发和"一带一路"建设》,《中国经贸导刊》2016年第12期。

[188] 阮仪三:《小三线工程勘察背后的离奇内幕》,《世纪》2016年第5期。

[189] 徐嵩林、陈东林:《三线遗产概念、类型、评价标准的若干问题》,载徐有威、陈东林主编:《小三线建设研究论丛——小三线建设与国防现代化》(第2辑),上海:上海大学出版社2016年版,第1—5页。

[190] 李群山、葛维春:《充分发挥三线文化的育人功能——当代大学生三线建设历史与文化认知情况调查与思考》,《宜春学院学报》2016年第2期。

[191] 李代峰:《贵州三线建设文化品牌建设研究》,《中外企业家》2016年第9期。

[192] 赵立:《三线建设的工业建筑再生利用开发模式研究——以原中科院光电所雾山项目为例》,《工业建筑》2017年工业建筑杂志社专题资料汇编。

[193] 蒲培勇:《三线建设城市老工业区改造中的遗产价值再塑——以攀枝花席草坪工业遗址片区改造为例》,《现代城市研究》2017年第2期。

[194] 蒲培勇:《三线建设工业遗产研究刍议》,《吉林建筑大学学报》2017年第4期。

[195] 蒲培勇:《三线建设城市工业遗址文化景观研究》,《开发研究》2017年第4期。

[196] 梁爽、王国乾、韩懿玢、朱海娇、丁利兰:《川北三线建设工业遗产的构成及特征》,《工业建筑》2017年第3期。

[197] 张勇、肖彦：《三线建设企业选址的变迁与博弈研究——以四川三家工厂为例》，《贵州社会科学》2017年第5期。

[198] 郭旭：《社会生活史视角下的三线建设研究——以饮食为中心》，《贵州社会科学》2017年第5期。

[199] 胡悦晗：《三线建设初期的工厂筹建——以国营4504厂为例(1968—1971)》，《贵州社会科学》2017年第5期。

[200] 黎明、田利军：《论三线建设时期特区体制的兴起与衰落——以攀枝花特区为中心的考察》，《乐山师范学院学报》2017年第1期。

[201] 王毅：《论三线建设决策的形成及其实施》，《三峡大学学报(人文社会科学版)》2017年第3期。

[202] 王毅：《三线建设中川渝地区冶金企业发展与布局探析》，《西南交通大学学报(社会科学版)》2017年第5期。

[203] 彭黎君、喻明红、罗小娇：《城镇化进程对广元城郊三线建设单位的影响及原因浅析》，《江西建材》2017年第8期。

[204] 王晓林：《论三线建设对我国中西部社会经济发展的影响》，《时代金融》2017年第18期。

[205] 陈子平：《从档案里看陕西三线建设》，《陕西档案》2017年第3期。

[206] 金磊：《"三线建设"遗产应珍视》，《建筑设计管理》2017年第4期。

[207] 吕臻：《"备战、备荒、为人民"》，《党史博览》2017年第7期。

[208] 汪红娟：《三线建设研究的回顾与展望(1980—2016)》，《开发研究》2017年第4期。

[209] 王毅：《三线建设与川渝地区城市发展》，《理论月刊》2017年第9期。

[210] 詹苗、刘明辉：《十堰市三线建设文化遗产及其保护与开发》，《湖北工业职业技术学院学报》2017年第1期。

[211] 黎明：《试析攀枝花三线建设史料的搜集及其意义》，《西昌学院学报(社会科学版)》2017年第2期。

[212] 朱碧瑶、罗震东、何鹤鸣：《从配建到引领："三线城市"十堰城市总体规划的演进》，《上海城市规划》2017年第4期。

[213] 王佳翠、陶光华：《三线建设时期六盘水教育事业的发展》，《遵义师

范学院学报》2017 年第 5 期。

[214] 杨芸：《弘扬"三线"精神丰富六盘水文化自信内涵》，《人力资源管理》2017 年第 10 期。

[215] 曹永胜、李旭之：《"三线建设"大揭密》，《中国军转民》2017 年第 9 期。

[216] 罗朝晖、向燕艳：《三线国防工业建设与中西部城镇化融合发展的历史考察》，《市场论坛》2017 年第 9 期。

[217] 庄和灏：《理想与现实的再平衡：贵州三线军工企业的发展初况——以万江机电厂（1966—1978 年）为例》，《凯里学院学报》2017 第 1 期。

[218] 丁利兰、付玉冰：《川北三线工业建筑遗产保护与再利用研究》，《绿色建筑》2017 年第 5 期。

[219] 陈海霞、彭涛：《人类学视野下的三线工业文化遗产保护研究》，《四川职业技术学院学报》2017 年第 5 期。

[220] 夏慧芳：《社会主义核心价值观视域下的三线精神研究》，《学理论》2017 年第 9 期。

[221] 夏慧芳：《社会主义核心价值观视域下的三线精神——以绵阳为例》，《山西经济管理干部学院学报》2017 年第 4 期。

[222] 尹邦明：《"老三线"焕发新活力》，《当代贵州》2017 年第 29 期。

[223] 金香梅：《地下核工程"816"：一代人的使命与激情》，《城乡建设》2017 年第 1 期。

[224] 王安中：《建国初期毛泽东军工建设思想探析》，《云梦学刊》2017 年第 3 期。

[225] 左琰：《西部"三线"工业遗产的再生契机与模式探索——以青海大通为例》，《城市建筑》2017 年第 22 期。

[226] 葛维春、徐占春：《小三线研究现状与江西小三线建设历史研究》，《宜春学院学报》2017 年第 10 期。

[227] 余成斌、张俊英：《从"三线"建设到"三变"改革——浅谈六盘水地方特色文献建设》，《贵图学苑》2017 年第 4 期。

[228] 李英权：《到十堰参加三线建设》，《武汉文史资料》2017 年第 11 期。

［229］章华明:《"小三线"上大写的同济人——写在同济大学建校 110 周年之际》,《博览群书》2017 年第 5 期。

［230］颜研:《三线建设内迁职工的社会适应研究——以重庆 K 厂为例》,《大东方》2017 年第 5 期。

［231］徐有威:《中国地方档案馆和企业档案馆小三线建设藏档的状况与价值》,载杨凤城主编:《中共历史与理论研究》2017 年第 1 辑(总第 5 辑),北京:社会科学文献出版社 2017 年版,第 156—170 页。

［232］徐有威:《序二》,载张志强主编:《三线军工岁月:山东民丰机械厂(9381)实录》,上海:上海大学出版社 2017 年版,第 1—4 页。

［233］徐有威:《序:留住小三线历史痕迹的杰作》,载刘洪主编:《尘封记忆》,北京:团结出版社 2017 年版,第 1 页。

［234］张志军、徐有威:《成为后方:江西小三线的创设及其初步影响》,《江西社会科学》2018 年第 8 期。

［235］姚尚建:《区域城市化启动的政治逻辑——基于三线建设的视角》,《理论探讨》2018 年第 1 期。

［236］张勇:《历史书写与公众参与——以三线建设为中心的考察》,《东南学术》2018 年第 2 期。

［237］王毅、万黎明:《三线建设中川渝地区国防企业发展与布局》,《西南交通大学学报(社会科学版)》2018 年第 1 期。

［238］冯明:《宜昌市三线建设工业遗产现状述略》,《三峡论坛(三峡文学·理论版)》2018 年第 1 期。

［239］崔一楠、陈君锋:《三线建设与广西城镇发展研究》,《广西社会科学》2018 年第 2 期。

［240］吴兆庆、吴晓玲:《发展与落差:重庆"三线"企业的空间布局与区域经济发展的关联》,《重庆文理学院学报(社会科学版)》2018 年第 1 期。

［241］谢正发:《三线建设口述史料收集整理刍议》,《农村经济与科技》2018 年第 4 期。

［242］余成斌、韩玄哲:《从"三线"建设到"三变"改革——浅谈六盘水地方特色文献建设》,《轻工科技》2018 年第 3 期。

［243］吕油彩:《三线企业老年人养老需求与实现路径调查研究——以安

顺市三线建设企业为例》,《中小企业管理与科技(上旬刊)》2018年第1期。

[244] 只雨佳:《济源三线建设时期工业遗产保护与再利用研究》,《现代国企研究》2018年第2期。

[245] 林楠、张勇:《三线建设移民二代地域身份认同研究——以重庆K厂为例》,《地方文化研究》2018年第2期。

[246] 冯明:《宜昌市三线建设工业遗产现状述略》,《三峡论坛(三峡文学·理论版)》2018年第1期。

[247] 谌晗:《三线文化与六盘水市城市形象塑造研究》,《视听》2018年第2期。

[248] 郭诗阳:《六盘水三线建设文献发现研究》,《六盘水师范学院学报》2018年第1期。

[249] 苗体君:《彭德怀在西南三线建设时期的群众路线思想与实践》,《沈阳干部学刊》2018年第1期。

[250] 周明长:《东北支援与三线城市发展》,《开放时代》2018年第2期。

[251] 黄巍:《突破与回归:辽宁三线建设述论》,《开放时代》2018年第2期。

[252] 徐有威、周升起:《近五年来三线建设研究述评》,《开放时代》2018年第2期。

[253] 周明长:《三线建设与宁夏城市化》,《宁夏社会科学》2018年第3期。

[254] 黄巍:《经济体制转型中的三线调整——以辽宁新风机械厂(1965—1999)为例》,《江西社会科学》2018年第8期。

[255] 周明长:《三线建设时期的中国城市化——以四川德阳为中心》,《江西社会科学》2018年第8期。

[256] 李卫民:《一部意蕴深厚的口述史著作——评徐有威主编《口述上海——小三线建设》》,《史林》2018年增刊。

[257] 龙念口述 徐京、杨蓓整理:《皖南小三线改造的峥嵘往事》,《党史纵览》2018年第10期。

[258] 黄岳忠口述 徐京、杨蓓整理:《我所经历的皖南小三线的接收、利用和改造》,《党史纵览》2018年第10期。

译文

[1] 金家德著,张志军、徐有威译:《中国西南边陲的危机与开发——1936—1969年间攀枝花的转型》,《军事历史研究》2014年第4期。

[2] (美)柯尚哲著、周明长译:《三线铁路与毛泽东时代后期的工业现代化》,《开放时代》2018年第2期。

[3] (新加坡)陈超著、周明长译:《标签化的族群:一个三线企业中的社会结构》,《江苏大学学报(社会科学版)》2018年第5期。

书 评

一部意蕴深厚的口述史著作
——评《口述上海——小三线建设》*

李卫民

当前,认真撰写一些口述历史的书评,其重要作用是毋庸置疑的。左玉河教授早已指出,国内口述历史研究,存在三大隐患,"理论先天不足"、"缺乏工作规范"之外,即是"研究缺乏深度",这一方面的具体表现则是"感想性的体会多而专深的分析少;零星的研究多,系统的研究少"①。左教授的重要观点早为人所知,但是对本土口述历史作品的精深研究,却一直未有明显进展。本文就是想在这方面进行扎实的探索。

徐有威教授主编的《口述上海——小三线建设》(后文简称《小三线建设》)是近年来的一部引人注目的口述历史著作。此书 2013 年首版,次年重印,2015 年发行了增补本,据悉 2018 年又获重印,其学术质量经受住了时间的考验。对这部作品的学术价值和学术贡献,确有必要进行概括总结,以更充分地呈现该书的学术个性和学术经验,并为国内外的口述历史同行提供借鉴。

今为《小三线建设》撰写评论,当然是希望以精审、深刻见长,为达此目的,对本文的逻辑架构也有一些考虑。全文的起始,是分析徐有威教授及其团队在口述访谈的策划、采访等方面的独到之处,他们的很多做法,确保了这部口述历史作品的真实性。以下则是从多个角度展开,深入评析这部作品在内容方面的特出之处。这样的架构,应该是一个比较全面、中肯的分析架构。至于

---

* 本文原载《史林》2018 年增刊(刊出时有删节)。
① 左玉河:《方兴未艾的中国口述历史研究》,《中国图书评论》2006 年第 5 期。

全文的分析论证,则多出己意,务求出新。

一、关于这一项目的口述史采访方法

徐有威教授主持的小三线建设口述采访计划,起自 2009 年,历时四年,方告完成。而《小三线建设》一书并不是这一项目所有口述史料的全编汇总,仅仅是其中的选编本,所谓的冰山一角而已。但是,就此书而论,规模已经不小,其中收录 43 篇亲历者、当事人的口述史料。从口述采访的角度来看,该书值得关注之处有二:

其一,受访者来源较广,身份多样。徐教授和他的团队采访的亲历者,包括了上海市的老领导以及具体分管原小三线事务的各级官员、小三线工厂的负责同志,也有那些工厂里的普通职工。徐教授的采访计划并未局限在上海,小三线工厂设在皖南山区,为此课题组成员特意采访了安徽省的一些负责同志。

应该承认,徐教授主持的小三线建设口述采访计划,呈现出视野宽广、系统性强的特色。能做到这样,殊为不易。即以同样收录王郁昭的口述回忆的《安徽农村改革口述史》(安徽省委党史研究室主编,北京的中共党史出版社出版)而论,这部出版于 2006 年的口述史著作,编者也做了较大范围的采访,特别是专程赴京采访了安徽省委原书记张劲夫以及王郁昭。此外,该书编者还采访了不少在安徽省委工作的老同志、一些在地市县的老领导(包括阜阳地委、凤阳县、金寨县、肥西县等地的领导)。可以说,该书采访数量较多,同样身份的受访者,也不止一位,这些努力,确实难能可贵。遗憾的是,该书没有收入普通农民的口述回忆。就此而论,《小三线建设》确有后来居上的势头。一方面,这部书中包括了多位普通人的口述史料,不仅有来自上海的工人、科员,还有原安徽当地农民、后进入小三线工厂的两位普通人。其中,袁彩霞 1984 年进厂,仅过一年多,她就随着工厂的搬迁,到上海定居,她的经历更是带有传奇性了。将普通民众作为受访者,其意义不仅仅是回应了诸多国内外专家所倡议的,口述历史是"自下而上的历史",更重要的是,这些普通人(袁彩霞在进厂后被安排打扫厕所),也是历史的亲历者,也有很多观察、体会与感悟,缺失了这一部分当事人的讲述,口述历史作品的质量必定大打折扣。此外,徐教授的采访计划,也很注意性别平衡。一些重大题材的口述历史作品,受访者多是男性,上述的《安徽农村改革口述史》中,没有收录女性受访者的访谈,《小三线建设》中,收有三位女性受访者的口述回忆。很明显,徐有威教授及其团队的采访计划,较好地克服了口述历史编研中可能存在的随意性,更多地体现出了系统性。

其二,对某一特定层次、某一特定身份的受访者,也都是采访了多人。譬如,此书中就收录有上海市原市级领导陈锦华、阮崇武的访谈。另外,上海市原副市长朱宗葆的秘书王真智也回忆了朱副市长在1983年10月到1985年11月参与上海小三线调整的情况。小三线工作直属原上海市人民政府国防工业办公室(上海市人民政府国防科技办公室),这个单位的领导余琳和李晓航都接受了采访,访谈内容也都收录。另外,上海小三线建在皖南,有当地人士加入进来,本书中有原上海小三线工农器材厂安徽征地工王志平和原上海小三线险峰光学仪器厂征婚女工袁彩霞的访谈。至于安徽方面的领导同志,80年代中期担任安徽省省长王郁昭以及安徽省贵池县原县长的顾国籁、安徽省绩溪县原小三线交接办公室副主任的汪福琪,他们也都是该项目的采访对象,访谈内容也都收录此书。当然,徐教授团队的主要采访对象还是小三线工作一线的人士,《小三线建设》一书中收录来自原上海市后方基地管理局工作人员的访谈,达14份之多。

还应该指出,徐有威教授和他的学生,在采访时,对访谈技巧也是非常讲究的。翻读《小三线建设》全书,虽然课题组的受访者众多,受访者的身份,亦有很大差异。但是无论是何种身份的受访者,都能畅所欲言。安徽征地工王志平和征婚女工袁彩霞,两人的访谈录,篇幅都在8页左右,内容丰富,表述也较细致。现在已是体制外人士的原上海小三线光明机械厂子弟小学学生刘金峰的访谈,则更为详尽,长达12页。相比较而言,不少领导干部的访谈,篇幅却略短一些。让所有的受访者畅所欲言,充分表达,口述历史的内容才能更加丰富,口述历史也才能够更充分地展示受访者的个人特点,并为进一步的深入研究,准备必要的条件。

总之,这部口述历史作品的采访计划、访谈技巧,都有值得瞩目之处,比较广泛的采访计划,和令受访者能够畅所欲言的采访技巧,形成了内容丰富多彩的访谈录,数十篇访谈录汇集一处,又形成了意蕴深厚的口述历史著作,可供读者展开多角度的深入研讨。

二、独特的个人史

事实上,存在两种口述历史,一种是个人的口述回忆,另外一种则是社会共同体的历史。口述历史,首先是个人的口述回忆,具体表现形式是受访者的访谈录。这样的口述历史,一些美国学者认为"是一种补充的方法——而不是代替,它补充文献记录、信件、日记与档案等任何可能已经存在的资料……对于我们来说,口述历史是搜集历史证据的方法之一",而著名历史学家小阿瑟·施莱辛格也曾强调,口述历史的价值就在于它是"一种补充的证据"[①]。国内学者基本接受了这种意见。此种看法固有道理,但并非完全正确。应该看到,口述历史的价值,首先来自其自身,而不是依附于其他文献资料而存在。受访者的口述回忆是受访者在采访者的引导下,回顾、讲述个人平生经历兼及个人的见闻,并有人生、生活、社会、工作、人际等方面的感受、感悟、评议的表露与抒发,事、理、情有机融合,不仅能提供史料,也能给予读者多方面的启示。可以说,从内容来看,受访者的口述回忆是能够自足的。必须指出的是,受访者的个人回忆,并非仅仅是在谈论自身,其中也会包括不少超越于个人之上的、有关社会发展的内容(这部分内容更受研究者的关注)。不难发现,受访者的访谈录,是一种个人本位(展现个人经历、表达个人情感与思考)的史学作品。《小三线建设》中收录的访谈录,绝大多数都是内容充实,很具有吸引力,能够把读者带入受访者的个人回忆所创设的境界中。

譬如,上文已提到的原上海小三线险峰光学仪器厂征婚女工袁彩霞的访谈录《崇拜上海的淮北女孩》,内容就很有冲击力。袁女士是安徽涡阳县本地人,因与险峰厂职工结婚,被招入厂里。袁女士的态度非常坦承,对自己的人生经历并没有多少回避。她明确指出,她能进上海小三线工厂工作,当时就有相关的政策。不过她进厂工作之后,被安排扫厕所,而她进厂之前,在中学做过老师,故此在进厂之后,她当然会有失落感。她直率地说:"我们进去的是大集体,人家也看不起我们,而且我们又是乡下来的,有点鄙视的眼光看着我们。

---

① 杨祥银:《当代美国口述史学的主流趋势》,《社会科学战线》2011年第2期。

我们的心里很难过,我们一边扫一边哭。"①她也不讳言,因为生活习惯等原因,她和丈夫有不和谐之处,但是他们没有离婚,"都觉得看着孩子的面子,过下去吧"②。当然,她也没有掩饰,她进厂工作仅仅一年,就随工厂回到上海,"真是做梦都没想到"③。袁女士的口述回忆,所展示出的是日常生活的逻辑,其中偶然性因素确实不可忽视,必然性因素更是明显的存在,由此带来了个人的悲欢离合,回顾往事之时,这位女性受访者也生发出很多的感慨。

原上海小三线工厂子弟刘金峰的口述回忆,则具有更大的理论开拓的空间。刘金峰回忆,他和两个弟弟妹妹,都通过高考,进入大学,获得了很好的发展机会。他还指出,在皖南山区的几年,他们也经受了很多锻炼,因而比较能够吃苦。刘金峰还自豪地说,他们三人都没有留在体制内,都成为自由职业者。刘金峰先生的口述回忆,还特别凸显出了他们兄弟妹的成长与他们所处的时空环境之间的关系。小三线工厂所提供的教育条件有限,但是他们父亲的管教、督促,促使他们认真读书,而工厂图书馆也为他们提供了不少精神食粮。这些,为他们的高考成功创造了很好的条件。刘金峰的口述回忆,让人看到了口述历史与生命历程理论的密切关系。生命历程理论起源于20世纪60年代的美国,在新世纪之初传入中国,并产生较大影响。生命历程理论着重考察个人成长、发展与其所处的时空环境、个人主观努力程度、社交网络以及特定事件之间的内在联系。应该指出,《小三线建设》书中收录的不少访谈录,都可以利用生命历程理论来进行分析。

个人史是一门新兴的学科,《小三线建设》为这方面的研究提供了宝贵的资料,更提示了重要的研究思路。

三、作为城市记忆的存在

口述历史首先是属于个人的,但不完全是属于个人的,口述历史也能成为一种集体记忆。有些研究者也已经注意到了这一点。金光耀教授的《口述历

---

① 《小三线建设》,第220页。
② 《小三线建设》,第221页。
③ 《小三线建设》,第221页。

史与城市记忆》①一文就强调,口述历史可以展示上海人的深层次的集体记忆。他指出,上海社会科学院的一个"移民史"的口述历史课题组,采访了"数千户普通民众",发现在1949年之前上海市民普遍重视教育,特别是重视学习外语,"英文夜校、补习班长盛不衰"。金先生自己的口述历史采访项目是关于"文革"期间"工人造反派"的采访。在采访中,金先生发现"在我们访谈的十多名'工人造反派'中,大多数在'文革'前参加了不脱产的夜校学习,有的还因此获得了高中文凭。虽然在'反帝反修'的大环境下,他们没有学习外语,但在工作后仍重视学习的做法却继承了前辈上海人的传统",由此金教授指出,他主持的此一口述历史项目相对于上海社会科学院的"移民史"口述历史项目,应该说是延续了上海人的集体记忆。

事实上,徐有威教授主持的《小三线建设》口述历史项目也是上海人集体记忆的一种延续。上海的小三线建设,从时间来看,包括了整个"文革"时期;就空间来看,则主要是发生在皖南山区。不过,通读《小三线建设》,可以发现诸多实例,可以证明即使是在远离上海的深山之中,上海人酷爱读书的传统并未中辍。上面提及的袁彩霞的口述回忆就提到,虽然她进厂后被安排扫厕所,但是她也"给厂里的工人补习文言文课,给工人上培训辅导课,一个星期上一两次课。我教了好几个月,拿了好几百元呢"。当然她也清楚其中的原因是"他们看我是高中毕业,临时叫我去的"②。袁彩霞的这段回忆说明,在当时的小三线工厂里,业余文化补习班仍在开办,厂方也在积极想办法,尽可能让补习班维持下去。原上海小三线八五钢厂的工人葛鼎学还与一些关系较近的同事一起制订了学习计划,在不同的时间段,学习书法、照相等。葛鼎学还说,他坚持学习,但并未走上考学、拿文凭的路,他自己有自己的想法③。这种比较纯粹的精神方面的追求与满足,出自一位普通工人之口,更是给人留下深刻印象。

还应该看到,原上海小三线后方卫生工作组副组长邱云德关于原小三线工厂的卫生工作的回忆,更提供了很多引人深思的资料。邱云德特别提到,在小三线的卫生部门涌现出不少杰出人才。曾经担任世界卫生组织副总干事的

---

① 《文汇报》2011年10月13日。
② 《小三线建设》,第220页。
③ 《小三线建设》,第385页。

胡庆澧,1969年就参加原上海小三线的卫生工作,"在山区工作成绩出众",后被国家推荐到世界卫生组织工作,并有很好的成绩。此外,曾经担任复旦大学公共卫生学院院长的姜庆五,也是从原上海小三线的卫生部门走出来的,他依靠刻苦钻研,成为医学名家①。

可以看出,《小三线建设》中的访谈录,比较集中地展示了在"文革"时期特殊的历史环境之下,在小三线艰苦的环境中,上海人好学上进、注重精神生活充实的特点。结合金光耀先生的研究成果,也可以说,徐有威教授主持的《小三线建设》口述采访成果,进一步延续了现当代上海人热爱学习的城市记忆,并丰富了这方面的内容。

四、微观史学

通览《小三线建设》全书,感到书中的不少材料,非常引人深思,可以就此开展微观史学的研究。

近些年来,微观史学越发引人关注。微观史学,并非只是重复某些历史细节,它所看重的是,"在看似非重要的小事件、小人物背后通常隐含着远远超出其本身的深层结构、广阔的历史语境,以及宏大历史目标",故此,从事微观史学研究的学者,"采取了以微观叙事、小规模的分析方式来探究那些'宏大历史问题'的可能答案,并试图得出某种带有普遍性的结论。而透过这些代表着过去的个体化历史,也可能更好地理解和确认它们各自所属的历史结构与范畴"②。可见,微观史学就是要由微观层面的研究,上升到对宏观历史的判断。应该指出,《小三线建设》中的很多材料已经足以支撑微观史学的开展。以下仅举一例以见端倪。

在这部书中,看电影是一件被不断提及的事情,由此可以看出很多历史实况。进入原上海小三线工农器材厂的安徽当地人王志平特别回忆了他进厂之后,工厂时常放电影,"基本上一星期一次,两次的少,每周都有"。他还强调,当时厂里放过内部电影,这些电影,安徽当地却不能放③。安徽绩溪县原县领

---

① 《小三线建设》,第260页。
② 邓京力:《微观史学的理论视野》,《天津社会科学》2016年第1期。
③ 《小三线建设》,第213页。

导汪福琪也回忆:"小三线厂当年每星期都放电影,各个厂都放,这些丰富了当地农民的业余生活,大概周围五里路以内的农民都去看电影。例如,瀛洲那里的光明厂,离我家五里地,村里的人都跑去光明厂看电影。"①汪福琪先生是一位基层领导干部,他的口述内容,已带有一定的概括性,不仅能够证实王志平的回忆,对当时小三线工厂附近的农民的看电影的热切期待说得更透彻了。另外,身为原上海小三线企业干部的毛德宝和朱岳林的访谈也都提到了"看电影"。根据这些材料,是可以得出诸多结论的。首先,当时城乡差距较大。城乡差距不仅表现在经济发展水平和人民物质生活方面的差距,同样在文化生活、精神生活领域,在上海市和安徽农村之间,差别、差距、落差,确实很大。正如毛德宝所言,安徽农村里的电影放映,不仅放映机老旧,放映效果差,而且所放的片子,也都是老电影,更新速度很慢。所以当地百姓很愿意到工厂里来看电影。其次,当时农村的文化生活非常单调,农民的文化生活需求难以得到满足。这部书中的访谈录对安徽农村的文化生活状况并未有很多直接的、正面的描述,但是他们所提到的小三线工厂附近的农民对看电影的兴趣之大,"四面八方的老百姓不需通知都会来,大大增加了他们的生活情趣"②,"附近村庄的农民都来看,他们还抢位子抢在前面"③。这些都在在说明,农民也有非常强烈的文化生活方面的需求,却难得满足,一旦发现机会,这方面的热情表现也让当事人印象深刻。再次,电影的社会功能不容小视。电影是综合性艺术,对普通大众有较大的吸引力,在繁荣社会文化方面,可以承担较重要的角色。王志平在口述时,还提到上海的一些文艺团体,像滑稽剧团等,也曾来厂演出,但是对此他并未多说,而是对观影经验讲述了很多,这也可见出电影的作用了④。

关于"看电影"的回忆、追述,也能看到小三线工厂的特殊地理环境与人文环境,给那里的人所带来的深刻影响。刘金峰作为原上海小三线工厂子弟,他和两个弟妹都在工厂子弟学校上学,"记得有次父母带我妹妹回沪,那是一个白天,在上海的街头,说要带她去看电影,妹妹竟然反问:'现在是白天,怎么能放电影'"。刘的妹妹有此一问,原因是小三线工厂里放电影,都是在晚上(露

---

① 《小三线建设》,第 202 页。
② 《小三线建设》,第 166 页。
③ 《小三线建设》,第 153 页。
④ 《小三线建设》,第 213 页。

天放电影是在晚上,在工厂大礼堂放电影也是在晚上),由此刘金峰感慨,"当时妹妹已经是小学三四年级了,到了上海,就像乡下的孩子进城一样"①。社会环境对个人发展当然具有很重要的影响,小三线工厂地处皖南山区,四周都是农村,与大城市来往较少,故此,人的眼界、知识面容易受到局限,个人素质的提高必然也会受到一些负面影响。在20世纪六七十年代,中国还处在较低的发展阶段,乡村的社会文化资源极其贫乏,与人的现代化发展的要求相比,差距实在很大。

特殊年代在特殊环境下的"看电影",是一种很重关注的社会现象,由此折射出了当时农村在文化发展方面的严峻形势,特别是农村文化设施的匮乏导致农民文化生活的严重空虚以及在一定条件下的对文化生活需求的特异性表达(对观赏电影的过于强烈的热情)。当然在这样的社会文化环境之下,对人的全面发展会带来比较明显的负面影响。

以上是以"看电影"为中心,展开了分析,而在《小三线建设》一书中,可供用来从事微观史学研究的题材、资料,还有不少。

五、社会史作品

《小三线建设》也可以被视作一部社会史著作,换句话说,这部书的社会学意蕴非常深厚,值得做一些发明工作。

应该指出,费孝通先生对西北地区三线建设的老国营企业的转型已做了深入研究。1985年,费老在包头调研考察,针对包钢已浮现出的问题,不仅过细调查,还做了深度的社会学解析。费老已经注意到,三线企业"工厂分散到山区,机器放在山洞里","不论早期和后期这些工厂都不是在当地社会经济的基础上生长出来的,而是从上到下,由外投入的"。费老还特别指出,"企业的从业人员和他们的家属组成了一个在社会生活方面力求自给自足,对外很少联系的封闭性社区","这些人员绝大多数是从外地招集来的,他们和当地居民原来不存在社会关系",这些企业"开工之后才发现工人大多是外地来的青年男子,他们在当地解决不了婚姻问题,于是不得不办一个纺织厂,在内地招收

---

① 《小三线建设》,第402页。

女工"。费老认为三线企业的内部,已经出现了"人文生态关系失调"①。

费老的概括也适用于小三线企业。譬如,男职工的婚姻问题,就长期困扰上海小三线企业。1983年10月,受命前往皖南实地调研的上海社科院经济研究所研究人员的陶友之,回忆当时情形,把"男青年找不到对象,男女比例失调",视作当时小三线工厂的突出问题,"这个事情跳楼自杀发生好几次"②。原上海小三线八五钢厂的工人葛鼎学的回忆,读来也令人心惊,"当时很多人都没有结婚,因为没有女同志,而所有的女同志都已经结婚了"③。该厂原团委书记史志定的口述就是在回忆当年怎样为未婚男职工找女朋友。可见《小三线建设》一书,将当年这些工厂里存在的婚恋问题,非常集中地展示了出来。这些内容,并不是仅仅为费老的高论作了注释,其中有关帮助男职工找对象的内容,拓展了这一问题的研究深度。

关于小三线工厂与当地关系的问题,费老只是强调新建工厂与当地民众之间,没有建立和谐关系,《小三线建设》中的不少访谈,对这一问题,有较深入的说明,现总结概括如下:

首先,原小三线工厂与当地之间的关系,总体上是不错的。曾经担任安徽贵池县县长的顾国籁是上海同济大学的毕业生,在1970年后就到安徽贵池县工作。他认为当地农民,被征地也没有多少怨言,而上海市在当地建工厂,也为当地修通了路、架设了电线,"上海的工人阶级的先进模范作用,带动了工农城乡的融合,带动了工人和农民的直接接触"④。在上海市后方基地管理局担任领导工作的朱岳林也认为,工厂与当地百姓之间的关系是比较好的,这也是有原因的,工厂有技术、有设备,为当地百姓做了不少水利建设工作,赢得了好评。当然,小三线工厂与当地之间也不无矛盾,不过,不少上海干部也还是能够心平气和地分析其中原因,在后方基地管理局做过后勤处长的王中平就指出,"对于副食品和蔬菜,旌德等原本没什么计划,我们去了这么多人把物价提高了,当地百姓对此有意见"⑤。

---

① 费孝通:《四年思路回顾》,载《走出江村》,人民日报出版社1997年版。
② 《小三线建设》,第418页。
③ 《小三线建设》,第386页。
④ 《小三线建设》,第193页。
⑤ 《小三线建设》,第115页。

其次，小三线工厂对当地民众的生活产生了很大影响。小三线工厂，来自时尚之都上海，工厂职工的穿着打扮，给当地百姓极大触动。汪福琪回顾，安徽绩溪百姓"看到上海人穿什么就开始模仿，还有很多年轻人都学会了上海话"①。王志平是当地进入工厂工作的人士，他很肯定地说，"小三线对安徽人肯定有影响，比方思想观念、着装等都有影响。安徽人以前烧红烧肉不放糖，吃糖不习惯，后来基本也都放糖了。我们吃黄鳝的，甲鱼吃得少，也不是不吃，4角钱一斤。后来安徽人都吃了"②。不难看出，小三线工厂，对当地百姓的影响，确实是很大的，甚至改变了很多人的生活习惯。小三线工厂，给当地也带来了很多新鲜思想的冲击，对当地的社会发展自然是有益的。应该说，这些方面的内容，费孝通先生确实没有说及。《小三线建设》一书在社会学研究方面的价值，不容小视。

综上所述，《小三线建设》是一部重要的口述历史作品。徐有威教授和他的团队，制定了比较完善的口述采访计划，形成了内容丰富的访谈录，进而形成了高质量的口述历史作品。这部口述历史作品不仅能给读者带来阅读乐趣，更重要的是，这是一部具有深刻意蕴的作品，可以从个人史、上海的城市记忆、微观史学研究以及社会史研究等方面，展开深入解读，并能获得新的重大发现。

（李卫民，山西社科院历史研究所副研究员）

---

① 《小三线建设》，第203页。
② 《小三线建设》，第212页。

索　引

说明：本索引按词目首字笔画排序，首字笔画相同的，按第二字笔画排序，以此类推。

一画

一硝基甲苯
　51,93,94,96,111,117,127,128,130,134,220

乙炔气
　12,13,22－24,27,49,52,138－140,166,169,185,188,191,198,202－204,207,238

二画

七一医疗设备厂（七一厂）
　373

八五团讯
　301,313,315－321,323－333,340－343,350

八五钢厂（八五厂）
　245,248,249,251－253,297－301,304,305,308,311－316,318－321,324,325,328,330,331,333－344,348,350,352,355,359,361,362,396,398,445,448,470,474

八五通讯
　297－302,304－312,333－338,347

九峰针织有限公司
　14,17－19,21

三画

三废
　112,118,195

三河农场
　54,56－58,61,64,66,69,70,74,78,81,84,87,89,96,112,118,122,127,130－132,216,225－227

三线厂
　4,5,7,9－11,22,23,27,30,33,34,38,50,55－57,64－66,73,75,77,81,84,85,87,97,100,102,103,116,118,120,127,129,132,137,155,163－165,168,169,172,188,195,200－202,204,207,218,232,233,237,249,251,252,289,290,334,349,351－354,358,361,362,376,388,472

三线建设
　61,165,190,213,251,256,258,283－293,298,300,313,335,347,349,359,360,379,405－408,411,414,432,433,437－460,473

工会
　3,4,35,45－47,52,54,61,72,73,75,81,

82,84,151,158,164,176－179,188,217－219,221,224,228,286,300,316,320,334,337,338,341,353,354,357,358,362,382,409,438,446

工作计划
4,27,33,36－42,408

工作总结
4,12,13,25－27,33,36－40,42,43,45,46

小三线（小三线建设）
3－7,9－11,14,15,21,22,24,27－31,33,35－39,41,42,45－47,49,50,54－56,58,61,64,66,69,73－75,77,83,84,87,88,92,96,100,101,112,113,117,119,120,122,124,127,145,154,155,164,165,167,171,173,183,184,188,194,198,201,208,209,212,215,217－219,223,233,239,242,245,246,248－256,259,290,297－299,301,308,311－315,331,333,335－337,340－344,347,349－360,362,363,365－368,371,374,375,379,381,384,390－398,401,402,405,437－456,458－460,466－475

口述史
54,215,292,371,438－440,444,452,459,460,465－468

四画

王庄
136,137

天明化工厂（国营九三０五厂）
3,10－14,18,19,28,29,34,46,52,73,75,100,165,178,188,189,194,195,197,200,203,208,239,240

无锡
12,51,54,79,81,104,145,154,164,197,199,409,410,413

五机部
62,158,162

中央军委
253,258,353,358

水电煤
57,79,111,249

手榴弹
4,55,60,73,77,82,85,100,108,159,160,164,166,169,186,189,201,202,209,210,212

毛泽东（毛主席）
3,54,74,77,84,124,165,179,188,201,212,250,251,257,258,291,292,299,300,313,330,331,360,396,406,407,411,413,441,442,446,447,453,454,458,461

乌洛托品
49

六合
62,68,87,149

为民器材厂（为民厂）
373

计量定级
38,40

邓小平
5,85,99,150,266,308,309,336,351,443－446

双增双节
25,26,42,46

五画

古田医院
348,363,364,400,402

节能降耗
　　37,271,275
北京
　　6,106,108,112,160,196,214,240,242,254,267,406,433,437-444,448,449,452,459,466
电厂
　　62,79,123,197,245,246,249,253,255,271,352,354,355,387,396,453,458
电子器材二厂厂(井冈山厂)
　　355,364
四川
　　86,200,212,258,259,290,395,408-410,414,431-434,437,439,440,442-444,447,450,451,457,458,460
四化
　　5,49,50,305,310,331,334,336
生活保障
　　46,59
犯罪
　　304,305,308,311,328
市场化
　　4,6,9,37,99,120,138,176,220,223,224
永丰机械厂(国营九二五厂)
　　3,8,12,29,34,46,50,73,212,214,240,241
民品
　　5,6,9,11,12,20,24,38,49-53,55,59,60,62,63,67,71,72,82,83,87,92,93,104,109-111,116,127,128,130,139,140,143-146,148,151,154,156,163,166,169-171,174,175,183,188,189,192,202,203,207,209,212-214,218-220,229,232,237,239,241,259,288,298,305,314,315,353,357

六画

协同机械厂(协同厂)
　　350,352,353
协作机械厂(协作厂)
　　353,361,364
光明机械厂(光明厂)
　　350,354,384-386,467,472
光学仪器厂
　　3,8,11,22,46,52,53,284,364
休宁
　　354,372,381,383,392
延安机械厂(延安厂)
　　364
后方卫生工作组(后卫组)
　　384,396,397,400,401,402,470
会议纪要
　　4,21,27,33,37,38,40,47,48
企业整顿
　　4,42,182,306,337,338,416,433
污染
　　10,20-22,59,70,93,94,103,105,112,118,132,173,183,185,196,276,290
江苏天行木业有限公司
　　18,19
江苏省军工局
　　62,66,166
池州
　　247-249,254,255,440
安全生产
　　4,7,25,33-37,46,94,95,97,267,271-275,280
安全保卫
　　28,58,69,80,132,138,255
军代表
　　171,173,188,209,250

军民
　　5,6,12,15,49,50,55,73,93,150,169,170,237,238,241,258,288,448,453,454
军品
　　5,12,24,38,39,50－53,55,59,60,67,73,74,76－78,82,86,92,108,109,114,116,119,130,142－146,148,150,151,154,162－164,166,169－171,173,183,188,189,202,203,209,211－214,218,219,232,237－239,259,299,357
祁门
　　371－373,392
农转非
　　64,69,71,80,100,101,112,115,116,125,126,129－131,168,172
红光化工厂（国营五三一五厂）
　　3,12,22,26,27,29,34,35,37,43－47,49,134,142,162

七画

技术改造
　　4,11,18,20,22－24,27－29,109,196,240,246,264,269,315,411
苏州
　　54,83,109,110,143,195,394
医生
　　56,57,69,79,85,90,103,115,135,159,163,171,211,337,360,394,396,430,448
医务室
　　56,69,115,124,131,139,169,171,199,211,383,393,394,396,398
医疗
　　32,56,57,79,90,92,109,114,115,124,131,134,139,146,163,171,174,211,214,246,261,264,304,337,396,428

邳县
　　97－99
连云港
　　12,13,16,22,24,52,174,185,186,191,193,194,197,198,204,209,210,238
连云港市电化厂天明乙炔分厂
　　13
体制改革
　　4,6,7,21,51
住宿
　　89,141,157,158,162,171,210,227,233,236,239,366,367,383,387
评先评优
　　38－40
改制
　　10,59,72,73,76,77,83,87,90－93,96,101,102,104,110,113,115,116,121,124,128,131－133,138,140,145－147,150,154,170,184,187,189,192,203,206,211,213,219,223,229,230,232,246－249,255,260－266,372,375,386
改革开放
　　14,25,59,111,118,125,185,187,191－193,195,252,256,259,266,286,288,337,351,384

八画

环保
　　4,42,59,85,94,96,105,173,185,276,290
盱眙县
　　9,34,45,50,56－59,65－68,70,73,82,85,88,92－94,97,100,103,116,123,124,126,130,131,133－135,137,141,142,146,147,153,155,157,158,162,

164,165,169,173,178,179,188,190,
191,199,200,213,215,219,225,227 -
231,233 - 235,237,241

国防工办(国工业办公室)
22,29,31,36,40,48,52,56 - 59,74,120,
145,150,154,155,182,183,194,201 -
207,212,239,250,252,259,337,391

国防科工办(国防科学技术办公室)
6,11,28,33,38,39,43,49,100,101,103,
104,123,137,145,448

岩寺
379,395

阜宁
115,128

质量管理
4,8,25,38 - 40,52,166,248,274

乳化炸药
24,166,169,174,191,192,195,196,199,
202,271

股份制
63,72,101,121,122,154,184,187,207,
218,260,261,265

泗洪
66,189

定销户口
58,80,100,125,211

宜都
283 - 293

建设分厂
4,9,128,154,169,191,239

承包责任制
4,96,113

经济体制改革
5,48,49,51,337

经营承包责任制
28,46

九画

政企分开
5

政治审查
54,61,189

南京
19,20,56,58,61 - 63,66 - 68,73,75,79,
87,89,90,106,118,124,135,136,139 -
141,145,149,150,154,159,164,167,
170,174,182,190,191,193,194,196 -
198,200,207,208,227,357,390,391,
395,434

南京军区
4,67,83,250,251

战备
4,64,74,83,187,188,201,245,250,251,
258,283,291,299,300,406,432

贵池
245 - 255,297,298,311,313 - 318,328,
334,338,342,350,352,357,441,467,474

保军转民
5,8,9,12,15,22,27,29,42,50,51,219

洪泽县
65,85

险峰光学仪器厂(险峰厂)
467,468

结合
5,6,12,15,38,44,49,50,52,75,147,
261,265,269,274,288,292,315,333,
363,448,471

十画

租赁经营
27 - 29,148

徐州
26,57,61,97 - 99,182,185,193,195

效益
　　6,8,13,21,22,25,27-29,37,41,46,49-52,59,60,65,67,71,76,80,87,93,94,97,102,104,111,112,116,129,135,138,139,145,149,150,156,161,163,169,177,185-187,192,195-197,201,202,204,207,209,212,237,239,245,246,248,253-255,260,268,277,287,306,315,365,375,383

涟水县
　　194,200

消极怠工
　　70,181

娱乐
　　46,78,79,82,91,103,112,124,139,149,214,241,304,305,307,323,324,372,412,418,430

通信站
　　106,347-349,352,357,359,398

十一画

教育
　　26,33-37,39,42-46,48,57,66,80,82,91,119,138,151,156,157,172,174,179-181,211,214,218,264,272,278,279,287-289,304,307,308,314,316,323,324,326-328,330,332,338,340-344,392,394,398,410,412-415,419,422,437,442-444,453,455,457,469,470

培进中学
　　390,392-394

培新汽车厂
　　391,396

黄山
　　371,372,376,379-381

曹建明
　　357

常州
　　12,54,61-63,81,148,154,189,190,194,195

跃进机械厂（跃进厂）
　　355,357,379,380,392

淮安市档案馆
　　3,4,9,10,13,22,27,30,33,37,38,42,45-47

淮阴市
　　3-5,7-13,15,17-20,22-25,27-31,33,35,36,38-40,42,44-47,49,50,52-54,61,67,72,85,110,116,120,133,138,139,166,168,178,183,193,194,204,208,210,215,217,239

淮阴市国防工业办公室（淮阴市国防工办）
　　3,4,6,7,10,15,17,19,22,29-31,33-37,40,39-48,52,100,120,193,194,201,203,204,208,240

淮河化工厂（国营九三九五厂）
　　3,7,12,14,15,18,26,29,39,46,51,60,66,72,73,83,86,92,97,113,116,128,129,134,137,216,218-221,225,226,238

婚恋
　　58,70,81,308,309,336,342,474

绩溪
　　350,366,384,388,467,471,475

十二画

联营合营
　　11,12,14,21,27

朝阳微电机厂
　　371,373

黑索金
　4,59,86,100,119,138,139,142,181,
　195,202,212
焦柳铁路
　283,285,286,290,291,293
湖北
　98,258,259,261,262,283－287,289－
　293,431,438,439,457

十三画

跳雷
　55,100,148,160,164,201,209,210,212
锦江油泵油嘴厂（锦江厂）
　405,406,408－416,418,419,422,423,
　425,427,430－433
新民晚报
　301,321,327,341
新光金属厂（新光厂）
　372,381,445,448
滨淮机械厂（国营九四八九厂）
　3,12,22,27－29,46,50,65,66,86,158,
　164,202,235,236

十六画

歙县
　357,372,376,380,383,391－393
燎原模具厂（燎原厂）
　350,372,384,396

《小三线建设研究论丛(第一辑)》目录

(上海大学出版社 2015 年版)

特　稿

宋平谈三线建设及工业布局
　　……………………武力　陈东林　郑有贵　段娟采访整理（ 3 ）
毛泽东最早做出决策：三线建设的启动和调整改造………于锡涛（ 8 ）
我与三线建设………………………………………………王春才（ 14 ）

专 题 研 究

50 年后的回眸：三线建设的决策与价值……………陈东林（ 37 ）
北京市小三线建设初探………………………谢荫明　张惠舰（ 45 ）
20 世纪六七十年代广东的小三线建设…………杨汉卿　梁向阳（ 55 ）
三线建设对中国工业经济及城市化的影响………徐有威　陈　熙（ 63 ）
上海小三线建设在县域分布特点的历史地理考察
　　——以安徽省宁国县为例…………………………段　伟（ 78 ）
三线建设研究的发展趋势与社会学视野……………张　勇（ 91 ）
困境与回归：调整时期的上海小三线
　　——以新光金属厂为中心………………徐有威　李　云（102）

江西小三线专辑

我和江西小三线建设…………………………………钱家铭（115）
总结经验　开拓进取…………………………………钱家铭（121）

《江钢志》序	钱家铭	（124）
回忆江西小三线建设	张小华	（127）
他们铸造了光明精神	程渝龙	（133）
我的江西小三线回忆	伏如山	（138）
江西小三线光明机械厂（9334厂）	程渝龙	（147）

手　　稿

三线建设日记选编（1）	宫保军	（165）
上海皖南小三线调整时期工作笔记	王德敏	（223）

口述史和回忆录

调整三线存量，为国家发展出力		
——回忆甘肃的三线建设和调整	宫保军	（237）
采访孟繁德	徐有威等	（261）
一个山东小三线家庭变迁史	刘寅斌	（275）

我和三线建设研究

我所经历的上海小三线田野调查	李　云	（291）
触摸鲜活的历史：我亲历的小三线研究	杨　帅	（298）
五集纪录片《千山红树万山云——"小三线"青春记忆》		（303）
凡人歌	陈和丰等	（347）
三线记忆：家国五十年	白晓璇等	（357）
"小三线"建设50周年|一个上海工人家庭的回忆	罗　昕	（368）
一个人　一代人		
——记大学生口述历史影像记录计划最佳人气奖得主、		
文学院历史系硕士生陈和丰	张瑞敏	（377）
跟着爸爸走小三线	徐其立	（381）

档案整理和研究

上海档案馆馆藏上海小三线建设资料介绍（上）	霍亚平	（387）
上海档案馆馆藏上海小三线建设资料介绍（下）	杨　帅	（394）

上海小三线八五钢厂《团讯》目录(1) ·················· （400）

译　稿

越南战争与"文化大革命"前的三线防卫计划(1964—1966)
　　·················· 吕德量　著　徐有威　张志军　译　（431）

学 术 动 态

弘扬三线精神　促进经济发展——读《三线建设纵横谈》······ 王春才（459）
"三线建设学术研讨会暨研究生论坛"会议综述 ······ 徐有威　胡　静（461）
"全国第二届三线建设学术研讨会"会议综述 ······ 徐有威　杨华国（465）
江西三线建设研究正式启动　课题组第一次工作会议
　召开 ·················· 张志军（472）

索引 ·················· （473）

后记 ·················· （476）

《小三线建设研究论丛(第二辑)》目录

(上海大学出版社 2016 年版)

特 稿

| 三线遗产概念、类型、评价标准的若干问题 ……… 徐嵩龄 陈东林 (3) |
| 巴山蜀水三线情 ……………………………………… 王春才 (26) |
| 20 世纪六七十年代中国国防工业布局的调整与完善 ……… 姬文波 (33) |
| 20 世纪六七十年代中国大战备的基本过程 ………………… 赤 桦 (45) |
| 安徽旌德历史上的上海小三线 ……………………………… 刘四清 (50) |

专题研究

皖南上海小三线职工的民生问题研究 ……………………… 张秀莉 (55)
上海皖南小三线东至化工区个案研究 ……………………… 徐锋华 (74)
落地不生根:上海皖南小三线人口迁移研究 …… 陈 熙 徐有威 (90)
上海小三线与皖南地方关系研究 ……… 李 云 杨 帅 徐有威 (117)
北京小三线建设研究 …………………………………………… 李晓宇 (132)
山东原小三线企业民丰机械厂今昔 …………………………… 王吉德 (154)

手 稿

三线建设日记选编(2)
　　(1991 年 4 月 22 日—11 月 22 日) ……………………… 宫保军 (161)
上海小三线新光金属厂工作日记(1)

（1982年1—3月）……………………………………孟繁德　（212）
上海小三线自强化工厂厂部会议记录（1）
　　（1977年10月13日—12月26日）……………………陈耀明　（244）

口述史和回忆录

上海皖南小三线工程勘察内幕………………………………阮仪三　（273）
一位徽州学生记忆中的上海皖南小三线……………………徐国利　（276）
我所知道的上海小三线自强化工厂…………………………陈耀明　（282）
原江西远征机械厂回忆………………倪秀玉口述，沈亦楠、徐有威整理　（297）
遥忆在原江西远征机械厂的少年时光
　　………………………………毕蔚华口述，沈亦楠、徐有威整理　（304）
我们是三线人…………………………………………………顾　筝　（309）

我和三线建设研究

上海小三线寻访之旅…………………………………………胡　静　（327）
悠悠岁月三线情（剧本）………………………………………李　帆　（342）

档案整理和研究

江苏淮安地区小三线建设史料选编……江苏省淮安市档案馆整理　（355）
北京市档案馆馆藏有关北京小三线建设档案资料
　　概述……………………………………………耿向东　李晓宇　（380）
上海小三线八五钢厂《团讯》目录（2）…………………………（389）

译　　稿

中国三线建设的展开过程…………［日本］丸川知雄　李嘉冬　译　（433）

索　引……………………………………………………………（476）
《小三线建设研究论丛（第一辑）》目录……………………………（480）
后　记……………………………………………………………（483）

《小三线建设研究论丛(第三辑)》目录
(上海大学出版社 2017 年版)

专 题 研 究

三线建设与中国内地城市发展(1964—1980) ············ 周明长 （ 3 ）
机遇与创新：小三线企业改造与地方经济的腾飞
　　——以宁国县企业发展为中心 ············ 段　伟 （ 20 ）
为了祖国的青山绿水：小三线企业的环境危机与应对
　　············ 徐有威　杨　帅 （ 32 ）

情寄昌北——上海小三线协作机械厂专辑

我的最后一份《工作报告》 ············ 张章权 （ 55 ）
我记忆中的协作机械厂 ············ 赵岳汀 （ 68 ）
我是工厂的生活后勤兵 ············ 徐绍煊 （ 79 ）
建厂中的工农关系 ············ 赵振江 （ 91 ）
我在小三线的日子里 ············ 曾柏清 （ 98 ）
我与协作机械厂财务科 ············ 唐定发 （108）
我与协作厂 ············ 高球根 （136）
七律两首·去上海小三线 ············ 祁学良 （235）
醉太平·赠战友老汤 ············ 祁学良 （236）
三回故地 ············ 徐梦梅 （237）

口述史与回忆录

上海后方小三线教育工作点滴 ············ 陶银福 （319）

宁夏小三线宁夏化工厂(5225厂)筹建始末 ………………… 王廷选（323）
我所知道的上海小三线325厂
　　　　……………………… 钱学勤口述，余顺生、武昌和采访（330）
辽宁小三线新风机械厂(965厂)忆旧 ………… 冯伟口述，黄巍采访（335）

我和三线建设研究

残雪浦东 ……………………………………………… 李　婷（351）
那些上海小三线女职工 ………………………………… 邬晓敏（357）
"难忘的岁月——上海小三线建设图片展"接待日记选
　　　　………………………… 李　帆　韩　佳　王来东　耿媛媛（375）

档案整理与研究

中国地方档案馆和企业档案馆小三线建设藏档的状况与价值
　　　　……………………………………………… 徐有威（393）
江西工具厂早期规章制度选编 ………… 葛维春　代　祥　徐占春
　　　　　　　　　　陈荣庆　胡中升　袁小武　辛从江（408）
江西省宜春地区小三线建设及其档案资料 ……………… 张志军（455）
福建三明市档案馆馆藏上海迁三明企业资料介绍 ………… 刘盼红（462）
三线建设研究成果及相关文献目录初编(1)(1975—2013)
　　　　……………………………………… 徐有威　李　婷（468）

索引 ………………………………………………………………（513）
《小三线建设研究论丛(第一辑)》目录 ……………………………（518）
《小三线建设研究论丛(第二辑)》目录 ……………………………（521）

后记 ………………………………………………………………（523）

后　　记

　　2015年10月的一天,我打电话给时任江苏省淮安市档案馆馆长的金德海兄。1981—1985年期间,我们曾经是复旦大学历史系同班同寝室的同学。之所以电话联系他,是因为我在研究全国各地小三线企事业单位的分布图时,发现江苏的苏北地区曾经有好几家小三线企业。德海馆长是淮安人,说不定可以提供一些信息。

　　没想到电话那头的德海馆长爽快地告诉我,他对这些企业不但非常熟悉,曾经多次去调查和讲课,而且就在他们的淮安市档案馆中,就收藏了好几家原江苏小三线企事业单位六千多件档案资料。真所谓"铁鞋踏破无觅处,得来全不费工夫"。随即德海馆长邀请我多次去淮安市档案馆查看这些馆藏资料,同时安排他的同事全程陪同我去这些原小三线企事业单位遗址以及后续的企业实地调查。所到之处,这些原江苏小三线朋友和档案馆系统领导专家热情款待,精美的淮扬菜,尤其是远近闻名的盱眙小龙虾,给我留下难忘的美好印象,特别在业务方面收获巨大。

　　在2016年10月出版的《小三线建设研究论丛》第二辑中,我们刊登了《江苏淮安地区小三线建设史料选编》,引起了读者的关注。接着我们一鼓作气,按照德海馆长的精心指导,在我的研究生王来东同学的辛勤努力下,我在本辑中安排了"江苏省淮安地区小三线研究专辑",其中包括档案介绍、口述史文章和王来东同学的田野调查报道。这个专辑的篇幅几乎占整本书的一半。我希望通过这个专辑,把这些年来我们对于淮安地区小三线的研究成果,做一个阶段性的展现。此时此刻,我非常感谢在这个过程中给予我们全力帮助的各位朋友,除去德海馆长之外,我要特别感谢淮安市档案馆岳雷先生以及江苏省盱眙县档案局局长汪玉奎先生。在王来东同学在淮安调研期间，汪局长给予了同样热情的帮助和支持，王来东同学深为感动。衷心希望这组文章有助于人们了解昔日江苏人民全力以赴建设小三线的风雷激荡的过去。也特别希望昔日分布在全国28个省区市的小三线建设企事业单位的地方同志，能学习江苏淮安地区的同志，给予我的同样的援手。

2018年1月13日，一个题为"尘封记忆——安徽小三线纪实摄影展"在上海浦东陆家嘴美术馆开幕。摄影展由人民摄影报和上海大学文学院等主办，展现了安徽马鞍山摄影家协会刘洪先生为首的摄影家们的杰作。2015年底，一个偶然的机会，刘洪先生等安徽摄影家开始关注上海小三线这个题材。2017年4月，人民摄影皖江俱乐部在马鞍山成立后，刘洪、马春雷、孙学杰、吕家富、丁林和张霞组成的六人创作小组用照相机，对这段残留的历史遗迹用纪实的眼光全面地记录，为即将消失的这段历史留下最后的影像。两年多的含辛茹苦，此时此刻在上海开花结果了。

昔日上海支援皖南小三线建设的亲历者，通过各自的微信朋友圈获悉后，成群结队结伴而来参观。这些年纪最小的已是65岁的昔日上海小三线亲历者，五味杂陈地看到了半个多世纪前模糊了的自己身影。同时在这个场合不少同志遇到了失联数十年的老领导、老同事和老同学，场面出乎意料的非常火爆、非常感人。

据我对上海市民生活的了解，年迈老人一般都是《新民晚报》的忠实读者。在我的老朋友《新民晚报》记者王蔚兄的帮助下，《新民晚报》在2018年1月14日刊登了这个摄影展举办的报道。不出所料，我亲眼目睹一位颤颤巍巍的小三线亲历者，手拿《新民晚报》这个报道的剪报，一路摸索到陆家嘴美术馆参观，回首自己抛洒在皖南的青春岁月，令人感动不已。

也就是得益于这个小小的摄影展作为契机，上海的原小三线81家企事业的数万名参与者，借势成立了上海小三线联谊群。从此昔日上海小三线的老同志，有了一个现代化的超级平台，彼此联系沟通更加频繁。他们对我的小三线建设研究，给予了更大、更实在的帮助。

在这个摄影展开始之初，我特别嘱咐作为志愿者参与摄影展的各位研究生，一定要撰写接待服务日记。本辑中，《"尘封记忆——安徽小三线纪实摄影展"值班日记选编》收录了这些同学的全部日记，希望读者可以从这些点点滴滴滴的日记中,了解到这个摄影展的方方面面,同时了解到作为旁观者的这些研究生由此产生的人生感悟。

几乎与此同时,还有来自安徽 90 后的一项观察值得欣慰。这就是本辑收集的另外一组文章《安徽师范大学新闻学院皖南上海小三线口述史汇编》。2017 年 7 月,安徽师范大学新闻学院的大二本科生,在老师的带领下,作为大学生暑期社会调查的一个项目,深入安徽祁门、歙县、绩溪和岩寺等地,调查原上海小三线企业的痕迹。作为这个项目的指导老师之一,我看到他们冒着皖南的酷暑,早出晚归四处奔波采访,撰写系列采访文章。一分耕耘,一分收获。经我的推荐,他们撰写的好几篇报道,被上海著名的澎湃新闻录用。他们的研究成果《家国印迹不该忘记:皖南小三线遗存现状与保护利用研究》获得了安徽省社会科学联合会颁布的 2017 年度安徽省"三项课题"研究成果三等奖。后生可畏,同时也为小三线研究又有了新的生力军而感到高兴。

另外一个意外的惊喜,则出现在山东蒙阴。2018 年 9 月 26 日下午,由山东东蒙企业集团、山东唐人文化传播有限公司、山东兰亭会议服务有限公司联合出品的电影《崮上情天》开机仪式在蒙阴县岱崮地貌旅游区举行。《崮上情天》以山东岱崮三线军工文化园为主拍摄场地,总投资 2 000 万元,由著名编剧唐亮执笔创作,国家话剧院影视部主任郭郯执导,中国音乐家协会会员郭晓天作曲,苏小妹等著名演员联袂出演。

这部电影的背景资料,来源于我的老朋友、山东小三线原民丰机械厂(9381 厂)张志强老师主编的《三线军工岁月——山东民丰机械厂(9381)实录》(上海大学出版社 2015 年版)。一个偶然的机会,唐亮老师看到了这本书,大有感触,决心把它改编为电影剧本同时拍摄电影。这个计划得到北京的电影界领导和前辈以及山东东蒙集团等企业的大力支持。这是至今为止国内展现小三线建设的第一部故事片的电影,我们期待明年这部电影的顺利上演。

后小三线时代是我关注的最新课题。"后小三线"是我草拟的一个新名词,意味着 20 世纪 80 年代小三线建设调整结束后,那些在原小三线地区接下来发生的事情,特别是那些和原小三线有着千丝万缕逻辑关系的事情。据悉安徽池州市贵池区党史研究室的同志,正在进行原上海小三线在贵池的研究工作。作为一个区级单位,进行这方面的研究工作,难能可贵,走在了全国的前面。本辑选择出版了其中的两篇,开辟了一个新的栏目"后小三线时代研究",希望有示范引领作用。

2018年10月24—25日,由上海大学文学院和英国伯明翰大学铁桥文化遗产国际研究院主办的"中英当代工业遗产：价值及保护与利用"工作坊在上海大学举行。会上宣布上海大学成立上海大学中国三线建设研究中心,由历史系吕建昌教授任中心主任,笔者任中心副主任兼秘书长。这一中心是在上海大学党委副书记段勇教授的倡议下成立的。这是国内高校中首家研究三线建设的机构,旨在打造交流合作平台,引领全国乃至全球三线建设的研究。这个中心的成立,极大地鼓舞了笔者进一步努力从事小三线建设研究的信心。

现在供职于厦门大学的陈超博士,2013年曾经参加我们在上海大学召开的全国第二届三线建设学术研讨会。这次出版的其英文文章的译文《带标签的群体：一个三线企业的社会结构》,就是当年他提交我们会议的论文。这是近年来用英文出版的少有的三线建设的研究成果,同时他的有关三线建设的英文著作今年在新加坡出版(Chao Chen：Toleration：Group Governance in a Chinese Third Line Enterprise. Singapore：Palgrave Macmillan, 2018),希望得到读者的注意。

《小三线建设研究论丛》至今已经出版了四辑,每辑的出版都受到各界的鼎力帮助。在收集和整理这第四辑的过程中,我的上海大学历史系学生,以各种形式予以热情的帮助。在这张长长的鸣谢的名单上,除去他们的文章已经收录本书成为本书作者之外,还有张雪怡、周曼琳、曹芯、张志军、杨帅、沈亦楠、李佳怡、金业迅、霍亚平、王其科、杨华国、吴古月、刘婷婷、祝佳文、吴斐、王婷、顾雅俊、李云、胡静、张斌、陈和丰、朱泽昀、徐子康、卜易、秦梦凡、陈稀栋、徐悦菲和周心悦,以及王斌、王宏江、倪皓、林榛、毛天辛、姚庆、张翼飞、卫馨桐、张思宇、陈凌、李威乐、吕玉冰、高守雷和吴旦敏等同学。

本辑封面下部照片系原上海星火零件厂之旧址,该厂位于安徽省旌德。拍摄者为安徽马鞍山市摄影协会的摄影家马春雷先生。对此我深表谢意。

本书的出版,得到上海市教委高原学科(上海大学中国史)、2013年度国家社科基金重大项目"小三线建设资料的整理与研究"(项目批准号13＆ZD097)、2017年度国家社科基金重大项目"三线建设工业遗产保护与创新利用的路径研究"(项目批准号17ZDA207)、上海市哲学社会科学规划一般课题""飞地"：上海小三线社会研究"(2018 BLS006)、上海大学高校高峰高原学科马克思主义高原学科和2018年度上海市委宣传部的"国家社科基金重大项目推介活动"项目的资助,特此鸣谢。

徐有威
2018年12月25日